História do DIREITO e do PENSAMENTO JURÍDICO

Cláudio De Cicco

História do DIREITO e do PENSAMENTO JURÍDICO

9ª edição
2023

Av. Paulista, 901, Edifício CYK, 4º andar
Bela Vista – São Paulo – SP – CEP 01310-100

Atendimento ao cliente:
https://www.editoradodireito.com.br/contato

Diretoria executiva	Flávia Alves Bravin
Diretoria editorial	Ana Paula Santos Matos
Gerência de produção e projetos	Fernando Penteado
Gerência editorial	Thais Cassoli Reato Cézar
Novos projetos	Aline Darcy Flôr de Souza
	Dalila Costa de Oliveira
Edição	Jeferson Costa da Silva (coord.)
	Marisa Amaro dos Reis
Design e produção	Daniele Debora de Souza (coord.)
	Rosana Peroni Fazolari
	Camilla Felix Cianelli Chaves
	Claudirene de Moura Santos Silva
	Deborah Mattos
	Lais Soriano
	Tiago Dela Rosa
Planejamento e projetos	Cintia Aparecida dos Santos
	Daniela Maria Chaves Carvalho
	Emily Larissa Ferreira da Silva
	Kelli Priscila Pinto
Diagramação	Fabio Kato
Revisão	Cecília Devus
Capa	Tiago Dela Rosa
Produção gráfica	Marli Rampim
	Sergio Luiz Pereira Lopes

DADOS INTERNACIONAIS DE CATALOGAÇÃO NA PUBLICAÇÃO (CIP)
VAGNER RODOLFO DA SILVA - CRB-8/9410

C568h   De Cicco, Cláudio
   História do Direito e do Pensamento Jurídico / Cláudio De Cicco. - 9. ed. - São Paulo : SaraivaJur, 2023.
   432 p.
   ISBN: 978-85-5360-472-2
   1. Direito. 2. História do Direito. 3. História do Pensamento Jurídico. I. Título.

2022-3530
CDD 340.01
CDU 340.12

Índices para catálogo sistemático:
1. Direito: História do Direito   340.01
2. Direito: História do Direito   340.12

Data de fechamento da edição: 5-11-2022

2ª tiragem, julho de 2024

Nenhuma parte desta publicação poderá ser reproduzida por qualquer meio ou forma sem a prévia autorização da Saraiva Educação. A violação dos direitos autorais é crime estabelecido na Lei n. 9.610/98 e punido pelo art. 184 do Código Penal.

| CÓD. OBRA | 2140 | CL | 608129 | CAE | 630760 |

*À memória de meus pais, Anita e Alfonso De Cicco,
e de meu irmão Ítalo Francisco De Cicco.*

ÍNDICE

NOTA DO AUTOR À 9ª EDIÇÃO, XVII

INTRODUÇÃO METODOLÓGICA, 1

As bases antropológicas da História e o método histórico-crítico, 1

Bases hermenêuticas ou críticas das fontes históricas, 3

As implicações da História com a Ciência Política e a Teoria Geral do Estado, 4

Noções básicas de Filosofia e de Filosofia do Direito: o Direito no mundo da cultura, 8

Teoria dos Objetos do Conhecimento, 10

A história do pensamento jurídico, 11

PARTE I
HISTÓRIA DO PENSAMENTO JURÍDICO ANTIGO

CAPÍTULO I — ANTIGUIDADE ORIENTAL, 15

O EGITO, 15

    Religião e realeza, 15

    Usos, costumes e instituições jurídicas, 17

    Cultura dos egípcios, 18

A CIVILIZAÇÃO DA MESOPOTÂMIA: ASSÍRIOS E CALDEUS OU BABILÔNICOS, 19

    O Código de Hamurabi, 19

    As ciências e artes na Caldeia, 20

    Astrologia e astronomia, 21

HEBREUS — PERSAS — FENÍCIOS, 22

    Os hebreus e o Decálogo, 22

    O Império Persa, 25

    Os fenícios: um povo de comerciantes — Cartago, 25

VII

CAPÍTULO **II** — **HISTÓRIA DO DIREITO ANTIGO**
O DIREITO GREGO, 27

A GRÉCIA, 27

Tempos heroicos, 27

Os Trabalhos e os Dias — O Mito das Cinco Idades e o problema da justiça, 28

Esparta e Atenas — o século de Péricles, 33

O PENSAMENTO JURÍDICO GREGO, 35

A ideia de direito natural na Grécia, 35

Os pré-socráticos e a ideia de justiça, 35

A filosofia de Sócrates, Platão e Aristóteles, 35

As guerras greco-pérsicas, 37

ALEXANDRE MAGNO, 38

A hegemonia macedônica, 38

A ascensão de Alexandre, 39

A obra de Alexandre, 40

CAPÍTULO **III** — **O DIREITO ROMANO,** 42

A tradição primordial, 42

A influência da organização familiar: a *polis* e a *civitas*, 47

ROMA NO TEMPO DA MONARQUIA, 50

O DIREITO QUIRITÁRIO, 50

Os reis de Roma, 50

A Lei das Doze Tábuas, 51

Modificações trazidas pelas Doze Tábuas, 53

A questão social em Roma, 53

O direito pretoriano, 54

O direito romano clássico, 55

A influência da filosofia estoica: o direito natural e o direito das gentes (*jus gentium*), 57

OS CÉSARES OU IMPERADORES ROMANOS, 58

Júlio César, 58

O Primeiro Triunvirato em Roma, 58

VIII

Os idos de março e o Segundo Triunvirato, 60

Os 12 Césares ou imperadores romanos, 61

O triunfo do Cristianismo, 63

O direito romano pós-clássico ou do dominato, 66

O Império Romano Bizantino, 70

A codificação de Justiniano — o *Corpus Juris Civilis*, 70

A Sedição Nika — o Exarcado de Ravena, 71

CAPÍTULO IV — A FILOSOFIA CRISTÃ DA HISTÓRIA, 73

Santo Agostinho, 73

O Estado, 74

A luta entre as duas cidades, 74

O livre-arbítrio, 76

A hierarquia das leis, 76

PARTE II
O DIREITO NA IDADE MÉDIA

CAPÍTULO I — A ALTA IDADE MÉDIA, 79

CARLOS MAGNO E O FEUDALISMO, 79

Os bárbaros e a civilização ocidental, 80

A Cavalaria, 81

O papel da Igreja na instituição das Ordens de Cavalaria, 82

O Império Carolíngio, 85

A obra jurídica de Carlos Magno, 86

O feudalismo, 87

CAPÍTULO II — O SACRO IMPÉRIO GERMÂNICO — AS CRUZADAS — O DIREITO E A FILOSOFIA NA IDADE MÉDIA, 89

Formação do Sacro Império Romano-Germânico: o Primado do Papa, 89

As Cruzadas: suas causas e consequências, 90

MAOMÉ E O ISLAMISMO, 92

A doutrina islâmica, 93

A expansão do Islamismo (séculos VI-XI), 93

A Terceira Cruzada e sua importância para a Inglaterra, 96

A *COMMON LAW* E A *MAGNA CHARTA*, 97

A *Common Law*, 97

John de Salisbury, 99

A *Magna Charta* de 1215, 99

A Monarquia francesa — O direito costumeiro e os privilégios corporativos, 100

As cidades do comércio, 101

As ordens mendicantes e a filosofia no século XIII, 102

A hierarquia das Leis, 103

O PENSAMENTO JURÍDICO MEDIEVAL, 104

O direito natural da Escolástica, 104

A *Suma Teológica* de São Tomás de Aquino, o Averroísmo e o Nominalismo, 104

Os Cátaros ou Albigenses no sul da França, 105

Últimos tempos da Idade Média: o processo dos Templários e a Guerra dos Cem Anos, 105

A Guerra das Duas Rosas na Inglaterra, 109

CAPÍTULO **III** — **OS RAMOS DO DIREITO MEDIEVAL**, **110**

A união da Europa na Cristandade Medieval, 110

O direito visigótico, 113

O direito canônico, 117

A transição para o Estado Moderno, 121

PARTE **III**
O DIREITO NA ÉPOCA MODERNA

INTRODUÇÃO, **129**

O Humanismo, 129

CAPÍTULO **I** — **O RENASCIMENTO**, **131**

Persistência da cosmovisão de São Tomás de Aquino, 135

CAPÍTULO **II — A POLÍTICA DO ABSOLUTISMO E O DIREITO DIVINO DOS REIS, 137**

O direito divino dos reis, 137

CAPÍTULO **III — REFORMA E CONTRARREFORMA, 140**

A Reforma, 140

A Contrarreforma, 143

A RESTAURAÇÃO DO TOMISMO, 144

A impregnação voluntarista na Escolástica Tardia e o antiabsolutismo, 144

AS ORDENAÇÕES DO REINO DE PORTUGAL, 146

Ordenações Afonsinas, 146

Ordenações Manuelinas, 147

Ordenações Filipinas, 147

CAPÍTULO **IV — AS GUERRAS DE RELIGIÃO — O ABSOLUTISMO MONÁRQUICO E O POSITIVISMO JURÍDICO ESTATAL DE THOMAS HOBBES, 149**

Felipe II e a Contrarreforma, 149

A vitória de Henrique IV, 150

A marcha para o absolutismo na França: o cardeal de Richelieu, 152

A França de Luís XIV e o absolutismo monárquico, 154

A Revolução Inglesa: Cromwell, 156

O Estado Totalitário ou "O Leviatã" de Thomas Hobbes e o positivismo jurídico, 157

CAPÍTULO **V — O PENSAMENTO JURÍDICO LIBERAL, 160**

O advento do individualismo filosófico e jurídico: Hugo Grócio, 160

A Declaração de Direitos de 1688 e o liberalismo de John Locke, 166

Os puritanos na América, 166

Liberalismo e contratualismo, 167

Iluminismo e Despotismo Esclarecido, 171

Racionalismo e Criticismo: de Descartes a Kant, 175

Do Iluminismo teórico à aplicação prática: a codificação de Frederico II da Prússia, 185

XI

PARTE **IV**
O DIREITO NA IDADE CONTEMPORÂNEA

CAPÍTULO **I** — A REVOLUÇÃO FRANCESA, 193

As doutrinas revolucionárias, 193

O exemplo das colônias inglesas da América do Norte, 196

A Assembleia dos Estados Gerais se torna Constituinte, 196

A luta pela República, 198

A Convenção e o "Regime do Terror", 198

A queda de Robespierre — O Governo do Diretório, 200

CAPÍTULO **II** — A CONSOLIDAÇÃO DA REVOLUÇÃO: NAPOLEÃO BONAPARTE, **202**

O 18 Brumário — o Consulado — o Império, 202

O Consulado de Bonaparte, 203

O Império Napoleônico, 204

As campanhas de Napoleão: de Austerlitz a Waterloo, 206

O significado do Código Civil francês de 1804, 209

O Código Civil: a consolidação da Revolução Francesa, 212

A Escola de Exegese e o problema das lacunas do Código Civil francês, 215

CAPÍTULO **III** — O HISTORICISMO, O ROMANTISMO E O IDEALISMO ALEMÃO, **218**

Análise do historicismo idealista, 218

A reação contrarrevolucionária: Joseph De Maistre, 218

Escola Histórica e Romantismo, 223

O Idealismo alemão: Fichte, Schelling e Hegel, 228

Análise do Historicismo marxista, 240

O Marxismo, 241

A Escola Jurídica Italiana: Contardo Ferrini, 248

XII

CAPÍTULO **IV — A EUROPA NO SÉCULO XIX: OS NACIONALISMOS — OS IMPÉRIOS COLONIAIS, O POSITIVISMO FILOSÓFICO DE AUGUSTE COMTE, O EVOLUCIONISMO DE HERBERT SPENCER E RUDOLF VON JEHRING 252**

O Congresso de Viena e a Santa Aliança, 252

A Restauração e a Revolução de 1830, 253

As consequências socioeconômicas do liberalismo e a doutrina social da Igreja, 254

A Revolução Social de 1848, 258

A UNIFICAÇÃO DA ITÁLIA E DA ALEMANHA, 260

Itália, 260

Alemanha, 261

OS IMPÉRIOS COLONIAIS, 262

A América Espanhola, 262

O Colonialismo na África, 263

O POSITIVISMO FILOSÓFICO DE AUGUSTE COMTE, 264

I. A Lei dos Três Estados ou Estágios, 266

II. A Classificação das Ciências, 267

III. A Humanidade, 268

O EVOLUCIONISMO DE HERBERT SPENCER E RUDOLF VON JHERING, 270

A ideia de justiça para Herbert Spencer, 271

Rudolf Jehring e a luta pelo direito, 272

CAPÍTULO **V — O PENSAMENTO JURÍDICO NO SÉCULO XX, 274**

A Primeira Guerra Mundial, 274

A Revolução Russa: Lenin, Stalin, Trotski, 276

O Tratado de Versailles, 276

O cinema de Hollywood e o fim da "Belle Époque", 277

O fascismo e o nacional-socialismo: Mussolini e Hitler, 280

O normativismo de Hans Kelsen, 283

O fascismo e o direito: Giovanni Gentile, 283

O nazismo e o direito: Carl Schmitt, 285

O comunismo e o direito: Stuchka e Pachukanis, 286

A Escola da Livre Pesquisa do Direito: François Gény, 286

XIII

A Escola Institucionalista: Santi Romano, Maurice Hauriou, 287

Maurice Hauriou e o conceito de ideia diretriz da instituição jurídica, 288

A Segunda Guerra Mundial, 289

CAPÍTULO VI — O PENSAMENTO JURÍDICO NO SEGUNDO PÓS--GUERRA, 294

O "Americanismo": a ascensão econômica e cultural dos Estados Unidos, 294

O realismo jurídico americano: Jerome Frank, 295

John Rawls e o neocontratualismo, 295

Gioele Solari e o idealismo social e jurídico, 296

Recaséns-Siches e a lógica do razoável, 297

O retorno da jusfilosofia aristotélico-tomista: Jacques Maritain, Heinrich Rommen e Michel Villey, 298

Chaïm Perelman e a nova retórica, 301

Conflitos do segundo pós-guerra no mundo, 302

PARTE V
O PENSAMENTO JURÍDICO BRASILEIRO

CAPÍTULO I — O PENSAMENTO JURÍDICO BRASILEIRO DO PERÍODO COLONIAL, 307

O período colonial, 307

As capitanias hereditárias, 307

O Governo-Geral, 309

O Município no Brasil Colônia, 311

O pensamento jurídico e político do Brasil Colônia, 312

A Inconfidência Mineira de 1789, 314

A Conjuração Baiana de 1798, 315

CAPÍTULO II — O PENSAMENTO JURÍDICO BRASILEIRO DO PERÍODO IMPERIAL, 317

O período imperial, 317

Independência, patriarcalismo, separatismo x centralismo (1820-1840), 317

XIV

As ideias jurídicas e políticas do Brasil Império,   318

A Confederação do Equador,   319

A abdicação de Dom Pedro I,   320

Período regencial: levantes contra a monarquia,   321

A Cabanagem (1835-1840),   321

A Sabinada (1837-1838),   322

A Balaiada (1838-1841),   322

Revolução Farroupilha ou Guerra dos Farrapos (1835-1845),   323

O Segundo Império,   327

Os ingleses: influência cultural e modernização,   327

Evolucionismo, laicismo, individualismo,   332

Reflexos na doutrina dos juristas do Império. A reação contra o
Projeto de Código Civil,   334

José de Alencar: características de sua obra de ficção: uma análise
sociológica,   334

A "Consolidação das Leis Civis" e o "Esboço do Código Civil" de
Teixeira de Freitas,   338

Alencar e a sistemática do "Esboço",   339

Reflexos na jurisprudência: a força cogente das Ordenações Filipinas
em matéria civil e penal durante o Império,   344

Reflexos na jurisprudência: ela deixa de ser pacífica
nos Tribunais,   348

As tendências patriarcalistas nos Tribunais provinciais,   348

A Guerra do Paraguai,   348

A queda da Monarquia,   350

capítulo III — O PENSAMENTO JURÍDICO BRASILEIRO DO PERÍODO REPUBLICANO,   351

A mudança da forma de governo: o positivismo de Auguste Comte e a
República,   351

O federalismo republicano: Rui Barbosa,   352

A República Velha (1894-1930),   353

A Revolta de Canudos na Bahia,   354

Outros presidentes, outros problemas para enfrentar,   355

A Revolta de Juazeiro no Ceará,   356

XV

A Revolta do Contestado, 357

A ideia de autoridade na República Velha, 358

O aumento da burocratização, 364

O legalismo, 366

Clóvis Beviláqua: a formação pandectista, 367

    A Filosofia de Clóvis Beviláqua, 367

    O pensamento jurídico de Clóvis Beviláqua, 372

Fatores que facilitaram a promulgação do
Código Civil Brasileiro de 1916, 374

    As novas condições econômicas e sociais, 374

    A formação da classe empresarial, 374

    A "sociedade cosmopolita", 377

Euclides da Cunha (1866-1909), 379

Oliveira Vianna e Alberto Torres, 379

A Segunda República, 380

A Revolução Paulista de 1932, 381

Plínio Salgado (1895-1975) e a Ação Integralista Brasileira (1932-1937), 381

A Intentona Comunista de 1935, 382

A Terceira República ou o Estado Novo, 382

A Quarta República, 384

A Ditadura Militar, 385

A Constituição Brasileira de 1988, 387

O Brasil contemporâneo, 388

CAPÍTULO IV — JURISTAS BRASILEIROS DA VIRADA DO SÉCULO XXI, 390

Miguel Reale (1910-2006) e sua Teoria Tridimensional do Direito, 390

José Pedro Galvão de Sousa (1912-1992) e o pensamento tomista tradicional, 393

Goffredo Silva Telles Jr. (1915-2009), 394

BIBLIOGRAFIA, 399

XVI

NOTA DO AUTOR À 9ª EDIÇÃO

ogℰo

A simpática acolhida dada pelos professores e estudantes de Direito de todo o Brasil a meu modesto trabalho *História do Direito e do Pensamento Jurídico* convida-me a lançar nova edição, mais completa e atualizada, sobretudo no que respeita à História do Direito Brasileiro.

Como ciência, a História só cogita dos acontecimentos que não dão margem a dúvidas. Na prática, isso significa que os acontecimentos só são relatados pelos historiadores depois de alguns anos de terem sucedido.

É difícil obter documentação exata – e, sobretudo, imparcial – sobre fatos recentes, o que os torna quase inacessíveis ao historiador.

Há um imenso caudal de paixões violentas e opostas, despertadas pelos fatos jurídicos, sociais, políticos, que turvam o julgamento dos contemporâneos.

Não é no clima de efervescência que se consegue obter uma visão equilibrada e um julgamento sereno do que se passou realmente, por exemplo, com acontecimentos marcantes da vida política brasileira das décadas mais recentes.

Também é claro que a História não cogita de acontecimentos corriqueiros, de importância mínima. Isso não impede que certos fatos, em si mesmos mínimos, sejam registrados pela História. É porque se trata de fatos aparentemente insignificantes, mas que tiveram influência notável no curso dos acontecimentos.

É bom lembrar também que a História não se contenta com a exposição de fatos, mas também procura descobrir as relações que esses fatos tiveram entre si e o modo pelo qual uns decorreram dos outros, ou reciprocamente se influenciaram e, em boa lógica, a partir deles, formar julgamentos.

Peço a compreensão do amável leitor para eles, pois creio serem respeitáveis, uma vez que são fundamentados em fatos, não em tendências ideológicas quaisquer que sejam, que, não raro, ao interpretar os acontecimentos, os distorcem para favorecer, hoje esta, amanhã aquela facção política, sem nenhum compromisso com a objetividade científica.

XVII

Notáveis pensadores do Direito de importância capital, como Rudolf von Jhering, Maurice Hauriou, François Gény e Santi Romano, entre outros, são neste livro estudados, com objetividade e sincera crítica, tornando-o mais completo.

Espero, com isso, dar mais uma contribuição, ainda que modesta, ao conhecimento da História do Direito e do Pensamento Jurídico, em suas raízes mais profundas.

Se consegui ou não alcançar esse objetivo, deixo a juízo do benévolo leitor.

São Paulo, 7 de outubro de 2022.

Cláudio De Cicco

INTRODUÇÃO METODOLÓGICA

C3ള్యు

As bases antropológicas da História e o método histórico-crítico

A História podemos definir como a ciência da reconstrução do passado cultural da civilização humana para melhor compreensão do presente.

Seu objetivo é, pois, estabelecer uma relação de causa e efeito, como aliás toda ciência, entre os fatos que no passado contribuíram para as transformações da cultura humana. Mas não à maneira da Física, pois não existe determinismo nas leis da História, mas sim liberdade.

Cultura definimos como o conjunto de bens intelectuais ou morais produzidos pelo espírito humano no campo social, político, religioso ou artístico etc. por determinado povo. No sentido antropológico, cultura abarca tudo o que o homem realiza a partir dos dados da natureza.

Civilização é a organização da vida humana, numa época, em determinado conjunto de nações ou povos de mesma região. São parte de uma civilização os usos, costumes e instituições de povos que pertencem a uma mesma região, os quais, guardando sua identidade cultural própria, pertencem a uma realidade maior, como, por exemplo, a cultura italiana, francesa, inglesa, espanhola etc., todas fazendo parte da civilização europeia.

Em nível mais amplo, poderemos falar de civilização ocidental, civilização oriental etc., incluindo numa mesma constelação cultural povos que cultuam valores semelhantes, embora separados por longa distância geográfica, como, por exemplo, Inglaterra e Estados Unidos, Portugal e Brasil. Normalmente, a semelhança se explica pelo fato da colonização de tais regiões da América por nações da Europa, que impuseram seus valores aos nativos.

Por exemplo: o Império Romano nos apresenta um conjunto de características resultantes do seu Direito, da sua Filosofia, da sua Economia, da sua Arte, como elementos integrantes de sua cultura. Com efeito, a organização da família romana provinha diretamente das leis romanas; suas produções artísticas de uma filosofia e de uma concepção do Belo que eram próprias da cultura romana.

1

Assim sendo, a cultura se compõe de vários elementos que são os conhecimentos — no exemplo citado a Ciência do Direito, a Filosofia e a Arte dos romanos; são as crenças desse povo do Lácio, em seus deuses, Júpiter ou Marte; são os valores tipicamente romanos como o culto da pátria, legada pelos antepassados, a coragem na luta, o gosto da ordem e da disciplina; são as normas, desde as normas morais (*mores majorum*) até as normas jurídicas (*leges*); são os símbolos, os sinais sensíveis dos valores romanos, como a águia, símbolo de sua expansão e domínio sobre o mundo conhecido, a saudação com o braço estendido, a sigla SPQR, Senado e Povo Romano, em seus estandartes.

A difusão cultural é o processo de irradiação de elementos de uma cultura em outra cultura. Por exemplo, quando Roma conquistou a Grécia, ficou impressionada com a cultura grega e levou para casa seus deuses — Zeus tornou-se Júpiter; Ares, Marte; Afrodite, Vênus — sua arquitetura, sua filosofia platônica, aristotélica, estoica, surgindo então por aculturação uma nova civilização, a greco-romana.

Nova mudança cultural aconteceria no início do Império quando, vindo do Oriente Médio, o Cristianismo, de origem hebraica, trouxe novos valores, como a fé e a caridade, a fraternidade universal e o respeito pela criança. Com o tempo daí surgiria uma área cultural, composta por todas as antigas colônias romanas que, na Idade Média, formarão o mundo greco-latino-cristão.

Nessa região se desenvolverão, como civilização latina ou ocidental, as culturas italiana, francesa, inglesa, irlandesa, espanhola, portuguesa, depois a alemã, a polonesa e a russa, formando um conjunto chamado a Cristandade, que era antropologicamente uma configuração cultural distinta da árabe, da japonesa, da chinesa ou da persa.

Apesar de pertencerem à mesma configuração ou constelação de valores, cada cultura tem seus traços culturais próprios, como a língua, as vestimentas e comidas típicas, músicas e danças, festas religiosas, características que dão o colorido a cada povo: o italiano, o espanhol etc.

É claro que isso era bem mais visível no século XIX e vai desaparecendo no decorrer do século XX, com o advento dos grandes meios de massificação, como o rádio, o cinema e a televisão, a grande mídia impressa, que vão produzindo o "ser humano cinzento" de nossos dias.

Correlatamente, o direito, com marcantes diversidades nacionais ou até regionais (como no caso das confederações), acaba cedendo passo para um direito global.

Savigny dissera em 1810, no "Manifesto da Escola Histórica do Direito", que ao jurista cabe revelar o espírito do povo, ou seja, a sua cultura, nas leis que regerão esse mesmo povo.

Gustav Radbruch recomendava, no início do século XX, o estudo da cultura de um povo, para entender o direito desse povo.

O método a ser seguido, no estudo do mundo da cultura, neste século XXI, é o método histórico-crítico.

Bases hermenêuticas ou críticas das fontes históricas

Sendo o passado cultural o objetivo da História, o método por ela utilizado consiste na pesquisa das fontes históricas (monumentos arqueológicos ou documentos) e na análise crítica dessas fontes, com base na analogia, na comparação entre as várias fontes, procurando um critério de certeza baseado na lógica dos acontecimentos.

O historiador rejeitará as interpretações de documentos que venham contradizer toda uma série lógica de dados anteriores.

Acolherá toda nova interpretação que projete maior luz sobre os fatos, mesmo que venha colidir com interpretações anteriores, principalmente quando estas eram simples hipóteses, sem base em fontes reais[1].

Por exemplo: novas descobertas de documentos deram uma versão totalmente nova sobre a vida medieval. Assim, não se poderia continuar considerando "Uma Noite de Mil Anos" uma época histórica que produziu as catedrais, e que recentemente foi objeto de estudo de Régine Pernoud, historiadora-chefe do Arquivo Nacional da França, levando-a a intitular sua obra *Luz da Idade Média*. Em suas pesquisas, Régine Pernoud descobriu técnicas formidáveis de arquitetura, escultura e pintura em vitrais, utilizados pelo homem medieval e perdidas na época do Renascimento[2].

A revisão das "interpretações consagradas" se torna imprescindível. A finalidade da História vem a ser a compreensão do presente, pois os fatos de hoje são a resultante final do complexo dos fatos anteriores. É o que resumia Napoleão ao dizer: "A educação de uma criança começa cem anos antes de seu nascimento".

---

1. Georges Duby, *L'Histoire et ses Méthodes*, Paris, Ed. Gallimard, 1961.
2. Régine Pernoud, *Lumière du Moyen-Âge*, Paris, Ed. Bernard Grasset, 1954.

Ora, nossa visão do presente pode ser deformada por uma informação histórica falha ou, o que é pior, desfigurada pelo interesse econômico, político ou pelo preconceito ideológico.

Uma das causas do erro de apreciação está na ideologia de quem escreve. Como esperar de um liberal agnóstico uma apreciação favorável a respeito de uma época de fé como a Idade Média? Como confiar no depoimento de um autor protestante sobre a colonização portuguesa no Brasil? Como um historiador marxista silenciará seu viés ideológico para elogiar a atuação dos norte-americanos na Segunda Guerra Mundial?

Assim sendo, a quem se ocupa da História se pede, ao lado da visão de conjunto que dá unidade ao processo, o cuidado em não permitir que tal visão prejudique a veracidade e a imparcialidade na apreciação dos fatos isolados ou considerados em relação de causalidade.

As implicações da História com a Ciência Política e a Teoria Geral do Estado

A Política é como a Física. Não há senão uma boa: a experimental.

"La Politique est comme la Physique, il n'y en a qu'une de bonne: l'experimentale." A afirmação é de Joseph De Maistre. Mas, poder-se-ia perguntar, onde está o campo de experiência da Política? Responde-nos o mesmo autor: *"L'Histoire est la politique experimentale"*, a História é a política experimental.

Vale dizer: não há instituições políticas que correspondam aos anseios dos povos que vivem sob sua tutela senão as consagradas pela história; o contrário também é verdade: as instituições que colidem com as legítimas aspirações nacionais mostram, historicamente, os frutos nefastos que nenhuma argúcia de argumentação conseguirá ocultar.

O que hoje nos parece o óbvio não era tão evidente aos teóricos da política no final do século XVIII. Como se sabe, este foi caracterizado como o século do racionalismo e do abstracionismo em matéria filosófica que, de Descartes a Condorcet e Rousseau, construíram uma concepção do homem em abstrato, vivendo em uma sociedade também concebida em abstrato, que resultou na teoria do "contrato social", dos direitos do homem e do cidadão, pilares da Revolução Francesa de 1789, que destruiu a organicidade do Antigo Regime, baseada na pujança dos corpos intermediários, substituindo-a pela ideia da "soberania popular" e pelo exagero da representação exclusivamente partidária.

Decorridos mais de duzentos anos de experiência democrática somente partidária, o desencanto é geral e dá novas potencialidades às posições extremistas, totalitárias, antidemocráticas, terminando por extinguir os próprios partidos.

A ilusão de um "povo soberano de si mesmo", de uma "vontade geral" que é simplesmente a vontade de uma minoria imposta habilmente a uma massa de manobra política, que hoje não há quem desconheça, foi com visão de águia detectado por Joseph De Maistre já no início do século XIX. Contemporaneamente, a partir do criticismo kantiano, com Fichte, Schelling e Savigny, nos Estados Alemães, desenvolvia-se a Teoria do *"Volksgeist"*, "Espírito do Povo", isto é, a teoria do Direito e do Estado com base nas aspirações e na psicologia do povo: "As manifestações do Direito não têm existência isolada: são apenas forças e atividades particulares de um mesmo povo, inseparavelmente unidas por natureza e que só à nossa reflexão aparecem como isoladas. O que as constitui num todo é a convicção geral do povo, o sentimento de sua necessidade interna e que exclui toda ideia de origem casual e arbitrária". E tal "Espírito do povo" se manifestava sobretudo através de sua arte popular, de sua religiosidade, de seus usos, costumes e tradições, que deveriam se espelhar no sistema legal, para que não se produzisse a dicotomia entre o "país real" e o "país legal".

Tratava-se, evidentemente, de uma reação ao pretenso universalismo das ideias de 1789. Ironicamente, dizia De Maistre: *"Il n'y a point d'homme dans le monde. J'ai vu des Français, des Italiens, des Russes etc. Je sais même, grâce a Montesquieu, qu'on peut être Persan. Mais, quant à l'homme je déclare de ne l'avoir recontre de ma vie. S'il existe, c'est bien a mon insu"*[3]. (Não há homem no mundo. Vi franceses, italianos, russos etc. Sei mesmo, graças a Montesquieu, que existem persas. Mas quanto ao homem declaro nunca tê-lo encontrado em minha vida. Se ele existe, é sem que eu saiba.) Realmente, o "homem" sem características nacionais, regionais próprias não existe. É fruto de uma abstração. O que existe é o homem *in concreto*, com sua língua, sua nacionalidade, sua tradição cultural própria. Pois bem, em nome de pretensas "características" do "homem" se sacrificaram as reais e evidentes características dos povos e das nações, rumo à sociedade padronizada e massificada em que vivemos cada dia mais imersos.

---

3. Joseph De Maistre, *Considérations sur la France*, 20. ed., Paris, Ed. Vitte, 1924, p. 74.

É lógico que, as características nacionais sendo preteridas, não tinham sentido algum os grupos sociais. O "homem" abstrato é o indivíduo, isolado, que não se liga a outros indivíduos organicamente, apenas se justapõe mecanicamente. Substituiu-se uma sociedade de povos diferenciados com vida própria por uma multidão amorfa ou massa, como já constatava Pio XII, no crepúsculo da Segunda Guerra Mundial, em memorável mensagem de Natal de 1944, sobre a verdadeira democracia.

No Brasil, o grande representante da Escola Histórica do Direito foi, em pleno século XIX, José de Alencar, o célebre romancista da nacionalidade, já que estreitos são os laços entre Romantismo literário e Historicismo Jurídico-Político. Em Portugal, talvez, seu maior expoente tenha sido Alexandre Herculano, nos *Portugalia Monumenta Historica*. Na Itália, seu intérprete foi Alessandro Manzoni, na luta pela unificação da península. Na Espanha, Juan Donoso Cortés, estudioso de G. B. Vico e dos ciclos históricos. Hoje essas teses antigas são retomadas pela moderna Antropologia, desde Lévi-Strauss e Herskovitz até as posições de Hannah Arendt. E, dentro da própria pesquisa histórica, o sentido de "atualidade" da História foi difundido por Lucien Febvre, Marc Bloch e Fernand Braudel, que sempre mostraram a correlação entre a História e as outras ciências do homem, com grande repercussão na Faculdade de História da Universidade de São Paulo.

Respostas a algumas objeções:

I) O método histórico-comparativo não é uma escola de conformismo?

II) O tradicionalismo inerente aos autores historicistas não leva a uma ideia de retornos, que não existem na História?

III) Nada houve de benéfico no século XVIII? E as conquistas do homem e do cidadão, são tão desprezíveis?

Respondemos, dizendo:

I) A esta objeção se responde facilmente: a) a Escola Histórica, embora tendo afinidades com o Romantismo literário, embora reconhecendo na época medieval valores perdidos pelo século atual (como a fé, o espírito de confraria e comunidade profissional, o cavalheirismo, a fidelidade à palavra dada, o convívio com a natureza), não foi uma apologia da estrutura medieval, pois o historicismo é exatamente o contrário da fixação de formas definitivas, o que foi mais próprio do século XVIII, ao tentar criar modelos eternos de comportamento, de legislação, perdendo o senso histórico; b)

sobre a Idade Média, desde o final do século XIX, historiadores como Funck-
-Brentano, Leopold Génicot, Régine Pernoud, Marc Bloch desfizeram com
pesquisas sérias a famosa "legenda negra" dos "mille ans, pas un bain",
criada muito a propósito pelos detentores do poder e do ensino depois da
Revolução burguesa de 1789.

Além disso, homens do século XXI, nós só entenderemos o espírito da
época medieval (como de qualquer era que pensemos estudar) se renun-
ciarmos a uma visão evolucionista dogmática e procurarmos entender a
"história da mentalidade" (expressão forjada por Lucien Febvre) do homem
dos séculos XII e XIII. A satisfação com a própria situação, a honra de
pertencer a uma estirpe de fabricantes de vinho, ou de violino, por exemplo,
perdeu-se inteiramente numa sociedade competitiva da igualdade formal
e desigualdade real.

II) Quanto à segunda objeção, não procede, pois, se quisermos ver
no tradicionalismo da Escola Histórica de De Maistre e Savigny apenas
um retorno de fórmulas arcaicas, deturparemos o sentido de "tradição",
que, como o demonstra a origem latina, longe de ser mero fixismo mumi-
ficado de museu, denota a ideia de transmissão (*tradere*) de valores de
geração em geração. Mas, se algo se deve compreender, ainda que com
sentido preciso, como um "retorno", só nos parece válido em termos de
valores que independem de época. O cavalheirismo e a fé vivida do homem
medieval não são incompatíveis com o foguete interplanetário, nem com
o computador. Por outro lado, a técnica divorciada de tais valores (entre
tantos outros da Cristandade medieval) produz antes instrumentos de
aniquilamento e aviltamento do ser humano, como tristemente se vê nas
guerras modernas, que se travam em função muitas vezes de ideologias
que pretendem tomar o lugar da fé religiosa, com seus dogmas indiscutíveis,
seus pontífices e até, requinte de caricatura, seus "santos", cujas imagens
se veneram em atos "litúrgicos" de massa. Exemplo, hoje em dia, as litur-
gias da massa na China, em Cuba, na Coreia do Norte, como as do século
passado na Alemanha nazista e na Rússia comunista.

III) Quanto à derradeira objeção, respondemos que o século XVIII,
benéfico por suas conquistas no campo científico experimental das ciências
exatas, não teve a mesma metodologia nas ciências humanas: foi o século
das grandes concepções teóricas de um Rousseau, dos sarcasmos demo-
lidores de um Voltaire, destoando apenas o bom senso de um Montesquieu,
um verdadeiro precursor da Escola Histórica em seu *Espírito das Leis*.

Quanto às declarações de direitos, pecaram por considerar apenas o ser humano isolado, por desconhecer que não há cidadão sem a cidade, e que os interesses da comunidade devem levar muitos ao sacrifício das satisfações individuais. O bem comum passa a ser letra morta, substituído pela *volonté générale* de uma minoria, caindo no voluntarismo jurídico, no centralismo estatal, sacrificando os direitos dos grupos: os direitos da família, do município, da universidade, da corporação. Algo se conquistou, mas o preço pago foi muito alto, tão elevado que deu ensejo ao exagero oposto: o aniquilamento do indivíduo (antes protegido pelos corpos intermediários) nos sistemas totalitários, governados por tecnocratas. Nada há de mais oposto à ideia de democracia.

Noções básicas de Filosofia e de Filosofia do Direito: o Direito no mundo da cultura

Filosofia é sinônimo de visão de mundo, *visão de totalidade*. E, sob este ponto de vista, todo ser humano, dotado de razão, tem uma sua visão de mundo, um modo próprio de ver as coisas, uma "filosofia própria". Diante do mundo que o rodeia, o ser humano, desde a infância, se interroga, perguntando a seus pais e amigos: O que é isto? E aquilo? Depois, não sentindo satisfeita sua curiosidade, volta a perguntar: Por quê? Qual o motivo disto e daquilo? Todo homem, diz Aristóteles de Estagira (384-322 a.C.), está naturalmente querendo saber, *o desejo de saber é próprio do homem*, como voar é natural nas aves... Com o passar dos anos, vendo que seus familiares não conseguem mais responder a todas as suas dúvidas, nasce o desejo de conhecer mais nas escolas, e isto persiste a vida toda, do jardim de infância até o pós-doutorado.

A vontade de conhecer leva ao *conhecimento empírico*, obtido através da experiência casual dos seres que são captados pelos cinco sentidos, mas são conhecimentos imperfeitos, que se formam ao acaso, de forma desorganizada, não sistemática. Tais são, por exemplo, as receitas medicinais populares, os provérbios e máximas consagradas. Este conhecimento é o primeiro degrau na escada que se eleva até o saber superior, da ciência, que organiza e melhora os métodos que o empirismo utiliza.

A ciência substitui o conhecimento empírico por conhecimentos certos, objetivos e metódicos, afirmações ligadas umas às outras por laços chamados causas: isto é o *conhecimento científico*. Por exemplo, o que causa o movimento dos corpos sob a ação da força da gravidade (Física), quais são os componentes da água (Química), como se desenvolvem as plantas (Botânica) etc.

Acima do conhecimento das causas entre os seres da natureza, que obedecem sempre às mesmas leis, o que se chama "determinismo científico", existem perguntas que ultrapassam os sentidos, pois falam de seres abstratos, como uma ideia, um princípio, um julgamento ou juízo. Estão além do físico, do captado pelos sentidos, são *metafísicos*. Por exemplo, é possível ser e não ser ao mesmo tempo? Se todo efeito tem uma causa, qual a causa das causas? Como se sabe quando um juízo ou julgamento é verdadeiro ou falso? Como se pode julgar uma ação boa ou má? Qual o critério, a base? Facilmente percebemos que ultrapassamos a ciência e estamos num terceiro grau de conhecimento: *o conhecimento filosófico*. Digamos que onde as ciências param, a filosofia começa. Por exemplo, a Ciência do Direito nos diz que pena deve ser aplicada em caso de homicídio. Já a Filosofia do Direito vai mais longe: por que se deve punir? É o homem livre de decidir e, portanto, responsável ou não por seus atos?

Etimologicamente, a palavra "filosofia" vem da resposta que deu um filósofo e matemático grego, Pitágoras de Samos (570-497 a.C.), o qual, sendo perguntado se se considerava um sábio (em grego *sophos*) disse que era apenas um amigo (em grego *philos*) da sabedoria, alguém que buscava a sabedoria, por não ser ainda possuidor dela, um filósofo.

I) A primeira parte da Filosofia é a *lógica* (do grego *logos* = ideia, verbo, palavra que expressa o pensamento), a qual estuda as regras do pensamento correto, verdadeiro, racional. A lógica se divide em duas partes: a que estabelece as condições de um pensamento coerente consigo mesmo, e se chama *lógica formal*. Em segundo lugar, a que estabelece os processos ou os métodos exigidos, em cada matéria estudada, pelos diferentes objetos do saber e se chama *metodologia*.

II) A segunda parte da Filosofia é a *Filosofia Especulativa* (do latim *speculum* = espelho), a qual estuda a realidade que o homem pode conhecer. A Filosofia Especulativa compreende o estudo da natureza e da razão de ser dessa natureza. Divide-se em duas partes: *Filosofia da Natureza* e *Metafísica*, do grego *meta* = além, além da natureza, em grego *physios*. A Filosofia da Natureza estuda o universo material (Cosmologia) e o ser humano (Antropologia). A origem está nas palavras gregas *kosmos* = harmonia e *anthropos* = homem. A Metafísica estuda o ser enquanto é um ser; Ontologia, de *ontos*, que em grego significa ser; Gnoseologia, que estuda, de maneira crítica, a capacidade do conhecimento humano, em grego *gnosis*; e a Teodiceia, que tem por objeto o ser por excelência, Deus, em grego *teos*, mas não tomando como ponto de partida a crença em uma revelação divina, como faz a Teologia, mas unicamente a razão humana.

III) A terceira parte é a *Filosofia Prática* (do latim *praxis* = vida concreta), a qual estuda a ação humana, o agir do homem sobre a natureza. A Filosofia Prática estuda a ação ou conduta do ser humano, através da Ética, do grego *ethos* = conduta; esta se subdivide em Ética Individual ou Moral, do latim *mores* = costumes consagrados e Direito, do latim medieval *directum* = correto, caminho reto, não sinuoso, ação correta.

A Filosofia Prática estuda também as regras para se compor uma obra de arte, chamando-se Estética, palavra que vem do grego *aesthesis* = sensibilidade diante do que é belo.

Teoria dos Objetos do Conhecimento

A Metodologia ou Lógica Material é a parte da lógica que, levando em conta o objeto do conhecimento, indica o procedimento a ser seguido para chegar ao verdadeiro conhecimento de tal objeto. Daí ser denominada também metodologia, pois é um estudo dos diferentes métodos empregados nas diversas ciências, conforme seu respectivo objeto de estudo.

A distinção entre lógica formal e metodologia não é simples questão terminológica, mas de profunda compreensão da diferença entre o raciocínio de um matemático, de um físico, de um historiador, de um juiz de direito. Se aplicarmos o método de raciocínio errado, poderemos chegar a conclusões absurdas. O grande problema da Filosofia Moderna tem sido, em grande parte, considerar o formalismo como única forma de raciocínio aceitável.

O raciocínio lógico-formal é próprio da matemática. Estuda esta ciência os *objetos ideais*, os números, as figuras geométricas, que não existem no tempo, nem no espaço, são puros seres mentais e por isso prescindem de existência psíquica ou corpórea. Mas além destes, existem os seres físicos ou corpóreos, também chamados materiais, ou genericamente, *objetos físicos* que são estudados pela Física, pela Química, pela Biologia e que, por ocupar lugar no espaço e no tempo, exigem metodologia especial, como já vimos, o método empírico-experimental.

Existem ainda os *objetos psíquicos*, que existem no tempo, mas não ocupam lugar no espaço, como por exemplo, o sentimento de alegria, tristeza, depressão, estresse mental etc. estudados pela Psicologia.

Mas, além da Matemática e das ciências exatas, existem as ciências humanas, que tratam do homem, dotado de liberdade, pelo seu lado espiritual de ser dotado de razão. É o que Miguel Reale (1910-2006) chamou de *mundo da cultura* ou dos *objetos culturais*. O método deverá se adaptar a esta classe de objetos. Daí haver métodos próprios da História, da Sociologia, da Moral e do Direito. Segundo Reale, a natureza se explica, através de leis naturais, onde o princípio do determinismo impede qualquer desobediência. A cultura se compreende. Compreender significa saber quais os valores implicados num fato histórico, numa ação social, numa atitude moral, numa norma jurídica. Daí surgem os juízos de valor, que levam em conta a liberdade humana e a finalidade que os atos humanos procuram atingir[4].

A história do pensamento jurídico

Pelo que vimos expondo, fica patente que consideramos incompleta uma história do pensamento jurídico e filosófico-jurídico totalmente divorciada dos acontecimentos da história econômica, política e cultural de um povo. Queremos transmitir aos leitores a ideia do direito como processo histórico, não como galeria de documentos jurídicos bem escolhidos, porém totalmente desvinculados da época que os viu nascer.

Colateralmente, a grande quantidade de alusões a fatos políticos e culturais relevantes visa suprir possíveis falhas na formação de nossos estudantes, advindas de decênios de um ensino básico em que o espaço reservado às matérias de cunho humanístico, como a Filosofia, a História Geral e do Brasil, em muitas escolas, infelizmente, foi reduzido.

Desejamos, com isso, formar no futuro advogado, promotor ou juiz o hábito salutar de não se apegar à letra da lei, mas buscar o significado histórico-social e axiológico de um dispositivo legal.

Se conseguirmos atingir nosso objetivo, cremos com isso estar subsidiariamente auxiliando nossos colegas de Introdução à Ciência do Direito, Ciência Política e Teoria Geral do Estado, Filosofia Geral e Jurídica, Sociologia e Economia, dando unidade ao elenco de disciplinas básicas de nossas Faculdades de Direito.

---

4. Miguel Reale, *Lições Preliminares de Direito*, São Paulo, Ed. Saraiva, 2004, p. 27-32.

PARTE I
HISTÓRIA DO PENSAMENTO JURÍDICO ANTIGO

CAPÍTULO I
ANTIGUIDADE ORIENTAL

O EGITO

Religião e realeza

Situado numa região deserta do norte africano, onde raramente chove, o Egito jamais teria existido se não fosse o Rio Nilo. Esse rio, providencialmente, alaga periodicamente as suas margens, e, ao voltar para o seu leito normal, deixa uma camada de húmus fertilizante que torna as terras muito apropriadas para o cultivo. Foi assim que às margens do Nilo pôde surgir uma das mais prósperas civilizações da Antiguidade.

O historiador grego Heródoto celebrou o fato com a frase lapidar: "O Egito é um dom do Nilo".

Ali se fixaram dois povos distintos do tronco camita. Um deles de cor mais escura, com cabelos encarapinhados, e outro de cor mais clara e cabelos mais lisos. O primeiro formou a classe inferior, laboriosa e passiva. O segundo foi a base da classe dirigente e culta do colégio dos sacerdotes.

A diferença de classe se notava inclusive nas crenças. Como diz J. B. Weiss, dos aborígines negros procede seguramente o culto dos animais, que foi a religião peculiar do povo comum. O instinto animal e a regularidade cíclica das funções da vida animal se apresentavam ao povo como misteriosas manifestações e símbolos de seres superiores. Surgiam então os animais sagrados: víboras, crocodilos, vacas, gatos etc. O mais célebre foi o boi Ápis, que era adorado no templo de Serápium como encarnação do deus Osíris. Havia ainda o falcão Hórus e o cão Anúbis.

Como nos diz o autor citado: "Muito mais elevada era a religião dos sacerdotes, a qual era um panteísmo mais elaborado". Amon-Rá não é um deus pessoal. É a coletividade das quatro forças do universo: a matéria-prima, o espírito primitivo, o espaço e o tempo.

O Tempo Seth é a origem de todo o mal, pois consome os elementos. Seb foi o causador da discórdia, pois dividiu em partículas o deus Amon-Rá — o Pan dos gregos. Nessa concepção, o nascimento de um homem é um mal. A morte, enquanto capaz de libertá-lo, é o supremo bem, pois permite que os espíritos, partículas divinas, voltem para o Pan primitivo.

Para o panteísmo egípcio não há criação; ela é o desenvolvimento do que se achava na divindade, e isso era representado por um ovo, pendente das abóbadas dos templos[1].

Ao povo, essas noções eram transmitidas segundo uma forma legendária ou mitológica: Osíris, esposo de Ísis e pai de Hórus, foi morto por seu irmão Seth que jogou partes de seu corpo pelo mundo. Ísis está procurando reconstituir o deus Osíris, colhendo suas partículas espalhadas por todo o universo[2].

O povo egípcio, de índole marcadamente religiosa, a tudo se prestava por motivos sagrados e de fé. Assim, a classe dos sacerdotes foi paulatinamente estabelecendo um regime de Estado teocrático, em que detinha os poderes nas mãos, gozava de privilégios e isenções tributárias, possuindo um terço do solo egípcio. O cargo sacerdotal era iniciático, e a ele não se poderia ascender por outra via, o que caracteriza uma verdadeira casta ou colégio, com privilégios. O rei ou faraó era apresentado pelos sacerdotes como "filho de Osíris", divindade encarnada, e era rigorosamente vigiado em sua função. Ao aparecer em público, cercava-se de fausto magnífico; acreditavam ser ele imortal. Em caso de extinção dinástica, um guerreiro entre os mais ilustres era eleito pelos sacerdotes, submetendo-se a uma iniciação.

O casamento consanguíneo (irmão com irmã) era por vezes praticado com a ideia de manter puro o sangue real. Isso explica a rápida degenerescência das diversas famílias dinásticas.

Considerado um semideus, o faraó era senhor absoluto. Sabemos, por outro lado, que interpretava o querer da casta sacerdotal, a qual de fato detinha poderes sem limites. O regime egípcio era, pois, a monarquia com aristocracia, ou seja, o poder real era limitado pelo colégio sacerdotal.

---

1. Joahan B. Weiss, *História Universal*, Barcelona, Ed. Tipografia La Educación, 1933 (12 volumes), v. 1.

2. Plutarco, *Os Mistérios de Ísis e Osíris*, São Paulo, Ed. Palas Athena, 1981.

Usos, costumes e instituições jurídicas

A sociedade egípcia se estratificava rigidamente em quatro classes diferentes:

1ª — a classe sacerdotal;

2ª — os guerreiros;

3ª — os escribas;

4ª — os artífices e camponeses.

Do solo egípcio, um terço era do faraó, outro da classe sacerdotal e o restante pertencia aos guerreiros. Constituíam a nobreza reinante. Os sacerdotes, embora desprezassem os guerreiros como ignorantes das verdades superiores, procuravam sua colaboração, sobretudo, como é óbvio, nos tempos de guerra. Não raro sucedia que generais estrangeiros fossem apoiados pelos sacerdotes, como no caso dos hititas, que eles aceitaram como nova dinastia, cassando os direitos do faraó de Mênfis, capital do Antigo Império, e designando Tebas como capital do Novo Império, que os historiadores chamam de Império Médio.

Um pouco acima do povo miúdo estavam os funcionários reais ou escribas, que, na complicada escrita dos hieróglifos, redigiam as decretais do rei.

O povo da cidade e dos campos vivia entregue às suas funções ordinárias. Agrupava-se em nomos, sob a autoridade de um presidente. Podia apelar em segunda instância para a Corte de Justiça dos Sacerdotes; esta era a última apelação, porque o rei não podia alterar o direito estabelecido[3].

Acreditava-se que as leis egípcias tinham sido criadas pelo deus Thot. No Egito havia trinta juízes, dez de cada uma das cidades de Heliópolis, Tebas e Mênfis, e todos sacerdotes. O mais sábio trazia um peitoral, que era o símbolo de sua autoridade: era o presidente. Ao colocá-lo, estava aberta a sessão. Esta terminaria com o voto dos juízes, como os jurados modernos, pela condenação ou absolvição do réu. A pena já estava determinada nas leis que liam em oito livros ou códigos.

Infelizmente poucas leis nos chegaram do Egito Antigo. Alguns crimes eram punidos com a morte: o parricídio, o perjúrio, o homicídio; o falso testemunho era punido com a mesma pena do crime de que falsamente se

---

3. Joahan B. Weiss, *História Universal*, Barcelona, Ed. Tipografia La Educación, 1933 (12 volumes), v. 1.

acusava; o aborto e o infanticídio eram punidos com vexações públicas para a mão criminosa; o furto era punido com maior benevolência. O casamento dos sacerdotes era monogâmico; o das outras classes podia ser poligâmico. A mulher, no Egito, tinha posição diversa da dos outros povos — podia ser sacerdotisa ou rainha. Sabemos que Cleópatra foi a última ocupante do trono egípcio.

Cultura dos egípcios

Os egípcios tiveram na Antiguidade fama de sábios. De fato, deixaram monumentos que mostram um adiantado grau de civilização. As pirâmides ou túmulos reais até hoje resistem no deserto à ação do tempo; sua construção ainda é um enigma que os arqueólogos não conseguem resolver.

Na grande pirâmide de Quéops, encontram-se inscrições que revelam conhecimentos de astronomia e matemática.

Champollion decifrou, no ano de 1822, a pedra bilíngue de Roseta, escrita em grego e em hieróglifos. Desde então vêm sendo encontrados surpreendentes dados sobre os conhecimentos científicos dos egípcios: conheciam a esfericidade da Terra, os movimentos do zodíaco, as relações do triângulo-retângulo, a densidade da água etc., como refere Moreux em seu interessante livro sobre a ciência egípcia, *A Ciência Misteriosa dos Faraós*[4].

No processo de mumificação ou conservação dos cadáveres, vemos outro vestígio da civilização egípcia. O móvel da sua ação era a crença na imortalidade da alma; pensavam que, após a morte, ela voltaria ao corpo e, assim, procuravam conservar os cadáveres. A múmia era encerrada num sarcófago e colocada na pirâmide, caso se tratasse de um rei, tal como sucederia com sacerdotes ou nobres em nossas catedrais. A múmia de Ramsés II, o Grande, que viveu por volta de 1260 a.C., até hoje se conserva no Museu do Cairo.

Há exemplares na literatura desse povo no Museu Britânico; por exemplo, o *Livro dos Mortos*, livro de orações, que era enterrado com a múmia, e onde encontramos várias odes e hinos aos deuses, a confissão negativa do morto, as orações impetratórias etc. Também o *Papiro Prisse*, achado por dois egiptólogos e o próprio Prisse; este contém três livros de

---

4. A. Moreux, *La Mystérieuse Science des Pharaons*, trad. bras., Salvador, Ed. Progresso, 1956.

tema religioso, porém se apresenta sob forma de regras de conduta, e data do Império Antigo de Mênfis.

Muito pouco sabemos do significado dessas produções literárias e das obras arquitetônicas: o Egito permanece, como a misteriosa Esfinge de Gizé, um enigma para o homem moderno.

A CIVILIZAÇÃO DA MESOPOTÂMIA: ASSÍRIOS E CALDEUS OU BABILÔNICOS

Um cientista italiano a serviço da França como cônsul em Mossul, Emilio Botta, teve em certa tarde de verão de 1843 o estranho pressentimento de que a cidade soterrada de Nínive se achava sob a colina que ele avistava do alpendre do Consulado em que habitava. Com efeito, as escavações trouxeram para a superfície as ruínas da antiga Nínive, capital dos assírios, mencionada na Bíblia. As inscrições cuneiformes foram decifradas por Rawlinson, e toda a história da Mesopotâmia pôde ser conhecida pelos arqueólogos.

Mesopotâmia é uma palavra grega: *mesos* (meio) + *potamós* (rio), e designa a vasta região entre os rios Tigre e Eufrates. Ali habitavam em épocas remotas dois povos diferentes: ao norte os assírios, guerreiros e bárbaros; ao sul os caldeus, pacíficos e cultos.

O Código de Hamurabi

A história política da Mesopotâmia é a das lutas pelo domínio da região.

Nos primeiros tempos, os assírios estavam sob o domínio caldeu. A capital do Império era Babilônia. Ali viveu, por volta do ano 2150 a.C., o Rei Hamurabi, famoso pelo *Código de Leis* que leva seu nome (1726 a.C.).

O Código de Hamurabi foi descoberto em Susa em 1902. Contém três partes: na primeira, o legislador consigna suas glórias; na segunda, estão 282 parágrafos dos textos legais; na terceira, o rei abençoa os sucessores que seguissem as leis de seu Código e amaldiçoa seus infratores. Esta última passagem é muito semelhante ao texto do *Deuteronômio*, em que Moisés ataca duramente os transgressores do *Decálogo*, com bênçãos para os observantes. O Código condena o adultério com pena de morte para os adúlteros. O homem que repudia sua mulher fica obrigado a sustentá-la, e não se reconhecem direitos para sua concubina. Proíbe-se igualmente o incesto, punido com penas severíssimas.

Admitia-se a *Lei de Talião* (olho por olho, dente por dente). Um arquiteto, por exemplo, era responsável pelo desabamento de uma casa, e, se morressem os moradores, os familiares do arquiteto seriam passíveis de morte. Em certos casos haveria simplesmente indenização em dinheiro.

O direito de propriedade era rigorosamente defendido. Se um homem fosse roubado num município e o ladrão não fosse achado, ele poderia exigir das autoridades do município a quantia em que fora lesado[5].

As ciências e artes na Caldeia

Ao tempo em que as Leis de Hamurabi se aplicavam na Mesopotâmia, unificada sob seu cetro, foi escrito em sete tábuas de pedra o *Poema da Criação*, obra literária de cunho religioso que mostra o surgimento e o combate dos deuses, ficando a vitória final para Marduc, deus da Babilônia.

Segue-se uma narração do dilúvio universal, semelhante em muitos pontos à narração bíblica do *Gênesis*.

O esplendor da Babilônia empalideceu por ocasião de repetidos ataques dos cassitas. Simultaneamente, os assírios se revoltaram contra os deuses. Na luta os caldeus foram vencidos. Teglatfalasar, da Assíria, submeteu a Babilônia após um pacto com os cassitas.

Com a capital em Nínive, os assírios se estenderam em conquistas, muito ao encontro de seus gostos belicosos. Sucederam-se os reis Assurbanipal e Teglatfalasar III, que se tornaram famosos por sua crueldade para com os povos vencidos. A culta Babilônia se achava sob o domínio dos rudes assírios.

Mas, no ano 625 a.C., Nabopolassar, contando com o apoio dos medos, iniciou a revolta contra Nínive. Marcharam lado a lado contra os muros de Nínive, que arrasaram completamente, calcinando suas ruínas pelo fogo. Cumpria-se a maldição do profeta hebreu Naum: "Ai de ti, cidade de sangue, uma nuvem de fogo te aniquilará". Desde o ano de 624 a.C. até as escavações de Botta, em 1843, a que nos referimos, a cidade esteve soterrada.

Podiam agora os caldeus regressar a seus trabalhos poéticos e aos seus labores científicos. Babilônia era novamente a primeira cidade da Mesopotâmia e a capital do Segundo Império Caldeu.

---

5. *O Código de Hamurabi*, introdução e comentários de E. Bouzon, Petrópolis, Ed. Vozes, 1976.

O filho de Nabopolassar, Nabucodonosor, elevou o prestígio, o poder político e econômico da Caldeia, conquistando o Egito e a Palestina, e destruiu o templo de Jerusalém, que Salomão edificara.

Sob seu cetro floresceram as artes e se desenvolveram as ciências. A arte poética se expressou sob o efeito das conquistas de Nabucodonosor na *Epopeia de Gilgamesh* — uma glorificação das vitórias caldeias contra seus inimigos.

Astrologia e astronomia

Como diz Weiss, "é mister ter visto uma formosa noite no Oriente, onde no céu, de profundo azul, luzem as estrelas com um brilho desconhecido em outras terras, para compreender como o oriental teria sentido, principalmente, a intervenção da divindade nos nascimentos e ocasos solares. No esplendor de seus raios, desde uma profundidade misteriosa, parecia observá-lo a Divindade com inumeráveis olhos. Logo advertiu a conexão entre a vida e a morte da Natureza, entre a primavera e o outono, com o movimento das estrelas, que gravou em tabletas de argila desde o ano 2234 a.C."[6].

Seus templos, ou *ziggurat*, estavam dispostos para serem observatórios astronômicos. Conheciam a divisão do dia em doze horas de luz e doze horas de trevas, dando como marco oficial do dia o nascer do sol. Distinguiam o dia civil do solar, medindo as horas astronômicas com uma clepsidra. A eles se deve a denominação dos signos do zodíaco.

Assim vemos como a astrologia dos mesopotâmicos, que buscavam nos astros as suas crenças religiosas, veio ampliar de maneira inesperada seus conhecimentos de astronomia.

O eclipse sempre exerceu sobre os antigos fascínio religioso. A ele se atribuíam mutações políticas, calamidades, guerras etc. Eis por que Ptolomeu nos refere que os caldeus fizeram treze observações no espaço de 721-229 a.C.

Como no Egito, entendia-se que os deuses falavam com o povo por intermédio dos sacerdotes. Estes, que se dividiam em áugures ou adivinhos, exorcistas dos espíritos e sacrificadores, comunicavam aos crentes os fenômenos celestes, interpretando seus efeitos para os pobres mortais. É o que explica o fato de, no Egito e na Mesopotâmia, a cultura ter sido privilégio da casta dos sacerdotes.

---

6. Joahan B. Weiss, *História Universal*, Barcelona, Ed. Tipografia La Educación, 1933 (12 volumes), v. 1.

HEBREUS — PERSAS — FENÍCIOS

Os hebreus e o Decálogo

Nenhum livro teve difusão tão universal como a Bíblia (*biblos* = livro, em grego). Ela é a principal fonte da história dos hebreus, e recentes descobertas arqueológicas vêm corroborando suas palavras[7].

Os hebreus viviam na Palestina, ao sudoeste da Arábia, e se distinguiam dos seus vizinhos por serem monoteístas, ou seja, acreditavam num só Deus pessoal, inconfundível com a criação, o cosmos, sua obra.

Seu ancestral, Abraão, viera de Ur, na Caldeia, e se estabelecera do outro lado do Eufrates (*hebreu* = o que veio do outro lado do rio), pois não era bem visto na Mesopotâmia devido às suas crenças. Com sua numerosa família, instalou-se na região do Monte Sinai. Era o chefe de um poderoso clã e, como patriarca, exercia funções de juiz e de administrador.

Seu herdeiro, Isaac, recebeu dele a autoridade que transmitiu a seu filho Jacob, ou Israel (*Israel* = Deus conosco).

Os filhos de Jacob foram os chefes das doze tribos dos hebreus. Entre eles se destacava José, preferido do pai por seus dotes e virtudes. Ora, os irmãos invejosos aguardavam a ocasião de se verem livres de sua importuna superioridade.

José foi vendido por seus irmãos a mercadores egípcios, que o levaram como escravo para o palácio do faraó. Ali, se notabilizou pela arte de interpretar sonhos, o que era muito apreciado pelos antigos povos orientais. Depois de ter decifrado os sonhos do faraó, foi nomeado seu ecônomo (administrador dos suprimentos).

Na grande seca que desolou o Oriente no período das "vacas magras", somente o Egito estava preparado para suportá-la. De todas as partes vinham emissários adquirir víveres, prudentemente armazenados por ordem de José.

Num gesto magnífico, José perdoou seus traiçoeiros irmãos e obteve do faraó a permissão para a entrada dos hebreus no Egito[8].

Havia 430 anos que os hebreus estavam no Egito, e seu número crescia sem cessar. Há muito José morrera, mas os faraós não hostilizavam

---

7. Werner Keller, *A Bíblia Tinha Razão*, São Paulo, Ed. Melhoramentos, 1955.
8. Gênesis XXXVII, 1-33; XL, 1-57; XLII, 1-26.

os hebreus por causa de seu prestígio; entretanto, subiu ao trono um faraó, Ramsés II, que não conhecera José, e passou a perseguir os hebreus, reduzindo-os à escravidão e condenando-os ao extermínio.

Uma mulher da tribo de Levi, para salvar o filho recém-nascido, colocou-o num cesto, bem próximo ao local em que se banhava a filha do faraó. Esta resolveu adotá-lo para salvá-lo da morte, e assim Moisés (que quer dizer "salvo das águas") foi educado entre os egípcios. Só quando adulto é que soube de sua origem.

Certa vez, em que um hebreu foi ferido por um soldado egípcio, Moisés matou este último e fugiu para o deserto. Não ousando retornar à cidade, teria morrido no deserto se não houvesse encontrado um pastor, Jetro, para quem trabalhou e com cuja filha, Séfora, se casou[9].

O Decálogo — Após ter conhecido os esplendores da corte, Moisés vivia pacatamente com sua família e seu rebanho quando, no Monte Horeb, recebeu a ordem de Deus para voltar ao Egito e libertar seu povo[10].

O faraó só permitiu a saída dos hebreus após muitas delongas; em 1495 a.C., finalmente, os hebreus iniciaram o êxodo através do deserto, guiados por Moisés em demanda da Terra Prometida de Canaã.

Ao passarem pelo Monte Sinai, Moisés subiu aos altos cumes da montanha e recebeu de Deus o *Decálogo* ou os *Dez Mandamentos*:

"1 Então falou Deus todas estas palavras, dizendo: 2 Eu sou o Senhor teu Deus, que te tirei da terra do Egito, da casa da servidão. 3 Não terás outros deuses diante de mim. 4 Não farás para ti imagem de escultura, nem alguma semelhança do que há em cima nos céus, nem em baixo na terra, nem nas águas debaixo da terra. 5 Não te encurvarás a elas nem as servirás; porque eu, o SENHOR teu Deus, sou Deus zeloso, que visito a iniquidade dos pais nos filhos, até a terceira e quarta geração daqueles que me odeiam. 6 E faço misericórdia a milhares dos que me amam e aos que guardam os meus mandamentos. 7 Não tomarás o nome do Senhor teu Deus em vão; porque o Senhor não terá por inocente o que tomar o seu nome em vão. 8 Lembra-te do dia do sábado, para o santificar. 9 Seis dias trabalharás, e farás toda a tua obra. 10 Mas o sétimo dia é o sábado do Senhor teu Deus; não farás nenhuma obra, nem tu, nem teu filho, nem tua filha, nem o teu servo, nem a tua serva, nem o teu animal, nem o teu

---

9. Êxodo I; II, 1-21.
10. Êxodo III, 1-22.

estrangeiro, que está dentro das tuas portas. 11 Porque em seis dias fez o Senhor os céus e a terra, o mar e tudo que neles há, e ao sétimo dia descansou; portanto abençoou o Senhor o dia do sábado, e o santificou. 12 Honra a teu pai e a tua mãe, para que se prolonguem os teus dias na terra que o Senhor teu Deus te dá. 13 Não matarás. 14 Não adulterarás. 15 Não furtarás. 16 Não dirás falso testemunho contra o teu próximo. 17 Não cobiçarás a casa do teu próximo, não cobiçarás a mulher do teu próximo, nem o seu servo, nem a sua serva, nem o seu boi, nem o seu jumento, nem coisa alguma do teu próximo"[11].

Os Mandamentos estabelecem claramente o monoteísmo, a adoração a um único Deus invisível, a santificação do dia do Sábado, a instituição da família, o respeito aos pais. Proíbem a violação da propriedade privada, o homicídio, o falso testemunho, o adultério e até mesmo a cobiça dos bens alheios.

Através do Cristianismo, tais preceitos se propagaram por todo o mundo e continuam até hoje sendo invocados como fundamentos da sociedade por todos os que respeitam a Bíblia.

Na defesa do *Decálogo* se empenharam os juízes ou generais dos hebreus (Gedeão e Sansão), que retornaram à Palestina. O último deles, Samuel, a pedido do povo, ungiu Saul rei de Israel[12].

Com Saul, Davi e Salomão, o Reino de Israel conheceu grande esplendor, a ponto de causar a admiração dos outros povos. Mas o cisma das dez tribos, que não aceitaram o filho de Salomão, trouxe o enfraquecimento.

O povo hebreu se dividiu em dois reinos: o de Israel, ao norte da Palestina, com as dez tribos que se separaram, e o de Judá, ao sul, apenas com as tribos de Judá e Benjamim. Depois de vários reis maus e idólatras como Acab, que com sua mulher, Jezabel, adotou o culto de Baal, e contra quem se ergueu o grande profeta Elias e seu discípulo Eliseu, foram os israelitas conquistados pelos assírios. Misturando-se com vários povos, dispersaram-se pelo Oriente. Os judeus também acabaram conquistados pelos babilônios e sofreram longo cativeiro, sendo animados pelo profeta Daniel. Depois, findo o império caldeu, foram libertados por Ciro, o Persa, voltando a Jerusalém, sua capital. Só muito tempo depois é que os conquistadores macedônios e romanos tomaram sua terra. Durante as

---

11. Livro do Êxodo, cap. 20, versículos de 1 a 17.
12. Juízes III; VI, 11-32; VII; VIII; XIII-XVI. I Livro de Samuel XI; XII, 1-25; XIII.

provações os judeus foram confortados com a esperança do Messias pelos profetas Isaías e Jeremias. Mas, nos tempos de Jesus Cristo, a Palestina era simples colônia romana[13].

O Império Persa

Enquanto os babilônios mantinham os hebreus sob duro cativeiro e profanavam os vasos do templo de Jerusalém, Daniel ameaçou Nabucodonosor com a ruína próxima[14]. Ela viria com os persas.

O império persa era, de início, composto por dois povos: os medos e os persas. Com suas conquistas militares se expandirá, dominando outros povos, até se deter perante a resistência grega, como veremos.

Numa noite, em que o governador da Babilônia, Baltazar, se banqueteava, Ciro, jovem rei dos persas, tomou a cidade através do leito seco do Rio Eufrates, por onde fez passar suas tropas medo-persas[15].

Generoso com os hebreus, Ciro permitiu que voltassem para a Palestina, mas exigiu tributos tanto dos babilônios como dos hebreus.

Era a construção de um vasto império que tinha como capital Persépolis, no planalto do Irã, terra de origem dos medo-persas.

O império se desenvolveu de tal modo que o rei persa Dario I não podia governá-lo por si só. Dividiu-o em províncias ou satrapias, que confiou a governadores ou sátrapas, fiscalizados por funcionários chamados "olhos e ouvidos do Rei Dario".

Seu grande erro foi querer submeter as ilhas do Mar Egeu, passagem para a Grécia. As cidades gregas se uniram contra ele e o derrotaram, bem como a seu filho Xerxes.

Dario III não pôde impedir que Alexandre da Macedônia conquistasse o Império Persa após as vitórias de Grânico e Issus.

Os fenícios: um povo de comerciantes — Cartago

Ao tempo em que a desmesurada ambição de Dario I o levava a destruir a obra de Ciro, um povo pacífico, mas enérgico, edificava o seu império com armas de outra natureza.

---

13. Lucas II, 1-5.
14. Daniel II, 24-43.
15. Daniel V, 24-28; VI, 25 e 28.

Habitando uma região imprópria para a agricultura, mas recortada com muitos golfos e baías, os fenícios se tornaram navegantes. Percorriam as terras da Mesopotâmia, da Palestina e do Egito, e compravam seus produtos, que levavam para as terras do Ocidente. Assim, contribuíram para o intercâmbio comercial entre as cidades e os povos antigos, tão pouco comunicativos.

A mercadoria mais procurada era a tinta de púrpura, que eles extraíam de um molusco chamado *murex*, abundante em seus litorais. Coloriam o vidro e trabalhavam o marfim. Seus produtos chegaram ao Mar Negro (Ponto Euxino) e ao Báltico. Em diversos lugares estabeleceram colônias. Uma delas se desenvolveu mais que a própria metrópole e chegou a ameaçar o prestígio de Roma. Chamava-se Cartago e ficava no norte da África.

Para facilitar as comunicações, os fenícios inventaram uma escrita mais simples: um sinal para cada som. Os gregos a copiaram e daí se originou o alfabeto.

Herdeira do comércio fenício, Cartago se tornou, com Amílcar Barca, uma potência naval. Aníbal Barca, filho de Amílcar, conquistou a Sicília e ameaçou a Campânia. Os púnicos (pois os romanos os chamavam de "mascates", em latim, *puni*) se tornaram uma ameaça, até que seu longo acantonamento em Capri os desarticulou, e então o general romano Cipião os expulsou da Itália.

CAPÍTULO II

HISTÓRIA DO DIREITO ANTIGO
O DIREITO GREGO

ଔ୫ର

A GRÉCIA

Tempos heroicos

A Grécia foi o berço da filosofia e da política, do teatro e da poesia. Situada na península dos Bálcãs, irradiou sua cultura pelo Mar Egeu; daí falar-se em Grécia Continental e Grécia Insular.

Em tempos remotos, a Grécia foi invadida por povos de origem desconhecida, os helenos. Os jônios ocuparam a Hélade, onde fundaram Atenas. Eram laboriosos e pacíficos. Nisso se diferenciavam dos aguerridos dórios, que se estabeleceram no sul da península, no Peloponeso, onde edificaram Esparta. Outras tribos menores, os aqueus e os eólios, ocuparam as ilhas do Mar Egeu: Lesbos, Córcira, Corfu, Chipre etc.

Esses tempos foram celebrados por Homero nos poemas *Ilíada* e *Odisseia*. A *Ilíada* tem como base a lenda da guerra entre gregos e troianos, devido ao rapto de Helena, mulher do rei de Esparta, Menelau, por Páris, filho do rei de Troia, e do longo cerco feito pelos gregos, desunidos entre si em Troia, sobretudo Agamenon, irmão de Menelau, e Aquiles, o mais valoroso dos guerreiros. A desunião dos gregos fez com que a situação do cerco se prolongasse até que Ulisses teve a grande ideia do cavalo de madeira, conhecido como "Cavalo de Troia", que permitiu que a cidade fosse ocupada enquanto todos dormiam. Troia era também conhecida como Ílion, por isso o título do poema.

O outro poema de Homero, a *Odisseia*, relata a tormentosa viagem de Ulisses de volta para seu reino em Ítaca e a fidelidade de sua mulher Penélope.

Ambos os poemas épicos retratam épocas primitivas da Grécia, conhecidas como "tempos heroicos" ou "homéricos". Estenderam-se até o ano 1100 a.C. São características dessas obras a exaltação do valor militar dos heróis e as contínuas intervenções de divindades, como Afrodite, protetora dos troianos e Atena, dos gregos.

Os Trabalhos e os Dias — O Mito das Cinco Idades e o problema da justiça

Os tempos heroicos se inserem no mito das Cinco Idades; é no poema Os Trabalhos e os Dias que Hesíodo nos apresenta o mito das Cinco Idades como coroamento, segundo Havelock, do mito de Pandora[1].

Contém um ensinamento não só para Perses, irmão de Hesíodo, a quem este se propõe ensinar a justiça, mas sobretudo para os que estão incumbidos de administrá-la: os juízes; e até para nós, enquanto preocupados com esse problema.

Isto porque o mito das Cinco Idades não é, em Hesíodo, uma simples narração, mas tem caráter didático, pois nos mostra como reconquistar a felicidade de uma nova Idade de Ouro, pelos caminhos da diké[2].

Quer dizer, embora Hesíodo seja posterior a Homero, seu poema descreve uma época anterior, pois a Idade de Ouro, a de Prata e a de Bronze vieram antes da era da Guerra de Troia e das viagens de Ulisses, em que lutaram os famosos heróis da Ilíada e da Odisseia: Aquiles, Heitor, Ulisses etc.

As Cinco Idades assim se dispõem:

— Idade de Ouro......................Versos 109 a 126 do poema;

— Idade de Prata......................Versos 127 a 142;

— Idade de Bronze.....................Versos 143 a 155;

— Idade dos Heróis....................Versos 156 a 173;

— Idade de Ferro......................Versos 174 a 202.

É flagrante a oposição entre a mutabilidade das Idades Humanas e a eternidade imutável do mundo divino de Zeus e do Olimpo.

Segundo Goldschmidt, a tradição antiga era de Quatro Idades, e, supondo que os aedos beócios jamais ousariam inventar no mundo

---

1. Havelock, The Liberal Temper in Greek Politics, New York, Schoken Books, 1957.

2. Robert Aubreton, Introdução a Hesíodo, São Paulo, FFCL da USP, 1956, Bol. n. 215, p. 25 e s.

mitológico, conclui-se que Hesíodo inseriu entre a terceira e quarta uma Idade dos Heróis sem designação análoga às "metálicas" e ousando interromper a série de decadências de uma para outra Idade, tentando adaptar a tradição dos heróis ao mito das Idades, mantendo a divisão tradicional do mundo divino:

I — deuses (provenientes da Idade de Ouro)

II — anjos (em grego *daimon*) (provenientes da Idade de Prata)

III — habitantes do Hades (provenientes da Idade de Bronze)

IV — heróis (provenientes da Idade dos Heróis)

V — homens (provenientes da Idade de Ferro)

Por outro lado, Hesíodo estava mais interessado no destino pós-terreno dos heróis, enquanto isso vinha em segundo plano nas demais Idades.

A IV, Idade dos Heróis, sendo sensivelmente superior à anterior (verso 158), mostra que não há decadência sem interrupção, e explica o aparecimento dos heróis, completando, segundo Goldschmidt[3], o universo mitológico.

Para Jean Pierre Vernant, as Idades ou "Raças" não seguiriam uma ordem cronológica, embora o poema diga expressamente "... *e depois criou Zeus...*". Entretanto, há um conceito cíclico, adotado por Vernant, mais admissível:

— Idade de Ouro

　Idade de Prata . . . . Do superior para o inferior.

— Idade de Bronze

　Idade dos Heróis . . . . Do inferior para o superior.

— Idade de Ferro (1ª)

　Idade de Ferro (2ª) . . . . Do superior para o inferior.

Quer dizer que Vernant considera uma subdivisão na Idade de Ferro, sendo que a primeira época, ainda que ruim, seria seguida de uma segunda época, ainda pior. Isto, em princípio, coadunaria com a visão hesiódica da história como retrocesso[4].

---

3. V. Goldschmidt, *Theologia, Revue des Études Grecques*, 1950.

4. Jean Pierre Vernant, *Mito e Pensamento entre os Gregos*, São Paulo, Difel/EDUSP, 1973, p. 11-70.
   A concepção cíclica do tempo está presente em todo o mundo antigo. Nos Tempos Modernos, ela ressurge no século XVIII, no Reino de Nápoles, com o filósofo Giambattista

Aliás, é o que frisa Havelock, que apresenta Hesíodo como o exemplo de uma visão antagônica do evolucionismo, o expoente da filosofia da história como um retrocesso.

Havelock salienta o aspecto utópico da Idade de Ouro, em que o trabalho era agradável e voluntário (versos 118, 119). O fogo e a mulher foram as causas do desastre do homem; a técnica não o tornou mais feliz, apenas o indispôs com Zeus. Daí, salienta Havelock, o sonho de uma nova Idade de Ouro, sem a técnica. Essa idealização do Estado como meta a atingir se encontrará em Platão, na *República*. E podemos dizer que, em Hesíodo, o platonismo é embrionário, mas se define com suas características principais.

A causa da queda do homem foi o recurso à violência e o abandono da justiça. Vernant, cuja concepção é cíclica, aponta como motor das ascensões e quedas a perda da *diké* e o predomínio da *hybris* e vice-versa.

A *diké* é o que caracteriza a Idade de Ouro, e foi a *hybris* que trouxe a Idade de Prata, se bem que em pequena escala; com a Idade de Bronze, inaugurou-se o império da *hybris*, cada vez mais longe da época primitiva, passando da violência jurídica à violência física, como denota o metal simbolizador dessa Idade, o bronze, pesado, que servia para confeccionar a lança, como o ouro era o metal do cetro.

Com a idade dos Heróis, o guerreiro se submete à justiça, a raça é mais corajosa e mais justa, a *hybris* está submetida à *diké*, a força a serviço do direito, como diria Jhering.

São os heróis premiados com a ilha das bem-aventuranças, enquanto a soberania olímpica é garantida pela força dos guerreiros justos, que vão preencher um espaço da hierarquia divina, como salientamos acima.

Para a reconquista do *Paradise Lost*, a volta à *diké* é a única solução. Com efeito, a Idade de Ferro trouxe uma recrudescência da brutalidade, e, de certo modo, a humanidade decaiu mais um degrau, passando da violência de viseira erguida, da Idade de Bronze, para uma violência disfarçada e dissimulada, falaciosa e enganadora. Só há um caminho de recuperação: a prática da justiça.

Mas isso não se conquista facilmente; antes, pelo contrário, resulta de uma luta contínua.

Vico e seus *corsi* e *ricorsi* da história, descrevendo o caráter cíclico das eras históricas: mítica, heroica e racional. Depois, novamente mítica (cf. Benedetto Croce, *La Filosofia di G. B. Vico*).

Para conseguir a sua recuperação, o homem tem uma via: a da *diké*. E, para seguir exatamente essa trilha, impõe-se a *eris*, a luta. Não é a luta da *hybris*, a violência; é o denodado esforço para chegar à justiça.

Para Hesíodo, a *eris* coincide com o trabalho, do qual ele faz apologia para seu irmão e para todos os ouvintes.

Quer isso significar que Hesíodo abre perspectivas de "redenção", ao lamentar "não ter morrido antes da Idade de Ferro, nem ter nascido depois", sendo esta última frase clara referência a uma época melhor, futura.

Com isso, a poesia hesiódica é eminentemente didática e formativa, e não apenas descritiva ou encomiativa, como a da *Ilíada*.

Não se pode chamar Hesíodo de "poeta da questão social", pois a fábula do rouxinol mostra bem que não seria ele o apologista da reação violenta contra os *basilee*, mas notamos em seus versos uma preocupação em exaltar as virtudes campesinas e o trabalho do campo, como prática da *diké* e renúncia à *hybris*; luta boa e justa, *eris*, de onde vem a felicidade da nova Idade de Ouro[5].

Nem aceitamos a opinião de Havelock, quando este autor vê em Hesíodo um homem que "não compreende as novas gerações", pois não há traço disso em todos os versos consagrados às Cinco Idades.

Mas, também, não vamos até o ponto de considerar tudo como parábola. Não é este o tom da narração, pois, como o reconhece o próprio autor desta interpretação, Rosenmeyer, o mito das Cinco Idades vem contado em versos que muito se aproximam do estilo épico de Homero.

Como já dissemos, Havelock estabelece contatos entre Hesíodo e a filosofia de Platão. Além disso, pretende interpretar o mito das Cinco Idades com paralelismos da história, anterior ou contemporânea de Hesíodo. Assim, ele vê no mito de Pandora as dificuldades que teve o *homo sapiens* com a mulher, e também, com a agricultura.

A Idade de Bronze corresponderia à Grécia Micênica, na qual a agressividade mútua aumenta.

Os males da Idade de Ferro descrevem o temor causado pela descoberta do ferro, e a reação normal de um povo agrícola perante os metais é identificá-los com a desgraça.

---

5. Starzynski, Gilda M. Reale, Hesíodo e a Evolução Religiosa na Grécia Antiga, *Revista de História*, São Paulo, USP, 1950, n. 1, p. 30-1.

Rosenmeyer observa, muito a propósito, que a historiografia de Hesíodo é no sentido passado-presente, enquanto em Heródoto ela caminha no sentido inverso, presente-passado[6].

Interessante também a observação de Joseph De Maistre, quando mostra que Hesíodo em nenhuma Idade coloca o homem no estado selvagem ou de isolamento, inserindo-o sempre em grupos sociais, inclusive na decadente Idade de Ferro. Assinala, ainda, a concordância de Hesíodo com as tradições helênicas e do Oriente Próximo, que situam a Idade de Ouro como a primeira delas, no sentido oposto ao evolucionismo.

De que maneira harmonizar essa concepção das Cinco Idades com certas visões do homem primitivo, provenientes também da tradição grega, e que o mostram no "estado silvestre", alimentando-se de *glandes* selvagens?

De Maistre aventa a hipótese de se tratar de uma visão tradicional de determinada população, e não de toda a Hélade, visão esta que interpreta a marcha da humanidade sempre em termos globais e sociais[7].

Vemos então quantas implicações interessantes nos traz o estudo desse mito, tal como se encontra na obra *Os Trabalhos e os Dias*.

A organização social primitiva da Grécia foi do tipo patriarcal e feudal; não havia propriamente um Estado grego, como hoje. Cada núcleo populacional constituía uma cidade autônoma.

A célula inicial das cidades foi a família; esta se agregava em torno do pai, sumo sacerdote do culto doméstico dos antepassados ou lares, que era a autoridade máxima na família.

O parentesco entre duas ou mais famílias levou-as a constituírem uma fratria, cujo chefe era o pai de família do tronco genealógico mais antigo.

A necessidade de associação levou as famílias e fratrias a relações suprafamiliares, e a se unirem numa confederação de famílias, origem próxima da cidade, que se estruturou como uma família amplificada, com seu forte ou acrópole; seu templo ou pritaneu; e sua praça de deliberações ou ágora.

---

6. T. G. Rosenmeyer, *Hesiod and Historiography*, apud De Sanctis, *Studi di Storia della Storiografia Greca*, Florença, 1951, p. 21 e s.

7. Joseph De Maistre, *Les Soirées de Saint Petersbourg*, Paris, II Entretien — Editions La Colombe, 1960.

Esparta e Atenas — o século de Péricles

Quem percorresse a Grécia antiga, descendo das regiões férteis da Hélade para a zona montanhosa do Peloponeso, certamente notaria a profunda diferença entre as populações, em função das divergências geográficas.

Na Hélade, ou Grécia central, encontraria, em meio aos campos verdejantes da Tessália, famílias que viviam do pastoreio, sob a influência política e social de Atenas, na Ática.

A curta distância da acrópole ateniense, observaria os jovens que, acompanhados por seus mestres, percorriam os campos, entregues a conversações filosóficas ou na execução de trabalhos de estatuária no mármore ali abundante.

Se depois, atravessando o istmo de Corinto, aportasse ao Peloponeso, encontraria nas montanhas da Lacedemônia a acrópole de Esparta. Veria então o bulício militar que a cercava. Os jovens espartanos preparando-se nas "palestras" para as lides guerreiras.

Com efeito, a educação da juventude exprimia bem a índole diversa das duas cidades mais importantes da Grécia.

Atenas era uma cidade que cultivava a filosofia e as artes, enquanto Esparta celebrava, acima de tudo, o heroísmo patriótico.

No decorrer de longos séculos, Esparta permanecia uma aristocracia militar, constituída por dois reis, cinco éforos ou juízes e vinte e oito gerontes, conforme planejara Licurgo, personagem envolto pela lenda da primeira invasão dórica. Sua organização social se estratificava em classes sociais bem distintas: os espartanos ou cidadãos; os ilotas, os inferiores, que não eram cidadãos e que não tinham culto doméstico; e os periecos ou estrangeiros.

Duas famílias patriarcais, os Ágidas e os Euripôntidas, davam o tom aristocrático e militar a Esparta, que vivia dos tributos das cidades vizinhas do Peloponeso e do Mar Egeu, conquistadas com seu exército de falanges bem organizadas.

Do outro lado do istmo de Corinto, na Ática, Atenas tinha passado por grandes revoluções. Primitiva monarquia, foi, como Esparta, transformada numa aristocracia, governada pelo Areópago, em que se assentavam os arcontes.

Havia nove arcontes: o rei, o juiz (epônimo), o comandante do exército (polemarco) e os intermediários com o povo ou administradores (tesmotetas). Como em Esparta, também em Atenas havia os nobres ou eupátridas, membros de famílias patriarcais; depois, o povo constituído por comerciantes (zeugitas) e estrangeiros (metecos); e, finalmente, o povo genericamente chamado de tetas ou diaristas.

Em 612 a.C., Sólon suprimiu a nobreza, apoiado pelos grandes comerciantes, que passaram ao primeiro plano como arcontes. Essa primeira revolução tinha em seu cerne os gérmens da segunda; os tetas apoiaram Pisístrato, que se tornou ditador com a promessa de realizar reformas agrárias.

Tal ditadura acabou com as grandes fortunas rurais, preparando o advento da revolução de Clístenes.

Atenas passou a ser uma democracia, em que todos os cidadãos governavam, agrupados em demos, pelo domicílio. Os arcontes foram substituídos pelos estrategos ou magistrados populares. Todos poderiam ser eleitos por um ano.

Porém, com o tempo, os "demagogos" (sentido primitivo: *demagogós* = líder), ou oradores, levaram o povo para as decisões que lhes convinham.

As discussões partidárias tomaram, com o tempo, o caráter de acirradas disputas pela posse do poder.

A isto pôs fim o General Péricles, que transformou a democracia pura de Atenas em democracia representativa. Instituiu um Grande Júri (Dicastério), dividido em dez seções, com quinhentos jurados cada uma. Era o órgão que governava a cidade, pois a assembleia popular, ou Ápela, nada poderia decidir que não fosse proposto pelo Grande Júri, ou Bulé, e tudo o que resolvesse era fiscalizado pelos heliastas, designados pelo Grande Júri.

Porém, ansiando pela paz interna, os atenienses aceitaram a oligarquia de Péricles, entregando-se às suas ocupações quotidianas, em que não pouco tempo era dedicado às artes.

Assim, Fídias pôde cinzelar os frisos do Partenon, sustentados por elegantes colunas dóricas, caracterizadas pelos capitéis graciosos.

No Odeon, representavam-se as tragédias de Sófocles e as comédias de Aristófanes. Não faltavam nessas obras teatrais os reflexos dos debates ideológicos do momento, as disputas de Sócrates, Platão e Aristóteles com os sofistas.

Discutiam-se os pontos básicos do pensamento humano, desde a noção do ser e do ato até a legitimidade da autoridade e as atribuições do Estado.

Foi o derradeiro clarão da chama bruxuleante da cultura grega, prestes a apagar-se: o século de Péricles. Seu maior legado foi a ideia de Estado (*polis*), e de um direito natural acima das leis positivas.

O PENSAMENTO JURÍDICO GREGO

A ideia de direito natural na Grécia

Todos os povos iniciam sua trajetória com a ideia da sacralidade da moral e do direito, sendo este de natureza imutável, enquanto a mutabilidade nasce da contingência histórica. A observação de tal mutabilidade introduz a concepção de um direito natural (por comparação), uma noção de lei superior a ser procurada.

Os pré-socráticos e a ideia de justiça

Na Grécia, a mitologia ou narração da origem do cosmos, dos deuses e do homem foi substituída pela indagação mais racional: qual a substância primeira de todos os seres? Os filósofos anteriores a Sócrates (469-399 a.C.), por isso chamados pré-socráticos, opinavam que antes de que tudo surgisse havia a água (Tales de Mileto), o ar (Anaxímenes), algo indeterminado (Anaximandro), ou o fogo (Heráclito).

Heráclito dizia que tudo se move, mas há uma harmonia que permanece (a ideia de *logos* divino); na própria diversidade das leis se vê a necessidade de uma lei eterna.

Outro importante filósofo, Pitágoras, identificava a justiça como a relação numérica de igualdade entre uma ofensa e sua reparação.

A filosofia de Sócrates, Platão e Aristóteles

Mais tarde, o mestre de Platão, Sócrates, via na voz da consciência um reflexo dos valores supremos e da ordem do mundo estabelecida pelos deuses.

Já Platão (427-347 a.C.) distinguia o justo "em virtude da natureza" do justo "em virtude da lei". Na *República*, o Estado ideal não é governado por leis, feitas de acordo com a vontade humana, mas sim por princípios da natureza, ditados por conhecedores da ciência real, a ciência da Justiça (Themis, esposa de Zeus). Por isso considera que tais governantes deveriam ser preparados desde meninos para tão elevado cargo, pois sua vontade seria lei para os cidadãos. No diálogo *Político*, em contrapartida, apresenta a lei como expressão da vontade do legislador, escolhido entre os melhores, que procura a justiça humana ou Diké, filha da Justiça, mas não divina, por isso sujeita a erro. Finalmente, no diálogo de sua velhice, *Leis*, admite que a lei possa provir de uma assembleia de todos os cidadãos, mas tanto poderá ser justa como injusta. Lembremos que Platão viu seu amado mestre, Sócrates, ser condenado à morte pelo veneno, por um governo democrático, para entender seu aristocratismo radical. Alguns quiseram ver em Platão um precursor do positivismo jurídico[8]. Mas vemos que ele distingue perfeitamente o direito natural do direito positivo, Themis de Diké.

Seu discípulo, Aristóteles (384-322 a.C.), em sua *Ética a Nicômaco*, dá uma base sólida à noção de justiça, como sinônimo de igualdade ou proporcionalidade... Para Aristóteles a justiça poderia ser: comutativa ou de troca, visando à igualdade entre o que se dá e o que se recebe, por exemplo num contrato de compra e venda entre dois cidadãos. Mas também poderia ser distributiva, quando o Estado distribui bens de acordo com o mérito de cada um, visando à proporcionalidade, por exemplo na remuneração de funcionários públicos, de acordo com o trabalho efetuado por cada um.

Em Roma, os estoicos reduziram a filosofia à ética: a lei da natureza, como dizia Sócrates, está no íntimo de cada um — não depende de promulgação —, mas há já uma tendência em equiparar sabedoria e virtude, razão e natureza. Como se sabe, o estoicismo influenciou poderosamente o direito romano. Daí que, no direito romano, a equidade é um reflexo da lei natural, como algo racional, *ratio scripta* na natureza das coisas e que para o advogado e senador romano Marco Túlio Cícero (106-43 a.C.) seria uma lei eterna, permanente, imutável que as convenções humanas não poderiam nunca mudar.

Com o Cristianismo, a lei natural é a lei escrita nos corações dos homens, de que o *Decálogo* seria a expressão acabada[9].

---

8. Michel Villey, *La Formation de la Pensée Juridique Moderne*, Paris, Ed. Montchrestien, 1975, p. 21-35.
9. Epístola de S. Paulo aos Romanos, 2,15.

As guerras greco-pérsicas

Todo esse legado cultural foi posto em perigo pelas invasões persas. Havia algo que enfraquecia a Grécia: o espírito de rivalidade. Além de profundamente diferentes, Esparta e Atenas eram rivais, disputando a hegemonia da península.

Descreve-nos Fustel de Coulanges que estava na índole das cidades--estado serem inimigas: o culto aos deuses da cidade era particularista, excluindo os estrangeiros cujos deuses eram inimigos da cidade, pois nela não eram cultuados[10].

Porém, razão para tais competições desapareceu quando um inimigo comum procurou conquistar as ilhas do Egeu, como trampolim para invadir a Grécia. O Rei Dario I da Pérsia ameaçava a península com seu expansionismo pelo Ocidente.

Então, as cidades gregas se uniram em uma confederação contra os persas.

Após o primeiro ataque persa, frustrado em Maratona pelo general ateniense Milcíades, o rei de Esparta, Leônidas, aderiu à guerra, assumindo o comando das forças terrestres nas Termópilas, enquanto o ateniense Temístocles comandava as forças navais das cidades aliadas.

Xerxes, filho e sucessor de Dario I, iniciou o ataque pelo sul, desembarcando suas tropas no Peloponeso. As embarcações tentariam bloquear o golfo de Salamina, e, acobertados pelas tropas vindas do sul, os marinheiros persas tomariam Atenas.

O valor de Leônidas e seus trezentos espartanos nas Termópilas, resistindo até a morte, levou os persas a uma fragorosa derrota em Salamina. As pesadas embarcações de Xerxes não podiam acompanhar as rápidas manobras das trirremes atenienses, e não contavam mais com as forças de terra, bloqueadas no desfiladeiro das Termópilas.

De defensores de sua terra, os gregos passaram ao ataque. O general espartano Pausânias vingou Leônidas na batalha de Plateia. A marinha ateniense, por sua vez, perseguiu e venceu os persas em Mícale.

Címon de Atenas pisou em terras persas e enfrentou o filho de Xerxes, Artaxerxes, em Emimedonte. Vencido pelos gregos, o príncipe se rendeu, renunciando às ilhas do Mar Egeu.

---

10. Fustel de Coulanges, *A Cidade Antiga*, São Paulo, Ed. das Américas, 1961, v. 1.

Para evitar novas incursões, os atenienses convidaram as cidades gregas a formar uma confederação permanente, com sede em Delos. Atenas, líder da confederação, tornava-se a primeira cidade da Grécia.

Disso se ressentiu Esparta, dando origem à guerra civil, ou do Peloponeso, cujos efeitos veremos.

ALEXANDRE MAGNO

A hegemonia macedônica

Ainda não tinham silenciado as últimas trombetas com que os atenienses proclamavam sua vitória sobre os persas, definitivamente expulsos do Mar Egeu após batalha de Eurimedonte, e já se percebiam os primeiros sinais de uma próxima guerra entre Atenas e Esparta.

De fato, as duas cidades rivais na península tinham-se unido temporariamente contra os persas de Xerxes, mas o anúncio ateniense da criação de um organismo permanente, a Confederação de Delos contra o expansionismo persa, e da qual os espartanos estavam exclusos, reacendeu antigos ódios e fez surgir a guerra civil.

A Guerra do Peloponeso ensanguentou a Grécia Continental e levou seus desastrosos efeitos até a Sicília ou Magna Grécia. O comando de Péricles não foi bem-sucedido. Após dez anos de lutas, os atenienses foram obrigados a pedir a paz.

O reinício das hostilidades, causado pela imprudência de Alcibíades, sobrinho de Péricles, levou os atenienses a sofrer derrotas que culminaram com a de Egos-Pótamos, quando o rei de Esparta, Lisandro, aniquilou os atenienses e devastou a Ática.

A ferro e fogo, Esparta arrebatara a hegemonia de Atenas. Mas não por muito tempo.

O rei de Tebas, Epaminondas, percebeu que os espartanos se encontravam debilitados, por sustentarem guerras contínuas, e julgou favorável o momento para tornar sua cidade a primeira cidade-Estado da Grécia. Isso aumentou ainda mais as discrepâncias entre os gregos, já afastados entre si.

Quando, pois, Felipe, rei da Macedônia (cidade-Estado ao norte da Península Balcânica), atacou a Grécia, os gregos não puderam unir-se para enfrentá-lo. O grande orador ateniense, Demóstenes, procurou uni-los em seus discursos contra Felipe (*Filipicas*). Foi em vão. Antigos ressentimentos, marcados com sangue, impediram qualquer coligação.

Com suas célebres falanges macedônicas, Felipe venceu os tebanos em Cheroneia e submeteu toda a Grécia, com relativa facilidade.

A ascensão de Alexandre

A morte súbita não permitiu a Felipe gozar de seu triunfo. Foi assassinado aos quarenta e seis anos de idade.

O trono vacante ficava para seu único filho, Alexandre, de apenas vinte e dois anos. Grandes problemas deveria enfrentar: consolidar o domínio da Grécia e impedir os persas de novas tentativas no Mar Egeu. Estaria ele preparado para tal função?

Plutarco, no célebre livro *Vidas Paralelas*, nos diz que Felipe, tendo notado o caráter indócil de Alexandre, mandou chamar o grande filósofo Aristóteles, da cidade de Stagira, a que reconstruiu a fim de agradar o sábio e fazê-lo aceitar o cargo de pedagogo de Alexandre.

Aristóteles, sem dúvida o maior filósofo da Antiguidade, educou o príncipe no cultivo das letras gregas, familiarizando-o desde cedo com a *Ilíada* e a *Odisseia*.

Além disso, o mestre ensinou o infante a não se entregar às orgias e à cobiça, amparando-se em sua elevada posição. Alexandre foi o príncipe da Antiguidade que viveu em castidade até o matrimônio, e que aliou a cultura de Atenas à disciplina moral de Esparta, realizando, assim, uma síntese admirável da civilização helênica.

Os gregos, há pouco dominados, julgaram que fosse o momento favorável, já que "uma criança reinava na Macedônia" — como dizia Demóstenes. Tebanos e atenienses se revoltaram contra Alexandre.

Vencendo a apatia dos seus cortesãos, que pretendiam desistir da Grécia, Alexandre marchou contra Tebas dizendo: "Vou provar a Demóstenes que já sou homem feito"[11].

Derrotou os defensores de Tebas na batalha de Cadmeia, em que morreram seis mil soldados. Ao receber a notícia da vitória de Alexandre, os atenienses se submeteram.

Admirador da cultura ateniense, Alexandre poupou a cidade dizendo: "Atenas foi feita para ditar as leis a toda a Grécia".

---

11. Plutarco, *Vidas Paralelas*, São Paulo, Ed. das Américas, 1963, v. 8.

A obra de Alexandre

Pacificada a Grécia, voltou-se a atenção de Alexandre para a Pérsia, perene ameaça para as ilhas gregas do Mar Egeu. A façanha que seu pai não pudera realizar, iria empreendê-la ele próprio.

Atravessou o Helesponto e, à margem do Rio Grânico, os generais persas de Dario III ofereceram-lhe batalha. As falanges macedônicas lutavam corpo a corpo contra os persas, menos organizados. Alexandre estava crivado de flechas que não lhe penetravam a couraça e animava seus comandados.

Após vencer em Grânico, Alexandre era senhor da Capadócia. No campo de batalha, continuava a levar a vida frugal de sempre, rejeitando os presentes dos governadores vencidos que das diversas cidades lhe enviavam iguarias.

A batalha de Issus representou o crepúsculo do império persa. Dario III morreu assassinado antes de poder revidar a Alexandre (333 a.C.).

Magnânimo com os vencidos, Alexandre sentiu profundamente o assassinato de Dario III, e não descansou enquanto não puniu com a morte o traidor homicida. Tratou com generosidade a imperatriz da Pérsia e desposou sua filha Roxana, para unir, pelos laços familiares, duas dinastias antes inimigas.

No governo da Pérsia, Alexandre empregou príncipes e magistrados persas, mantendo o uso e os costumes persas, apenas exigindo a subordinação a seu trono imperial. Essa atitude de Alexandre, inédita na Antiguidade, repetiu-se quando o Egito e a Mesopotâmia foram anexados a seu império.

Fundou no Egito a cidade de Alexandria, em que reuniu numa biblioteca todos os documentos que coligira através da Ásia Menor, relativos à história e à cultura da Antiguidade oriental.

Com efeito, Alexandre colocara sua espada a serviço da cultura. As lições de seu mestre Aristóteles não tinham sido baldadas. O grande sonho de Alexandre era helenizar todo o mundo, isto é, comunicar aos povos da Ásia os valores da cultura grega e seus progressos no campo filosófico, em que Sócrates, Platão e Aristóteles se elevam ao monoteísmo e à concepção da dignidade humana, dele decorrente[12].

O pan-helenismo era sua grande meta: a unificação do mundo sob a

---

12. Benoist-Méchin, *Alexandre Magno*, Lisboa, Lello e Irmão Ed., 1980, p. 190.

hegemonia da cultura grega, sem destruir as riquezas regionais das diversas culturas asiáticas ou norte-africanas.

Mas a morte o ceifou aos trinta e dois anos (323 a.C.), na cidade de Babilônia, de uma febre que o acometeu repentinamente. Sua morte foi pranteada por todos os seus súditos, gregos, africanos e asiáticos. A história lhe concedeu o título de "Magno", Grande.

CAPÍTULO III

O DIREITO ROMANO

 લ૪ૐ

A tradição primordial

O século XVIII nos legou uma ideia de direito romano como algo acabado e perfeito desde os primórdios, como se as Doze Tábuas já fossem um Código e os juristas romanos se limitassem a interpretar as suas disposições. Vê-se a simplificação de perspectivas que tal concepção vem trazendo para os estudiosos do Direito, retirando ao *Jus Civile* sua característica principal, a de ser flexível, adaptável às circunstâncias, sendo enorme o papel desempenhado pelo pretor no *aggiornamento* contínuo das disposições jurídicas, a ponto de se poder dizer que o direito romano foi antes de tudo um direito pretoriano.

Como decorrência do equívoco acima delineado, as Doze Tábuas parecem brotar como Minerva da cabeça de Júpiter, sem qualquer antecedente histórico, ficando rejeitada como desnecessária uma indagação mais atenta a respeito do direito romano anterior a elas, tachado de "primitivo", aliás, dentro de uma visão evolucionista que é típica do século XIX, por herança de Condorcet, hoje não mais aceita pela antropologia.

No entanto, em matéria de pátrio poder pouco ou nada se poderá conhecer do instituto sem apelar para uma antiquíssima tradição indo-europeia. Eis o motivo pelo qual um Fustel de Coulanges, na obra ainda clássica *La Cité Antique*, salienta a importância do culto dos antepassados na sociedade tanto latina como helênica, em seus primórdios, para mostrar que o poder paterno é uma das peças fundamentais para entender a antiga concepção da família, da propriedade, da herança, da autoridade, de que permaneceram traços mesmo em institutos romanos da Época Clássica. Fustel de Coulanges observa que "a família não recebeu suas leis da cidade. Se tivesse sido a cidade a estabelecer o direito privado, teria provavelmente elaborado algo diverso, teria regulado de acordo com outros princípios o direito de propriedade e o direito de sucessão, pois não era de seu interesse que a terra fosse inalienável e o patrimônio fosse indivisível. A lei que permite ao pai vender ou até mesmo tirar a vida de seu filho, lei que encontramos tanto na Grécia como em Roma, não foi imaginada pela Cidade. Ela teria antes dito ao pai: 'A vida de tua mulher e de teu filho não te pertencem e nem a sua liberdade; eu os protegerei mesmo contra ti; não serás tu que os julgarás, que os executarás se eles se tornarem culpados: eu serei seu único juiz'. Se a Cidade não fala assim é porque ela não pode, pois o Direito Privado existia antes dela. Quando ela começou a estabelecer suas leis por escrito, já encontrou esse Direito estabelecido, vivo, enraizado nos costumes, forte através de uma adesão universal. Ela o aceitou, por não poder agir de outro modo, e não ousou modificá-lo senão com o correr do tempo. O Direito antigo não é obra de um legislador, mas antes se impôs ao legislador. Foi na família que ele nasceu. Saiu espontaneamente e todo formado dos antigos princípios que o constituíam. Decorreu de crenças religiosas que eram universalmente admitidas, na era primitiva de tais povos e que exerciam um império sobre suas inteligências e sobre suas vontades"[1].

Se não foi a cidade-Estado que criou o pátrio poder, mas apenas reconheceu algo já existente, temos de buscar sua origem em épocas mais remotas.

Émile Benveniste nos esclarece sobre a origem etimológica do termo latino *pater*: "De todos os termos de parentesco, a forma mais genuína é o nome de 'Pai', 'Pater', do sânscrito 'Pitar'. O termo 'Pater' está plenamente justificado no seu emprego mitológico, pois é a qualificação permanente do Deus Supremo dos Indo-Europeus. Figura no Vocativo do nome divino de 'Júpiter'. A forma latina se originou de uma fórmula de invocação: 'Dyen Pater' = 'Pai Celeste', como no Vocativo grego: 'Zeû Páter'. Neste sentido originário, a relação de paternidade física é de se excluir, pois estamos longe do parentesco estritamente físico e 'Pater' não designa o pai no sentido pessoal. 'Atta' é o pai nutrício, o que educa a criança. Daí a diferença entre 'Atta' e 'Pater'. A 'Patria Potestas' é o poder que se liga à ideia de pai em geral, que ele detém por sua qualidade de pai. 'Patrius' se refere não ao pai físico, mas ao pai enquanto classificação de parentesco. 'Paternus' é o adjetivo derivado de 'Pater' que exprime o pai físico e pessoal. Temos um terceiro adjetivo derivado de 'Pater', 'Patricius', o que descende de pais livres, nobres, exprimindo uma hierarquia social"[2].

---

1. Numa Dénis Fustel de Coulanges, *La Cité Antique*, 9. ed., Paris, Hachette, 1881, p. 93.

2. Émile Benveniste, *Le Vocabulaire des Institutions Indo-Européennes; Economie, Parenté, Société*, Paris, Les Éditions de Minuit, 1969, v. 1, p. 209-11 e 271.

Essas observações corroboram as afirmações de Fustel de Coulanges: "A religião doméstica está de acordo com a natureza, ela afirma que o pai será o chefe do culto, e que o filho deverá somente ajudá-lo em suas funções sagradas. Mas a natureza não exige esta subordinação senão durante um certo número de anos, a religião exige mais. A natureza dá ao filho uma maioridade, que a religião não lhe concede. De acordo com antigos princípios o lar é indivisível e a propriedade é como ele, os irmãos não se separam pela morte do pai, com muito maior razão não podem se separar dele durante a vida. No rigor do direito primitivo os filhos continuam unidos ao lar paterno e, assim sendo, ficam submetidos à sua autoridade. Enquanto ele viver, os filhos são considerados menores"[3].

É, pois, mais exato falar em "pátrio poder" do que em "poder paterno". "Paterno" é adjetivo que etimologicamente se reserva para qualificação de parentesco: avô paterno, lado paterno etc. Já "pátrio" exprime a ideia de hierarquia e de estirpe: patriciado, gens patrícias, e, como lembra *La Cité Antique*: "Platão diz que o parentesco é a comunidade dos mesmos deuses domésticos. Plutarco define dois irmãos como sendo dois homens que têm o dever de fazer os mesmos sacrifícios domésticos. O princípio do parentesco não era o nascimento, era o culto. A agnação era o parentesco como ficara estabelecido pela religião no princípio. À medida que a antiga religião se enfraqueceu, a voz do sangue passou a falar mais alto, e o parentesco por nascimento foi reconhecido pelo Direito: os romanos chamaram de 'cognatio' esta espécie de parentesco, que era absolutamente independente das regras da religião doméstica"[4]. E qual o fundamento do poder do pai, na tradição mais antiga? "Tinha por princípio e por condição o culto doméstico. O filho nascido do concubinato não estava colocado sob a autoridade do pai. Entre o pai e ele não existia comunidade religiosa, não havia, pois, nada que conferisse a um, autoridade, a outro, obediência. A paternidade não era por si só suficiente para conferir direitos de pai"[5].

Que direitos eram esses?

"As leis gregas e romanas reconheceram esse poder ilimitado do pai, como dele o revestira a religião, nos primórdios. Os vários direitos que as leis lhe conferiam podem ser catalogados em três categorias, segundo se

---

3. Fustel de Coulanges, *A Cidade Antiga*, São Paulo, Ed. das Américas, 1961, v. 1, p. 96.
4. Ibid., p. 58.
5. Ibid., p. 96.

considera o pai de família como chefe religioso, como senhor da propriedade ou como juiz. O pai é o chefe supremo da religião doméstica, dirige todas as cerimônias do culto, e, por consequência, é o responsável pela perpetuidade do culto e da família. Tudo o que se relaciona com essa perpetuidade, que é seu primeiro dever e cuidado, depende apenas dele. Daí deriva uma série de direitos: direito de reconhecer a criança no ato do nascimento ou de rejeitá-la. Esse direito é atribuído ao pai, tanto pelas leis gregas como pelas leis romanas (Heródoto, I, 59. Plutarco, *Alcibíades*, 23. *Agesilau*, 3). Por mais bárbaro que nos pareça, não está em contradição com os princípios básicos da família (antiga). A filiação, mesmo se incontestada, não basta para ingressar no círculo da família, é necessário o consentimento do chefe e a iniciação no culto. Enquanto a criança não for associada à religião doméstica, nada representa para o pai. Direito de repudiar a mulher, quer em caso de esterilidade, porque a família não deve se extinguir, quer em caso de adultério, porque a família e a descendência devem ficar isentas de toda e qualquer alteração. Direito de ceder a filha em casamento, cedendo a outro o poder que tem sobre ela. Direito de ceder o filho em casamento, pois o casamento do filho interessa à perpetuação da família. Direito de emancipar, isto é, de excluir um filho da família e do culto. Direito de adotar, isto é, de introduzir um estranho junto ao culto do lar doméstico. Direito de designar, ao morrer, um tutor para a mulher e para os filhos. (...) O filho não possuía coisa alguma, nenhuma doação feita por ele era válida, pela mesma razão que nada possuía de próprio, não podia adquirir coisa alguma, os frutos de seu trabalho, os lucros de seu comércio eram devidos ao pai. Se um testamento era feito por algum estranho em seu favor, o legado era recebido, não por ele, mas pelo pai. Por aí se explica o texto romano que proíbe a venda de pai para filho, pois estaria o pai vendendo para si mesmo. Vemos no antigo direito de Roma e de Atenas que o pai poderia vender o filho (Plutarco, *Sólon*, 13. Dionísio de Alicarnasso, II, 26. Gaio, I, 117, 132. Ulpiano, X, 1. Tito Lívio, XLI, 8. Festo, *Deminutus*, 5º). É que o pai podia dispor de toda a propriedade que estava na família e o filho era considerado como simples propriedade do pai, pois seu trabalho era fonte de renda para o pai e para a família. O pai poderia, pois, guardar para si mesmo esse instrumento de trabalho ou cedê-lo a outro, e denominava-se 'vender o filho'. Os textos que possuímos não nos esclarecem devidamente sobre a natureza de tal contrato de venda e sobre as reservas porventura nele contidas. O que parece certo é que o filho não ficava na condição de escravo do comprador e que o pai poderia estipular no contrato que o filho lhe seria revendido.

Guardava seu poder sobre ele e, depois de recebê-lo de volta, poderia tornar a vendê-lo. A Lei das XII Tábuas autorizou esta operação até três vezes, declarando, porém, que após essa tríplice operação de venda, o filho seria libertado do poder do pai (Ulpiano, *Fragmenta*, X, 1). (...) O crime cometido por um filho contra o pai não dava lugar a nenhuma ação na justiça da cidade. Se o filho submetido ao poder pátrio comete um crime, a ação é movida contra o pai. De toda a família, apenas o pai poderia comparecer perante os tribunais da cidade. A justiça para o filho, como para a mulher, não estava na cidade, porque se encontrava no lar. Seu juiz era o chefe da família, sentado como que num tribunal, em virtude de sua autoridade conjugal ou paterna, em nome da família, e sob os olhos das divindades domésticas. (...) Poderia condenar à morte, como o magistrado da cidade, nenhuma autoridade teria o direito de modificar a sua sentença. (...) Seria formar uma ideia falsa pensar que o pai tinha o direito absoluto de matar mulher e filhos. Ele era o juiz. Se condenava à morte, fazia-o apenas em virtude de seu direito de justiça. Como o pai de família submetia-se apenas ao julgamento da cidade, a mulher e o filho não podiam encontrar outro juiz além dele. No seio da família o pai era o único magistrado. A autoridade paterna não era, porém, um poder arbitrário, como os que derivam da força. Ela tinha seu princípio nas crenças que estavam no fundo das almas, e encontrava seus limites nessas mesmas crenças. Por exemplo, o pai tinha o direito de excluir o filho da família, mas sabia que se o fizesse, a família correria o risco de se extinguir, e os manes de seus antepassados cairiam no eterno esquecimento. Tinha o direito de adotar estranhos, mas a religião proibia fazê-lo, se tivesse filhos. Era proprietário único de seus bens, mas não tinha o direito de aliená-los. Podia repudiar a mulher, mas, para isso, era preciso que ousasse quebrar o laço religioso que o casamento havia estabelecido. Assim, a religião impunha ao pai tanto obrigações como direitos"[6].

Embora longa, a citação de Fustel de Coulanges nos dá um quadro bastante claro da situação da família, da ideia de autoridade e do pátrio poder, na mais antiga tradição indo-europeia, sobrevivendo na Grécia e em Roma, até os tempos de Sólon e das Doze Tábuas. Eis o motivo por que julgamos oportuna sua transcrição integral.

---

6. Fustel de Coulanges, *A Cidade Antiga*, São Paulo, Ed. das Américas, 1961, v. 1, p. 98-103, estando entre parênteses no texto as fontes que Fustel de Coulanges cita em notas de rodapé.

A influência da organização familiar: a *polis* e a *civitas*

Não nos capacitaremos da importância da autoridade paterna nas cidades antigas se não atentarmos para o fato de que, contrariamente ao que vem sucedendo no Ocidente a partir da Revolução Francesa, ou seja, a transferência para o Estado de um sempre maior número de tarefas, e a correspondente publicização de institutos jurídicos anteriormente da esfera privada, na Antiguidade a formação das cidades, *polis* na Grécia, *civitas* em Roma, não se fez com diminuição da esfera de poder dos chefes de família, mas através de uma verdadeira "confederação" de famílias com antepassado comum, de modo que a cidade não era, como em nossa época se pretende, uma reunião de indivíduos, mas sim uma reunião de famílias[7].

Não se concebe, com essa perspectiva, a possibilidade de entender o poder do soberano da cidade, o rei ou *basileus*, como absoluto, mas simplesmente como o de alguém que é o líder, o *primus inter pares*, na assembleia dos chefes de família.

A autoridade do pai, no seio da família, era de fato e de direito absoluta, como se verificou no capítulo anterior; já a autoridade, que hoje se chamaria "pública", do "governo", do rei ou do soberano era autoridade limitada, mais moral do que militar e policial.

Entende-se, então, melhor por que a cidade nunca teve força para revogar o estabelecido na tradição, alterando de modo substancial a estrutura da família, regulando as relações entre os membros desta. Seu papel limitou-se sempre a reconhecer o que já existia e era consagrado pela religião doméstica e pela prática desde tempos imemoriais.

De modo que, poder-se-ia concluir, o poder do pai não foi uma expressão, em âmbito menor, do poder do rei na sociedade política, como somos levados a crer, raciocinando, em termos de Antiguidade, como o fazemos em nossa época.

Antes, sucedeu exatamente o contrário. É a análise percuciente de Hannah Arendt: ao tentarem introduzir na teoria política a noção de autoridade, Platão e Aristóteles vão buscar na autoridade do pai, no seio da família, o seu modelo: "Tanto Platão como Aristóteles, embora de modo bem diferente, foram obrigados a firmar-se em exemplos de relações humanas extraídos da administração doméstica e da vida familiar gregas, onde o chefe de família governa como um 'déspota', dominando

---

7. Fustel de Coulanges, *A Cidade Antiga*, São Paulo, Ed. das Américas, 1961, v. 1, p. 145.

indiscutivelmente sobre os membros de sua família e os escravos de sua casa. O déspota, ao contrário do rei, o 'basileus', que fora o líder dos chefes de família e como tal 'primus inter pares', era por definição investido no poder para exercer coerção. E, contudo, era exatamente essa característica que tornava o déspota inapto para fins políticos; seu poder para coagir era incompatível não somente com a liberdade de outros, mas também com sua própria liberdade"[8].

Ao encontrar na célula familiar a autoridade absoluta do pai, tanto o autor da *Política* como o idealizador da *República* se viram a braços com um grave problema: transferir a estrutura do poder da família para a cidade, como expressão da autoridade, mas sem a fundamentação religiosa que o culto dos antepassados dava ao *pater familias*, e, ao mesmo tempo, erigir um sistema de governo absoluto, mas sem ferir o absolutismo do poder dos chefes em suas famílias respectivas. Talvez daí decorram as contradições flagrantes na *República*, ressalvada a genialidade de sua construção teórica, de um lado; o empirismo organizador a que se acaba relegando a teoria política na obra, por isso mesmo mais realista, da *Política*, de outro lado.

Sem procurarmos resolver o dilema, que nos conduziria longe demais do tema de nosso estudo, deixamos, no entanto, aqui consignado o interesse para a teoria geral do Estado deste capítulo do direito civil, desde a Antiguidade[9].

Outro não foi o intento de um Sólon, em Atenas, senão o de harmonizar poder paterno familiar e poder político. Diz-nos W. K. Lacey: "O chefe da casa ('oikos') é a cabeça da família, seu senhor ('kyrios'), seu governador, domina os escravos como seu amo, os filhos, como uma espécie de rei, a mulher, como um líder, com a diferença que ele ama os filhos, sua mulher o ama, e não há mudança, como na cidade"[10].

E prossegue, explicando: "Sólon, no interesse de toda a comunidade, estava ansioso para manter o maior número possível de casas ('oikoi') no

---

8. Hannah Arendt, *Entre o Passado e o Futuro*, 2. ed., São Paulo, Ed. Perspectiva, 1972, p. 143 e 144.

9. V., por exemplo, Yves Simon, *Filosofia do Governo Democrático*, Rio de Janeiro, Ed. Agir, 1955: "a função paternal da autoridade" (p. 15 e s.); José Pedro Galvão de Souza, *Iniciação à Teoria do Estado*, 2. ed. São Paulo, Revista dos Tribunais, 1976: "formação da sociedade política" (p. 7 e s.).

10. W. K. Lacey, *The Family in Classical Greece*, London, Thomas and Hudson, 1968, p. 21.

Estado, capaz de manter o cidadão pronto para servir o Estado com sua pessoa e haveres. Na antiga Atenas, embora não 'nacionalizando' as casas ('oikoi'), procurava orientá-las para o serviço da cidade, do demo ou da frátria, antes que para o interesse dos cidadãos (pais de família) individualmente"[11].

Na Grécia clássica, informa-nos Jean Gaudemet, "a família representa um elemento constitutivo da cidade. Nesse ponto, o direito antigo da Ática confirma as opiniões que professava Aristóteles sobre as relações entre família e 'polis'. (A cidade se forma com a federação das famílias, mas a transcende porque só ela dispõe de força suficiente para impor ao homem a virtude. *Política* 1252a.) A célula básica é a família no sentido estrito, criada pelo casamento, agrupando pai, mãe e filhos. É a casa ('oikos') ou o lar ('hestia'). Um grupo familial mais largo e que, por conseguinte, não postula mais a vida em comum é constituído pela 'anchisteia'. Ele reúne os descendentes de um mesmo trisavô, e se estende até os primos — germanos. A 'anchisteia' exerce a vingança de sangue em caso de assassinato de um dos seus membros, constitui-se também num grupo sucessoral. A sucessão é transmitida entre os homens e, na sua falta, às mulheres. A 'syngeneis' é a reunião de parentes de um círculo ainda mais vasto, pois todos descendem de um antepassado comum, mas tal parentesco não tem mais aspecto jurídico"[12].

A cidade colocou limites ao pátrio poder, quando as Leis de Sólon proibiram a venda dos filhos (Plutarco, *Sólon*, 23).

Na Península Itálica, Roma, a partir da Lei das Doze Tábuas, como já se viu, limita a três vezes a oportunidade de vender o filho.

Mas, substancialmente, nem a *polis* grega nem a *civitas* romana ousaram tocar no pátrio poder, tal como vinha de tradição mais antiga, tal como estava estabelecido no direito costumeiro. Em Roma, os *mores majorum*, os costumes dos antepassados, expressavam-se em disposições de tempos imemoriais, regulando as principais instituições: o casamento, o divórcio, a vida conjugal, o pátrio poder, disposições estas que se consideravam estabelecidas pelo fundador de Roma, Rômulo, e depois por Numa, o primeiro rei e legislador.

---

11. W. K. Lacey, *The Family in Classical Greece*, London, Thomas and Hudson, 1968, p. 85 e 99.

12. Jean Gaudemet, *Institutions de L'Antiquité*, Paris, Recueil Sirey, 1967, p. 205. Mais especificamente sobre as relações entre família e cidade em Aristóteles, p. 200-1.

O pátrio poder era estabelecido pelo costume, na Roma primitiva, porque "o costume era a fonte do Direito"[13].

Seria no regime republicano que — por instâncias da plebe — o direito assumiria a forma escrita. A partir de então, o direito costumeiro e a lei escrita regulamentariam, por vezes de modo competitivo e até conflitivo, as relações entre pais e filhos na *civitas* do Lácio.

ROMA NO TEMPO DA MONARQUIA

O DIREITO QUIRITÁRIO

Os reis de Roma

Antiga cidade livre de bandoleiros etruscos, a cidade de Roma, às margens do Tibre, foi fundada em 754 a.C., segundo Varrão.

Os romanos se vangloriavam de serem descendentes dos troianos, pois Eneias, fugitivo de Troia, arribou ao Lácio, onde fundou Alba. Albanos eram Rômulo e Remo, fundadores da Urbe.

Como todas as cidades antigas, Roma era uma confederação de famílias patriarcais em torno de um rei, que figurava como *pater familias* maior. Sua estrutura era baseada no culto dos antepassados romanos ou "quirites", próprios de cada família, e, como na Grécia, as *gens*, ou grupos de família, tinham como laço de união um antepassado comum.

As famílias, ao formarem a cidade, não abdicavam de seu direito próprio (*jus privatum*), emanação do culto doméstico aos antepassados. O *pater* era a suprema autoridade na família, por ser o sacerdote desse culto; o Estado romano respeitava sua autoridade de juiz dos membros da família. Respeitava, ainda, o direito de propriedade de cada família sobre o terreno em que construía casa, residência dos vivos, altar dos antepassados da família. Não interferia quando o primogênito assumia o cargo deixado vacante pela morte do pai, e não lhe impugnava a função de árbitro nas questões familiares.

Por outro lado, a associação de famílias para constituir a cidade tinha dado origem a relações novas, extradomiciliares, reguladas pelo direito da cidade (*jus publicum*). Mas isso não significava um conflito de leis: o direito privado e o público tinham sua esfera determinada de jurisdição.

---

13. Jean Gaudemet, *Institutions de L'Antiquité*, Paris, Recueil Sirey, 1967, p. 381.

Para impedir atitudes do rei que viessem a resultar em menoscabo do *jus privatum* é que existia o Senado, assembleia composta pelos grandes chefes de famílias romanas ou patrícios (de *pater*)[14].

Vemos, pois, que Roma tinha um governo monárquico, temperado pela influência do Senado, que elegia o novo rei quando o ocupante vinha a falecer.

Numa Pompílio foi um rei que acatou a autoridade do Senado, grande observador das tradições religiosas romanas.

Na mesma linha de conduta, Túlio Hostílio levou as legiões romanas a conquistar Alba. O apoio que recebeu da aristocracia está celebrado na lenda dos Horácios — três irmãos que derrotaram os curiáceos, de Alba, num combate singular, imortalizado por Corneille ao escrever *Horace* no século de Luís XIV.

Outros reis, como Tarquínio Prisco, embelezaram a cidade de Roma. Sérvio Túlio levou Roma à hegemonia da Itália, fazendo-a ingressar na Liga das Sete Colinas, de que participavam quase todas as cidades da Itália Central. Roma, sob seu reinado, tornou-se líder da Itália, no século VI a.C. Entretanto, foi deposto pelo genro, o ambicioso Tarquínio, cognominado "O Soberbo", que se tornou um déspota.

Quando seu filho, Sexto, violentou a matrona Lucrecia, Tarquínio não atendeu ao clamor dos nobres romanos.

No ano 509 a.C., achando-se Tarquínio fora da cidade, o marido da matrona ofendida, Lúcio Colatino, chefe da Ordem Equestre dos Cavaleiros Romanos, e o Prefeito Lucrécio aliaram-se a Lúcio Júnio Bruto, de grande prestígio no Senado, e declararam deposto o rei ausente, proclamando a República.

Fustel de Coulanges nos diz que a verdadeira razão da deposição de Tarquínio foi sua pretensão de se tornar rei absoluto[15].

A Lei das Doze Tábuas

A plebe era formada por todos os que, ou por serem estrangeiros, ou por serem de famílias sem culto doméstico, ficavam à margem de um ordenamento jurídico baseado na religião dos lares ou antepassados.

---

14. Contardo Ferrini, *Storia delle fonti del diritto romano*, Milano, Ed. Hoepli, 1885, p. 2-4.

15. Fustel de Coulanges, *A Cidade Antiga*, São Paulo, Ed. das Américas, 1961, v. 2, p. 30.

Para fazê-los partícipes da vida da cidade, os patrícios lhes ofereceram a clientela: seriam dependentes como servos dos patrícios (*cluere* = obedecer), e entrariam, assim, na ordem jurídica romana.

Muitos plebeus se tornaram clientes, mas também muitos preferiram unir-se ao Rei Tarquínio, o que levou os nobres a proclamar a República.

O rei foi substituído por dois cônsules anuais, comandantes do exército, cujos poderes eram limitados pelo Senado e pela assembleia das cúrias ou famílias patrícias, lideradas por curiões ou magistrados: os censores ou recenseadores, que também velavam sobre os costumes; os edis, que cuidavam dos víveres da cidade; os questores, que regulamentavam as finanças; os pretores, que julgavam os casos e pronunciavam suas sentenças no Fórum.

Em tempos de agitação interna ou perigo externo, voltavam por seis meses à monarquia: um "ditador" restabelecia a ordem, enfeixando todos os poderes. Sobrevinda a normalidade, voltava-se à República Senatorial. Entretanto, em várias famílias patrícias, quando Roma estabeleceu contato com a Grécia, assimilando sua cultura, as doutrinas igualitárias de Sólon e Clístenes pregadas em Atenas encontraram eco na orgulhosa Urbe, agora enriquecida pela conquista da Itália.

A esta altura dos acontecimentos, os irmãos pósteros não mais queriam aceitar a autoridade dos primogênitos; e, quando a situação não conseguia ser resolvida, retiravam-se do domicílio dos antepassados, integrando-se à plebe.

Por outro lado, tornaram-se frequentes as uniões entre patrícios e plebeus, embora o casamento misto fosse vedado.

Em 493 a.C., a plebe amotinada abandonou Roma, indo estabelecer-se no Monte Sagrado, tencionando vencer os nobres pela omissão. O Cônsul Menênio Agripa convenceu a plebe a regressar; e o Senado concedeu-lhe um tribuno ou juiz especial: o tribuno da plebe. Este era inviolável em sua pessoa e domicílio. Sua autoridade não era sancionada pela religião, mas era de fato eficiente; além disso, a plebe tomava suas decisões através de plebiscitos.

Havia, então, como que duas cidades: a dos patrícios, com os cônsules e o Senado; e a dos plebeus, com o tribuno da plebe e o plebiscito.

Depois disso, a plebe passou a exigir maior participação na cidade patrícia, pela igualdade civil, política e religiosa.

A igualdade civil foi conseguida pela Lei das Doze Tábuas. Em 451 a.C., os patrícios entregaram a dez homens (decênviros) o encargo de fazer leis de equiparação entre os patrícios e os plebeus. Viajaram pela Magna Grécia (colônia grega do sul da Itália) e pela própria Grécia, e voltaram com dados a fim de elaborar um novo ordenamento jurídico para Roma.

Gravadas em lâminas de bronze e expostas no Fórum de Roma, para todos conhecerem a nova situação, as determinações capituladas nas Doze Tábuas representavam uma profunda ruptura com o passado, sobretudo no que se refere ao conceito de direito.

Modificações trazidas pelas Doze Tábuas

O direito tornou-se público e conhecido. Não mais se concebia a lei de caráter privado, proveniente do culto de uma família. O direito dos indivíduos passou a ser considerado "concessão do Estado", como diz Fustel de Coulanges. O direito costumeiro cedeu lugar à lei escrita.

É inegável a influência das leis de Sólon, tanto que se chegou a pensar em simples transcrição. Mas tal não se deu: as mudanças no conceito de direito e de lei são resultantes de uma revolução nas ideias no seio das famílias aristocráticas romanas.

O culto doméstico foi posto à margem, por isso a lei perdeu seu caráter sagrado. Expressão de vontade popular, tornou-se alterável e geral[16].

A igualdade civil abriu campo para outras reformas estruturais: em 367 a.C., Licínio Stolon propôs que um cônsul fosse plebeu, e, em 337 a.C., abriu-se para a plebe a porta de bronze do Senado.

Ora, desde 444 a.C., pela lei de Canuleio, haviam sido permitidos os casamentos mistos, portanto nada mais distinguia um patrício de um plebeu. Era a República democrática, que iria progressivamente se estruturando durante um século, de 400 a.C. a 300 a.C.

A questão social em Roma

O advento da democracia nos campos civil (IV século a.C.) e político levou ao poder os plebeus ricos, que compravam os votos nas assembleias populares ou de centúrias. Do IV ao II século a.C., os ricos, aliados aos aristocratas, governaram a cidade.

---

16. Contardo Ferrini, *Storia delle Fonti del Diritto Romano*, Milano, Ed. Hoepli, 1885, p. 5-8.

A "nova classe" ocupava os altos cargos e as patentes do exército, formando a ordem equestre, enquanto as pessoas que não tinham condições para equipar um cavalo combatiam a pé e constituíam os *velites*. Com a conquista da Grécia, a ordem equestre rompeu com as tradições que ainda restavam e aceitou a cultura grega (250 a.C.).

Porém, a riqueza, segundo Fustel de Coulanges, não se impunha como a nobreza de sangue. O respeito cedeu lugar à inveja, e esta dava margem ao ódio. Nesta situação, os tiranos ou ditadores fazem-se eleger pelos "proletários", aproveitando-se de serem em maior número.

Valendo-se da imunidade de tribuno da plebe, Tibério Graco propôs a divisão de terras dos ricos a partir de quinhentas jeiras (*jugeras*), e o controle dos lotes pelo Estado (133 a.C.).

O Senado reagiu violentamente: Tibério Graco foi assassinado em pleno Fórum.

Mais prudente, seu irmão Caio Graco sugeriu a distribuição de trigo pelo Estado (*lex frumentaria*). Isso arruinaria paulatinamente os latifúndios.

O Senado, porém, previu aonde conduzia a lei de Caio Graco e, após perder este sua imunidade de tribuno, com a derrota eleitoral do ano 123 a.C., foi exilado de Roma. Porém, o que os senadores não percebiam era que, gradualmente, os jovens romanos abandonavam as tradições bélicas, entusiasmados pela literatura grega, apesar dos esforços de Catão, censor em 184 a.C., para proibi-la.

Tristes dias ainda estavam por vir, embora fosse erigida uma coluna no Fórum em honra da concórdia.

As conquistas romanas no Mediterrâneo e no norte da África trariam para Roma muitas riquezas no século I antes de Cristo. Entretanto, surgiriam generais, como Mário e Sila, que, liderando as facções em luta, mergulhariam a outrora aristocrática Urbe na guerra civil, que só cessaria com o advento dos Césares, ou ditadores perpétuos.

O direito pretoriano

Uma das principais consequências do processo de igualdade entre patrícios e plebeus foi a perda do monopólio da aplicação da justiça por parte da classe patrícia e o aparecimento de um magistrado encarregado de tal função: o pretor, mesmo plebeu. O processo foi gradativo.

Desde o ano de 366 a.C., o pretor se tornou um juiz equivalente — no mister judiciário — aos cônsules; era eleito na mesma Assembleia das Centúrias e assumia suas funções no mesmo dia com o mesmo juramento.

Para ser eleito, o pretor deveria apresentar as grandes linhas de sua atuação e ser escolhido entre vários candidatos, bastando ser cidadão romano.

Até 337 a.c., os pretores eram escolhidos apenas entre os patrícios e, nesse ano, foi eleito o primeiro pretor plebeu, Quinto Publílio Filão.

A partir daí, os pretores passaram a desempenhar também o cargo de governador de uma província em que houvesse muitas pendências judiciais por julgar.

O processo pretoriano constava de duas fases: a primeira era o comparecimento das partes perante o pretor (*in jure*). O pretor as ouvia e dava a diretriz da solução (edito do pretor). Eram então as partes, munidas do edito, convidadas a indicar um juiz de sua escolha, em geral um senador da República, que, na segunda fase, chamada *in judicio*, seguindo a orientação do pretor no edito, julgava o caso por *sententia* ou se declarava não esclarecido. Era o *non liquet*, que levava as partes a desistirem da ação ou buscar outro juiz. Vemos a força do pretor, que balizava os julgamentos, mas ou menos como depois faria a jurisprudência em nossos tribunais de hoje[17].

O direito romano clássico

Cremos ser impossível compreender Roma e o direito romano, sobretudo no período "clássico" — que se estende entre a Lei Ebúcia, em 126 a.C., que suavizou o rigor ritualístico do direito quiritário, e o reinado do Imperador Diocleciano, em 284 d.C., que reforçará o valor das constituições ou leis imperiais —, sem atentar para o fato de que a civilização e a cultura da Urbe estiveram, nesse período, a serviço de um ideal que não era, como nas cidades gregas, o aperfeiçoamento individual, mas a grandeza de Roma, primeiro na Península Itálica, depois no Mediterrâneo e na Gália, por fim atingindo também o norte da África e o Oriente Próximo. Há uma cena antológica do filme *Spartacus* (Stanley Kubrick, 1960) na qual o Senador Crasso, investido de plenos poderes pelo Senado, para fazer frente à rebelião dos escravos, esclarece que aceitava o pesado encargo para salvar tudo o que Roma representava, "uma ideia eterna na mente de Deus".

Embora influenciada pela cultura grega, de modo bastante significativo, a cultura romana "jamais se libertará completamente do ideal coletivo que consagra o indivíduo ao Estado, jamais consentirá em renunciar a

---

17. Contardo Ferrini, *Storia delle Fonti del Diritto Romano*, Milano, Ed. Hoepli, 1885, p. 16-20.

ele, nem mesmo quando a evolução dos costumes dele se distanciar, a ele se reportará sem cessar; nostálgica, esforçar-se-á periodicamente por voltar a ele, bastando lembrar o esforço de restauração moral feito no tempo de Augusto, quando Horácio cantava 'Dulce et decorum est pro patria mori' (*Odes*, III, 2, 13) = 'É doce e belo morrer pela pátria'"[18].

Só poderemos entender perfeitamente o direito romano se tivermos bem presente o "espírito do povo romano", expressão tão perigosa quanto significativa. Sem tal noção não poderemos entender como os fortes laços familiares, que provinham de situações primordiais, e resistiam à vida urbana, como vimos no item anterior, começaram a ceder e mesmo a se romper, diante de uma força catalisadora mais forte — a necessidade de levar as águias romanas a abraçarem toda a península e depois fazer do Mediterrâneo um *Mare Nostrum*[19]. E isto por quê?

Niklas Luhmann nos diz que "existem povos conscientes juridicamente de modo notório, amantes da honra e da disputa, e outros que consideram a vida pacífica, o bom entendimento mútuo e o ceder, como expressão máxima das virtudes: 'Some like litigation, and some don't', comenta um etnólogo, sem contudo tentar dar uma explicação dessa discrepância acentuada"[20].

Os romanos se classificariam entre os primeiros, obviamente.

Se Roma desenvolveu tal espírito belicoso, o direito romano se estruturou de modo a não deixar as expectativas dos cidadãos fraudadas pelo comportamento discordante, criando a institucionalização das expectativas. Vale dizer, a *civitas* rompeu com o sistema arcaico, em que predominava o parentesco, a diferenciação segmentária e as expectativas concretas, da Roma primitiva, e passou para o sistema social pré-moderno, em que prevalecem a cidadania e a diferenciação funcional, ainda que imperfeita, rumo à institucionalização das expectativas.

Nesse contexto, poder-se-á entender o papel social do pretor e do juiz, como institucionalização de um *consensus* de terceiros, antes inexistente

---

18. Henri Irénée Marrou, *História da Educação na Antiguidade*, São Paulo, Ed. Pedagógica e Universitária, 1975, p. 357-8.

19. A conquista da Itália foi de 509 a 270 a.C. A vitória sobre sua rival, Cartago, em 146 a.C. A ocupação da orla mediterrânea se deu entre 202 a.C. e 30 a.C. A Gália foi ocupada entre 150 e 50 a.C.

20. O Direito como Generalização Congruente, in *Sociologia e Direito*, de Cláudio Souto e Joaquim Falcão, São Paulo, Livraria Pioneira Ed., 1980, p. 159-67.

sob tal forma, e a estruturação do direito romano clássico como programa ou regra das decisões, separando cada vez mais, em um processo de complexidade crescente, o *jus* (direito civil) do *fas* (direito sagrado) e punindo de modo severo e exemplar o comportamento discordante, sem tentar entendê-lo, pois a expectativa não era cognitiva, mas sim normativa, de modo a realizar o ideal de educação, de e para o Estado Romano[21].

O pátrio poder se modificou, perdendo sua força, no período das conquistas romanas. O direito de matar o filho não era mais reconhecido, pois já dizia o jurisconsulto Ulpiano que "Patria potestas in pietate debet, non in atrocitate consistere" (*Digesto*, 49, 9, 5) = "O pátrio poder deve consistir não na atrocidade mas sim na piedade (para com o filho)".

Se um *filius familias* entrava para o Exército, para a carreira das armas, poderia dispor de um pecúlio, formado pelo que seu pai lhe desse e mais o que ganharia como soldado (soldos, despojos de guerra etc.). Tinha-se assim o chamado *peculium castrensis*, em função das conquistas romanas.

Se o pai infligisse ao filho maus-tratos, poderia este defender-se, com o recurso *extra ordinem*. Se o pai abandonasse filho menor, poderia ser punido com a pena capital, só se admitindo o direito de vender em caso de extrema penúria do pai[22].

Vê-se claramente a intenção de tais dispositivos legais do direito romano clássico: salvaguardar a vida e a incolumidade física de seus futuros soldados e funcionários, diminuir o poder do *pater*, na proporção em que crescia o do Estado Romano, percebendo uma repercussão política e econômica notáveis da ideia absoluta de autoridade do pai, como estava na tradição primordial, e procurando diminuir seus efeitos.

A influência da filosofia estoica: o direito natural e o direitos das gentes (*jus gentium*)

Originária da Grécia, onde foi fundada por Zenão de Citium em meados do III século a.C., a Escola do Pórtico (*stoa*, em grego) pregava o ascetismo e o domínio das paixões para alcançar a felicidade. Pelo que diz respeito à política, manifesta-se na filosofia estoica propensão a um

---

21. A terminologia é a de Niklas Luhmann, cf. Alberto Febbrajo: *Funzionalismo Strutturale e Sociologia del Diritto nell'Opera di Niklas Luhmann*, Milano, Giuffrè Ed., 1975.

22. Ebert Chamoun, *Instituições de Direito Romano*, 5. ed., Rio de Janeiro, Ed. Forense, 1968, p. 132.

racionalismo cosmopolita radical a propósito da *sociedade estatal*: o homem, enquanto tal, torna-se cosmopolita, por natureza: "O mundo é a pátria comum de todos os homens".

Tal *cosmopolitismo* foi a origem do reconhecimento de um mesmo direito universal, o direito natural. Daí os romanos começarem a respeitar as leis estrangeiras: além da sua própria, o *jus civile* = direitos dos romanos, passaram a respeitar o direito das nações ou das gentes (*jus gentium*), ou seja, o direito grego, o persa, o judaico, aplicável às pessoas dessas nações, por um pretor especial, o pretor dos estrangeiros (*pretor peregrinus*)[23].

OS CÉSARES OU IMPERADORES ROMANOS

JÚLIO CÉSAR

O Primeiro Triunvirato em Roma

A queda da aristocracia fundada na religião doméstica não foi seguida por uma igualdade política completa. Os plebeus mais ricos assumiram os postos de mando e passaram a governar a cidade de Roma.

Os plebeus pobres, como nos relata Fustel de Coulanges, revoltaram-se, apoiando as ditaduras dos tiranos populares, os quais, tomando o poder, massacravam os ricos. Um deles foi Mário, cônsul em 107 a.C.

Ao tomar o poder, organizou listas de proscrição contra os ricos e os aristocratas. Estes responderam com a violência, liderados por Sila. E, então, Roma mergulhou na guerra civil (86 a.C.).

O povo, que sofria enormemente, ansiava por dias melhores, e estava disposto a sacrificar sua liberdade para não perder a tranquilidade. Por isso, aceitou a ditadura perpétua, que lhe prometeu a paz interna há tanto tempo almejada.

Três homens se apresentaram como mantenedores da paz pública: Pompeu, Júlio César e Crasso.

Pompeu gozava de grande prestígio junto aos senadores, enquanto Caio Júlio César (100-44 a.C.) era visto pelos membros da magna Assembleia como um homem perigoso.

---

23. Contardo Ferrini, *Storia delle Fonti del Diritto Romano*, Milano, Ed. Hoepli, 1885, p. 18.

O Senador Catão, descendente do antigo censor, sabia das relações mantidas outrora por Júlio César com Mário, líder do proletariado, e foi com decepção que ouviu os discursos do Senador Marco Túlio Cícero contra Catilina, quando este último conspirava contra o Senado. Com efeito, nos quatro discursos contra Catilina (*Catilinárias*), Cícero não apontou Júlio César como cúmplice, conforme Catão esperava.

Por outro lado, César gozava de grande prestígio junto às classes militares, por suas notáveis campanhas na Espanha, onde vencera Viriato, célebre líder dos habitantes de Portucale (mais tarde Portugal). Suas campanhas na Península Ibérica foram financiadas pelo rico Crasso, adversário político de Pompeu. Crasso ganhara a confiança dos senadores ao derrotar Espártaco, chefe dos escravos revoltados, que crucificou ao longo da Via Appia.

Quando César voltou para Roma, serviu de intermediário no apaziguamento entre Pompeu e Crasso.

Catão viu isso com inquietude: sabia que os três homens tinham em comum o ódio à aristocracia do Senado. De fato, César conseguiu eleger-se cônsul anual, apoiado por Pompeu, que trouxe consigo vários senadores, e, com o auxílio financeiro de Crasso, iniciou prontamente várias reformas, dividindo terras entre o povo, o que agradou à multidão, mas o indispôs com o Senado.

Foi então que César pediu a Pompeu e a Crasso que o apoiassem. Formou-se um governo de três ditadores: o Triunvirato (60 a.C.).

Como pretendiam intimidar os senadores, César e Pompeu concordaram em agir com violência: Catão foi preso por atacar os triúnviros, e Cícero, que poderia se tornar perigoso, foi exilado.

Nesse momento, chegaram a Roma notícias alarmantes das Gálias (França), onde o líder dos gauleses, Vercingetorix, proclamara-se em rebeldia. Nomeado governador das Gálias pelos senadores, César partiu a fim de pacificar a região.

Após uma árdua campanha, em que mostrou seu admirável senso militar, César subjugou os revoltosos e escreveu *De Bello Gallico*, comentário das guerras que manteve contra os gauleses.

Pompeu não via com bons olhos os triunfos sucessivos de seu companheiro. A estrela de César brilhava a ponto de fazer empalidecer os outros membros do Triunvirato.

Ora, Crasso morreu ao combater os partas na Síria. Então, Pompeu se aliou com o Senado, que o nomeou Primeiro Cônsul (49 a.C.). Tal cargo o tornava superior a César, que governava as Gálias. Proibiu-o, assim, de voltar a Roma, onde temia que o povo desse a César a coroa real. César desobedeceu as ordens de Pompeu e atravessou o Rio Rubicão, dizendo: "*Alea jacta est!*" ("A sorte está lançada!").

Os soldados se recusaram a deter César na sua marcha triunfal em direção a Roma, e então Pompeu fugiu para a Grécia com vários senadores. Na batalha de Farsália, César destroçou as exíguas tropas de que dispunha seu rival (48 a.C.).

Os idos de março e o Segundo Triunvirato

Pompeu fugiu para o Egito e lá foi assassinado por ordem do Rei Ptolomeu, que pretendia o apoio de César. Porém, César apoiava Cleópatra (irmã de Ptolomeu), a quem restabeleceu no trono que de direito lhe pertencia. Antes de voltar para Roma, César venceu o Rei Mitídrates, revoltado contra Roma, e enviou ao Senado romano a famosa mensagem: "*veni, vidi, vici.*" ("Vim, vi e venci.")

O povo recebeu com delírio as notícias das vitórias e falou em aclamá--lo rei. Assustaram-se os senadores, e o rigoroso Catão, estoicamente, suicidou-se para escapar à cólera de César e não sobreviver à República, pois todos sabiam que César almejava tornar-se ditador vitalício, suprimindo o Senado.

Não pensaram em fazer o mesmo outros adversários de Júlio César. Um deles, Caio Cássio, procurou organizar os senadores descontentes para planejar a morte de César.

Conseguiu atrair para a conspiração o próprio filho adotivo de César, Marco Bruto, que se deixara enganar pela falácia de Cássio; este lhe apresentara o assassinato como solução patriótica.

Acolhido triunfalmente em Roma, César anunciou grandes reformas e a diminuição dos poderes do Senado. Segundo Napoleão, que mais tarde comentou as atitudes de César, e de quem pretendia ser um êmulo, aquele foi um gravíssimo erro tático, pois fez com que despertasse maior ódio nos senadores.

No ano 44 a.C., no dia 15 de março (idos de março), em pleno Senado, Júlio César foi assassinado por seis senadores. "*Tu quoque, Brute, mi fili!*" ("Também tu, meu filho Bruto!") teriam sido suas últimas palavras, ao reconhecer Marco Bruto entre os assassinos.

O discurso de Bruto, justificando o crime perante o povo como motivado pelo amor às instituições republicanas, foi acolhido com entusiasmo pela multidão reunida em frente ao Capitólio.

Entretanto, falando em seguida um amigo de César, Marco Antônio, este soube, habilmente, voltar a opinião pública contra os assassinos.

O célebre dramaturgo inglês William Shakespeare imortalizou esses fatos em seu *Júlio César*.

Marco Antônio perseguiu os assassinos de César, a quem venceu na batalha de Filipos (42 a.C.).

O herdeiro de César, seu sobrinho Otávio, juntamente com Marco Antônio e o General Lépido, formaram o Segundo Triunvirato de Roma.

Como o primeiro, este não foi muito durável. A ambição de Marco Antônio, desejoso de suplantar Otávio, levou-o ao desastre de Actium (30 a.C.), quando as legiões romanas aniquilaram as tropas que a rainha do Egito, Cleópatra, enviou a Antônio para sustentá-lo na sua revolta contra Roma.

Afastado Lépido, Otávio se tornou o único senhor de Roma, mas, não se deixando embriagar pelo triunfo, prestigiou o Senado, embora veladamente limitasse suas atribuições: as leis do Senado só teriam valor com o *placet* de Otávio, que recebeu o título de Generalíssimo ou *Imperator* (Imperador).

Sua política prudente lhe valeu o título de Augusto, que lhe ofereceu o Senado, igualando-o aos deuses de Roma.

A secular República de Roma chegava ao fim.

Após tantas lutas civis, os romanos gozavam da *pax romana*, que lhes dava tranquilidade interna, apesar de submetê-los ao cetro de ferro dos imperadores.

Os 12 Césares ou imperadores romanos

Vimos que, após a morte de Júlio César, Otávio se tornou imperador de Roma, depois de ter vencido Marco Antônio em Actium, em 30 a.C.

Entretanto mais hábil político que César, Otávio não demonstrou claramente desejar suprimir o Senado e extinguir a República.

Continuavam as aparências de República Senatorial, mas o verdadeiro regime era a ditadura perpétua. As atribuições legislativas do Senado ficaram reduzidas aos *senatus-consulta*, isto é, uma função consultiva. Verdadeiramente, o legislador era o imperador. *"Quod principi placut legis habet vigorem"* — "O que agrada ao príncipe tem força de lei". Fazia assistir-se de um "conselho do príncipe" (*concilium principis*), dócil às suas decisões.

Juridicamente, colocava-se como o primeiro dos magistrados da República (príncipe = primeiro). Com isso, Otávio salvava as aparências do regime antigo. Ou por comodismo ou por venalidade, os senadores não quiseram ver no regime otaviano qualquer incompatibilidade com a República, concedendo a Otávio o título de *Augustus*, que quer dizer "divino". A partir de então, os imperadores passaram a ser considerados divindades, objeto de culto do povo romano.

Augusto dividiu o Império Romano em três tipos de províncias, conforme dependessem dele diretamente, do Senado ou tivessem autonomia relativa.

As dezoito províncias mais longínquas e de submissão mais difícil, a exigirem ação contínua das legiões romanas, Augusto reservou para si, pois nelas se aquartelavam as forças militares, garantia de seu trono.

Sempre na sua atitude prudente, concedeu ao Senado treze províncias já de há de muito pacificadas e integradas ao Império, para dele dependerem diretamente. Contudo, Augusto conservava soberania sobre elas, por estar acima dos senadores, como autoridade suprema da República.

Outras dez províncias eram *soit-disant* independentes, com suas autoridades próprias, mas reconhecendo a hegemonia da Urbe.

Augusto sedimentou o trono imperial com o poderio militar. Não tardou que surgisse uma oligarquia formada por altas patentes do exército; a princípio coadjuvando o Imperador, depois se sobrepondo a ele. Foi a Guarda Pretoriana. Criada por Augusto como tropa de elite para assistir o príncipe, foi tomando maiores poderes conforme se sucederam imperadores como Tibério e Calígula.

Tibério inaugurou o regime de favoritismo que levou Sejano, chefe da Guarda Pretoriana, a assumir as rédeas do Estado. Calígula, filho de Germânico, general conceituado, mas em nada semelhante ao pai, dedicou-se a irritar o Senado, com as orgias que promovia em seu palácio, para as quais convidava as jovens das melhores famílias de Roma, que recusavam, ofendidas e indignadas. Por fim, assumiu publicamente sua ligação amorosa com a própria irmã, Drusila...

Com o apoio moral do Senado, a guarda pretoriana depôs e matou o demente, aclamando seu tio Cláudio. Este não caiu nos excessos de Calígula, mas, por outro lado, dedicou-se a satisfazer os caprichos da guarda pretoriana, cada vez mais influente.

A morte de Cláudio foi seguida pelo assassinato de Britânico, pretendente ao trono, e pela ascensão do famigerado filho de Agripina, Cláudio Nero — tirano que a história acusa de ter assassinado, além de Britânico, sua esposa, seu preceptor, o filósofo estoico Sêneca e, por fim, a própria mãe, de cuja participação em uma conspiração tinha certeza.

Foi também em seu governo (anos 54-68 da Era Cristã) que se desencadearam as perseguições contra os cristãos. Jesus Cristo nasceu enquanto reinava Augusto, e foi crucificado ao tempo de Tibério (ano 33 da Era Cristã).

Por volta do ano 60, São Pedro, pontífice supremo da Igreja ainda nascente, já se encontrava em Roma pregando o Evangelho ("Boa Nova"). Mais tarde, o Evangelho foi escrito por São Mateus e São João, apóstolos de Cristo, e mais duas versões: por São Marcos, discípulo de São Pedro, e São Lucas, discípulo de São Paulo. Existem, portanto, quatro Evangelhos, narrando a vida e a doutrina de Cristo.

Acusado de ter incendiado Roma, Nero lançou a culpa sobre os cristãos, por conselho de Tigelino, chefe dos pretorianos.

Desde então, os cristãos, para escapar ao massacre, refugiaram-se nas catacumbas, ou subterrâneos de Roma.

O triunfo do Cristianismo

Dizia Tertuliano: "O sangue dos mártires é semente de cristãos". Com efeito, a perseguição de Nero, em que pereceram os apóstolos Pedro e Paulo, não conseguiu deter o Cristianismo.

Nero pouco depois se suicidou, ante a notícia de que tropas revoltadas apoiavam o General Galba, que marchava sobre Roma. Quando, porém, apossou-se do poder, Galba foi morto pelos pretorianos que apoiavam Oton. Mas a crise se complicou. As legiões estavam divididas: no Reno, aclamava-se Vitélio; no Oriente, Vespasiano, da família Flávia.

Vespasiano, como candidato de conciliação, foi aclamado em 69. Seus sucessores, Tito e Domiciano, prosseguiram sua linha política: repressão violenta do Cristianismo e pacificação das províncias a ferro e fogo. No ano 70, a cidade de Jerusalém foi destruída por Tito, pois os judeus estavam revoltados contra Roma.

As crises entre militares trouxeram uma aumento de prestígio ao Senado. Os Imperadores Nerva, Trajano e Adriano foram homens que destacaram os senadores. Adriano codificou o direito romano, dando ênfase às decisões do Senado, nos moldes anteriores a Augusto.

Os imperadores Antoninos sobressaíram por se manterem alheios às questões militares, ocupando-se em reavivar a filosofia estoica para tirar do Cristianismo o ensejo de criticar a corrupção da sociedade romana.

O Imperador Marco Aurélio desejava restaurar o estoicismo, que apregoava um rigorismo extremo. Queria substituir o epicurismo da Roma imperial pelo exagero oposto, consistente em macerações, autoflagelações etc.

O fracasso da tentativa estoica levou o epicurismo ao seu máximo desenvolvimento, permanecendo a elite na Urbe dias inteiros em orgias e banquetes.

A crise militar, que explodiu no segundo século da Era Cristã, representou o entrechoque das paixões em luta.

Após os reinados fortuitos de Cláudio II, Sétimo Severo e Caracala (211-217), os militares que disputavam o trono resolveram partilhar o Império. Com o édito de Caracala, estendendo a cidadania romana a todas as províncias romanas, a partilha se fez atendendo somente ao aspecto geográfico. Haveria dois "Augustos" e dois "Césares". Os dois Augustos, Diocleciano e Maximiano, reinariam em Milão e Nicomédia, respectivamente. Os dois Césares, Galério e Constâncio, ficariam nas províncias que se revoltassem, para restabelecer o vínculo com o Império. Coube ao filho de Constâncio, Constantino, reunificar o poder imperial após a morte de Diocleciano.

Segundo rezava antiga tradição, Constantino implorou o auxílio divino na batalha da Ponte Mílvio, pois sua mãe, Santa Helena, era cristã. Apareceu-lhe, então, uma cruz luminosa com as palavras "In hoc signo vinces" — "Com este sinal vencerás".

Após derrotar seu concorrente, Maxêncio, Constantino se tornou o único imperador romano e, pelo Edito de Milão (313), considerou o Cristianismo religião permitida no Império, oficializada depois por Teodósio, como religião do Estado (Édito de Tessalônica, 28-2-380).

Iniciou-se então o regime de união entre a Igreja e o Estado, que vigorou durante toda a Idade Média e a Moderna, até a Revolução Francesa, e, no Brasil, até a República (1889).

Hannah Arendt esclarece o espírito que presidiu as conquistas romanas. Ela nos diz que, "no âmago da política romana, desde o início da República e, virtualmente, até o fim da Era Imperial, encontra-se a convicção do caráter sagrado da fundação, no sentido de que, uma vez alguma coisa tenha sido fundada, ela permanece obrigatória para todas as gerações futuras. Participar na política significava, antes de mais nada, preservar a fundação da cidade de Roma. Eis a razão por que os romanos foram incapazes de repetir a fundação de sua primeira 'Polis' na instalação das colônias, mas conseguiram ampliar a fundação original, até que toda a Itália e, por fim, todo o mundo ocidental estivesse unido e administrado por Roma, como se o mundo inteiro não passasse de um quintal romano. (...) A palavra pátria deriva seu pleno significado da história romana. (...) A fundação de Roma — 'tanta molis erat Romanam condere gentem', como Virgílio resume o tema constante da *Eneida*, que todo o sofrimento e vaguear atinge seu final e objetivo 'dum conderet urbem' — essa fundação (...) forma o conteúdo profundamente político da religião romana"[24].

A passagem da República para o Principado, com Augusto, em 30 a.C., não representou uma ruptura com tal concepção. Possuindo o poder (a *potestas*), depois da liquidação de seu rival Marco Antônio em *Actium*, que lhe era reconhecido pelo povo romano, como herdeiro (e "vingador") de Júlio César, Otávio Augusto procurou a autoridade (a *auctoritas*), que só o Senado lhe podia conceder, como encarnação da velha Urbe. Já dissera Cícero: "Cum potestas in populo, auctoritas in Senatu sit", no seu tratado *De Legibus* (III, 12, 38). Concedeu-lhe então o Senado o título de Supremo Magistrado da República, *Princeps*, e o de Sumo Pontífice do culto, *Summum Pontifex*, e assim teve ele autoridade e poder para governar a República, ou seja, *Senatus Populusque Romanus*. Quanto ao título de imperador, *Imperator*, já o possuía, por seu cargo, desde as tratações do Segundo Triunvirato, de supremo chefe das forças militares da Itália. Como se sabe, o termo passaria a ter com o tempo um sentido eminentemente político, ligado à ideia de monarquia, mas no início do governo imperial romano tal não era a sua significação, tanto que um dos maiores problemas foi o da sucessão por morte do imperador, dando origem a litígios contínuos entre as várias estirpes que disputavam o poder, para depois pretender a *auctoritas* que lhe dava o Senado. Assim foi, desde Augusto até a ascensão de Vespasiano, que inaugurou o sistema hereditário. Marco Túlio Cícero, na *República*, fala da importância dessa magna assembleia, que era a continuação da Urbe. Não perdeu ela sua função ritual de transmissora da autoridade, desde que esta passou do fogo sagrado dos deuses lares da religião doméstica para a pira do templo de Vesta, simbolizando a fundação da cidade.

---

24. Hannah Arendt, *Entre o Passado e o Futuro*, 2. ed., São Paulo, Ed. Perspectiva, 1972, p. 162-3.

Augusto e todos os imperadores da dinastia Júlia (se é que se pode falar em "dinastia" em caso de designação do sucessor e não de linha hereditária) se apresentaram como restauradores das tradições antigas, perdidas com a crescente influência grega e do Oriente Próximo.

Não foi por mera coincidência que na época de Augusto o poeta mantuano Virgílio escreveu o poema sobre as origens de Roma, a *Eneida*, que foi edificado o templo para todos os deuses da Urbe, mesmo os mais esquecidos, o *Pantheon*, que o historiador Tito Lívio escreveu a história dos anais de Roma (*As Décadas*), que começou a ganhar corpo o culto à "deusa Roma", ou seja, um culto à cidade como emanação divina.

Tudo isso não se passou sem um retorno gradativo aos antigos costumes em matéria de poder do pai no seio da família, mas Gaudemet comenta que "os costumes ancestrais são admitidos sempre que não se oponham à ordem jurídica romana. Sem serem formalmente proscritos, os usos e costumes locais tiveram que suportar a concorrência do Direito Romano e a superioridade técnica deste favoreceu seu triunfo em certos domínios. (...) Será no entanto preciso que Diocleciano se oponha com múltiplas constituições à sua penetração no Direito Romano"[25].

É desse modo que se pode compreender como o poder do *pater* foi restaurado, devolvendo-se-lhe o direito de dispor dos bens e da pessoa do filho, como nos bons tempos dos primórdios, mas nunca a ponto de poder matar ou vender o filho, pois este não era seu escravo, era cidadão de Roma, e havia todo um ordenamento jurídico, constantemente enriquecido por obra dos pretores, no exame dos casos concretos, no sentido de lhe garantir a vida e a incolumidade física, ficando perfeitamente e racionalmente delimitados os poderes do pai, como gestor dos seus bens e guarda de sua existência.

O direito romano pós-clássico ou do dominato

Foi no Baixo Império, no período que se estendeu desde a ascensão de Diocleciano até a morte de Justiniano, já no Império Bizantino, entre 284 e 565 d.C., que se desenrolou a última fase do direito romano, a chamada época do direito romano pós-clássico. Ficou abolido o sistema processual "formular", ou *per formulas*, introduzido pela lei Ebúcia em 129 a.C. e se adotou o sistema extraordinário, *extra ordinem*.

---

25. Jean Gaudemet, *Institutions de L'Antiquité*, Paris, Recueil Sirey, 1967, p. 571-2. Ver também: Gaston Boissier, *La réligion romaine d'Auguste aux Antonins*, Paris, Hachette, 1874, 2 v.

Esse longo período foi marcado pelos Editos de Constantino e de Teodósio, em 312 e 380, que tornaram o Cristianismo religião tolerada e depois culto oficial do Estado Romano. Observa Gaudemet que "a aparição da Igreja Cristã introduz na vida política romana um dado novo e que o problema que ela criará ficará sendo, daí por diante, o de todos os Estados ocidentais. Nos Estados antigos, a religião era sempre associada ao poder público. As coisas mudam totalmente com o Cristianismo. A amplitude que tomou a nova religião, graças ao proselitismo de seus primeiros adeptos, a organização da Igreja como sociedade, tendo suas regras e suas instituições próprias, a vontade de seus pastores e de seus doutores de fazer respeitar certos princípios de Moral, e portanto de vida social, colocaram muito depressa o problema fundamental e difícil das relações entre sociedade religiosa e sociedade civil"[26].

O Cristianismo traria uma concepção nova das relações entre o indivíduo e o Estado. De um lado, um critério inédito até então sobre as relações familiares. Não criando uma nova legislação, propriamente, o seu papel residiu sobretudo em dar uma nova interpretação às leis antigas, segundo um estado de espírito diverso do que presidia à compreensão de tais questões no Império de Roma, e, em certo sentido, em toda a Antiguidade.

Por outro lado, com ele se reforçariam sobremodo as ideias de "direito natural", já cultivadas e difundidas pela Escola Estoica, agora dotadas de maior potencialidade, graças ao aproveitamento da *paideia* grega pelos primeiros polemistas e filósofos cristãos[27].

Ficou reforçado, em matéria de pátrio poder, o princípio de que *debet in pietate non in atrocitate consistere*[28]. Proibiu-se a venda do filho, sua morte ou entrega a um credor, o *jus noxae dandi*, não se admitiu mais o *jus vitae ac necis*, pois o ensinamento do Apóstolo das Gentes convidava ao amor mútuo entre pais e filhos, como entre esposos[29]. O poder do pai sobre o filho se expressava no Decálogo mosaico, que chegou ao Ocidente com o Cristianismo, mas os pais não deviam "irritar seus filhos" (*sic*), segundo pondera o Apóstolo Paulo (Colossenses, 3, 21).

---

26. Jean Gaudemet, *Institutions de L'Antiquité*, Paris, Recueil Sirey, 1967, p. 685 e s.

27. Werner Jaeger, *Cristianismo Primitivo y Paideia Griega*, México, Fondo de Cultura Económica, 1971, p. 12-23.

28. Contardo Ferrini, *Manuale delle Pandette*, 4. ed., Milano, Ed. Societá Editrice, 1953, p. 673 e s.

29. Mais precisamente, Castán Vazquez vê a influência das Epístolas paulinas. Cf. *La Patria Potestad*, Madrid, Ed. Revista de Derecho Privado, 1960, p. 24 e s.

O sacerdócio, desde então, era exercido pelo clero, e com isso a autoridade paterna perdeu seu caráter arcaico, sacral, resquício do culto dos antepassados, que datava da tradição primitiva.

Talcott Parsons reconhece que "uma razão básica para a adoção final do Cristianismo como religião do Estado foi a necessidade de legitimidade cultural do Império, a qual não poderia ser dada pela antiga cultura religiosa, pois a nova religião tinha potencialidade para preencher essa lacuna. No entanto, a religião cristã, no seu primeiro estágio de desenvolvimento, era por demais atemporal para auxiliar na integração de qualquer sociedade, e foi uma força antes desagregadora da sociedade romana; no segundo momento, ela se enxertou na sociedade romana, esperando uma profunda regressão do mundo romano para poder crescer como a estrutura de uma nova sociedade, atualizando seu potencial de legitimação e regulamentação de um mundo novo"[30]. Hannah Arendt completa: "O vigor e a continuidade extraordinários desse espírito romano submeteram-se a um teste decisivo, reafirmando-se indiscutivelmente, após o declínio do Império Romano, quando a herança política e espiritual de Roma passou à Igreja. Confrontada com essa tarefa mundana bem real, a Igreja tornou-se tão 'romana' e adaptou-se tão completamente ao pensamento romano em matéria de política que fez da morte e ressurreição de Cristo a pedra angular de uma nova fundação, erigindo sobre ela uma nova fundação, uma nova instituição humana de incrível durabilidade"[31].

Na matéria que nos interessa mais de perto, pode-se observar a permanência das características essenciais do casamento romano no casamento católico, sobretudo na ênfase dada ao aspecto fecundidade. Santo Agostinho, no século IV, diria que a prole era a principal meta da instituição, em que, segundo sua enumeração, *proles, fides, sacramentum*, apareciam também o lado místico e o lado contratual.

Em contrapartida, os motivos para o incremento da *pietas* do pai para com os filhos deixaram de ser sua cidadania romana ou sua serventia para o exército de uma Urbe para serem sua dignidade de remidos por Cristo e de membros de uma Igreja cujo poder se colocou desde cedo acima do poder dos reis e imperadores, primeiro teoricamente, depois, na Era Medieval, de modo concreto, como veremos.

---

30. Talcott Parsons, *Sociedades: Perspectivas Evolutivas e Comparativas*, São Paulo, Ed. Pioneira, 1969, p. 148.

31. Hannah Arendt, *Entre o Passado e o Futuro*, 2. ed., São Paulo, Ed. Perspectiva, 1972, p. 167-8.

Em síntese, poderíamos dizer que o fato que estabelece um marco divisório na concepção do pátrio poder na Antiguidade, abrindo caminho para novas maneiras de o fundamentar e justificar, a última das quais, como se viu, historicamente, a cristã, foi o aparecimento do Estado.

O pátrio poder sofreu sua primeira grande alteração substancial com a cidade-Estado, e isto não só pelas razões conhecidas que advieram da vida em comum, com outras famílias etc., mas também pelo surgimento de um novo sistema garantidor da estabilidade das relações familiares, o direito.

Na família arcaica, da tradição primordial das cidades gregas e italianas, o fundamento da *patria potestas* era o culto dos antepassados. Dele tirava o pai a *auctoritas*, sem a qual a *potestas*, como explicou Hannah Arendt, era simples poder de fato, não legítimo.

Com a fundação da *polis* e da *civitas* paulatinamente foi se impondo um outro critério, as relações do indivíduo com o Estado. Foi por essa razão, como se viu, que o pai foi perdendo seus poderes discricionários, foi sendo incumbido pelo Estado de um dever, o de educar, o de guardar, o de cuidar dos bens do futuro cidadão de Atenas ou de Roma. Tais relações eram reguladas por um sistema que procurava, na terminologia de Niklas Luhmann, reduzir a complexidade crescente na sociedade, o direito, o *jus*, *jus civile*. O sistema do *jus civile* buscava resolver a complexidade da sociedade romana, em que, ao lado dos patrícios, para quem a religião doméstica tinha um significado, estavam os plebeus, para os quais não havia que falar em culto dos antepassados. Depois de muitos atritos e revoltas da plebe, como se sabe, chegou-se ao reconhecimento de sua existência por parte da cidade. Veio então o direito civil romano estabelecer as normas que deveriam ser seguidas por todos, e, na questão que nos interessa, veio estabelecer em bases independentes da religião doméstica as leis que regulavam o pátrio poder.

Vemos, então, que o direito apareceu, na Antiguidade romana, para exercer a função de reduzir a complexidade, originada pelo próprio desenvolvimento da Urbe, facilitando as interações entre os cidadãos romanos de estirpe patrícia, entre si e com os plebeus[32].

---

32. Fustel de Coulanges disserta longamente em sua obra (*La Cité Antique*, cit.) sobre as várias adaptações por que vão passando a sociedade e o direito antigos à medida que a plebe assume uma atitude de reivindicação de seu lugar na Cidade. É Niklas Luhmann quem vê no direito, como resume Tercio Sampaio Ferraz Jr., um sistema social, em que

O Império Romano Bizantino

Às margens do Bósforo, Constantino fez construir a bela cidade que levou seu nome, Constantinopla. Rivalizava com Roma em esplendor arquitetônico e a superava como empório comercial dos produtos do Oriente.

Em 395, um dos sucessores de Constantino, Teodósio, resolveu dividir o Império Romano entre seus filhos. Honório ficaria com o Império Romano do Ocidente, tendo capital em Milão; Arcádio, com o Império Romano do Oriente e sede em Constantinopla. Roma ficava como capital do Papa.

Iniciou-se assim a história do Império Romano do Oriente ou Império Bizantino. Bizâncio era o outro nome pelo qual Constantinopla era conhecida. Esse Império foi mais duradouro que o Ocidental. Quando os bárbaros atacaram o Ocidente, e o Império Romano Ocidental sucumbia em 476 d.C., o Império Bizantino já caminhava para seu apogeu, com a elevação de Justiniano para o trono de Constantinopla.

A codificação de Justiniano — o *Corpus Juris Civilis*

O advento de Justiniano foi preparado pelo reinado de seu tio, Justino I, no qual, como nos refere Auguste Bailly, Justiniano governava dos bastidores[33].

Seu reinado foi caracterizado pelo embelezamento de Constantinopla, mas, infelizmente, todos os monumentos vieram a desaparecer com as guerras. Um deles, entretanto, nos restou, projetando uma luz refulgente sobre seu autor: o monumento jurídico.

As Constituições Imperiais se tinham sobreposto, formando de César Augusto a Justiniano, de Ocidente a Oriente, um confuso amontoado legislativo. Sob os auspícios de Justiniano, o jurisconsulto Treboniano

---

se reduz a complexidade do mundo circundante (cf. *Função Social da Dogmática Jurídica*, São Paulo, Ed. Revista dos Tribunais, 1981, p. 9, n. 10). A procedência das asserções de Luhmann nos parece comprovada no momento histórico que analisamos, vale dizer, o direito se desenvolve, ganha corpo e se torna uma ciência onde se notabilizam os jurisprudentes, porque é uma necessidade para a vida romana sua independência da religião, o que nos diz também Max Weber em sua obra *Economia e Sociedade*, México, Ed. Fondo de Cultura Económica, 1964, p. 598 e 599 do v. 1. da 2. ed. em espanhol.

33. Auguste Bailly, *Byzance*, Paris, Ed. Fayard, 1939, p. 69.

realizou o trabalho de seleção, catalogação e codificação das leis imperiais, que resultou no *Codex Justinianeus* (Código de Justiniano).

Em 529 iniciou-se a revisão do direito antigo (*jus anticum*), conforme os comentários de Papiniano, Gaio, Modestino e Ulpiano, célebres advogados romanos. A compilação formou o *Digesto* ou *Pandectas*, acompanhado por um manual de ensino para os estudantes de Direito: as *Institutas*. Em 534 chegava-se ao fim desses estudos de direito romano antigo.

O conjunto das leis posteriores, promulgadas por Justiniano, formava as "Novas Leis" ou "Novelas". Reestudado por Mommsen, Savigny — da Escola Histórica Alemã — e Contardo Ferrini — da Escola Jurídica Italiana —, o Código de Justiniano serviu como base para os Códigos Civil e Penal da maior parte dos países ocidentais[34].

Os séculos futuros ficaram devendo a Justiniano esse trabalho jurídico, sem o qual o direito romano ter-se-ia perdido. As leis e instituições romanas das Doze Tábuas a Augusto, e de Augusto a Justiniano, formavam o majestoso *Corpus Juris Civilis* (Corpo de Direito Civil), que, unido ao direito canônico, formou a base do direito medieval e moderno.

A Sedição Nika — o Exarcado de Ravena

O governo de Justiniano foi prejudicado enormemente pelas querelas intestinas. A opinião pública em Bizâncio se dividia em dois partidos, conforme suas predileções em matéria religiosa e política: os Azuis, adeptos da ortodoxia da Igreja Romana e do regime aristocrático do governo; e os Verdes, adeptos da heresia monofisista (que queria ver em Jesus Cristo apenas a natureza divina), condenada pelo Concílio de Calcedônia e que, em matéria política, eram partidários da democracia pura ou anárquica. Tiraram seus nomes das indumentárias de dois grupos de corredores de carros no Hipódromo, cujas disputas esportivas assumiram aspectos de debates políticos e ideológicos.

Contando com o apoio declarado da própria mulher de Justiniano, a Imperatriz Teodora, de baixa extração e alta ambição, os Verdes tentaram depor o imperador aos gritos de *"Nika! Nika!"* (quer dizer "Vitória"). Como

---

34. Contardo Ferrini, *Manuale delle Pandette*, passim. V. tb. nosso artigo "Contardo Ferrini", *Hora Presente*, São Paulo, Hora Presente Sociedade de Cultura e Educação Ltda., n. 19, p. 87-98.

nos descreve Auguste Bailly, a populaça atacou os edifícios que por sua majestade ou riqueza lhe pareciam simbolizar a ordem social que queria abater. Assim foi incendiada quase totalmente a Basílica de Santa Sofia, e o Palácio Imperial sofreu grandes devastações. Foi a Sedição Nika.

Acorreu em defesa do imperador o General Belisário, que encurralou os sediciosos no Hipódromo e os massacrou.

Cessado o perigo interno, e antes que Belisário embainhasse sua espada, Justiniano deu a esse leal servidor o encargo de expulsar os vândalos da África do Norte.

O grande sonho de Justiniano era reconstruir o Império Romano do Ocidente, que, desde 450, era vítima dos ataques dos bárbaros germânicos, e que havia sucumbido em 476. Ao sentido político e social dessa empresa juntava-se o fator religioso, pois, para Justiniano, Roma continuava sendo o centro do mundo católico.

Enquanto Belisário combatia para salvaguardar a herança romana na África do Norte, onde acabara de surgir o clarão fulgurante de Santo Agostinho, o General Narses enfrentava em Ravena os ostrogodos de Totila, contando com o apoio moral de São Bento, que em Monte Subiaco acabara de fundar a Ordem Beneditina, que tantos serviços prestou à civilização na Idade Média.

Só esses dois nomes, Agostinho e Bento, bastariam para prestigiar a campanha de Justiniano no Ocidente, em prol do legado romano e cristão da Idade Antiga.

Infelizmente, a necessidade de fortalecer as fronteiras orientais contra os persas levou Justiniano a abandonar a empresa iniciada na Europa após as vitórias de Belisário contra os vândalos no norte africano e a criação do Exarcado de Ravena, na Itália.

Alguns historiadores acusam Teodora de ter instigado seu esposo a fazer conquistas para o lado oriental, o que irritou os persas e levou Justiniano a abandonar o *front* ocidental, onde poderia ter prestado grandes serviços e salvar o Império Romano Ocidental da destruição total.

A investida dos bárbaros se tornou avassaladora, mas, como último lampejo da civilização romana, Santo Agostinho tinha deixado a *Cidade de Deus*, obra na qual lançava as bases da sociedade cristã que, com árduos esforços, se tentaria construir na Idade Média.

CAPÍTULO IV

A FILOSOFIA CRISTÃ DA HISTÓRIA

ༀ

Como se sabe, o Cristianismo não se apresentou como uma corrente filosófica, entre tantas outras no império romano do primeiro século de nossa era. Antes foi proclamado como uma mensagem = boa notícia (*evangelion*, em grego). O ensinamento de Cristo trazia, é certo, uma conduta ética atraente e empolgante, mas se baseava numa fé em Jesus como o Messias (Cristo, o ungido, em grego) e não numa tentativa como a de Platão ou Aristóteles de dar uma explicação racional do universo.

Então se perguntará: como e por que se desenvolveu uma filosofia cristã? A resposta precisa ser matizada, mas é provável que a incursão dos cristãos no campo filosófico se deveu à necessidade de se adaptar ao mundo greco-romano, entusiasta das discussões filosóficas.

Havia o risco de sua mensagem não ser tomada a sério se não tivesse uma apresentação filosófica.

Ora, havia algumas escolas de filosofia como os estoicos e os epicuristas que enfatizavam o comportamento ético e a felicidade individual, deixando em segundo plano a metafísica e a filosofia da natureza.

Então, os pensadores cristãos — Clemente de Alexandria, Gregório de Nissa e outros — começaram a achar que eles poderiam mostrar sua mensagem como algo tão racional e prestigioso como as escolas filosóficas de seu tempo. O Cristianismo não era só isso. Mas não temia o cotejo no campo filosófico.

Havia um limite — que até hoje permanece — ao filosofar cristão: nunca os raciocínios e argumentos poderiam negar os artigos de fé adotados em 325 no Concílio Ecumênico de Niceia, consubstanciados no Credo então redigido e até hoje distintivo (Símbolo, em grego sinal) do cristão.

A filosofia vinha para servir a teologia (*ancilla teologiae*), não para refutá-la.

Santo Agostinho

É isto que se deve ter presente quando se analisa a obra do maior filósofo cristão da idade antiga, Aurélio Agostinho, bispo de Hipona, no norte da África.

Alguns manuais colocam este autor na era medieval, o que é anacrônico. Ele faleceu em 420. A Idade Média começaria no século seguinte.

E não é só isso: Agostinho tenta conciliar a revelação bíblica com os ensinamentos da antiguidade clássica grega e romana e, sobretudo, mostrar que se houve choque entre o Estado romano e a revelação cristã isto se deveu ao lamentável processo de decadência moral que se iniciara nos governos de Calígula e Nero e que atingia a sociedade da capital e das principais províncias do mundo romano.

O Estado

Santo Agostinho torna claro, em sua Carta n. 138 a Marcelino que o cristão obedece às leis emanadas do Estado, e não é revolucionário ou contestador, como aliás consta do Evangelho em que Cristo paga o tributo a César e das Epístolas de Pedro e Paulo, que aconselham seus fiéis a obedecer às autoridades constituídas (por exemplo, na carta de Paulo aos romanos).

Em carta a Marcelino, Agostinho pondera: "Aos que dizem que a doutrina de Cristo é contrária ao bem do Estado, respondo: Deem-nos um exército de soldados tais como os torna a doutrina de Cristo, deem-nos tais governadores de províncias, tais maridos, tais esposas, tais pais, tais filhos, tais mestres, tais servos, tais reis, tais juízes, tais cobradores e agentes do fisco tais como os quer a doutrina cristã. E depois ousem ainda dizer que ela é contrária ao Estado! Muito antes, porém, não hesitem em confessar que ela é uma grande salvaguarda para o Estado quando é seguida".

A luta entre as duas cidades

Com a mesma intenção de refutar ataques contra a doutrina cristã é que Agostinho escreverá sua obra principal: A Cidade de Deus.

A acusação mais dura movida pelos políticos romanos não cristãos era que a causa principal da queda do Império Romano do Ocidente, nas mãos dos bárbaros, tinha sido sua adesão ao Cristianismo. Na massa do povo se dizia inclusive que os deuses protetores de Roma, vendo-se preteridos, teriam abandonado o império à sua própria sorte.

Agostinho mostra que a decadência de Roma vinha de muito antes, desde as lamentações de Catão de Útica, contra a moleza da juventude romana, ao tempo das guerras contra Cartago.

Afirma que "existem dois tipos de seres humanos: os que amam a si mesmos tanto até o ponto de desprezar a Deus, de um lado; os que amam a Deus tanto até o ponto de desprezar a si mesmos, de outro lado".

Os primeiros formam o conjunto dos ambiciosos, vaidosos, prepotentes, orgulhosos, que Agostinho denomina "Cidade do Homem". Exemplo seria o Império Romano sob os Césares Calígula e Nero. Os outros formariam o conjunto dos habitantes do Céu, ainda que vivendo sobre a terra, a "Cidade de Deus", e seriam os seguidores dos Mandamentos e dos ensinamentos de Cristo e por isso seriam desapegados, humildes, pacientes, benignos. "Acontece que eles vivem misturados como o joio e o trigo e o que os distingue é o direcionamento oposto de seu amor."

"A História nada mais é do que uma luta entre as duas Cidades, em que ora governam os bons, ora os maus, pois Deus respeita o livre-arbítrio de uns e de outros."

"O Estado, portanto, não é um mal em si, mas um remédio para que os governantes bons possam refrear a má conduta dos maus, através da lei. Mas pode chegar a ser instrumento de maldade quando governado por pessoas viciosas, voltando-se contra os bons. O exemplo seria o Império Romano perseguindo os cristãos. Por isso mesmo, um Estado que proteja as virtudes cristãs atingirá sua finalidade, o bem comum, como almejava Aristóteles. Já o Estado que as persiga, se afasta do bem comum, obviamente."

Com isso fica patente uma subordinação do Estado, na concepção de Agostinho, aos valores cristãos. Ora, "a principal instituição defensora de tais valores era a Igreja de Cristo. Logo, deve o Estado a ela se subordinar em tudo o que diz respeito à moral, conservando sua autonomia no que se refere às questões propriamente políticas e administrativas".

Reconhece ele, então, um poder indireto (*potestas indirecta*) da Igreja Católica sobre o Estado nas questões morais.

Daí nascerá, com o correr do tempo, a teoria "guelfa" de subordinação do Estado à Igreja, em quase tudo, de modo totalitário, o que provocará como reação o cesaro-papismo ou guibelinismo, a doutrina contrária da subordinação da Igreja ao Estado, como pretenderão os Imperadores alemães a partir do século XIII. Mas tais doutrinas não são agostinianas.

Com essa obra, o pensador africano inaugura os estudos de Filosofia da História, buscando um sentido total para as miríades de ações humanas que marcam o caminhar da humanidade.

Poder-se-ia objetar que sua filosofia é uma filosofia cristã da história, mas parece-nos que isso em nada diminui o alcance de sua obra, pois não há posição filosófica que não parta de uma posição pessoal e subjetiva assumida pelo pensador, no que o filósofo se distingue da objetividade do cientista exato.

O livre-arbítrio

Também é preciso lembrar que com Santo Agostinho se introduz definitivamente no Ocidente uma concepção linear do tempo e da história, que conservamos até hoje, apesar do profundo processo de secularização desde os Tempos Modernos. O filósofo marxista, por exemplo, esquece que seu materialismo histórico só é aceitável dentro de uma perspectiva linear do tempo e da história, pois a antiguidade, tanto Oriental como Ocidental, considerava o tempo cíclico, o eterno retorno, jamais admitindo o inédito e o novo. Herdeiro da visão bíblica de um início de todas as coisas e de um fim do mundo, o Cristianismo possibilitou a ideia de história como mudança para algo novo. Esta visão foi aperfeiçoada em Santo Agostinho com a prova do livre-arbítrio, também pouco enfatizada na Antiguidade sempre presa a ideia de destino. Benedetto Croce dizia que era impossível não partilhar da ideia linear, pois impregnou totalmente a cultura ocidental. Nenhum pensador contestou a linearidade do tempo, exceto Nietzsche, coerente com seu anticristianismo militante, defendendo o eterno retorno, mas sem ter seguidores nesse particular.

Hannah Arendt salienta essa importante contribuição de Agostinho, por exemplo em *Entre o Passado e o Futuro*.

Aliás, já vimos que pertencer a uma Cidade de Deus ou não depende da conduta livre de cada um.

A hierarquia das leis

E qual o parâmetro da conduta? Agostinho não vacila em dizer: é a lei de Deus, contida nos dez mandamentos promulgados no Monte Sinai. Essa a lei suprema a que se deve subordinar o homem, inclusive considerado em sociedade. As leis do Estado não podem contrariar a disposição divina. É a hierarquia das leis que será retomada e enriquecida durante a época seguinte, por exemplo com São Tomás de Aquino, quando, utilizando a ética aristotélica e o direito romano, mostra que mesmo sem a revelação seria possível ao homem conhecer algo da lei natural ou ordenação divina da natureza, a qual fica no patamar intermediário entre a lei divina (*lex aeterna*) e a lei humana ou positivada pelo Estado.

PARTE II
O DIREITO NA IDADE MÉDIA

CAPÍTULO I
A ALTA IDADE MÉDIA

୧୫ଓ

CARLOS MAGNO E O FEUDALISMO

Chama-se Idade Média o período compreendido entre a queda do Império Romano do Ocidente, em 476 d.c., e a tomada de Constantinopla pelos turcos, em 1453.

A Era Medieval foi fecunda em criações artísticas, meditações filosóficas e realizações jurídico-políticas, de profundo significado para a história da civilização; de maneira que atualmente já entrou em desfavor, nos meios cultos, a tese de Jules Michelet, que acoimou essa época de "Grande Noite de Dez Séculos". Como toda época, ela teve claros e escuros...

O movimento de Frederico Schlegel ou pré-Romantismo alemão, em fins do século XIX, bem como os trabalhos do célebre historiador francês Frantz Funck-Brentano, na primeira metade do século XX, vieram trazer nova luz sobre uma época até então desprezada.

Com efeito, dissera o papa Leão XIII : "Tempo houve em que a filosofia do Evangelho governava os Estados. Nessa época, a influência da sabedoria cristã e a sua virtude divina penetravam as leis, as instituições, os costumes dos povos, todas as categorias e todas as relações da sociedade civil. Então a Religião instituída por Jesus Cristo, solidamente estabelecida no grau de dignidade que lhe é devido, em toda parte era florescente, graças ao favor dos príncipes e à proteção legítima dos magistrados. Então o Sacerdócio e o Império estavam ligados entre si por uma feliz concórdia e pela permuta amistosa de bons ofícios. Organizada assim, a sociedade civil deu frutos superiores a toda expectativa, frutos cuja memória subsiste e subsistirá, consignada como está em inúmeros documentos que artifício algum dos adversários poderá corromper ou obscurecer". (Leão XIII, Encíclica *Immortale Dei*, de 1.º de novembro de 1885.)

Veremos nos capítulos seguintes como, nos vários ramos da atividade humana, o ideal cristão foi aos poucos triunfando sobre a barbárie germânica, e, espontaneamente, foi-se edificando uma sociedade "baseada nos princípios do Evangelho", como salientou Leão XIII, na célebre encíclica "Immortale Dei", sobre a constituição dos estados cristãos. A sociedade medieval teria realizado, com as limitações históricas evidentes, o tipo de sociedade descrito com muito brilho por Santo Agostinho, na *Cidade de Deus*, sobretudo nos séculos XI, XII e XIII. A superioridade da Igreja Católica nessa época deve-se à tese agostiniana, por todos aceita então, de que a "Cidade do Homem" deve se subordinar sempre à "*Cidade de Deus*", como o corpo se subordina à alma. Portanto, a hierarquia das leis seria também de subordinação das leis do Estado ou direito positivo (*positum* = posto, colocado) às leis divinas consubstanciadas nos Dez Mandamentos.

Por isso a civilização ocidental na Idade Média não foi simples somatória dos fatores greco-latinos remanescentes com os fatores germânicos. Houve um *quid* que se deve atribuir à ação civilizadora da Igreja, a qual, no dizer de Donoso Cortés, "tirou um monumento, de uma ruína; uma instituição, de um costume; um princípio, de um fato; uma lei, de uma experiência; e, para dizer tudo de uma vez, o ordenado, do exótico; o harmônico, do confuso" (carta ao diretor da *Révue des Deux Mondes*)[1].

Os bárbaros e a civilização ocidental

A queda do Império Romano se deu quando Odoacro, rei dos hérulos, conquistou Roma, em 476 d.C... Os visigodos partilhavam entre si as províncias da Península Itálica, enquanto os francos se estabeleciam ao sul do Reno, e os borguinhões ao norte desse grande rio. Alanos e suevos devastavam a Península Ibérica, e anglo-saxões, do outro lado do Canal da Mancha, ocupavam a Grã-Bretanha (Inglaterra).

Foi então que, no reino de Nápoles, São Bento lançou os fundamentos da Ordem Beneditina, cujo lema era *Orare et Laborare* ("Orar e Trabalhar"). Sem interromper a recitação dos salmos, os missionários beneditinos foram ao encontro dos bárbaros para convertê-los e civilizá-los: São Bonifácio evangelizou a Germânia; Santo Agostinho de Canterbury e São Patrício converteram a Inglaterra e a Irlanda.

Mas, entre todos os povos bárbaros, o primeiro que oficialmente abraçou o Cristianismo foi o dos francos.

---

1. Juan Donoso Cortés explica a Idade Média como G. B. Vico, como uma época em que se transitou o divino-mítico para o governo heroico-cavalheiresco do feudalismo (cf. *Filosofía de la Historia*, de J. B. Vico, in *Obras completas*, Madri, B. A. C., 1970, t. 1, p. 650).

A noção de autoridade era bastante viva entre os bárbaros. Quando o chefe de uma tribo tomava uma atitude, sua ordem era acatada imediatamente. Ora, o monge São Remígio de há muito procurava converter o rei dos francos, Clóvis, cuja esposa, Clotilde, era cristã. Na batalha de Tolbiac, contra os borguinhões, que disputavam o Reno, Clóvis prometeu tornar-se cristão se vencesse os inimigos. Vitorioso, cumpriu sua palavra, fazendo-se instruir e batizar por São Remígio, que então lhe disse: "Adora o que queimaste e queima o que adoraste". Com ele se fizeram batizar todos os seus súditos e, por isso, a nação dos francos ou França recebeu o título de "filha primogênita da Igreja".

No local do batismo se ergueu a célebre catedral de Notre Dame de Reims, onde foram sagrados todos os reis da França.

A aceitação do Cristianismo trouxe para os povos bárbaros muitos benefícios: os beneditinos instruíam as crianças na história sacra e profana; ensinavam os bárbaros a construir casas de pedra e não mais viver em choças e a abandonar as crudelíssimas práticas das "ordálias" ou juízos de Deus, em que se decidiam as questões jurídicas por meio de um combate entre autor e réu.

Os monges também ensinaram os bárbaros a respeitar o direito acima da força, pondo esta a serviço daquele, canalizando sabiamente a pujança indômita desses guerreiros inatos. Daí o surgimento de instituições como a Cavalaria, em que a força e destreza militar eram postas a serviço dos fracos, órfãos, viúvas e inválidos, como observa Léon Gautier[2].

A Cavalaria

A Cavalaria surgiu no Ocidente entre os povos germânicos, que criaram uma instituição com esse nome, porque, como força de guerra, existiu em todos os povos do mundo, desde que o cavalo começou a ser utilizado pelos guerreiros como veículo. Aqueles que podiam adquirir um cavalo participavam da guerra com mais vantagem. Nesse sentido, houve cavalaria na Grécia, na Pérsia, em Roma, enfim, em todos os países em que o cavalo foi utilizado na guerra. Mas não é sob esse prisma que estamos estudando a Cavalaria.

A Cavalaria é uma instituição que surge a partir da ideia do homem que monta a cavalo, ou seja, do espírito que domina a matéria, do superior

---

2. Léon Gautier, *La Chévalérie*, 2. ed., Paris, Ed. Artraud, 1924.
   Cf. tb. nossos artigos in *THOT*, n. 22 e 23, op. cit.

que domina o inferior e que tem, na Antiguidade, o seu antepassado mais remoto na figura do centauro, um ser meio-homem e meio-cavalo. A partir dessa ideia desenvolveu-se entre os germanos uma instituição que teve, mais ou menos, as características de Cavalaria medieval. As tradições indicam que, ainda longe do contato com a civilização romana, eles já conheciam a Cavalaria. Por esse caminho chegaríamos a uma ideia de Cavalaria nos primórdios da Humanidade; naquelas regiões hiperbóreas já existiriam instituições desse tipo, há milênios. Mas quem, na verdade, captou essa tradição foram os germanos. Ela se perdeu entre outros povos e passou, simplesmente, a ser cavalaria, isto é, instrumento de combate. Mas na Idade Média a instituição Cavalaria, onde as pessoas fazem parte de um grêmio, de uma associação, em que todos se ajudam, tornou-se conhecida dos povos latinos.

A origem, portanto, seria germânica. Os guerreiros germanos, quando tomaram contato com os latinos, estranharam muito o fato de que a civilização tinha tornado os homens ocidentais muito "delicados"; muito instruídos, mas pouco aguerridos. Essa situação era motivo de desentendimentos; os romanos desprezavam os bárbaros pela sua ignorância, e os bárbaros germanos desprezavam os romanos pela sua moleza de vida, pelo seu refinamento, que já chegava a causar espanto. De fato, era um confronto entre a brutalidade, por um lado, e a supercivilização, por outro, pois os romanos da decadência tinham algo que os caracterizava: eram realmente muito cultos, com um nível de vida muito bom, mas tinham perdido completamente a concepção que havia dado grandeza a Roma, e a isso alguns autores atribuem a desagregação do Império Romano. Não que tenha sido destruído: ele se desagregou por dentro; hoje diríamos que foi "implodido" pelos próprios romanos. Não houve nenhuma força externa capaz de dominar Roma; Roma sucumbiu. Foi então que chegaram os germanos, com sua violência, destruindo tudo quanto podiam da civilização romana, a que identificavam como o poder que os tinha subjugado durante anos. De fato, existiu o perigo de que essa avassaladora marcha dos germanos provocasse a destruição total da civilização latina. Por outro lado, aquele espírito guerreiro dos germanos, levado às últimas consequências, também reverteria numa espécie de destruição pela destruição. Era preciso, então, buscar um ponto de equilíbrio, que foi encontrado na Cavalaria.

O papel da Igreja na instituição das Ordens de Cavalaria

A Igreja teve um papel muito importante na conjugação desses dois fatores; teve o bom senso de entender que não era possível chegar a esses guerreiros e dizer: "Vocês todos agora têm de ser mansos como cordeiros, e têm de oferecer a outra face quando forem esbofeteados, porque senão vocês não serão de religião cristã". Evidentemente, isso não seria aceito pelos germanos, habituados a uma outra concepção, em que a honra era muito importante; até exageravam nisso, e, para eles, utilizar a força nem sempre era injusto.

O que fez a Igreja, no início da Idade Média, foi admitir a existência de uma força justa, de uma guerra justa, de um instrumento bélico que estivesse de acordo com os seus desejos. Para isso, bastava abrir o Antigo Testamento, pois o que ali não faltam são guerras. Mas a concepção do Novo Testamento era diferente, e a Igreja não poderia, de maneira alguma, renunciar completamente à mensagem evangélica só por serem os germanos excessivamente aguerridos. Era preciso temperar um pouco a sua agressividade com ensinamentos evangélicos de bondade, fraternidade, e, ao mesmo tempo, canalizar sua violência natural e atávica para um sentido bom, construtivo, a fim de não se transformar em força negativa dentro da sociedade.

E, realmente, a Igreja atinge isso com a instituição da Cavalaria. Canalizando todo aquele furor, que levava os barões germanos a guerrearem entre si e a se desafiarem em duelos continuamente, a Igreja conseguiu direcionar toda essa energia num único objetivo: sanear as injustiças.

Num momento em que realmente havia situações de opressão, a Cavalaria surgiu como força de fiscalização social e, ao mesmo tempo, como tentativa de restabelecer o equilíbrio perdido a partir da queda do Império Romano, quando passou a não haver praticamente nenhuma autoridade centralizadora. Esse foi o momento histórico em que veio à luz a Cavalaria.

Temos agora uma outra questão: quem poderia ser cavaleiro? A rigor, qualquer pessoa poderia sê-lo, porque, nesta concepção de melhor direcionar a força guerreira, quanto maior o número de pessoas a integrar a Cavalaria, tanto mais facilmente se atingiria a finalidade proposta. Mas o que gostaríamos de salientar aqui é que nessa instituição poderiam entrar tanto os filhos de camponeses quanto os filhos de nobres. Não esqueçamos de que a Idade Média era aristocrática, e que existia a separação de classes: filho de nobre era nobre, e filho de plebeu era plebeu, e este não tinha condições de pertencer à nobreza, podendo, no entanto, ingressar na Cavalaria, onde iria ombrear com o filho do nobre. Assim, em plena Idade Média, o filho do nobre, que nasceu num castelo, e o filho do camponês, que nasceu numa choupana, ao entrarem na Cavalaria tinham as mesmas obrigações e os mesmos direitos. Isso representava uma oportunidade de ascensão social, porque, quando um indivíduo pertencia à Cavalaria, estava socialmente um degrau acima daquele que era simples plebeu.

Não podemos, assim, confundir Cavalaria com nobreza, coisa que ocorre muito frequentemente. Havia nobres que eram cavaleiros, é verdade, mas também havia os camponeses que eram cavaleiros, e isto é que é bonito. Porque o nobre não deixava de ser nobre quando entrava na Cavalaria, nem o plebeu dizia para ele: "Você agora é igual a mim!"; ele, o plebeu, sabia que não eram iguais. Mas naqueles direitos e naqueles deveres, naquela associação, eram iguais. E esta é a igualdade fundamental, no ideal, que não se faz quando o indivíduo renuncia à sua própria personalidade, ao seu próprio *status* social e, demagogicamente, faz-se passar por humilde e depois volta à sua posição, sem entregar nada; o nobre permanecia com todos os seus privilégios, mas era capaz de morrer pelo outro se este era cavaleiro, não importa se filho de camponeses; esse cavaleiro era seu irmão! Aí surge a ideia de fraternidade, ideia esta de uma força incrível para causar transformações sociais, maior do que qualquer outra força de oposição de classes que se possa imaginar.

Desse modo, qualquer pessoa poderia pertencer à Cavalaria. No entanto, o filho de um cavaleiro que não manifestasse esse tipo de interesse não seria cavaleiro por hereditariedade. Era um título que trazia obrigações; então, se o indivíduo entrava na Cavalaria era porque havia compreendido o seu ideal, e não por outras razões; pois, se fosse nobre, isso não iria acrescentar nada em termos de título; se fosse burguês rico, não aumentaria sua riqueza; e, se pobre, sabia que através dela não adquiriria mais terras. Por isso, a Cavalaria foi uma instituição a acolher sempre uma elite de todas as classes.

Somente um cavaleiro poderia transformar em cavaleiro quem não o fosse. A ordem, em certo sentido, era compreendida como um sacramento que se recebia, e que só poderia ser transferido por alguém que já tivesse sido sagrado. Havia uma cerimônia para marcar bem a importância do momento de ingresso, para que não mais se esquecesse de que era cavaleiro; e essa cerimônia culminava com a entronização ou iniciação do indivíduo na Cavalaria. Essa entronização também só poderia ser feita por outro cavaleiro. Mesmo o rei, se não fosse cavaleiro, não poderia atribuir esse título. Há episódios históricos em que o monarca mandava chamar um cavaleiro para sagrar o seu filho, porque, não sendo ele próprio um cavaleiro, não podia sagrar o menino, que tinha manifestado o desejo de ingressar na ordem. Então, era preciso buscar alguém em outra cidade longínqua, pois ele, como rei, dono de todos os Estados, de todas as regiões de seu reino, não podia conferir esse título. E isso era absolutamente respeitado, sendo considerado nulo o ato de consagração realizado por alguém que não fosse cavaleiro.

O Império Carolíngio

Na Idade Média, a noção de chefe político importava na personificação da própria nação. Compreendia-se a função pública como propriedade do titular, de maneira que a sua própria personalidade deveria refletir suas atribuições. Isso explica por que, quando não havia correspondência entre o cargo e o titular, este era deposto pela autoridade superior, e muitas vezes pelos próprios súditos.

Foi o que aconteceu com os descendentes de Meroveu, pai de Clóvis, na França. Entregando o ônus da administração e a defesa das fronteiras aos "mordomos" ou "prefeitos de palácio", dedicavam-se a fruir das honras reais. Eram os "reis indolentes" da dinastia merovíngia.

Quando os bárbaros no Norte ou Vikings atacaram as fronteiras do Reno, em 687, foi Pepino de Heristal que os expulsou. Quando os árabes, já possuidores da Espanha, avançaram pelo território da Navarra, em 732, foi Carlos Martel, filho do anterior, quem opôs uma muralha de aço e fez recuar as hordas maometanas (batalha de Poitiers).

Assim, quando o Papa foi ameaçado pelos lombardos, pediu socorro não ao Rei Childerico III, mas ao prefeito de palácio Carlos Martel. O filho deste, Pepino, o Breve, socorreu o Papa, expulsando os lombardos. Pacificada a Itália, Pepino, o Breve, fez ver ao Papa a situação política da França. Então este comentou: "É justo que quem há muito tempo é rei de fato, seja-o também de direito". Com o apoio do Papa Estêvão II, Pepino, o Breve, se tornou rei da França após solene aclamação da Assembleia dos Francos, em 752. Childerico III estava deposto.

Pepino, o Breve, inaugurava a dinastia que teria seu mais ilustre representante em Carlos Magno, por isso chamada carolíngia (de *Carolus* = Carlos, em latim).

Em retribuição ao apoio da Santa Sé, Pepino, o Breve, fez doação ao Papa dos territórios que conquistaram dos lombardos, e que constituíram o patrimônio de São Pedro, propriedade temporal da Igreja até 1870.

O primogênito de Pepino, Carlomano, morreu prematuramente; por consequência, a coroa da França passou ao segundo filho, Carlos, que a história chamou Magno.

Seu programa de governo consistia na restauração do antigo Império Romano, sob a liderança da França e sob o primado espiritual do Papa. Para isso, urgia assimilar ao Cristianismo a Alemanha do Norte e a Saxônia. Arredios à pregação missionária, os teutões foram submetidos pelas armas e, depois de obtida a paz, abraçaram o Cristianismo (770). Em seguida, Carlos Magno lutou contra os saxões de Widukind, os quais se submeteram após a prisão de seu líder, às margens do Rio Hase.

No *front* ocidental, Carlos Magno anexou a seus *domínios* Navarra e Aragão, que arrebatou dos árabes, se bem que a custo da vida de Rolando, seu sobrinho e favorito, traiçoeiramente morto no desfiladeiro de Roncesvales. Durante toda a Idade Média, foi cantado pelos trovadores como símbolo de lealdade cavalheiresca, sobretudo na *Chanson de Roland*, uma das mais notáveis produções do gênio francês.

A estatura política de Carlos Magno era de tal grandeza que ele "não cabia" na função real. Foi criado o cargo de Imperador Romano Cristão especialmente para corresponder a tão grande figura. No ano 800, achando-se Carlos Magno na Igreja de São Pedro para assistir às cerimônias do Natal, o Papa Leão III colocou sobre sua cabeça, precocemente encanecida em árduos combates, o diadema imperial.

A obra jurídica de Carlos Magno

Das longínquas plagas do Weser, onde se bebia o hidromel, das mouriscas regiões de Navarra, dos céus azuis da Itália, partiam em meados de abril de cada ano muitos peregrinos, desde os nobres, em seus corcéis emplumados, aos bispos, em resplendentes dalmáticas, até os camponeses, com seus trajes regionais. Seu destino era Paris, antiga Lutécia. Ali se realizaria a imponente assembleia dos grandes do Império Carolíngio, presidida por Carlos Magno.

Fiel às tradições germânicas, o imperador convocava sua nobreza para consultar, para ouvir queixas ou ponderações, durante os primeiros dias de maio. A reunião se fazia em campo aberto, com grande assistência de curiosos, atraídos pela magnificência dos trajes e pela variedade de cores nos estandartes e tendas. Era o *Champ de Mai* ou Campo de Maio.

O resultado das deliberações era a coleção de leis que, por serem dispostas em capítulos, se chamavam "Capitulares".

Como ponderam Hubault e Marguerin na obra *As Grandes Épocas da França*, "Carlos, embora fosse chefe absoluto, não esquecia que reinava sobre povos acostumados a votar, por aclamações, as decisões de seus chefes".

Assim, embora se reservasse a decisão final, debatia com os prelados e nobres as questões e depois ordenava as normas que se faziam prementes, em matéria civil, comercial ou penal. Note-se, porém, que as leis eram decretadas na medida das necessidades e não como se faz modernamente, quando se procura prever casos futuros, por vezes com minúcia exaustiva.

O feudalismo

Para manter a unidade de seu Império, Carlos Magno confiou o governo das províncias a homens de seu crédito, os condes, a quem investiu de autoridade sobre os condados, tomando como modelo a administração eclesiástica dos bispados, pelos bispos.

Com o tempo, os condes foram crescendo em importância, marcando com personalidade própria sua gestão. Sendo o cargo transmissível de pai para filho, assegurava-se a continuidade administrativa, surgindo, então, uma estirpe de governantes com enorme influência social na região em que se radicava.

Assim, a pujança das autonomias locais, que marcara toda a época seguinte, tem suas bases na administração descentralizada de Carlos Magno.

Todas as obras do grande estadista desapareceram, mas esta foi preservada e deu à Europa sua configuração atual.

Após a morte de Carlos, seus descendentes partilharam seus vastos domínios (partilha de Verdun — 843) para pôr fim a suas dissensões. Isso abalou profundamente a unidade do Império.

Durante os séculos IX e X, os bárbaros normandos (dinamarqueses, suecos, noruegueses, chamados *vikings* ou "reis do mar") atacaram o norte da Europa. O sul voltava a sofrer incursões sarracenas.

A unidade, comprometida pelo Tratado de Verdun, agora desaparecia por completo: os frágeis elos que prendiam as províncias ao poder central se romperam. As comunicações eram dificílimas, o que levou os povos atacados pelos bárbaros a contar apenas com seus próprios recursos na luta pela sobrevivência.

Sob a liderança de seu chefe, o conde — pertencente a uma estirpe que tinha seu fundador no enviado de Carlos Magno, habituado a reger os negócios da região e a resolver as questões difíceis —, as vítimas das invasões procuravam os montes mais escarpados, as zonas ocultas dos pântanos ou *marecage*, para organizarem postos de defesa.

Como descreve Funck-Brentano, essa foi a origem dos feudos: a célula inicial foi a família, única instituição que permaneceu coesa, quando todas as outras instituições e o próprio Império Carolíngio soçobraram.

Em quase todos os pontos da Europa surgiam nesse momento núcleos de resistência. Cada um deles gravitava em torno de um chefe, como outrora, o *pater familias* de Roma e de Atenas, de autoridade incontestada[3].

Que esse líder se chame Dom Pelayo, iniciando a reconquista espanhola, ou Hugo Capeto, projetando sua ação para além dos limites de seu feudo, até ser coroado rei da França, fundando a dinastia capetíngia, que reinará até a Revolução Francesa, no século XVIII, nós temos sempre o protótipo do homem de guerra, ocupado em defender suas terras e as de seus agregados, em "correr mouros", como no-lo descreveu magistralmente Alexandre Herculano em *A morte do Lidador* (*Lendas e Narrativas*).

A estirpe que liderou, através dos séculos IX e X, a reação contra os bárbaros e sarracenos veio a constituir a nobreza feudal, a classe dos suseranos. Os agregados que buscavam socorro junto aos nobres, e que, em troca, ocupavam-se do amanho da terra deram origem à plebe ou vassalos.

Régine Pernoud nos descreve as relações entre suserano e vassalo como baseadas na mútua prestação de serviços, garantida pela confiança recíproca (a palavra "feudo" vem de "fé", ou seja, "confiança").

Da família, pois, nasceu o feudo. Do feudo veio a surgir o reino, quando os senhores feudais sentiram a necessidade de ter um árbitro para suas contendas; no rei feudal se consubstanciava e personalizava a ideia de nação.

Eis como surgiu o sistema de feudalismo, cujos desenvolvimentos vamos apreciar em seguida.

---

3. F. Funck-Brentano, *Le Moyen Age*, Paris, Ed. Hachette, s/d, p. 7.
   Seria, na terminologia de G. B. Vico, um *ricorso* ou um "refluxo" do ciclo percorrido pela civilização ocidental na Grécia e na Roma primitivas, passando novamente pela "fase heroica".

CAPÍTULO II

O SACRO IMPÉRIO GERMÂNICO — AS CRUZADAS — O DIREITO E A FILOSOFIA NA IDADE MÉDIA

03❀80

Formação do Sacro Império Romano-Germânico: o Primado do Papa

No tema anterior vimos como se originou o sistema feudal e como se desenvolveu, formando os reinos sem destruir a autonomia das soberanias locais.

No reino, a autoridade do rei era acatada pelos senhores feudais como árbitro nas questões entre eles surgidas.

Régine Pernoud, na célebre obra *Lumière du Moyen Âge*, explica que nem sempre o título real era apanágio dos nobres mais poderosos. Na França, por exemplo, o primeiro rei feudal, Hugo Capeto, foi escolhido por gozar de grande prestígio, devido aos serviços prestados por sua estirpe à Nação. Na Espanha surgiram quatro reinos: o de Aragão, o de Castela, o de Leão e o de Navarra, porque naquele país o sistema feudal se estruturou em função da luta contra os mouros, o que se operou em quatro regiões diferentes. A unificação da Espanha só se deu em 1470, pelo casamento de Isabel de Castela com Fernando de Aragão, o qual incorporara à coroa os territórios de Leão, ficando a Navarra como feudo do rei da França.

A Alemanha permaneceu partilhada em diversos ducados, condados e marquesados até 1870. O mesmo ocorreu com a Itália.

Na Inglaterra, em 1066, a conquista do território anglo-saxão por Guilherme, Duque de Normandia, pôs fim à organização feudal anglo--saxônica de Eduardo, o Confessor, dando origem a um sistema mais centralizado em que os generais normandos ditavam a lei pelas armas. Os anglo-saxões sempre levaram com descontentamento o jugo normando, não faltando exemplos magníficos de fidelidade às leis saxônicas, como o de São Tomás Becket, de que adiante falaremos.

89

Assim, em cada país as circunstâncias próprias da história e da geografia deram origem a um sistema político peculiar.

Porém, havia um traço de união entre todos os reinos: a profissão da mesma fé católica. Este, segundo Régine Pernoud, foi o grande fator que fez surgir a Cristandade que se concretizava no Sacro Império Romano--Germânico.

Todas as nações da Europa pertenciam, em tese, ao Sacro Império, e o seu chefe político era escolhido dentre os príncipes cristãos, pela Dieta ou assembleia dos dignitários. O primeiro imperador foi Otão I, em 962.

Como a religião era denominador comum, ao Papa competia o magistério espiritual do Sacro Império: como chefe da Igreja, ele intervinha no Império todas as vezes em que as leis afetassem a moral cristã. Não raro também era invocado como árbitro supremo nas questões políticas; esse costume se estendeu até os tempos modernos, pois Alexandre VI resolveu a pendência entre a Espanha e Portugal pelo Tratado de Tordesilhas (1494).

Quando o Imperador alemão Henrique IV investiu sacerdotes indignos em bispados alemães, o Papa São Gregório VII o excomungou, desligando seus súditos da obediência a ele devida.

Foi então que Henrique IV dirigiu-se ao castelo de Canossa com trajes de peregrino, em noite de inverno, para pedir perdão ao Papa por seus crimes de venda dos cargos eclesiásticos (simonia).

Joseph De Maistre esclarece que "os papas não disputavam aos imperadores a investidura feudal, mas sim a investidura episcopal", pelo báculo e pelo anel, para que os benefícios eclesiásticos não se convertessem em feudos políticos[1]. Os que apoiavam o Papa eram os guelfos, e os adeptos do controle da Itália pelo Imperador da Alemanha eram os guibelinos. Suas lutas se prolongaram pelos séculos XII e XIII.

As Cruzadas: suas causas e consequências

O ato simbólico de Henrique IV, na neve, em Canossa (1077), foi o marco da supremacia do Papa sobre os poderes temporais, na Idade Média.

Por isso, quando, em 1095, o Papa Urbano II, no Concílio de Clermont, concitou os príncipes cristãos a lutar pela libertação da Palestina em poder

---

1. Joseph De Maistre, *Du Pape*, Lyon, Ed. Vitte, 1928.

dos turcos, a multidão dos clérigos, nobres e plebeus irrompeu aos gritos de "Deus o quer!" E então se iniciaram as Cruzadas.

O que as motivara?

Os turcos, povo originário da Europa Oriental, foram convertidos pelos árabes ao Islamismo e se empenharam na formação de um império que durou até a Grande Guerra de 1914-1918, quando, vencidos, seu império foi partilhado entre várias nações árabes[2].

As Cruzadas são apresentadas por alguns historiadores como guerras de conquista da Europa contra os árabes. Mas não é bem verdade. As Cruzadas surgiram porque os próprios países árabes foram conquistados pelos turcos, os quais continuaram marchando em direção à Europa. Daí surge o antagonismo. Eles ameaçaram Constantinopla, e acabaram por tomá-la no fim da Idade Média. Ameaçaram a Espanha, onde queriam entrar e por séculos o vinham tentando. Dominaram o norte da África, e começaram a proibir o acesso aos lugares santos. Assim, a Europa estava praticamente cercada pelos turcos. E foi isso que motivou as Cruzadas.

Eram consideradas como uma guerra defensiva, portanto justa; consequentemente, os cavaleiros partiam com a consciência tranquila, pois não se tratava de uma guerra de conquista. É preciso frisar isto, porque aqui não são os filmes nem os romances que estão dando uma ideia distorcida da Cavalaria, mas os próprios historiadores que dizem que os cavaleiros iam para o Oriente em busca de riquezas, fortuna, glória. Glória acreditamos que sim, mesmo porque estava dentro do espírito deles. Mas... riqueza e fortuna, como e onde? Será que iriam deixar a França e a Inglaterra, onde tinham castelos, terras, mulheres e filhos, e criadagem à sua disposição, para navegar naqueles barquinhos, que mais pareciam casca de noz, e atravessar o que eles chamavam de "Mar Tenebroso"? (Acreditavam que o mar acabasse a certa altura... de repente; logo surgiam a cachoeira e o naufrágio...) E nem sequer sabiam o que vinha depois da África! Aventurando-se completamente naqueles pequenos barcos para chegar a um deserto terrível, com um calor a que não estavam acostumados, e encontrar um povo de língua estranha — para conquistar o quê? O que eles iriam ganhar do ponto de vista econômico ao deixar os seus bens na Europa?

---

2. T. E. Lawrence, *Seven Plillars of Wisdom*, obra monumental sobre a luta dos árabes contra o império turco, narrada pelo famoso "Lawrence da Arábia", como ficou conhecido o Tenente britânico T. E. Lawrence.

Se não entendermos os objetivos da Cavalaria medieval, não conseguiremos entender as Cruzadas; porque, do ponto de vista econômico, era um malogro total. Não eram apenas cavaleiros de classes humildes que iam para a Terra Santa. Reis e príncipes abandonavam seus tronos e iam também, como foi o caso de Ricardo Coração de Leão, Felipe de França e tantos outros. Assim, não é possível explicar essa guerra apenas sob o prisma econômico. E isso se coloca tão só como observação, pois sabemos que, de tempos em tempos, surge um ou outro historiador querendo defender a tese de que "a grande razão de ser das Cruzadas era a conquista de bens materiais"; quando, pelo contrário, parece-nos que até estavam perdendo esses bens.

MAOMÉ E O ISLAMISMO

Muḥammad, verdadeiro nome de Maomé, nasceu em Meca, em 571, em uma família pobre da tribo dos Haxemitas, dominados pelos Coraixitas. Começou trabalhando como guia de caravanas que chegaram até à Palestina e à Síria, onde conheceu judeus e cristãos e maniqueus[3].

Sentia-se atraído pela ideia de uma nova religião, na mesma tradição bíblica, mas já como terceira revelação, superior às de Moisés e de Jesus.

A crença muçulmana é de que, em 610, no monte Hira, próximo a Meca, o arcanjo Gabriel lhe confiou uma mensagem: Deus (Alá), o único Deus, o havia escolhido como o último profeta enviado à Humanidade. Deveria compor inúmeros cânticos e salmos em honra de Alá.

Maomé deu ouvidos à mensagem do Arcanjo e, após sua morte, os versos foram reunidos e integrados no *Alcorão*, livro sagrado dos árabes, durante o califado de Abu Bakr.

Ele deveria reunir as tribos árabes, todas descendentes de Ismael. Ismael foi o primeiro filho de Abraão com sua escrava egípcia Agar, preterido na herança e expulso para o deserto, por não ser o filho de Sara, legítima mulher de Abrãao, a qual foi estéril por longos anos até quando, já idosa, deu à luz Isaac, chamado Israel, ancestral dos israelitas ou judeus[4].

A profissão de guia pelo deserto não permitia a Maomé cumprir tal missão, até seu casamento com Cadija, uma rica viúva de um mercador,

---

3. John Alden Williams, *Islamismo*, Lisboa, Editorial Verbo, 1980, p. 64 e s.

4. *Gênesis da Bíblia*, 16, 1-15; 21,1-13 e 20.

que lhe proporcionou a estabilidade material necessária para se dedicar à pregação da mensagem.

Líder religioso, ele unificou várias tribos árabes, o que permitiu a formação gradual do que viria a ser um império islâmico, que se estendeu da Pérsia até à Península Ibérica.

A doutrina islâmica

A doutrina islâmica prega a existência de um só Deus, Alá, puro espírito, sem forma corpórea; Maomé é o último profeta, continuador de Moisés e Jesus, também considerados profetas, mas inferiores a ele. Os muçulmanos creem nos anjos, no Juízo Final, no Inferno de dores e no Paraíso de delícias sensíveis, conforme a conduta de cada qual nesta vida terrena. A moral islâmica baseava-se nas máximas bíblicas. Mas o livre-arbítrio não era admitido e acreditavam na fatalidade do destino de cada um, ao qual se deveria subordinar tudo ("Assim estava escrito"...). Os crentes deveriam fazer cinco orações diárias, jejum no mês de Ramadã, peregrinar a Meca uma vez na vida e dar esmolas. Ateus, pagãos, cristãos e judeus que não quisessem aceitar a superioridade da terceira revelação divina seriam considerados infiéis e inimigos. A Guerra Santa contra os infiéis era uma prática recomendável, visando à imposição de um império mundial de Alá[5].

A expansão do Islamismo (séculos VI-XI)

De início, Maomé restringiu suas pregações aos familiares e amigos, tendo em dois anos feito mais ou menos 80 adeptos. Sentindo-se mais seguro, iniciou a pregação pública aos Coraixitas, de quem naturalmente adviria a maior oposição, visto que estavam ligados economicamente ao politeísmo vigente na Arábia.

De início, os Coraixitas se surpreenderam com as revelações de Maomé, segundo as quais só havia um Deus, de quem ele, Maomé, era o Profeta. Depois, procuraram ridicularizá-lo. Por fim, começou a perseguição.

Uma tentativa de assassinato ocorreu em 622, quando então Maomé fugiu de Meca para Iatreb. Essa foi a *Héjira* ("fuga"), que marca o início do Calendário Muçulmano, em 626 de nossa Era.

---

5. John Alden Williams, *Islamismo*, Lisboa, Editorial Verbo, 1980, p. 107 e s.

Em Iatreb (a partir de então chamada Medina), Maomé afastou a oposição de um grupo de judeus que habitavam a cidade e se negavam a aceitar a crença em Alá. Em seguida, começou a *Guerra Santa* contra Meca, atacando suas caravanas, cujos itinerários conhecia muito bem. Seus êxitos militares eram considerados provas da existência de Alá.

A "guerra santa" do Islamismo surgiu em 630, quando Maomé se apoderou de Meca. Afastou os Coraixitas do poder e destruiu os ídolos da Caaba.

De 630 até 660, o Islamismo foi dirigido pelos familiares de Maomé, os Haxemitas. De 660 até 750, a dinastia Omíada esteve no poder. Os Abássidas começaram a dirigir o Islamismo em 750, quando na Espanha já surgia o primeiro califado autônomo, instaurado por descendentes dos Omíadas[6].

Diante do crescente prestígio de Maomé, os Coraixitas procuraram um acordo): Maomé voltaria para Meca, mas os ídolos da Caaba deveriam ser conservados. Mas em 630, com o apoio dos árabes do deserto, Maomé destruiu os ídolos, com exceção da Pedra Negra, que foi solenemente dedicada a Alá. Estava implantado o monoteísmo e com ele surgiu o Islamismo, o mundo dos submissos a Alá e obedientes ao seu representante, o Profeta Maomé. Organizou-se, assim, um Estado Teocrático.

De 630 até 632, quando morreu, Maomé viveu em Medina. Convertera pela força das armas os árabes recalcitrantes. Construiu a Mesquita de Medina, e organizou a doutrina islâmica em seus pontos essenciais. Seu livro básico, o *Corão* ou *Alcorão*, só foi compilado mais tarde, com base nos escritos de Said, um escravo persa que sintetizava seus pensamentos. A *Suna*, conjunto de ditos e episódios atribuídos a Maomé, surgiu depois, para completar a tradição em torno da vida do Profeta.

Na África do Norte surgiu também um califado por volta do ano 800, tendo Kairuan (na Tunísia) como capital.

Os descendentes de Fátima, única filha do profeta Maomé, conquistaram o Egito e se instalaram no Cairo, em 969.

Naquele momento, o Império Islâmico original estava reduzido ao Oriente Médio, com a capital instalada em Bagdá.

---

6. F. Durif & P. Labal, *Rome et Le Moyen Âge*, Paris, Ed. Hachette, 1964, p. 130-3.

Esta foi tomada pelos mongóis, no século XIII (1258). Caberia aos turcos otomanos restaurar o Califado do Oriente e estabelecer sua sede em Constantinopla, conquistada em 1453 pelo sultão Maomé II.

A expansão dos árabes muçulmanos foi uma das mais fulminantes da História. Em um curto espaço de tempo, os árabes construíram um império mais vasto que o Império Romano. Os elementos explicativos dessa rápida conquista foram: a explosão demográfica dos árabes, a atração pelo saque (botim), a centralização política e o fanatismo religioso. Além disso, deve-se considerar a fraqueza dos adversários: o Império Bizantino e o Império Persa vinham se desgastando numa luta secular; o Império Romano do Ocidente havia desaparecido; e os reinos bárbaros germânicos eram demasiado fragmentados para conter os muçulmanos[7].

As primeiras conquistas foram feitas pela dinastia Haxemita, constituída pelos familiares de Maomé, sendo Meca a capital do Islamismo. Maomé unificara a Arábia em termos religiosos, e seu sogro, Abu Bekr (pai de Aisha), eleito seu sucessor, realizou a unificação política. Omar, segundo califa, ampliou as conquistas, ocupando a Síria, a Palestina, a Pérsia e o Egito. Omar pereceu assassinado pela família Omíada, que disputava o califado aos Haxemitas. Ali, marido de Fátima, filha única do Profeta, foi o último dessa dinastia. Em seguida, os Omíadas controlaram o califado e mudaram a capital para Damasco; seu primeiro califa foi Otoman.

A dinastia Omíada impulsionou a expansão em direção ao Ocidente. Depois de ocuparem o norte da África, os árabes, também chamados *sarracenos*, invadiram a Espanha, em 711, obrigando os visigodos a recuar para a região das Astúrias[8].

Ao perigo que representava para a Europa a expansão muçulmana devem-se somar os maus-tratos infligidos pelos turcos seldjúcidas, maometanos fanáticos, aos peregrinos cristãos que visitavam a Terra Santa (Palestina).

J. F. Michaud nos diz que Urbano II fora informado de um ataque iminente a Constantinopla. Decidiu, pois, passar ao ataque do campo inimigo. Assim, as Cruzadas tiveram caráter de guerra defensiva[9].

---

7. T. E. Lawrence, *Seven Plillars of Wisdom*, Lexington, Ed. Wilder Publications, 2011, p. 13 e s.

8. F. Durif & P. Labal, *Rome et Le Moyen Âge*, Paris, Ed. Hachette, 1964, p. 134 e s.

9. Cf. nosso artigo O Ideal da Cavalaria, *THOT*, São Paulo, Ed. Palas Athena, n. 22, e Os Templários, *THOT*, n. 23.

Da primeira Cruzada (seu nome foi tirado do símbolo da Cruz Vermelha, em campo branco) participaram Godofredo de Bouillon, Duque de Lorena, Raimundo Saint-Gilles, Conde de Tolosa, Balduíno de Flandres, Boemundo de Tarento e Tancredo de Siracusa. Como legado do Papa, partiu Ademar de Monteil, Bispo de Puy.

Após vários combates, em que a cavalaria cristã despertou a admiração dos adversários, os cruzados entraram em Jerusalém em 16 de junho de 1098. Godofredo de Bouillon recusou o título de rei, dizendo "que não queria ser coroado com ouro onde Cristo tinha sido coroado com espinhos"[10]. Foi nomeado Guarda do Santo Sepulcro.

Além de Jerusalém, os cruzados conquistaram várias cidades: Edessa, Antioquia, Trípoli, Tiberíades. Elas se tornaram feudos de Jerusalém, originando o Reino Latino-Cristão do Oriente.

René Grousset nos diz que o Reino Latino-Cristão do Oriente foi fator de entrelaçamento das relações comerciais entre o Ocidente e o Oriente. Sobretudo os armênios muito se aproximaram dos europeus e, sendo também cristãos, inclusive se ligaram a cavaleiros cristãos pelos laços de família[11].

Outra consequência das Cruzadas foi a morte de muitos nobres, o que provocou a ascensão da burguesia e o aumento do poder real, em direção ao absolutismo. Também se notou uma influência marcante da arte árabe, com suas abóbadas e arabescos, na arquitetura europeia, sobretudo na Espanha, onde os árabes permaneceram de 711 até 1492.

A Terceira Cruzada e sua importância para a Inglaterra

A queda de Edessa levou São Bernardo a pregar uma nova Cruzada. O rei da França, Luís VII, partiu com Conrado II, da Alemanha. Mas o insucesso os acompanhou. Pouco depois, o Sultão Saladino tomou Jerusalém.

Então o Bispo de Antioquia pediu ao rei da Inglaterra, Ricardo Plantageneta, que viesse socorrer o Reino Latino-Cristão. Juntamente com o filho de Luís VII, Felipe Augusto da França, e Frederico Barba-Roxa, da Alemanha, Ricardo partiu para a Palestina. Ficou em seu lugar, como regente, João, cognominado Sem-Terra, por não ter direito ao trono inglês.

---

10. Joseph François Michaud, *História das Cruzadas*, São Paulo, Ed. das Américas, v. 1 e 2.

11. René Grousset, *A Epopeia das Cruzadas*, Lisboa, Portugalia Editora, s/d., p. 264 e s.

João e Ricardo eram filhos de Henrique II e netos de Guilherme, o Conquistador. Já dissemos acima que a conquista normanda procurou destruir o feudalismo anglo-saxônico.

Contra tais pretensões levantou-se o Arcebispo de Canterbury, São Tomás Becket, o qual recusou submeter a Igreja da Inglaterra aos caprichos de Henrique II. Não sendo acompanhado pelo clero inglês, Becket fugiu para a França. Convidado a regressar, foi assassinado por ordem de Henrique II em plena catedral, quando celebrava as Vésperas. O absolutismo normando caminhou livre[12].

Com a partida do herdeiro do trono, Ricardo Plantageneta, para a Cruzada, João Sem-Terra decidiu retomar a política de seu pai, Henrique II. Isso irritou os saxões, que suspiravam pela volta de Ricardo, o "Coração de Leão". Este, após conquistar São João d'Acre, fez com Saladino uma trégua de três anos. Ao voltar, foi aprisionado pelo Arquiduque Leopoldo da Áustria, que pediu resgate a João Sem-Terra. Este desconheceu o pedido e continuou a reinar na Inglaterra, como se Ricardo estivesse morto.

Os saxões, informados da verdade, resgataram o Rei Ricardo, mas este, ao tomar o poder, foi envenenado, segundo tudo leva a crer. João Sem-Terra, agora firme no trono, decidiu vingar-se dos saxões, a quem carregou de impostos e prendeu discricionariamente.

A *COMMON LAW* E A *MAGNA CHARTA*

A *Common Law*

Inúmeros historiadores pesquisadores comprovaram que os fundamentos da *"Common Law"* e das instituições políticas inglesas são de origem saxônica, ou seja, germânica[13].

Os conquistadores e invasores da Grã-Bretanha, os saxões, trazendo as suas famílias, formaram comunidades.

Ao longo dos séculos, a *Common Law* penetrou o corpo político, as instituições locais e municipais, a jurisprudência civil e criminal, as relações familiares, os direitos das pessoas e das coisas.

---

12. J. Giles, *Life and Teachings of St. Thomas Becket*, apud G. Imann-Gigandet, Le Martyre de T. Becket, *Historia*, Paris, out. 1961, n. 179, p. 482-90.

13. Guido Fassò, *Storia della Filosofia del Diritto*, Bolonha, Ed. Il Mulino, 1970, v. 1º, p. 236.

A *Common Law* é aquela parte do direito que não tem a sua fonte/ nascedouro nas leis ou regulamentos emanados dos poderes legislativos ou executivos do governo. Em sua origem, era uma síntese de princípios consuetudinários, usos e costumes, seguidos nas decisões dos julgadores.

Se há uma data aproximada que pode ser tomada como marco referencial, há certa concordância entre os diversos autores que essa data deveria ser 1066 (século XI), quando Guilherme, Duque da Normandia, norte da França, após a morte de Eduardo, o Confessor, derrota o pretendente saxão, Harold, na batalha de Hastings, imortalizada na célebre tapeçaria de Bayeux.

O normando invasor introduziu o feudalismo na Inglaterra, mas decidiu manter em vigor o direito anterior à sua conquista. Esse direito anterior, base da futura *Common Law*, era um conjunto de usos e costumes locais, ou seja, todo o direito comum da Inglaterra saxônica. *Common Law*, uma "lei comum" que substituiria os sistemas tribais saxões, destacando-se a atuação dos Tribunais Reais de Westminster.

Os tribunais não eram para todos, não havia uma jurisdição. Haveria que solicitar a concessão de um *writ* ao chanceler, por meio do qual o indivíduo poderia ter seu caso levado aos tribunais. Nesses tribunais se fazia valer a máxima *Remedies preceeds Rights*, ou seja, em primeiro lugar o processo, isto é, a sentença só poderia ser proferida se antes perpassasse uma série de formalismos, criando uma jurisprudência oficial, realmente normas sólidas, precedentes que delineavam o ordenamento jurídico como únicas fontes de direito.

Havia uma rigidez exacerbada nesse sistema, no qual uma sentença de um alto tribunal dificilmente perde seu valor de precedente. Por essa razão, surge uma reação com o intuito de "trazer justiça", a instituição da *Equity*.

A *Equity* não pode ser traduzida por "equidade", pura e simplesmente. São normas que se superpõem ao *Common Law*. A *Equity* origina-se de um pedido das partes da intervenção do rei em uma contenda que decidia de acordo com os imperativos de sua consciência. Tem por escopo suprimir as lacunas e complementar a *Common Law*. As normas da *Equity* foram obras elaboradas pelos Tribunais de Chancelaria. O chanceler, elemento da coroa, examinava os casos que lhe eram submetidos, com um sistema de provas completamente diferente do *Common Law*.

A *Equity* deveria respeitar o direito já existente, o que é expresso na máxima: "*Equity* follows the Law". A figura do Chanceler, o *Counsellor*, o consultor do rei, tornou-se cada vez mais autônoma da figura real, estatuindo em nome do rei e do conselho de onde derivava seu poder delegado; cada vez mais essa exceção tornou-se comum, e, devido à esclerose e lentidão da *Common Law*, a *Equity* tornou-se um sistema paralelo e forte, com seu próprio procedimento.

Portanto, podemos concluir que na Inglaterra a distinção direito natural e direito positivo dava-se na norma de oposição entre *"Common Law"* e *"Statute Law"*, sendo que o direito posto pelo poder soberano, em nome da *"Equity"*, seria válido enquanto não contrariasse aquele nascido das relações sociais.

Paulatinamente, dentro das próprias decisões baseadas na *Equity*, passou a valer a regra do precedente, adquirindo por volta do século XII tanta rigidez quanto a *Common Law*. A principal criação da *Equity* foi o mecanismo do *trust*, que ainda hoje tem grande uso, que é uma forma de administração de bens por terceiros de forma juridicamente protegida. Em outras palavras:

"Quando uma pessoa tem direitos que deve exercer no interesse de outra ou para a realização de um objetivo especial dado, diz-se que essa pessoa tem os direitos em questão em *trust* para a outra pessoa ou para o objetivo em causa, sendo chamada de *trustee*".

A favor do sistema destaca-se o jurista Henry Bracton (*"De Legibus et Consuetudinibus Angliae"*, século XIII): "ao lado das leis escritas deve se seguir as leis costumeiras consagradas pela prática"[14].

John de Salisbury

John de Salisbury foi o único autor a tratar realmente de teoria política no século XII, com seu livro *Policraticus*, no qual defende a subordinação do rei à lei: a autoridade do príncipe deriva da autoridade do Direito. E conclui que o povo, se o rei for um tirano, tem o direito de se revoltar contra ele e até mesmo matá-lo (*Policraticus*, VIII, 20)[15].

A *Magna Charta* de 1215

Após a ascensão da dinastia Plantagenet, o endurecimento de monarcas como Henry II, assassino de Thomas Becket, que desejava a autonomia da Igreja perante o rei, como de seu filho João, que empreendeu

---

14. Guido Fassò, *Storia della Filosofia del Diritto*, Bolonha, Ed. Il Mulino, 1970, v. 1º, p. 239.
15. Ibid., p. 253-4.

guerra contra os franceses, sobrecarregando o povo de impostos para custeá-la, que o alto Clero e a Nobreza o obrigaram a aceitar a *Magna Charta*, em 1215, em que seu poder de lançar impostos foi limitado por um Parlamento que reunia a Câmara dos *Lordes*, Clero e Nobres e a dos *Comuns* ou plebeus. Também foi reconhecido o direito de alguém se defender de acusações do rei em liberdade, exceto em caso de flagrante delito, o famoso *"habeas corpus"*, hoje adotado em inúmeros países.

A *Charta* de 1215 trazia considerável diminuição nas atribuições reais, porém a mais significativa era o *limite do poder* do rei pelo Parlamento, o famoso *"rule of the law"*, governo da lei.

O rei deixava de ser responsável pelo governo do Estado para apenas representar a nação inglesa. Iniciou-se então o sistema de monarquia representativa na Inglaterra, ou *Parlamentarismo*[16].

A Monarquia francesa — O direito costumeiro e os privilégios corporativos

Enquanto tais coisas se passavam na Inglaterra, do outro lado do Canal da Mancha o Estado se estruturava, negando o espírito feudal; ou seja, das autonomias locais se passava à centralização.

No século XIII, o trono francês foi ocupado pelo neto de Felipe Augusto, Luís IX, mais tarde canonizado pela Igreja. Dele dizia o insuspeito Voltaire, em pleno século XVIII: "Não teria sido possível levar mais longe a virtude". Benévolo para com os súditos, prudente para com os adversários, justo para com todos, concretizou o ideal do príncipe cristão. Seu biógrafo, Joinville, fala-nos da caridade com que servia os mendigos em seu palácio, da paciência com que escutava as queixas dos populares, sentado à sombra de um carvalho, no bosque de Vincennes[17].

Embora em larga medida a concórdia pública se devesse às virtudes do Rei São Luís, o fato é que, na França, o Estado se estruturava de maneira mais centralizada que na Inglaterra. A França não se assemelhava a um bloco, mas a uma "colcha de retalhos", em que cada província conservava suas leis e costumes próprios sem perder a união. Com o poder central em Paris, isso se atenuaria.

---

16. André Maurois, *Histoire d'Angleterre*, Paris, Ed. Fayard, p. 159.

17. V. nosso artigo São Luís, Modelo de Chefe de Estado, *Hora Presente*, São Paulo, Hora Presente Sociedade de Cultura e Educação Ltda., 1970, n. 7, p. 171-7.

O direito não se constituía de leis emanadas do poder real para toda a nação; antes, cada região possuía seus privilégios respeitados pelos reis anteriores, e que uma tradição antiga tinha consolidado. Era o costume. Diziam os glosadores medievais: *"Consuetus est usus longa consuetudine inveteratus"* — "O costume é o uso consagrado por longo hábito".

Assim, soberano era o rei, mas soberanos também eram os corpos sociais que atingiam notável desenvolvimento. Privilégios e leis próprias tinham as universidades, como a de Oxford, de Bolonha ou a Sorbonne de Paris. Eram cidades dentro de cidades, em que o reitor ocupava a função diretriz, como um pequeno rei.

Isso caracterizava também o comércio. Os trabalhadores manuais ou artesãos formavam famílias ou associações de ofícios. Os mestres dessas associações ou corporações eram como que os pais dos aprendizes, e governavam os destinos dos seus subordinados sem interferência do poder feudal, por meio de tribunais chamados Juranda.

São Luís IX mandou consolidar as leis e costumes das corporações francesas, manifestando simpatia por tais órgãos populares, mas a tendência centralista crescia nos reinados de Felipe, o Belo, e Luís XI.

Quando, no século XVI, os reis absolutistas tenderam a absorver os poderes locais, um dos seus primeiros cuidados foi destruir a autonomia das corporações pelo monopólio real de certos produtos de comércio[18].

As cidades do comércio

Com base no desenvolvimento das corporações medievais, inúmeras cidades da França e da Itália iniciaram no século XIV um movimento de independência com relação aos feudos, que se chamou "movimento comunal[19]. Obtiveram a independência, em grande parte, mediante indenização ao senhor feudal (resgate). Mas não faltaram as que conseguiram tal independência por graça real ou do senhor feudal, bem como as

---

18. Por aí se vê também que as "corporações" fascistas de 1930 das corporações medievais só tiveram o nome, pois estavam totalmente controladas pelo Estado, de acordo com a conhecida linha de conduta política, adotada por Mussolini: *"Niente contro lo Stato, niente fuori dello Stato; tutto nello Stato"*, em grande parte pela tendência nacionalizadora e unificadora do Estado Moderno.

19. A palavra "comunal" provém de comuna ou coletividade urbana. Por outro lado, a Comuna de Paris, em 1870-1871, implantaria para os parisienses um regime de socialismo radical que tomaria o nome de "comunismo".

que só a conquistaram pela violência. As mais importantes foram Marselha, na França; e, na Itália, Gênova, Siena, Florença e a pérola do Adriático, Veneza, onde se estabeleceu um governo aristocrático e republicano cujos órgãos eram o Conselho dos Dez e o Doge. A importância política dos venezianos crescera consideravelmente graças ao comércio com o Oriente, e só entrara em declínio após a descoberta do caminho marítimo para as Índias por Vasco da Gama, em 1498.

Na Alemanha, as corporações eram chamadas "hansas" ou "guildas", e monopolizavam o comércio das feiras. A cidade de Lubeck adquiriu com isso notável prestígio, como capital da Liga Hanseática, ou Federação de Hansas. Chegou a dispor de uma frota mercante que fazia inveja à Inglaterra.

As ordens mendicantes e a filosofia no século XIII

Chesterton nos diz que "a importância histórica de São Francisco e da transição do século XII para o século XIII encontra-se no fato de terem assinalado o fim de um período de sacrifícios e de lutas". Vencidos os bárbaros e os árabes, no século XIII, despontava uma era de paz[20].

Foi então que São Francisco de Assis fundou a Ordem dos Frades Menores, e São Domingos, a Ordem dos Pregadores. Eram ordens "mendicantes", que viviam de esmolas, levando o amor da pobreza até a renúncia do direito de propriedade. Seus bens eram propriedades do bispo em cuja diocese viviam. Aos monges franciscanos e dominicanos deveu-se o progresso cultural do século XIII.

Nas principais universidades da Europa se salientaram, pela sua sabedoria, São Tomás de Aquino, da Ordem de São Domingos, e São Boaventura, da Ordem dos Frades Menores.

São Tomás de Aquino é o maior nome da filosofia cristã, e deu origem à corrente filosófica chamada "tomismo". Nascido no reino de Nápoles em 7 de março de 1225, foi discípulo do "doutor universal" Santo Alberto Magno, que o iniciou na filosofia de Aristóteles. Lecionou como lente na Universidade de Paris, onde se destacou por sua apologética clara e precisa contra o filósofo árabe Avicena.

---

20. G. K. Chesterton, *Saint Francis of Assis*, trad. J. Carvalho, São Paulo, Ed. Vecchi, 1951, p. 17 e s.

Suas obras mais famosas são a *Suma Contra os Gentios* e a *Suma Teológica*, que apresentam uma visão teocêntrica do universo. Dentre as obras de menor porte, é célebre o tratado *Do Regime dos Príncipes*, que estuda as diversas formas de governo.

A hierarquia das Leis

Para São Tomás, há três degraus que sintetizam toda a noção de lei: a lei eterna, a lei natural e a lei positiva.

A lei eterna é "a própria razão de Deus enquanto governa as causas criadas". Ela está escrita na natureza humana, constituindo então a lei natural. A lei natural é, pois, a própria lei eterna enquanto aplicada à natureza humana.

A lei natural é muito geral; precisa ser especificada em muitos pontos. Daí a necessidade da lei positiva. Esta torna explícito o que a lei natural não exprime concretamente.

A lei positiva que não deriva da lei natural é uma falsa lei, uma lei corrupta (*corruptio legis*), como diz São Tomás.

Assim, conclui o filósofo que a autoridade não pode promulgar leis contrárias ao direito natural.

São Boaventura desenvolveu a filosofia religiosa ou mística em seus livros, recebendo o título de Doutor Seráfico.

O método de ensino filosófico na Idade Média dava grande valor ao debate entre os alunos, sob a orientação do professor. Este, no final da aula, relacionava todas as objeções feitas a determinada tese e depois refutava-as, uma por uma, concluindo a veracidade da tese proposta.

Esse método era chamado escolástico ou "da Escola". Além do tomismo, a que já nos referimos, houve outras correntes escolásticas, como o escotismo liderado por Duns Escoto, filósofo de grande sutileza, mas de menor precisão que São Tomás, o *doctor subtilis*.

A partir do século XV, a Escolástica entrou em rápida decadência, transformando-se num puro verbalismo, que resultou no nominalismo dos séculos XVI e XVII.

Não faltaram movimentos de retorno às primeiras fontes, isto é, aos textos de São Tomás, como, por exemplo, na época da Contrarreforma, quando o Cardeal Jesuíta Roberto Belarmino desenvolveu as grandes linhas do pensamento tomista, ou ainda Francisco Suárez, autor do *De Legibus*, de quem falaremos adiante.

O PENSAMENTO JURÍDICO MEDIEVAL

O direito natural da Escolástica

Dentro da Escolástica travou-se um grande debate entre os adeptos de Santo Agostinho, os franciscanos, e os adeptos de Aristóteles, os dominicanos; todos aceitavam o mesmo esquema:

Lex aeterna — Lex naturalis — Lex humana vel positiva.

Mas Duns Escoto via na *Lex aeterna* um reflexo da vontade de Deus, que confere à lei um sentido voluntarista. São Tomás via na *Lex aeterna* um reflexo da inteligência de Deus, o que dá à lei um sentido mais intelectualista. Mas nada está no intelecto sem passar pelos sentidos. Daí o realismo tomista.

A *Suma Teológica* de São Tomás de Aquino, o Averroísmo e o Nominalismo

A noção de direito natural da Escolástica variou, como vimos, conforme as escolas filosóficas da Idade Moderna. Mas, além disso, sofreu modificações mesmo dentro das diversas escolas filosóficas da Idade Média:

1. A Escolástica da idade áurea, iniciada com Santo Alberto Magno, atingiu seu apogeu com São Tomás de Aquino. Baseando-se em Aristóteles e nos jurisconsultos romanos, era fiel ao direito natural no seu sentido mais genuíno ou clássico. Não se deixou influenciar pelas doutrinas de negação da capacidade humana de chegar naturalmente ao bem na ordem temporal. Era adepto de um realismo moderado, tentando conciliar a fé revelada com o uso adequado da razão, e insistiu sobre a capacidade real do ser humano de chegar naturalmente a muitas verdades da ordem natural.

2. A equilibrada posição tomista será contraditada por duas correntes surgidas entre os séculos XIII e XIV: o Averroísmo de Suger de Brabante e o Nominalismo de Guilherme de Ockham.

O Averroísmo, derivado do filósofo árabe Averrois, acreditava na existência de duas verdades inconciliáveis, a verdade de fé e a verdade de razão. Todo o trabalho de São Tomás era criticado, considerado tarefa impossível. Eis a origem remota da separação entre fé e razão que ganha força no mundo moderno, até chegar à dualidade kantiana entre Gnoseologia e Ética, mundo do ser e do dever ser, substrato do positivismo jurídico, de Hans Kelsen no século passado.

Já o Nominalismo de Ockham negava a possibilidade de se conhecer a essência do ser e só admitia o conhecimento arbitrário de nomes das coisas ou *nomen*, por isso Nominalismo. Está na origem do relativismo gnoseológico da filosofia liberal contemporânea e no desprezo pelo conteúdo da proposição jurídica, prestando mais atenção aos signos linguísticos.

Os Cátaros ou Albigenses no sul da França

Os cátaros (= *puros*, em grego), através dos bogomilos, da Bulgária, chegaram ao Ocidente, particularmente ao sul da França, na região da Provença, em Albi, Carcassona e Toulouse, onde receberam apoio de vários senhores feudais, difundindo ideias de dualismo religioso, que remontavam à heresia do século III d.C., ensinada por Manés, daí o nome de maniqueísmo, que pretendia uma síntese do Cristianismo com o Zoroastrismo persa: o deus do bem ou do espírito seria Cristo; o deus do mal seria Jeová, ou da criação material. Condenavam a procriação e incentivavam o suicídio ou a endura.

Na ordem jurídica, condenavam a família e a propriedade. Não proibiam as relações sexuais, desde que se evitasse o nascimento da criança. Condenavam a propriedade de terras, mas não o uso do dinheiro.

A Igreja mobilizou contra eles uma Cruzada, que foi conduzida por Simão de Montfort até a derrota final do líder político dos cátaros, Raimundo de Toulouse, na batalha de Muret, em 1213.

Últimos tempos da Idade Média: o processo dos Templários e a Guerra dos Cem Anos

Os últimos tempos da Idade Média foram agitados por uma "autodemolição" da Cristandade, com o processo dos Templários e com longas guerras entre países cristãos, além de várias lutas intestinas que liquidaram com o feudalismo e abriram caminho ao absolutismo monárquico, como se verá. Os Templários surgiram quando os cristãos perceberam que, após conquistar determinados territórios, fortalezas etc., necessitavam de proteção, pois os turcos retomavam esses territórios e fortalezas. Então concluiu-se ser necessária uma permanente guarda nesses postos estratégicos e no próprio caminho que ia do Ocidente ao Oriente. Depois de libertar Jerusalém, era preciso ficar custodiando. Pois, caso contrário, tão logo eles voltassem para a Europa a cidade seria retomada. Daí surgiu a ideia de se criar uma espécie de companhia de cavaleiros que permanecesse continuamente nesses lugares.

A primeira ordem a surgir foi a dos Hospitalários. Como o próprio nome indica, os Hospitalários tinham a finalidade de socorrer os peregrinos, até que eles voltassem para a Europa, propiciando-lhes escolta, medicamentos, sustento, abrigo e defesa em seu retorno.

Então surgiu, precisamente no ano de 1118, a Ordem dos Templários, fundada por um cavaleiro francês, Hugo de Payens. Ele planejou uma agremiação de cavaleiros que se obrigassem por uma regra e que, além disso, vivessem juntos continuamente, o que era uma novidade, pois os cavaleiros não moravam juntos, mas em lugares diferentes, sendo convocados em caso de guerra. Payens sugeria que os cavaleiros vivessem juntos em mosteiros, como se fossem monges, porque achava que esta era uma maneira de aglutinar forças. Assim surgiu a Ordem chamada dos Templários por causa do templo de Jerusalém, o edifício sagrado tanto para os judeus do Antigo Testamento quanto para os cristãos e, depois, também para os muçulmanos. Para todos esses, Jerusalém era uma cidade santa, e seu templo viria a ser uma espécie de símbolo da união das três religiões. Desse modo, os Templários tinham a finalidade de proteger o templo. O crescimento da agremiação foi vertiginoso e, em pouco tempo, abrangia praticamente toda a Europa: na França, Inglaterra, Itália, Espanha, Portugal, Alemanha, Polônia e até na Rússia ocidental havia casas dos cavaleiros templários, com cem, duzentos ou trezentos membros, com propriedades em volta, provenientes de doações, chegando a possuir, na França, 9.000 *Commanderies*, que eram fazendas defendidas por fortificações.

O primeiro que teve a ideia de lançar mão sobre os bens dos templários foi o rei da França — Filipe, o Belo, através da habilidade de seu ministro Nogaret.

Quem era Nogaret? Guilherme de Nogaret foi o principal funcionário na corte do rei Filipe IV. Nasceu em São Felix-en-Lauragais, de família albigense, isto é, maniqueísta, sendo o protegido do advogado Pierre Flotte. Estudou direito, obtendo doutoramento e o estatuto de professor, e em 1294 foi nomeado juiz real da corte do senescal de Beaucaire. Imbuído, por seus estudos de direito romano, da doutrina da supremacia absoluta do Rei, não tinha escrúpulos quando se tratava do poder real. Era um "legista", um "romanista" como se dizia então.

Tratava-se de ressuscitar, em benefício do monarca francês, os princípios da Roma imperial dos Césares absolutos, sem nenhum limite de poder. O objetivo era por em prática as teorias guibelinas de Dante

Alighieri no *De Monarchia* e de Marsílio de Pádua no *Defensor pacis*, era o início do absolutismo moderno.

Os templários estavam em seus mosteiros quando, de repente, as tropas do rei os cercaram e, obrigando-os a sair, levaram todos para a prisão. Foram submetidos à tortura, as mais horríveis que se possa imaginar, conseguindo-se que alguns "confessassem espontaneamente" que "adoravam o ídolo do Baphomet". Conta-se que, quando Jacques de Molay estava na fogueira, teria gritado: "Filipe e Clemente, eu os espero dentro de um ano, no tribunal de Deus!" Esse digno cavaleiro morreu no dia 18 de março de 1314.

Este foi o fim, o malogro de uma Ordem, que não seria exagero considerar o apogeu da Cavalaria medieval.

Após a morte de Jacques de Molay, morreram mais de 2.500 templários, a maior parte em fogueiras, em quase todos os países da Europa. Seguindo o exemplo do rei da França, também o rei da Inglaterra fez o que pôde para tomar os bens dos templários.

Também vale lembrar que uma potência financeira católica, que só cobrava o juro permitido pela Igreja, de um por cento ao mês, acabava de desmoronar, dando lugar aos bancos lombardos que cobravam juros extorsivos, acumulavam grande capital e acabaram sendo os grandes emprestadores. Na época do Renascimento, com a sede de luxo, os gastos das cortes de todos os reis da Europa aumentaram consideravelmente e todos eles se tornaram presas fáceis dos usurários e reféns dos banqueiros. Nasce o Capitalismo moderno, em que o capital vale mais do que a propriedade da terra, do que os títulos de nobreza, do que as regras morais. E depois, no século XVI, com Jean Calvin, surgirá uma "ética protestante" que justificaria tudo isso, na célebre demonstração do sociólogo Max Weber.

A *Guerra dos Cem Anos* opôs durante um século franceses e ingleses (1337 a 1453), desde que o rei da Inglaterra, Eduardo III, declarou-se herdeiro do trono francês, quando seu avô, Felipe IV, o Belo, rei da França, faleceu sem deixar herdeiros diretos. Os legistas franceses o afastaram do trono alegando que seu parentesco, pelo lado feminino, não era admissível na França devido à Lei Sálica.

Os herdeiros de Eduardo III não desistiram, e veremos o Rei Henrique V, pela batalha de Azincourt, tornar-se senhor de todo o Norte da França.

A traição do Duque de Borgonha, que aderiu aos ingleses por ser adversário do Duque de Orleans — este apoiava o príncipe francês —, abriu aos ingleses as portas de Paris.

A corte mudou-se para Bourges, onde o Delfim Carlos de Valois recebeu de Joana d'Arc a promessa de que "seria o verdadeiro rei da França e que Deus a enviara para libertar o país dos ingleses"[21].

Expulsando os ingleses que cercavam Orleans, Joana d'Arc conquistou Reims, onde Carlos foi coroado rei — segundo o rito de sagração dos reis legítimos —, como Carlos VII.

Presa em Compiègne, foi enviada aos ingleses pelo Duque de Borgonha. Na cidade de Rouen foi acusada de bruxaria pelo Bispo Cauchon, vendida aos ingleses, e, após processo totalmente irregular, Joana foi queimada viva na praça do mercado de Rouen, em 31 de maio de 1431.

Mas o *élan* não foi perdido; Carlos VII conquistou Paris em 1453, instruindo o processo de reabilitação de Joana d'Arc (1450-1456).

Atacando a justiça do processo de Rouen, o *Summarium*, redigido pelo inquisidor-geral da França, o frade dominicano Jean Bréhal, "relatava tudo o que ocorrera e constatava a incompetência do juiz e sua parcialidade; detenção de Joana em prisão laica, quando deveria estar recolhida numa prisão eclesiástica, vigiada por mulheres e não por soldados que a todo momento desrespeitavam sua intimidade; redação tendenciosa e até mesmo mentirosa dos motivos do julgamento; forma viciosa dos interrogatórios; ausência de defensor para a acusada; irregularidade da sentença, inclusive com denegação do apelo ao papa que Joana fizera".[22]

Com tal processo de reabilitação, nenhuma nódoa manchava a legitimidade dos reis da França que se seguiram, como Luís XI, filho de Carlos VII.

Depois de séculos, a Igreja Católica, enquanto estrutura visível, também buscou o caminho das reparações: procedeu à introdução da Causa (1869), declarou-a Venerável (27 de janeiro de 1894), fez o Processo de beatificação (1897-1909), declarou-a Bem-aventurada ou Beata (18 de abril de 1909), iniciou o Processo de Canonização (1910-1920), sua inscrição como Santa (16 de maio de 1920) e declaração como Padroeira secundária da França (2 de março de 1922), já que a padroeira principal continuava sendo Nossa Senhora da Assunção, desde o voto do rei Luís XIII, em 10 de fevereiro de 1638, como ação de graças pelo nascimento de seu filho, que passará para a História como Luís XIV, um grande estadista, como veremos na Era Moderna.

---

21. Régine Pernoud, *Vie et Mort de Jeanne d'Arc*, p. 98.

22. Idem, ibidem, p. 272.

A Guerra das Duas Rosas na Inglaterra

A perda da França desencadeou na Inglaterra feroz oposição contra a dinastia reinante, dos Lancaster, cujo brasão trazia uma rosa vermelha.

Os chefes da oposição eram os York, cujo emblema era uma rosa branca. Desencadeou-se a Guerra Civil das Duas Rosas. Por fim, Ricardo de York, matando cruelmente todos os Lancaster, na Torre de Londres, proclamou-se Rei Ricardo III, mas seus crimes irritaram a nobreza inglesa, que apoiou Henrique Tudor. Ricardo foi vencido em Bosworth, onde prometeu um reino para quem lhe desse um cavalo ao se ver desmontado e sujeito aos golpes dos cavaleiros, que ali o mataram. O episódio foi assunto para a tragédia *Richard III*, de Shakespeare (Cap. V — cena IV).

A guerra dos Cem Anos foi seguida de uma terrível peste, trazida pela infecção do ar, já que muitos cadáveres permaneceram insepultos durante muito tempo ("a peste negra").

Enquanto os cristãos, esquecidos do seu Cristianismo, combatiam entre si, os turcos otomanos punham cerco a Constantinopla, principal empório comercial da época, elo de união entre o Ocidente e o Oriente.

Em 1453, os turcos entravam triunfalmente na antiga capital do Império Bizantino, e o profundo abalo causado pela queda da "Segunda Roma" marcou o fim da Idade Média e o início dos Tempos Modernos.

CAPÍTULO III

OS RAMOS DO DIREITO MEDIEVAL

ෲ

A união da Europa na Cristandade Medieval

Como longa época histórica em que se destilam lentamente o direito e o Estado Modernos, a Idade Média apresenta uma curiosa mescla de continuidade e de mudança. Continuidade, se atentarmos para o fato de que, como nos explica Hannah Arendt, a Igreja Católica absorveu grande parte da filosofia antiga, sobretudo a de origem platônica, para desenvolver sua teologia dogmática em bases racionalmente aceitáveis, por necessidade apologética; aproveitou os institutos do direito romano, romanizando-se para construir seu direito eclesiástico; e, além da visível instrumentalização do latim clássico em sua bela liturgia gregoriana, assumiu, com conteúdo radicalmente diverso, a tríade romana da religião, autoridade e tradição, repetindo-as na sua fundação, reclamando para si a autoridade e deixando o poder para os príncipes[1].

Mas, ao mesmo tempo, a Idade Média é época de profundas mudanças. Mudanças, se lembrarmos o fato histórico inédito na Antiguidade Ocidental e Oriental da existência de uma Igreja não subordinada ao poder temporal. Como mostrou sagazmente H. Arendt, a Igreja "reclamou para si a autoridade que antes estava com o Senado"[2], mas, na opinião de Julius Évola, notável pesquisador dos aspectos culturais e religiosos de Roma, "uma profunda ruptura se verificou quando se reivindicou uma origem divina para o poder temporal, subordinando-o ao espiritual e eclesiástico, resultante da dicotomia já estabelecida nas mentes, da diferença entre 'questões de consciência' e 'questões políticas', reforçando o individualismo e subjetivismo com a ideia de salvação individual, mais importante do que o bem comum coletivo, temporal"[3].

---

1. Hannah Arendt, *Entre o Passado e o Futuro*, 2. ed., São Paulo, Ed. Perspectiva, 1972, p. 169 e s.

2. Ibid., p. 170.

3. Julius Evola, *Rivolta contro il Mondo Moderno*, Roma, Ed. Mediterranee, 1968, p. 99-101.

110

Essa dicotomia é o pano de fundo da Era Medieval: "É preciso obedecer mais a Deus (entenda-se, quase sempre, 'à Igreja') do que aos homens" (entenda-se, sempre, "do que aos príncipes"). Ela vai explicar por que o direito canônico se desenvolve independentemente do direito civil, do processo inquisitorial, dos Tribunais e Santos Ofícios Eclesiásticos, ignorando a justiça feudal, primeiro, depois a justiça real.

Se a isto somarmos a inegável interpenetração do direito romano com os usos e costumes germânicos, na elaboração do direito visigótico, a posterior influência do direito muçulmano, sobretudo na Península Ibérica, que tanto nos vai afetar, teremos uma ideia da tremenda complexidade que oferece a Era Medieval para o estudioso, e, em certo sentido, podemos supor que oferecia também para quem, naqueles tempos recuados, pretendesse criar condições de uma interação entre as pessoas. Este o problema que teve de enfrentar o jurista medieval para resolver os casos à luz de tantos ordenamentos jurídicos diferentes. Talvez explique o gosto pela controvérsia e pela interpretação chicaneira no mundo jurídico... até nossos dias.

Ora, Luhmann tem do direito, como já se viu, uma ideia de sistema que reduz a complexidade do mundo circundante, para facilitar as interações entre pessoas. Teria o direito na Era Medieval escapado a essa regra? Na classificação de Luhmann[4], a Idade Média se situaria como uma sociedade em transição para a Era Moderna, em que cada vez mais se afirmam as diferenças com base funcional (as três classes ou "estados": clero, nobreza e povo), comportando divisões e subdivisões funcionais específicas: clero secular e clero regular, nobreza de espada e nobreza de toga, burguesia e artesãos, corporações variadas, ordens de cavalaria, universidades. Nessa sociedade pré-moderna os papéis sociais, já existentes na *polis* antiga, se multiplicam: o papa, o imperador, o barão, o burgomestre, o bispo, o pároco, o juiz, o *sheriff*, o capelão etc. Ainda na terminologia de Luhmann, poder-se-ia falar em desdobramentos de programas: as máximas da moral eclesiástica, os princípios do direito romano, do canônico, os usos e costumes visigóticos mais ou menos condensados nas "Ordenações", que surgem com o despontar do papel de rei. Na complexidade crescente dessa sociedade não há lugar para explicar o comportamento desviante, mas para detectá-lo (processos inquisitoriais e judiciários) e puni-lo como

---

4. Apud Alberto Febbrajo, *Funzionalismo Strutturale e Sociologia del Diritto nell'Opera di Niklas Luhmann*, Milano, Ed. Giuffrè, 1975, p. 113 e 117.

heresia (comportamento desviante perante a Igreja) ou como delito (comportamento desviante perante o poder temporal).

A sociedade medieval institucionaliza os papéis sociais nos quadros da Igreja, do Sacro Império, dos burgos e das corporações, e, nesse contexto, o direito apresenta uma redução da complexidade do mundo circundante, na medida em que as leis romanas remanescentes, os costumes germânicos, os privilégios corporativos correspondem a uma expectativa normativa, e, desde Santo Agostinho, não mais se espera das leis senão a manutenção da ordem e da paz social na "Cidade do Homem".

Michel Villley mostra em seu *La Formation de la Pensée Juridique Moderne*[5] o caráter das colocações de Santo Agostinho: partindo da ideia de que a "Cidade do Homem" está sob a lei do pecado, nela não se pode pretender a justiça plena, própria da "Cidade de Deus". A obediência às leis feitas pelo homem não resulta de seu acerto ou justiça essencial, que só se encontram na lei feita por Deus, tal como aparece na natureza, na Lei Mosaica e no Evangelho, a obediência às leis positivas e humanas resulta da necessidade da boa ordem e segurança social. E, para Agostinho, não se deve buscar uma legitimidade absoluta para o poder humano, pois, submetido ao tempo, ao curso da história, o homem aceita como providencialmente querido ou permitido por Deus este ou aquele sistema de governo, sem discutir.

Em termos luhmannianos, diríamos que a expectativa perante o direito da época só poderia ser normativa, pois a expectativa cognitiva se reservava para as leis divinas: a natural, a mosaica e a cristã.

Era o reconhecimento do direito como um sistema que visava a ordem social, reservando para as leis divinas, bíblicas e evangélicas a consecução da justiça: "a justiça a Deus pertence".

Era a afirmação do direito como sistema que se propõe reduzir a complexidade do mundo circundante, os anseios de justiça, a interpenetração da moral cristã no direito romano, a conciliação de tradições e costumes diversos com a tradição romanística etc.

Eis por que a Era Medieval se nos apresenta como verdadeiro cadinho em que se forma o mundo moderno.

---

5. Michel Villey, *La Formation de la Pensée Juridique Moderne*, Paris, Ed. Montchrestien 1975, p. 83-5.

Antes de passarmos para a análise do direito de família e do pátrio poder no direito visigótico e no direito canônico, resta lembrar que a Escolástica, de Abelardo, no século XI a São Tomás de Aquino, no século XIII pretenderá, com base em Aristóteles, defender a possibilidade de alcançar a justiça natural, com leis humanas. Trata-se de um esforço em que se valoriza o humano, que prosseguirá até o Humanismo e a Renascença, mas que não conseguirá suplantar a tradição agostiniana, que se perpetuará com o Franciscanismo, a Reforma e, por intermédio de Suárez, com a Contrarreforma e o voluntarismo jurídico do *Ancien Régime*, que, como Bossuet, tem no autor da *Cidade de Deus* seu substrato ideológico[6].

O direito visigótico

Para ter uma ideia clara da importância do pátrio poder e da família na Era Medieval, é necessário lembrar que o Estado, tal como o conhecemos hoje, como única fonte do direito positivo, único aparelho com poder de exercer coação e aplicar sanções, como detentor da soberania da nação, falando em seu nome de modo incontrastável, não havia nessa época.

Daí o papel desempenhado pela família patriarcal, muito mais ampla que a atual, recebendo a denominação de "mesnada", "grei", compreendendo não só os pais e os filhos, como na família moderna, mas também os cônjuges e descendentes dos filhos, os domésticos e agregados, os irmãos mais novos do *pater* etc. Isso se deveu em grande parte à desagregação do Império Romano do Ocidente, restaurado por algum tempo por Carlos Magno, com a onda das invasões de *vikings* e normandos pelo norte e sarracenos e mouros pelo sul. Daí terem surgido as condições para o regime feudal, com a autoridade concentrada em patriarcas locais, ciosos de sua independência perante qualquer poder centralizador de um Estado.

---

6. Algumas dessas afirmações talvez causem espécie, mas é a conclusão a que se chega da leitura da obra de Villey, como da substanciosa análise de Werner Jaeger em *Humanisme et Théologie*, mostrando a profunda afinidade entre São Tomás e os Humanistas. Quanto ao caráter voluntarista do pensamento jurídico de Suárez, que impregna sua concepção de direito subjetivo, veja-se tb., de Villey, *Seize Essais de Philosophie du Droit*, Paris, Dalloz, 1969, e *La Formation*, cit., p. 386 e s. Resta-nos precisar que, com Louis Jugnet (*Pour Connaître la Pensée de Saint Thomas d'Aquin*, Paris, Bordas, 1964, p. 113), não se pode negar que o Aquinate permanecia augustinista na essência do seu pensamento, mas abria o caminho para o aristotelismo ao aceitar quase todas as colocações do Estagirita em matéria de moral e de direito. V. tb. *A Cidade de Deus*, Livro IV, São Paulo, Ed. das Américas, 1964, v. 1, para se conhecer o pensamento de Santo Agostinho a respeito do direito.

"Trata-se de um rei em miniatura, que 'reina' sobre seus filhos e agregados. Ele é chamado 'sire' (= senhor) e sua esposa recebe o título de 'dame' (= senhora), a família sendo uma pequena 'pátria' (= terra dos pais)"[7]. Uma semelhança notável com a estrutura da sociedade grega ou romana, antes da *polis*. Régine Pernoud lembra o contraste entre a família na cidade--Estado e na época feudal: "A sociedade medieval era composta de famílias, a sociedade na 'polis' de cidadãos. O indivíduo tem o primado na vida pública na Cidade (= 'cives'), votando, legislando, participando nas assembleias e comícios. Na vida privada é o 'dominus', o proprietário, o senhor absoluto de seus bens, da vida de seus filhos e de sua mulher, tem sobre eles, como sobre seus escravos o 'ius utendi et abutendi', a família vive através da personalidade do pai, chefe militar e sacerdote, com direito até de praticar o infanticídio... Nada desta concepção subsiste na Idade Média. O que agora importa não é o indivíduo mas o grupo ('la lignée'). Daí a preponderância da vida privada sobre a vida pública. O direito de propriedade não era do indivíduo mas da família, o bem familiar, o solar, cujo usufruto é detido pelos membros dela, mas não podendo ser alienado pelo seu chefe"[8].

É preciso ter presente tudo isso para entender as disposições do direito visigótico. "Abrangendo no seu conjunto as disposições da lei visigótica que se referem ao conteúdo do poder paternal (*sic*), verifica-se que este poder, longe de ser o senhorio absoluto, pressupõe a consideração do interesse dos filhos. É certo que, nos preceitos da 'lex antiqua' é a ideia de poder — 'potestas' — que sempre ocupa o primeiro plano, sendo a autoridade do pai olhada principalmente pelo lado do seu direito e a situação correlativa do filho como uma situação de sujeição, mas isto não significava que os visigodos tivessem da 'patria potestas' o mesmo conceito que corresponde a essa expressão no Direito Romano da Era Clássica, pois implica em deveres para com os filhos e em proteção de seus interesses (= 'cura erga filiorum utilitatem')"[9]. A *Lex Romana Visigothorum* já fala claramente em um *officium* do pai para com o filho, isto é, um dever. O *Fuero Real* admite limitações do poder do pai e a *Ley de las Siete Partidas*,

---

7. Franz Funck-Brentano, *Le Moyen Âge*, Paris, Ed. Hachette, s/d, p. 6 e 7. V. tb. *L'Ancien Régime*, todo o v. 1, Ed. Arthème Fayard, 1936, p. 9-111.

8. Régine Pernoud, *Lumière du Moyen Âge*, Paris, Ed. Bernard Grasset, 1954, p. 12-16.

9. Paulo Merêa, O Poder Paternal na Legislação Visigótica, *Boletim da Faculdade de Direito da Universidade de Coimbra*, Coimbra, 1939, v. 15, p. 297 e s.

temendo uma identificação com o conceito romano clássico, define: "ligamiento de reverencia, e de subiección, e de castigamiento, que el padre debe a su hijo" (*Partida IV*, Tít. 17, Lei 3). "El castigamiento cruel" é punido com a perda do pátrio poder (Ibid., T. 18, L. 18).

Da tradição latina conservou-se o que vinha favorecer o filho, como o *peculium*.

A ideia de autoridade, pois, correspondia não à de um senhor absoluto, como no direito romano clássico, que privilegiava o indivíduo, mas à de um organizador, à de um coordenador das atividades, privilegiando o grupo familiar.

Tanto isso é verdade que, como ampliação dessa ideia de autoridade limitada, "temperada", se chega à ideia de "rei", papel social desempenhado pelo árbitro nas questões entre senhores feudais, como uma espécie de *"pater familias* maior": "O governo monárquico tira sua origem do governo paterno, a família serve de modelo para a nação. Como aquela tem um chefe, esta também tem um, que é o rei. Assim raciocinam os teóricos do poder real, até o século XVII"[10].

E, às vésperas da Revolução Francesa, conta-nos F. Funck-Brentano, o rei de França enviava para a Bastilha um nobre acusado por sua mulher e filhos de *débauche*, quando ainda questões familiares eram *questions d'État*[11].

Cabe-nos observar o "funcionamento" do sistema de leis medievais. Imprescindível para a compreensão do direito visigótico é sua característica marcante de direito histórico, que se justifica por ser o tradicional, o costumeiro, o herdado dos antepassados germânicos, ao entrarem em contato com a civilização e a cultura de Roma. Não é mais a pura tradição romana da Era Clássica, mas é a tradição romanística.

Está em Santo Agostinho, mais precisamente na *Cidade de Deus*, como já se disse aqui, a justificativa do direito humano-positivo, por sua "providencialidade", por ter sido historicamente o caminho escolhido e/ou permitido por Deus para realizar seus desígnios.

---

10. Bernard Basse, *La Constitution de l'Ancienne France*, Lib. St. Louis Liancourt, 1973, p. 182.

11. Franz Funck-Brentano, *Légendes et Archives de la Bastille*, Paris, Ed. Hachette, 1901, p. 13-46 e 264-7. V. tb., sobre a força do *droit coutumier* perante o *droit écrit* nacional, Adriano Cavanna, *Storia del Diritto Moderno in Europa*, Milano, Giuffrè Edit., 1979, p. 391-409.

É um direito histórico, que não se justifica com a ideia de realizar a justiça, com perguntas do tipo: "Como poderiam ser mais justas as relações entre pais e filhos?"; ou "Que direito tem o pai a ter autoridade sobre os filhos?" Isso se indaga em controvérsias de moral familiar, nunca em questões jurídicas.

O direito é já então claramente um sistema social que reduz a complexidade do mundo circundante. Está posto pela tradição, pela história e tem a seu favor a antiguidade e a respeitabilidade das gerações que passam e o cumprem, com expectativas normativas. Daí as peculiaridades do pátrio poder serem típicas do direito costumeiro, que atenua os rigores de uma lei originalmente romana, com medidas inspiradas no Cristianismo, de *pietas*, de *caritas* e *benevolentia*.

Não se pergunta então "como poderia ser", mas "como vinha sendo desde tempos remotos".

Ao mesmo tempo é um sistema, pois se entrelaçam as normas do casamento indissolúvel, com as do pátrio poder, as da guarda e educação dos filhos, com as da livre administração de seus bens, desde que em seu benefício. Isso corresponde a certa concepção do poder na esfera política do feudalismo, como se verificou, poder arbitral mas indiscutível, correspondente a um papel social. É um sistema que engloba questões de natureza privada com assuntos de caráter eminentemente público, reduzindo a complexidade das diferentes legislações romanas, germânicas, canônicas a um sistema de normas que regulam as relações entre as pessoas desde a família até a grei e o município, daí até o condado e por fim até o reino. Por isso é que há uma afinidade tão grande entre instituições de direito privado e de direito constitucional na Era Medieval, numa interpenetração total que sacrifica as distinções (ao menos na prática), para reduzir a complexidade de uma sociedade que não tem um Estado, como existirá depois, e em que a tendência a se insinuar nas questões meramente humanas e temporais das verdades evangélicas atinge nível máximo. Uma e outra razão de complexidade maior se reduzem bastante, com a limitação das questões religiosas à moral e ao direito canônico, de um lado, com a afirmação de um direito civil, independente das considerações de ordem religiosa, com todas as atenuações que a palavra "independente" deva ter na Era Medieval, mas cujo senso prático e realismo não deixaram de coexistir, juntamente com os arroubos de misticismo.

Aliás, os primeiros passos da teoria jusnaturalista na Era Medieval, sobretudo em matéria de família e de pátrio poder, virão exatamente para reforçar o caráter "laico" das instituições de direito civil, que não precisariam socorrer as noções de ordem moral e religiosa, pois era um sistema que se bastava a si mesmo.

É o que se vê ainda em um São Tomás de Aquino, por exemplo, afirmando o que Villey chama de "laicidade do direito natural".

Com o andar dos anos, sem dúvida por influência do neoestoicismo do final da Idade Média, que prepara o Humanismo renascentista, o que era um método de pesquisa da "natureza das coisas" se torna um determinado código de direitos fundamentais, racionalmente explicáveis, desde logo assimiláveis aos "princípios do Cristianismo", interpenetrando agora as máximas do direito civil de ideias filosóficas e sobretudo éticas de sabor estoico, procurando uma "justiça natural" no direito positivo, e a longo prazo pretendendo que o direito não seja somente um sistema que busca a ordem e a paz social, mas a realização da justiça, de acordo com modelos que mesclam inspiração cristã evangélica, natureza racionalmente entendida e controlada, direitos individuais, enfim, modelos ecléticos que triunfarão até a crítica de Kant, no século XVIII, que os submeterá a rigorosa revisão, reservando para o direito a modesta mas sólida posição que lhe assinala uma razão prática[12].

Pois bem, essa visão da "laicidade do direito civil", vale dizer, sua autonomia como sistema, já estava reconhecida nas universidades medievais, que nunca pretenderam mesclar civil e canônico, o que se pode perceber pelos diferentes concursos a que se submetem os que pretendem ser doutores em ambos: *utraque jura*.

Não havia, pois, como confundir o direito civil com a teologia ou a moral, de acordo com a distinção que vinha de Santo Agostinho, e isso fazia do direito visigótico feudal um sistema de redução de complexidade.

O direito canônico

A existência de dois ordenamentos jurídicos distintos, o civil (visigótico) e o canônico ou eclesiástico, espelha a situação vivida na Idade Média, quando se reconheciam o poder temporal, primeiro dos senhores feudais e depois dos reis, e o poder espiritual da Igreja Católica, oficialmente reconhecida como a única cristã.

---

12. I. Kant, *Fundamentação da Metafísica dos Costumes*, Coimbra, Ed. Atlântida, s/d, sobretudo a Primeira Seção, e a discussão da autonomia da vontade, na Seção Segunda.

Se, como vimos, o direito visigótico era um sistema, no sentido luhmanniano, o mesmo se poderia dizer do canônico. A dificuldade está na coexistência de dois ordenamentos, como se fossem dois critérios de análise da mesma realidade.

Assim, em matéria de pátrio poder, a origem do instituto era o casamento, ao mesmo tempo sacramento e contrato civil entre cônjuges.

Jacques Leclerc esclarece[13] que, perante o direito canônico, exatamente por se tratar de um sacramento para a Igreja e para todos os católicos, o importante era a validade do ato constituinte, constitutivo do casamento. Isso porque só os casamentos válidos eram sacramentados na Igreja, com as cláusulas de indissolubilidade, comunhão de bens, mútuos deveres entre esposos e poder sobre a prole eventual. Já para o direito civil, o que importava era a instituição de uma célula social nova, de uma família juridicamente constituída, capaz de produzir efeitos na ordem civil, como filiação, adoção, herança, copropriedade, composse, doação, usufruto etc., em que aqui destacamos o pátrio poder sobre os filhos.

O direito canônico sentenciava no seu cânon 1081: "O casamento é o contrato pelo qual o homem e a mulher se dão um ao outro e recebem um do outro o direito perpétuo e exclusivo sobre seus corpos (sic), tendo em vista os atos que tendem de per si à procriação".

Já para o direito visigótico, como refere Clóvis[14], a importância maior era dada à instituição da família, admitindo inclusive, nos primeiros anos do século XI ainda, casamento não sacramentado, com o consentimento dado pelas respectivas famílias, como contrato civil entre os patriarcas; o casamento por simples consentimento dos cônjuges de viverem como casados e o casamento regido pelo direito canônico, sacramentado no templo. No Brasil, só persistiria esta última forma, por obra do Concílio de Trento, no século XVI, que influiu no ordenamento civil, pela ideia de primado da Igreja que então se afirmava.

Isso provocava situações de grande complexidade: o sacramento, na Era Medieval, era essencial ao casamento canônico, não ao casamento com o consenso familial. Seriam os filhos reconhecidos como legítimos, numa época em que a ilegitimidade excluía da herança se o casamento,

---

13. Jacques Leclerc, *A Família*, São Paulo, Ed. Quadrante, s/d, p. 32-4.
14. Clóvis Beviláqua, *Direito de Família*, Rio de Janeiro, Ed. Rio, Ed. Histórica (reimpr., 1976), p. 54-5.

realizado por acordo das famílias, não fosse referendado pela Igreja? O mero consentimento entre cônjuges dava situação jurídica a uma família? Onde ficariam então, no primeiro caso, a união entre espiritual e temporal, e, no segundo caso, a noção de "mesnada" e "grei"? Onde a catolicidade, no primeiro exemplo, e a feudalidade, no segundo?

Pode-se imaginar a sequela de questões em aberto em matéria sucessória, em matéria de doações, tão frequentes, de terras à Igreja etc.

À medida que se foi fortalecendo o poder real e surgindo no cenário histórico da Europa, dos séculos XIV ao XVI, o Estado Moderno, esses conflitos tinham de cessar, sob pena de trazer a desordem social e as situações inseguras de indefinição.

Ora, como nota J. Leclerc[15], a noção de contrato, difundida pela Igreja, pelos motivos citados, veio favorecer a unificação dos dois ordenamentos. Sendo o contrato matéria essencialmente de direito civil, ao poder temporal, ao Estado nascente é que competia determinar as modalidades de sua execução. Surgiu então a ideia de "casamento civil" e "casamento religioso", para desagrado da Igreja, "vendo se voltarem contra ela seus próprios conceitos e teorias sobre o Casamento"[16]. E isso trouxe uma simplificação em matéria de pátrio poder, pois passou a ser matéria específica de direito civil, como sistema autônomo. Já na Idade Média, nos séculos X a XIII, foi o pátrio poder regulado ao mesmo tempo pelo direito visigótico e pelo direito canônico. Era comum, nesse período, o indivíduo achar-se obrigado a permanecer em um mosteiro, inclusive à força, se, quando criança, seus pais para ali o tivessem encaminhado. O resultado era, ao lado de alguns casos de identificação e/ou adaptação à vida religiosa, uma ampla maioria de desajustados, que conturbavam a vida religiosa, com seus escândalos sexuais, e a vida civil, por suas prepotências querendo colher do estado clerical que se lhes impusera o máximo de benefícios, como uma espécie de compensação.

A obrigatoriedade advinha do direito canônico, embora nada tivesse o direito visigótico que ver com tais aberrações[17].

Para os canoístas, o poder do pai sobre seu filho é de "direito divino positivo", vale dizer: está expresso no quarto mandamento. Explicava São

---

15. Jacques Leclerc, *A Família*, São Paulo, Ed. Quadrante, s/d, p. 34.

16. Ibid., p. 35.

17. Ibid., p. 321.

Tomás: "O filho é alguma coisa do pai. No começo, está talmente unido à mãe que dela não se distingue. Depois de nascido, antes de chegar ao uso da razão, está confiado e depende dos cuidados de sua mãe e do sustento que lhe procura seu pai. Começa a dispor de si mesmo somente ao atingir o uso da razão"[18].

Com tal raciocino, a Igreja dá como válido o batismo da criança que ainda não pode manifestar sua vontade, desde que seus pais a manifestem, em seu lugar, e o cânon 750 proíbe o batismo de crianças pequenas se os pais são pagãos e não consentem em tal cerimônia, que ao mesmo tempo é uma entronização na Igreja.

Trata-se de uma situação "ardita", pois a verdade é que a criança não sabe o que está se passando, nem como seu "consentimento" está sendo dado para seu ingresso na Igreja. Trata-se de uma ficção, de direito canônico, que sempre timbra em dar um caráter de liberdade a todos os atos de significação religiosa, para justificar o batismo com tenra idade, quando o que na realidade se tinha presente era o perigo de a pessoa não se tornar cristã com o correr dos anos, nunca vindo a ser batizada, não ingressando na Igreja e escapando a todas as regras que regiam uma sociedade oficialmente católica.

Com a separação entre Igreja e Estado, persistiu, apesar de tudo, o critério, mas por razões de ordem espiritual (perigo de morrer sem batismo) e por tradição (é mais fácil fazer como todos sempre fizeram). Depois o batizando poderia seguir ou não as normas da Igreja, pois a sociedade moderna é pluralista no sentido religioso, moral, mas não no jurídico, com as conhecidas resistências legalistas fixistas de sempre, mas com inegáveis tendências para a multiplicidade de programas, para a alta funcionalidade na diferenciação, para recolocar a questão em termos de N. Luhmann, enquanto, na época em estudo, a funcionalidade era baixa ainda, os papéis sociais são bem definidos (a Igreja estava no seu papel, assim como o rei), os programas só eram dois, o direito canônico e o direito visigótico, com a afirmação da superioridade do primeiro, nas chamadas questões mistas, e, enfim, a expectativa de todos para com as normas da Igreja e do direito feudal era sempre normativa.

---

18. S. Tomás de Aquino, *Suma Teológica*, II-IIae.q.11 art. 12, c. Ed. Livraria Sulina, 2. ed. da trad. de A. Correia, Porto Alegre, 1980.

A transição para o Estado Moderno

O conflito entre ordenamentos paralelos, o visigótico e o canônico, tendia a se solucionar, paradoxalmente por uma tese dos canonistas. Preocupados com a validade do casamento-sacramento, insistiram mais no seu aspecto contratual e menos no seu caráter de instituição social durável. Ora, isso viria a facilitar a absorção da matéria de família pelo ordenamento jurídico do Estado Moderno. O conflito tendeu a cessar, à medida que se foi unificando em monarquias nacionais e Estados centralizados a velha colcha de retalhos do feudalismo europeu.

Procurando inspiração na Antiguidade, lembra Hannah Arendt, Maquiavel, como mais tarde Robespierre, buscariam na ideia de fundação de uma cidade pelos romanos a justificativa do emprego da violência para "fazer" um Estado (*lo Stato*), ligada à implantação de ditadura, pois as circunstâncias herdadas do feudalismo eram por eles assimiladas à situação de recurso ao ditador nos tempos de desordem para restaurar a ordem na República: "dictator reipublicae constituendae"[19].

A unificação legislativa era o primeiro passo para a unificação política, já que leis regionais e locais (*privilegia*) eram a base de sustentação do poder dos antigos barões. As várias *Ordonnances* de um Francisco I, na França, bem como as "Ordenações" Afonsinas, Manoelinas e depois Filipinas, em Portugal, eram instrumentos de fortalecimento do poder real.

O direito canônico constituía um obstáculo para tal unificação, e desde a Idade Média os conflitos com o poder de Roma eram sempre desvantajosos para os detentores do poder temporal. Mas agora a tendência a admitir, graças às elucubrações dos legistas, uma soberania absoluta para o Estado, personificado na pessoa do rei, que figura como papel social, mas também como instituição e a monarquia como um programa, com base em valores que são a ideia de nação e de pátria unificada, conduzia à independência do Estado perante a Igreja.

Quanto ao direito de família, o Estado reclamava para si o poder de declarar o direito positivo em matéria de contratos civis, e o casamento, na opinião sempre repetida dos canonistas, era, antes de tudo, um contrato[20].

---

19. Hannah Arendt, *Entre o Passado e o Futuro*, 2. ed., São Paulo, Ed. Perspectiva, 1972, p. 182-4.
20. Jacques Leclerc, *A Família*, São Paulo, Ed. Quadrante, s/d, p. 35.

A luta que então se travou entre o Estado e a Igreja e os senhores feudais, momentaneamente aliados, repetiu, com outro conteúdo, as lutas na antiga *polis*, da *urbs* romana contra as tendências isolacionistas dos antigos *patres familias*. Eis por que, com toda a razão, leciona José Pedro Galvão de Sousa o Estado Moderno, embora surgido na Era Cristã, no século XVI d.C., tem mais semelhanças com a *polis* antiga do que com a ordem de coisas reinante na cristandade medieval (séculos V a XV)[21]. Aliás, esse mesmo autor, em sua tese sobre as *Origens da Moderna Teoria do Estado*, já vislumbra em Marsílio de Pádua todo o fundamento filosófico e jurídico para um poder centralizador "totalitário", em pleno século XIV. E, se quiséssemos ir mais longe, encontraríamos no século XIII, contemporâneo de São Luís Rei de França, o rei catolicíssimo, o movimento dos gibelinos pró-restauração do antigo Império Romano, apoiando as pretensões dos príncipes alemães na Itália contra a supremacia da Igreja[22].

O gênio de Dante Alighieri procurou a coexistência de ambos os poderes, mas prevaleceu, por longo período de tempo, praticamente até o século XIX, quando se abriu a era das Concordatas, com Napoleão e o Papa Pio VII, a luta entre poder temporal e espiritual, pois, para citar apenas o que nos tange de perto, a Igreja se negava a reconhecer o casamento civil e a regulação das relações entre cônjuges e entre pais e filhos sem a chancela eclesiástica[23].

Nesse clima é que se deve buscar a influência decisiva da Escola de Bolonha. Diz-nos Tercio Sampaio Ferraz Jr. que "A ciência europeia do Direito propriamente dita nasceu em Bolonha, no século XI, com um caráter novo, mas sem abandonar o pensamento prudencial dos romanos, ela introduz uma nota diferente no pensamento jurídico: sua dogmaticidade. O pensamento dogmático, em sentido estrito, pode ser localizado nas suas origens neste período. Seu desenvolvimento foi possível graças a uma resenha crítica dos digestos justinianeus (*littera boloniensis*), os quais foram transformados em textos escolares do ensino na universidade"[24].

---

21. José Pedro Galvão de Sousa, *Iniciação à Teoria do Estado*, 2. ed., São Paulo, Ed. Revista dos Tribunais, 1972, p. 136-58.

22. Foi o que analisamos em despretensioso artigo São Luís Rei de França, publicado na revista de cultura *Hora Presente*, n. 7, out. 1970, p. 169-78.

23. Dante Alighieri, *De Monarchia*. L. III, 3-16, in *Obras Completas*. B.A.C.

24. Tercio Sampaio Ferraz, *Função Social da Dogmática Jurídica*, São Paulo, Ed. Revista dos Tribunais, 1981, p. 31.

Se o direito romano sucumbia com as várias camadas de ordenamentos que, caoticamente, se sobrepunham na Era Medieval, chegava o momento de, em nome da unidade nacional, impor-se como única lei. Foram, pois, concomitantes, na Europa, o retorno ao direito romano, em matéria de direito civil, e o restabelecimento da concepção romana de autoridade.

Não estaria completo o estudo da transição para o Estado e o direito modernos, de tão grande importância para a compreensão da ideia de autoridade e mesmo para as disposições em matéria de direito de família e pátrio poder, sem uma alusão, ainda que rápida, ao que se passou na Península Ibérica.

Além disso, o Brasil foi colonizado por Portugal, e é básico para a compreensão dos tempos coloniais — que serão analisados a seguir — lembrar a situação particular da Península Ibérica no século XVI.

Como esclarece Miguel Reale[25], Portugal procurou conciliar o ideal religioso herdado da Idade Média com a "razão de Estado" trazida por Maquiavel e o Renascimento, através da ideia de uma comunidade nacional coesa, em que a religião cristã entrava como um dos fatores preponderantes, à qual se subordinavam os interesses do Estado.

Isso explica todo o ideário da expansão colonial lusitana, ao mesmo tempo "dilatando a fé e o império, por toda parte", cantou Camões.

Mas, e isso não pode ser esquecido, é preciso recordar que foi na Península Ibérica que a Contrarreforma mais se fortaleceu. Vale dizer, foi onde penetrou menos o espírito da Reforma Protestante e onde mais caracteristicamente o ideal do Renascimento se atenuou, em seus laivos paganísticos, com as mirabolâncias do Barroco.

Que interesse tem isso para a teoria do Estado e do direito?

Michel Villey mostra, de modo preciso, que a Reforma foi, no campo do direito, uma continuação da tradição augustiniana, que já analisamos. Como tal, ela reforçou as tendências centralistas do Estado, mais precisamente da monarquia absoluta, quando não reconheceu outra base para a autoridade política senão a Sagrada Escritura. Não foi por acaso que a "Teoria do Direito Divino dos Reis" surgiu com o Rei Jaime, na Inglaterra anglicana. A visão das "Duas Cidades", de Santo Agostinho, é o pano de fundo em que se move toda a ideologia luterana do homem atingido de tal

---

25. Miguel Reale, *Horizontes do Direito e da História*, 2. ed. São Paulo, Saraiva, 1977, p. 75-105.

modo pelo pecado original de maneira a nada poder conceber de bom em sua inteligência que não lhe seja revelado pela Bíblia, incluindo as formas de governo e das leis, sempre precárias, aliás, mas devendo ser obedecidas por serem queridas e/ou permitidas por Deus. É também a posição de Calvino[26].

Em Portugal e na Espanha, como talvez nem mesmo na Itália ou na França (em que o Calvinismo manteve raízes, desabrochando depois no Galicanismo, após frustrada a conquista do trono com a "conversão" de Henrique IV), a doutrina luterana foi atacada pela Contrarreforma, ou seja, pelos jesuítas e dominicanos, professores de Salamanca, que, como reação aos postulados de Lutero e Calvino, chegaram a construir toda uma doutrina do direito e do Estado com base no conceito de lei natural[27]. Se para Lutero o homem era incapaz de chegar por si mesmo, sem o socorro da Escritura, à ideia de justiça e de bem, para os jesuítas, como Molina, Vásquez e Suárez, como para os dominicanos Vitória, Soto e Las Casas, pela simples luz da razão natural tinham os estoicos chegado a uma série de noções próximas ao Cristianismo[28].

Isso teria consequências para a construção de uma teoria contratualista do poder, em que o detentor da autoridade poderia até ser morto se contrariasse as aspirações do povo, como chegou a defender Mariana[29], em que sua autoridade era consentida não por determinação divina, mas por expressar a vontade do povo[30]. Como explica Joseph Höffner, uma outra consequência fundamental foi o reconhecimento de direitos dos índios, como algo independente de sua adesão à fé cristã, pelo simples fato de serem seres humanos. Daí as arbitrariedades de colonos sobre os índios, em toda a América Latina, e, particularmente, no Brasil, não serem aplaudidas pelos jesuítas e dominicanos[31].

Outro fruto da Contrarreforma, no campo jurídico-político, foi a continuidade da interpretação canônica, em matéria de direito civil, não

---

26. Michel Villey, *La Formation de la Pensée Juridique Moderne*, Paris, Ed. Montchrestien, 1975, p. 276-337.

27. A distinção entre "lei natural" e "direito natural", sendo aquela uma "lei da natureza" tão obrigatória como os "Dez Mandamentos", surge com Francisco Suárez. Cf. Villey, op. cit., p. 385.

28. Cf. Villey, op. cit., p. 386.

29. Ibid., p. 350.

30. Ibid., p. 349.

31. *Colonialismo e Evangelho*, Rio de Janeiro, Ed. Presença/EDUSP, 1973, p. 251-5.

abdicando a Igreja, em Portugal e Espanha, do direito de interferir, em questões matrimoniais e de paternidade, no direito civil.

Isso daria um embasamento doutrinário e ideológico para a "privatização" do direito e o fortalecimento dos poderes dos patriarcas locais no Brasil, perante o representante da Coroa, do Estado português, séculos afora: matéria de direito de família, de casamento, de relações entre cônjuges, de educação e sustento dos filhos é, para Suárez, como para Vitória, o direito de propriedade, matéria que não pode ser regulada pelo soberano como bem lhe aprouver, porque envolve as leis naturais de perpetuação e preservação da espécie[32].

---

32. Michel Villey, *La Formation de la Pensée Juridique Moderne*, Paris, Ed. Montchrestien, 1975, p. 342, 357, 387 e 388.

PARTE III

O DIREITO NA ÉPOCA MODERNA

INTRODUÇÃO

ை

Chama-se história moderna a que trata dos acontecimentos ocorridos entre a tomada de Constantinopla pelos turcos, em 1453 (data que marca o fim da Idade Média), e a Revolução Francesa, de 1789 (início da Idade Contemporânea).

Os Tempos Modernos apresentam profundas diferenças com relação à Idade Média.

De fato, a Era Medieval se caracterizou, politicamente, pela descentralização do poder entre os senhores feudais. Em um reino a autoridade máxima era representada pelo rei. Este tinha jurisdição sobre o seu próprio feudo e autoridade sobre os demais senhores feudais, que geralmente possuíam jurisdição própria e pessoal sobre as suas terras. Quem resolvia as questões judiciais dentro de um feudo era o senhor feudal, mas de sua decisão cabia recurso à autoridade real, em segunda instância.

Em matéria de filosofia de vida, a Idade Média se caracterizou pelo teocentrismo, ou visão do universo em que Deus ocupa o centro. Como projeção dessa concepção no campo religioso, tínhamos a supremacia do Papado e, no campo artístico, a arte gótica, expressa pela harmonia, luminosidade e integridade dos elementos componentes da obra de arte.

O Humanismo

A partir da metade do século XIV, começaram a acentuar-se os sintomas de uma transformação na mentalidade dos homens da Europa. A visão teocêntrica do universo cedeu lugar a uma concepção nova, o Antropocentrismo ou Humanismo, em que o homem ocupa o centro de todas as coisas. Essa nova concepção do universo, ou cosmovisão, conduziu a um novo teor de vida e, consequentemente, a novas instituições, que substituíram, por vezes violentamente, as antigas. A Idade Média findava; começava a Idade Moderna.

Como observa o filósofo Jacques Maritain, a "tragédia do Humanismo" não foi seu aspecto de valorização do homem, mas sim seu matiz antropocêntrico. Tivesse ele sido "Humanismo Teocêntrico" e não teria havido ruptura, mas aperfeiçoamento da cosmovisão medieval (cf. *Humanisme Intégral*).

A opção antropocêntrica produzia a longo prazo o individualismo e o egocentrismo, injustamente atribuíveis a um retorno ou "renascimento" de "ideias naturalistas".

Muito mais próximas do ideal da *civitas* cristã estavam as concepções humanistas teocêntricas de São Francisco de Assis, de São Tomás de Aquino — no apogeu da Idade Média —, de Tomás Morus, de William Shakespeare — no início dos Tempos Modernos.

CAPÍTULO I

O RENASCIMENTO

Ⳅ﷽

O Renascimento foi o movimento que representou uma rejeição do espírito da Idade Média, uma pretensa volta ao ideal de vida clássico, da Grécia e da Roma antigas. Na realidade, na *polis* não havia individualismo. Trata-se de uma questão polêmica: os antigos conheciam a liberdade individual? Desde o século XIX essa questão apaixonou Fustel de Coulanges, Benjamim Constant, Hegel[1].

Esse ideal, que triunfou pouco a pouco sobre o anterior, refletiu em todos os setores da vida humana: nos campos político, social, econômico, religioso, filosófico e artístico. No campo da arte, por exemplo, dizia-se que esta morrera durante a Idade Média e que agora renascia no século XVI. Na verdade, os renascentistas concebiam a arte como os gregos e romanos da Era Clássica, portanto de um modo naturalista, muito diferente dos medievais, que tudo sobrenaturalizavam.

Os artistas do Renascimento tinham a preocupação da proporção nas formas, o cuidado em pintar os detalhes com precisão; mas lhes faltava, às vezes, expressão e sentido espirituais. Por exemplo, no afresco *O Juízo Final*, de Michelangelo Buonarroti, Jesus Cristo é representado sob a forma de um atleta olímpico, que se assemelha muito ao semideus Hércules. Os anjos dessa pintura poderiam ser igualmente ninfas, se a cena fosse mitológica.

Os cânones do Renascimento eram muito rígidos a respeito dessa imitação dos antigos, de modo que até os grandes autores não escaparam de certo servilismo em face das obras gregas e romanas, o que atribui às suas produções algo de artificial.

Não obstante, houve no Renascimento uma floração de gênios e grandes artistas que criaram obras, apesar dos desvios apontados, de grande valor, que apresentam um interesse perene.

---

1. A respeito pode-se ler *Horizontes do Direito e da História*, de Miguel Reale, 2. ed., São Paulo, Ed. Saraiva, 1977, p. 17-42.

No campo da literatura, apareceram como elementos de transição entre a Idade Média e o Renascimento Dante, Petrarca e Boccaccio.

Dante Alighieri escreveu a trilogia imortal *Divina Comédia*, em que se vê uma fusão do espírito religioso medieval com o greco-romano. Dante colheu para seu poema muitas tradições e crônicas medievais que figuravam ao lado de entidades mitológicas.

Francesco Petrarca se afastou mais da Idade Média, aproximando-se do platonismo em seus *Sonetos* e *Laura*. Era a glorificação do amor enquanto ideia, tal como o concebia Platão.

Giovanni Boccaccio, lúbrico narrador de histórias picarescas no *Decameron*, foi o elemento mais próximo do Renascimento, porque nele quase não mais se vislumbrava a época anterior.

Ao tempo em que Dante compunha sua obra imortal, dois pintores eram admirados por seus trabalhos recentes nos mais importantes conventos da Itália: Cimabue e Giotto, seu discípulo. Deixaram-nos afrescos de um colorido sutil sobre a vida de Cristo e dos Santos. São célebres os afrescos devidos ao pincel de Giotto na Igreja de São Francisco, em Assis, em que se retrata admiravelmente o espírito poético do *Poverello*.

Foram precursores de um movimento artístico que chegaria ao apogeu no século XVI, chamado Idade de Ouro do Renascimento.

Na época áurea, auxiliados pelo concurso financeiro de Lorenzo de Médici — chamado "o novo Mecenas" — e de outros príncipes italianos, Ludovico Ariosto escreveu *Orlando Furioso*, e Torquato Tasso, *Jerusalém Libertada*, em que o tema medieval se apresenta sob roupagens clássicas. Foi também nesse período que surgiram os grandes pintores: Leonardo, Rafael e Tiziano.

Príncipes e papas encontravam vagares — não desatendendo às múltiplas solicitações de seus cargos — para admirar a *Mona Lisa*, a *Última Ceia* e outras produções de Leonardo da Vinci, as *Madonnas* de Rafael, em que se retratavam as camponesas de Toscana. Também encontravam ocasião para serem pintados pelo célebre Tiziano.

Nos corredores de seus palácios, as figuras de mármore de Michelangelo faziam reviver a Roma Antiga. Esse magnífico escultor e pintor escolhia com carinho o mármore onde já antevia seu *Moisés* e seu *David*, futuros adornos de palácios e basílicas.

Da Itália, o Renascimento viajou por toda a Europa. Nas terras quentes da Península Ibérica, ela se traduziu num poema épico, *Os Lusíadas*, de Luís de Camões, cheio de vibração patriótica e de força. Na Espanha cavaleiresca, ela nos deixou *Dom Quixote de la Mancha*, de Miguel de Cervantes, retrato inimitável do caráter espanhol.

Já nos climas nórdicos e frios, ela se estilizou, se conteve, quase morreu no *Hamlet* e em *Coriolano*, do genial William Shakespeare, autor predileto da corte inglesa do período elisabetano. Em suas obras pode-se ter um retrato da filosofia política do Renascimento[2]; e *Coriolano* é considerada uma das mais agudas críticas à democracia. Sendo esta uma obra da maturidade do poeta (1607-1608), poder-se-ia acaso invocar o argumento de sua idade? *Coriolano* seria o resultado de uma personalidade já desenvolvida, que perdeu o entusiasmo dos tempos da mocidade, e, por isso, apresentava um desencanto geral, tanto com as possibilidades de o povo se governar como com as de a nobreza desempenhar suas funções a contento.

Num interessante livro, *Shakespeare's Early Tragedies*, Nikolas Brooke analisa o conteúdo de uma obra juvenil do poeta, *Júlio César*, escrita em 1599. Notamos a mesma ironia perante qualquer forma de demagogia que observaremos mais tarde em *Coriolano*, obra da idade madura.

Longe de exaltar Bruto como um homem de grande sede de justiça e amor pelo povo, veremos um ser dotado, sem dúvida, de qualidades, mas que está aquém de ter a grandiosidade do "leão" que ele ajuda a assassinar: o grande estadista Caio Júlio César. De fato, Calpúrnia, sua esposa, o vê em seu sonho como um leão entre os assassinos que molham as mãos em seu sangue. Consumado o crime dos Idos de Março, o fantasma de César persegue Bruto até a Planície de Filipi, onde lhe aparece antes da batalha que o levará à derrocada, e Bruto, atormentado, acaba por exclamar: "César, como és grande ainda! O teu espírito vaga pelo mundo e retorna às nossas espadas contra nossas próprias vísceras!" (Ato V, Cena 3).

"A retórica de Bruto, colocada em prosa, é relativamente simples. Mas sua racionalidade se torna irônica no seu sucesso, pois a multidão grita: 'Coroemos em Bruto a melhor parte de César' (Ato III, Cena 2, Verso 53). Eis o valor final do tremendo esforço de Bruto para impedir a monarquia"[3].

E, quanto ao retrato de César, "no sonho de Calpúrnia, ele é um leão com um coração, e isto nega diretamente a pretensão de Bruto em destruir

---

2. V. nosso artigo A Visão Sociopolítica de W. Shakespeare, *Hora Presente*, São Paulo, Hora Presente Sociedade de Cultura e Educação Ltda., 1974, n. 17, p. 185 e s.

3. Nickolas Brooke, *Shakespeare's Early Tragedies*, London, Methuen and Co., 1968, p. 155-7.

seu espírito sem derramar seu sangue: o leão é o rei dos animais, mas com César não podemos esquecer que se trata de uma fera sedenta de sangue, e captamos a noção que ele tem de seu valor quando diz: 'Não irei ao Senado, e a razão é meu desejo' — *The cause is my will: I will not come.* (Ato II, Cena 2, Verso 71). É um querer sanguíneo no sentido elisabetano".

Vejamos agora uma peça de 1600, *Tróilo e Cressida*[4]. Segundo muitos estudiosos de Shakespeare, "sua própria versão da ordem ou hierarquia está no discurso de Ulisses no texto de *Tróilo e Cressida*. Em primeiro lugar aprendemos com ele que a ordem que prevalece nos céus está duplicada na terra, o rei correspondendo ao sol; então que a desordem nos céus traz desordem na terra, tanto na organização física sublunar, como na sociedade humana. Quando Shakespeare chama degraus à escada para todos os altos planos, ele, é provável, que tivesse outro tipo de correspondência em mente: entre os degraus de ascensão do homem no seu estado social, e a escada da criação ou a cadeia dos seres que se estendem desde a menor parte de matéria inanimada, em ininterrupta ascensão, até os mais elevados arcanjos"[5].

*O sol, planeta excelso, em nobre proeminência estende o trono
em sua esfera própria, entre os outros astros,
seu foco salutar corrige os males
que as estrelas nocivas ocasionaram,
e, como decretos reais, sem apelo,
promove bens e males.*

E sobre a terra:

*Quando abalada fica a hierarquia,
que é a própria escada para os altos planos,
periclita a obra toda.
Como podem ter estabilidade duradoura
os degraus das escolas, Estados, os membros das Corporações,
o tráfico pacífico entre plagas afastadas, os direitos de berço
e nascimento, de primogenitura, os privilégios da idade, louros,
cetros e coroas, se a desfazer-se viesse a hierarquia?*

---

4. Para as datas baseamo-nos nas que constam em *A Companion to Shakespeare Studies*, Cambridge University Press, 1949.

5. E. M. W. Tillyard, *Shakespeare's History Plays*, New York, 1946, p. 10.

Conclui Ulisses então, seu discurso:

Tirai a hierarquia, dissonante deixai só essa corda,
E vale a grande discórdia que se segue...[6]

Assim, vemos na obra dramática de William Shakespeare uma continuidade que dá unidade a seus trabalhos, desde *Júlio César* até *Coriolano*, passando por *Tróilo e Cressida*, o que corresponde a um verdadeiro corpo de doutrina, na expressão inteligente de Tillyard: *"Shakespeare had in mind a complete body of doctrine"*[7].

Persistência da cosmovisão de São Tomás de Aquino

Uma análise superficial do Renascimento poderia levar a crer que a ruptura com a tradição foi absoluta. Mas um exame mais profundo nos mostra que não houve mudança fundamental na concepção do homem e do universo, ao menos no que se refere aos padrões de pensamento do século XV. O que houve — e isto não se pode negar — foi uma nova voga do antropocentrismo; mas o peso da civilização e cultura medievais ainda continuava a se fazer sentir, mesmo em países poderosamente influenciados pela Reforma Protestante. Foi o caso da Inglaterra, que, com Henrique VIII, adotou a forma de "Igreja Nacional" segundo o adágio *Cujus regio, ejus religio*, como via intermediária entre catolicismo e luteranismo ("Via média" anglicana).

No interessante livro *Shakespeare's Philosophical Patterns*, Walter Clyde Curry nos mostra que, mesmo para defender o Anglicanismo cismático, autores como Richart Hooker — *The Laws of Ecclesiastical Polity* — empregam não só o método escolástico, mas também o próprio pensamento de São Tomás de Aquino na sua obra *Suma Teológica*. Conceitos como a hierarquia do cosmos, a subordinação das leis humanas à lei eterna — puramente tomistas — aparecem na obra citada de Hooker, que só se distancia da doutrina exposta pelo *Doctor Communis* quando defende o direito do rei da Inglaterra a governar a Igreja de seu país. Ou seja, o inglês do século XVI, embora formalmente separado de Roma, pensava ainda segundo os princípios fundamentais por ela estabelecidos durante a Idade Média. Diz-nos Walter Clyde Curry:

---

6. *"Take but degree away, untune that string; and hark what discord follows"*, Tróilo e Cressida, Ato I, Cena 3.

7. E. M. W. Tillyard, *Shakespeare's History Plays*, New York, 1946.

"Shakespeare era um produto de seu tempo. Não deve causar admiração descobrir que ele também colhe no patrimônio escolástico. Se só ele, dentre todos, escapasse de tal participação, isso é o que deveria causar justo espanto"[8].

E explica: "A síntese escolástica representava em sua 'idade de ouro' não apenas um esplêndido corpo de doutrinas, mas também uma forma de pensamento e uma maneira de vida. Eis aqui uma situação curiosa que faz meditar: os escritores do período humanista, embora mostrando uma grande dependência dos clássicos e de outras fontes antigas, entretanto empregam extensamente certo material básico da tradição escolástica, usualmente sem o saber".

Em seu livro, Curry nos faz ver, por exemplo, todo o universo shakespeariano, profundamente impregnado pela visão tomista do bem e do mal, em *A Tempestade*; pelos ensinamentos de São Tomás de Aquino, no que se refere à ação do diabo, em *Macbeth*. Isto sem falar na presença do sobrenatural, representado pelo fantasma do pai de Hamlet, em *Hamlet*, e ainda pelo espectro do insigne estadista Júlio César, em *Júlio César*[9].

---

8. Walter Clyde Curry, *Shakespeare's Philosophical Patterns*, Louisiana University Press, 1937, p. 23.

9. Até hoje, de certo modo, a Inglaterra preserva suas tradições monárquicas e a Igreja Anglicana permanece fiel aos princípios que a inspiraram, como a "via média" entre a Igreja Católica e as seitas protestantes.

CAPÍTULO II
A POLÍTICA DO ABSOLUTISMO
E O DIREITO DIVINO DOS REIS

CƷᏰ

O direito divino dos reis

Na Antiguidade, o poder sempre foi cercado de uma áurea religiosa, inclusive entre os hebreus, adoradores do Deus único. O rei Davi foi ungido rei de Israel por Samuel, em nome de Deus[1].

Na era cristã, segundo São Paulo, "todo poder vem de Deus"[2]. Mas, na Idade Média, o poder real foi diminuído pelo poder indireto da Igreja nas questões temporais, pelo poder dos senhores feudais, pelos usos e costumes regionais, pelos privilégios das cidades e corporações de artífices.

No final do medievo, com a autodestruição dos nobres em guerras como a dos Cem Anos, Duas Rosas etc. e com a contestação cada vez maior do poder do papa pelas heresias que surgiam por toda a Europa, os reis, aliados com a burguesia interessada na unificação da moeda nacional, das leis e com o fim dos impostos feudais, e auxiliados pela invenção do canhão de pólvora, que derrubava a invencibilidade dos castelos feudais, os reis, dizemos, tomaram o poder e usaram o conhecimento dos legistas do renascimento do direito romano em escolas como a de Bolonha, para unificar a legislação e a moeda.

Do século XI ao século XIV, a nobreza feudal de todos os países da Europa se empenhara nas Cruzadas. Na segunda metade do século XIV, a morte tinha deixado grandes claros nas principais casas nobres europeias. Correlatamente, os reis foram adotando os mesmos hábitos dos sultões do Oriente, com quem travaram relações no decorrer das Cruzadas. Adulados por conselheiros inescrupulosos, marcharam rapidamente para a absorção de todas as franquias locais, tornando-se absolutos.

---

1. Livro I de Samuel, 16, 8 e 10.
2. Epístola aos Romanos 13,1.

137

No século XVI, a centralização já se havia realizado quase que inteiramente em países como Espanha, Portugal, Inglaterra, França e Alemanha.

No caso da França, por exemplo, vieram sucessivamente agregar-se à coroa a Normandia, Guiana, Borgonha, Anjou, Maine, Provença, Bretanha e Valois. Mas não foi só em extensão que cresceu o poder real. Tornou-se também mais forte e intenso, auxiliado pela burguesia, interessada na diminuição da nobreza.

Na Inglaterra, a derrota na Guerra dos Cem Anos contra a França criou um clima de rivalidade entre duas famílias poderosas: a Casa de Lancaster e a Casa de York, ambas pretendendo o trono. Daí surgiu uma guerra civil, chamada das Duas Rosas, alusão à rosa branca do brasão dos York e à rosa vermelha dos Lancaster. Durou de 1455 a 1485. Terminou quando Henry Tudor, aparentado com os Lancaster, casou-se com Isabel de York e passou a reinar como Henry VII.

Seu filho, Henry VIII, aproveitando-se da situação combalida da nobreza após trinta anos de lutas civis, tornou-se absoluto, tripudiando a Magna Carta em seu proveito.

Um observador da corte de Francisco I, na França, notaria que o poder real ali era poderoso como nunca: em 1539 a Ordenança de Villers-Cotterets uniformizara todas as Cortes de Justiça do País, em detrimento das autoridades locais, impondo uma só linguagem jurídica e uma só língua, o francês, que passou a ser língua oficial da justiça. Foram desprezados os textos e os termos jurídicos das diversas regiões.

Na Alemanha, a nobreza rural dos cavaleiros, ou *Ritters*, perdeu seu poder para os príncipes soberanos, como o Duque de Saxe e o Landgrave de Hesse.

O absolutismo não aceitava a soberania parcelada do feudalismo e considerava que somente o rei era detentor da soberania, como chefe do Estado e senhor da nação. Isto se projetou antes de tudo no direito, pois houve uma liquidação dos costumes jurídicos locais e uma imposição do Direito das Ordenações do Rei, ou lei escrita, transcrevendo leis romanas para o território politicamente unificado. Projetava-se inclusive no campo religioso, pela abolição dos privilégios eclesiásticos, e no socioeconômico, pela supressão da maior parte dos privilégios das Corporações de Artes e Ofícios, que na Idade Média formaram poderosas associações de artesãos, inclusive com leis próprias, terminando pela unificação da moeda, agora cunhada apenas pelo rei. Daí "cara e coroa".

Na Itália, o humanista Nicolau Maquiavel (Nicolò Machiavelli) procurava defender o absolutismo com o livro *O Príncipe*, publicado em 1532, em que confundia o Estado com o príncipe governante, e o seu gosto com a necessidade de Estado, revivendo a velha máxima do direito romano: *Quod principi placuit, legis habet vigorem* — "O que agrada ao príncipe tem força de lei". Também esse autor florentino constrói uma teoria política divorciada da ética, mostrando em seu famoso livro que o importante é a manutenção do poder, sem nenhuma preocupação com o fim do Estado ou bem comum, para ele expressão despida de verdadeiro significado para um governante.

Talvez não usasse a expressão que lhe atribuem "O fim justifica os meios usados", mas ela resume bem o pensamento do autor. Não por acaso usa-se o adjetivo "maquiavélico" para designar um comportamento sem escrúpulos para conquistar e manter o poder.

O fato é que o rei se tornava solto, sem controle superior. Daí o nome de absolutismo (do latim *solutum* = solto, sem freios) dado ao governo monárquico que seguiu as diretivas de Maquiavel.

Na Península Ibérica, a aliança entre Aragão e Castela pelo casamento de Fernando de Aragão com Isabel de Castela, seguida de dois fatos grandiosos: expulsão dos últimos mouros de Granada e descobrimento da América, em 1492 — cuja glória reverteu aos reinos unidos —, trouxe o eclipse dos reinos menores de Leão e Navarra. Em Portugal, descobrimentos marítimos da África e a viagem às Índias (1498), bem como o descobrimento do Brasil (1500), trouxeram um afluxo considerável de ouro, de que se aproveitaram as Companhias de Navegação e Comércio, cuja importância crescia dia a dia em detrimento das cortes ou Câmaras dos Nobres Feudais.

O rei dos tempos modernos legisla; os nobres, o clero, a burguesia não têm outra coisa a fazer senão se inclinar diante da vontade do rei. Aparentemente há uma ordem esplêndida dentro do reino, e essa ordem existe, se nós entendemos por ordem o fato de não haver turbulências políticas.

A nobreza sem função definida, sem razão de ser dentro do Estado, o clero degradado pela ação do rei, a plebe completamente em vias de se desfazer e de se atomizar, por causa do rei. A ordem é absoluta, mas mínguam as antigas liberdades locais.

CAPÍTULO III

REFORMA E CONTRARREFORMA

C○3๕O

A Reforma

Funck-Brentano diz, em seu livro sobre o Renascimento, que o Humanismo aplainou os caminhos da Reforma Protestante. Isso é verdade tanto sob o ponto de vista filosófico como sob o ponto de vista político[1].

Representando um rompimento com a tradição medieval católica e uma volta aos ideais clássicos greco-romanos, o Humanismo do Renascimento preparou o campo para uma ruptura formal com a Igreja.

Por outro lado, o absolutismo real entrava frequentemente em choque com os privilégios eclesiásticos, pois muitas abadias eram verdadeiros feudos autônomos.

A grande licenciosidade que o Humanismo levou aos conventos religiosos e ao clero católico em geral, contribuindo para o seu desprestígio, apressou o advento da Reforma Protestante.

Aí estão delineadas as causas profundas da Reforma. O incidente entre o frade agostiniano Martinho Lutero e a Santa Sé foi apenas o estopim que serviu para desencadear essa grande revolução religiosa, cujos precursores remotos foram os cátaros ou albigenses, no sul da França, dizimados por uma Cruzada em 1244[2].

Martinho Lutero nasceu em Eisleben, na Turíngia, em 1483. Sua família pertencia à classe popular e se dedicava à mineração. Desde cedo ambicionou o posto de professor universitário, cargo que, na época, era cercado de grande prestígio. Em 1505 atingiu o grau de Mestre em Filosofia em Erfurt.

Sua entrada para o convento deveu-se a um incidente: voltava com um amigo de uma noite de boêmia quando foram apanhados pelo caminho

---

1. F. Funck-Brentano, *La Renaissance*, Paris, Fayard, 1953, p. 381 e s.
   V. tb. Lucien Febvre, *Martinho Lutero*, Lisboa, Liv. Bertrand, 1976.
2. Fernand Niel, *Les Cathares de Montségur*, Paris, Ed. Seghers, 1973.

por uma tempestade. Lutero viu o amigo tombar ao seu lado, fulminado por um raio. O pavor de que lhe acontecesse o mesmo levou-o a prometer que, se escapasse vivo, far-se-ia monge.

Lutero entrou para o convento agostiniano de Erfurt dez dias depois: 16 de julho de 1505. Ali se distinguiu por um temperamento bastante nervoso. Por outro lado, assaltavam-no terríveis crises de escrúpulos. Quando se ordenou, tomado por uma dessas crises, interrompeu durante alguns momentos sua primeira missa, em 3 de abril de 1507. No entanto, a amizade do Vigário-Geral da Alemanha valeu-lhe o cargo de Vigário de Distrito de Wittenberg, com onze conventos sob sua autoridade.

Em 1510, viajando para Roma, escandalizou-se. Na época o Papa Leão X instituíra as indulgências pelas esmolas dadas para construir a Basílica de São Pedro. Encarregara Alberto, Bispo de Mayence, de pregar as indulgências, mas depois decidiu substituí-lo pelos dominicanos, na Alemanha. Martinho Lutero recebeu essa notícia com espírito de crítica, pois detestava pessoalmente o pregador Tetzel, da Ordem de São Domingos. Em 31 de outubro de 1517, afixou nas portas da Capela de Wittenberg 95 proposições, aproveitando-se do que chamava "venda das indulgências", para atacar a autoridade papal e negar os sacramentos. É interessante observar que o próprio historiador protestante Funck-Brentano, no livro *Martinho Lutero*, admite que "todas as bulas das indulgências declaravam que os fiéis deviam, por acréscimo, ser penitentes e estarem confessados de suas faltas", não bastando a simples esmola[3]. Lucien Febvre ressalta o aspecto mercantil.

Em julho de 1520, Lutero concitou os nobres alemães a se apoderarem dos bens eclesiásticos. Em dezembro do mesmo ano deu-se o rompimento formal com Roma: o frade revoltoso queimou em praça pública a bula papal que o condenava.

O Imperador Carlos V intimou Lutero a comparecer em Worms a um Conselho ou Dieta dos nobres alemães (1521). Depois de oficialmente se declarar em rebeldia contra Roma, Lutero fugiu para o castelo de Wartburgo, que lhe ofereceu o Eleitor da Saxônia. Ali traduziu a Bíblia para o alemão, não hesitando em suprimir trechos de alguns textos sagrados que iam contra suas teses, como os dois Livros dos Macabeus, em que há referências ao Purgatório, e a Epístola de São Tiago sobre a "validade da fé pelas obras".

Lutero elaborou uma nova doutrina, baseada na justificação pela fé, independente das obras. Na Dieta de Spira, vários príncipes se pronunciaram

---

3. F. Funck-Brentano, *Martinho Lutero*, São Paulo, Ed. Vecchi, 1956, p. 35 e s.

em seu favor, protestando contra Carlos V. Daí tiraram seu nome de "protestantes". Lutero recebeu esse apoio porque tanto o Eleitor da Saxônia como o Grão-Mestre de Brandemburgo e o Landgrave Hesse incorporaram a seus extensos domínios propriedades da Igreja, invocando a nova religião.

Negando o magistério da Igreja, Lutero admitia o "livre exame" da Bíblia, o que fez surgir uma multiplicidade de ramos de Reforma.

O mais famoso foi o presbiterianismo de Calvino, que dominou política e espiritualmente a Suíça e os Países Baixos, chegando a realizar um Estado Teocrático. Calvino condenou à fogueira o médico Miguel Servet por pertencer a uma linha que não aceitava a teocracia.

Zwinglio propagou as ideias luteranas pelo sul da Alemanha e Suíça alemã.

Na Inglaterra, o protestantismo, atacado na obra de Henrique VIII *Defense of Sacraments*, jamais seria adotado integralmente. Ainda assim, rompeu com Roma, sendo a causa disso o divórcio de Henrique VIII de Catarina de Aragão e a união com sua concubina Ana Bolena. Daí surgir o Cisma inglês, o Anglicanismo, separando-se de Roma e adotando certos pontos da Reforma, apesar das oposições de John Fisher, Primaz da Inglaterra, e de Thomas Morus, Primeiro-Ministro e Chanceler do Reino, ambos decapitados. Morus foi o célebre autor de *Utopia*, onde aparece a concepção coletivista de sociedade.

É sempre difícil estabelecer um nexo entre os grandes movimentos filosóficos e o ambiente social e psicológico que os viu nascer. Ora supervalorizando o aspecto filosófico, esquece-se da influência que este recebe da conjuntura histórica; ora salientando o aspecto histórico, corre-se o risco de não ver a individualidade dos grandes pensadores.

De um e outro problema habilmente tratou André Prévost ao escrever a obra *Thomas More et la Crise de la Pensée Européenne*. Com rara felicidade soube descrever a Inglaterra do século XVI, sondando suas profundas aspirações de independência intelectual, que chegaram a produzir a ruptura com o teocentrismo medieval.

Ao colocar o Chanceler Thomas Morus como centro da atividade cultural inglesa de sua época, soube escolher muito acertadamente, pois poucos pensadores contemporâneos seus poderiam apresentar tão variada antologia: ensaio de política, biografias, peças teatrais, diálogos morais e tratados de exegese bíblica, ao lado de vasta correspondência com Erasmo de Rotterdam, Tyndale e Lutero.

Começa o autor por analisar a formação humanista de Morus, seu contato com Erasmo e as influências que mutuamente intercambiaram. Compara sutilmente a *Utopia* de Morus com o *Elogio da Loucura* de Erasmo, mostrando que ambos desejavam uma reforma da mentalidade reinante, porém Morus a queria com muito mais equilíbrio, e o pensador holandês era radical.

Humanista, entusiasta dos estudos clássicos, Morus desejava um retorno aprofundado à Bíblia, opondo-se tenazmente à Escolástica decadente, que, desvirtuando o pensamento de São Tomás de Aquino, caíra num nominalismo silogístico estéril e irritante.

Porém não acompanhou Tyndale quando este, nas pegadas de Lutero, passou a atacar violentamente o magistério da Igreja. Grande número de estudos históricos e exegéticos de Morus apresenta um tom marcadamente apologético, pois defendia uma "via média" entre o acatamento da Igreja, de um lado, e o recurso às fontes bíblicas, de outro. Como se sabe, esse critério acabaria prevalecendo depois na composição da Igreja da Inglaterra. Porém, Thomas Morus manteve a serenidade de um diálogo com seus opositores, apenas utilizando as armas de uma fina ironia, quando temia se tornar enfadonho ao leitor.

Por seu estilo ameno e equilibrado, Morus coloca-se entre os grandes adeptos da tolerância, que aliás imaginava em sua ilha da *Utopia* como uma instituição de seus pacíficos e amáveis cidadãos.

Nas profundas fibras da alma inglesa se percebem as origens do movimento contestatório, que, apesar dos esforços conciliatórios de Morus, atingiu o clímax com o *affaire Anne Boleyn*, que então se insere no seu verdadeiro contexto histórico e até psicológico, ponto de chegada e não ponto de partida de um processo histórico.

Foi uma época de grande crise ideológica que se apresentou a nossos olhos: a Inglaterra, mergulhada na atmosfera teocêntrica medieval, procurava romper os laços que a prendiam à Igreja de Roma em busca de uma nova filosofia, nos Tempos Modernos.

A Contrarreforma

Chamou-se Contrarreforma o movimento religioso que surgiu no século XVI na Europa, por iniciativa da Igreja Católica, para se opor ao protestantismo, revigorar a vida religiosa nos conventos e fomentar a piedade entre os fiéis.

A Contrarreforma foi obra principalmente da Companhia de Jesus e do Concílio de Trento.

A Companhia de Jesus foi fundada pelo fidalgo espanhol Inácio de Loyola. Pertencente a uma família aristocrática da Biscaia, Inácio de Loyola nasceu em 1491, e desde a adolescência se dedicou à carreira militar. Como auxiliar do Duque de Nájera, foi encarregado de defender a fortaleza de Pamplona, onde foi ferido em 1521. Obrigado a uma longa convalescença, deu-se à leitura de livros religiosos, e um deles, o *Flos Sanctorum* de Lindolfo de Saxônia, tocou-o profundamente. Quando deixou o leito, já era um outro homem, passando a dedicar-se ao apostolado. Compôs um livro chamado *Exercícios Espirituais*, onde expunha um método de transformação da vida interior, que alcançou grande sucesso. Como salienta Oliveira Lima, "em Santo Inácio persistia, aplicado à religião, o ardor bélico que o distinguira como oficial". Com mais alguns companheiros, fundou a Companhia de Jesus, destinada a combater a Reforma. Para isso, seus membros recebiam acurada educação filosófica, a fim de fazer frente aos humanistas. Davam especial atenção à formação da juventude, pois, como nos diz o historiador da Companhia de Jesus Crétineau-Joly, "era nos bancos escolares que se travavam os grandes debates ideológicos, que depois arrastavam reis e homens de guerra para o campo de batalha". Os membros da Companhia, os "jesuítas", dedicaram-se também às missões nos novos mundos descobertos, como São Francisco Xavier, nas Índias, e Anchieta, no Brasil[4].

Além do trabalho missionário e educacional, os jesuítas Francisco Suárez, Gabriel Vásquez e Luís de Molina notabilizaram-se na refutação da teoria política do absolutismo com base no direito natural. Foram coadjuvados pelos dominicanos Melchior Cano e Tomás Luís de Vitória.

A RESTAURAÇÃO DO TOMISMO

A impregnação voluntarista na Escolástica Tardia e o antiabsolutismo

A Escolástica Tardia, fruto da Contrarreforma, restaurou a teoria do direito natural, que Tomás Luís de Vitória aplicava com ponderação para

---

4. J. Crétineau-Joly, *Histoire Réligieuse, Politique et Littéraire de la Compagnie de Jésus*, em 7 volumes.

a defesa dos índios. Suárez utilizava o direito natural como base de sua argumentação contra as doutrinas do direito divino do Rei Jaime Stuart. Juan de Mariana chegava a justificar o tiranicídio. Também Vitória recorria ao direito natural para construir a teoria do direito internacional, de que foi o fundador.

Mas na teoria de um direito natural acima das soberanias dos Estados não se nota nenhum traço da concepção aristotélica do direito da cidade; há aí uma fusão entre direito natural e direito das gentes e certa influência dos estoicos, "cidadãos do mundo", como Marco Aurélio e Cícero.

O direito dos índios se baseava numa ideia de direito subjetivo, não de origem tomista, porém de procedência franciscana, de Duns Escoto.

Suárez foi ainda mais longe e engendrou uma verdadeira "teoria do contrato social" (*avant la lettre*) — era uma filosofia que se ressentia de sua finalidade apologética e polemizadora, por isso era eclética: tinha algo de São Tomás de Aquino, de Duns Escoto e de Guilherme de Occam. A lei para Suárez era o instrumento da autoridade pública; o direito subjetivo, o instrumento da faculdade individual.

Suárez confundia direito e lei, o que não fez São Tomás. Nesse sentido o título da obra de Suárez é bem significativo: *Tractatus de legibus ac Deo legislatore* (1612). As leis são emanadas da vontade, desde a vontade de Deus legislador até a vontade do príncipe. A nota dominante está na atualidade da lei, não em sua finalidade. Sua obra sobre a lei, *Tractatus de legibus ac Deo legislatore*, contrasta com a de São Tomás, *De justitia et de jure*, até no título.

Mas a atuação mais importante dos jesuítas foi no Concílio de Trento. Essa assembleia conciliar foi convocada pelo Papa Paulo III a instâncias de São Carlos Borromeu, Arcebispo de Milão. Durou de 1545 a 1563 e, além de definir os dogmas católicos, condenou o protestantismo e reafirmou o primado do Papa. Publicou um *Catecismo Romano* para servir de texto oficial no ensino religioso e organizou o *Índice dos Livros Proibidos*, para impedir a penetração das obras heterodoxas, cujos autores eram perseguidos pelo Tribunal de Inquisição. Como sabemos, o *Índice* foi extinto, no século XX, pelo Papa Paulo VI. Antigamente, nele foram incluídos os livros imorais, anticlericais, além dos livros propriamente anticatólicos.

Cerraram fileiras do lado da Contrarreforma o Rei Felipe II da Espanha, o rei D. Sebastião de Portugal e, na França, os príncipes de Guise. Na

Itália, praticamente o Luteranismo não penetrou, por ação direta do Papado, com o Santo Ofício[5].

Do outro lado, as potências protestantes formaram um bloco unido, e a história das lutas políticas entre os dois partidos — o protestante e o católico — encheria as páginas da Idade Moderna de lances dramáticos em que se decidiria a sorte da Europa.

AS ORDENAÇÕES DO REINO DE PORTUGAL

As *Ordenações* do Reino eram conjuntos de normas emanadas do rei de Portugal, a pedido das cortes de representantes do povo, unificando a dispersa e variada legislação feudal dos forais, costumes e leis gerais, numa só compilação que regesse o reino[6].

Ordenações Afonsinas

As Ordenações Afonsinas foram a primeira sistematização do direito positivo lusitano, promulgadas em 1448, durante o reinado de Dom Afonso V, da dinastia de Avís. Determinavam a aplicação do direito canônico e do direito romano, juntamente com o visigótico, no reino de Portugal, facilitando a aplicação da justiça na medida em que resolvia o complicado emaranhado do direito costumeiro visigótico, suprimindo leis muitas vezes em contradição com o canônico e o romano.

O famoso romanista João Eanes Arega, apelidado "João das Regras", um dos mais argutos juristas responsáveis pela ascensão da dinastia de Avís ao trono, em 1385, defendia a compilação. Era o acabamento de um processo iniciado desde a ascensão de Dom João I de Avís e serviu de modelo para as ordenações seguintes.

As *Ordenações* compõem-se de cinco livros, segundo a temática: o Livro I trata do direito administrativo da administração do reino e da dispensação da justiça; o Livro II ocupa-se da relação entre Igreja e Estado, das propriedades e dos privilégios da Igreja, dos direitos régios e sua cobrança, da jurisdição dos donatários de feudos e capitanias, das

---

5. O Santo Ofício de Roma cometeu grave injustiça com o famoso astrônomo Galileu Galilei ao condená-lo a retiro perpétuo em Arcetri, por defender a tese do movimento da Terra. M. F. Sciacca, *História da Filosofia*, São Paulo, Ed. Mestre Jou, v. 2, p. 54-6.

6. A. Martins Afonso, *História da Civilização Portuguesa*, 8. ed., Porto, Porto Editora, 1979, p. 222.

prerrogativas da nobreza e da legislação para os judeus e os árabes ou mouros; o Livro III cuida basicamente do processo civil; o Livro IV dispõe sobre direito civil: normas para contratos, testamentos, tutelas, formas de distribuição de terras; o Livro V trata do direito penal e processo penal: elenca os crimes e as suas respectivas penas[7].

Ordenações Manuelinas

Quando assumiu o trono em 1495, visando corrigir, atualizar e imprimir as Ordenações Afonsinas, D. Manuel I, rei de Portugal, nomeou Rui Boto, conselheiro régio desde 1491, para supervisionar o trabalho de impressão dos cinco livros das Ordenações Afonsinas. O primeiro livro saiu em 1512 e o terceiro apenas em 1513. Os demais só em 1520. Pretendia em seguida o rei criar legislação que regulamentasse a colonização da Índia, a que os lusos chegaram por mar em 1492.

As Ordenações Manuelinas acrescentaram ao que fora disposto nas Ordenações Afonsinas outras leis complementares, chamadas *extravagantes*, publicadas de 1449 a 1521, é claro que com a revogação de leis anteriores conflitantes. Foram positivadas leis extravagantes para regular o funcionamento e a estrutura dos tribunais do rei e a atuação dos funcionários responsáveis pela aplicação das leis e administração da justiça.

Ordenações Filipinas

As *Ordenações Filipinas* foram uma compilação jurídica que resultou da reforma das Ordenações Manuelinas, por Filipe II de Espanha (que em 1580 se tornara Felipe I de Portugal), e durou até 1640, no período conhecido como domínio espanhol em Portugal e suas colônias. Ao fim da União Ibérica (1580-1640), no entanto, foram confirmadas para continuar em vigor em Portugal e nas colônias por D. João IV de Bragança, rei de Portugal novamente independente[8].

As Ordenações Filipinas foram sancionadas em 1595, mas só tiveram eficácia após a sua impressão em 1603, quando já reinava Filipe II (III da Espanha).

Filipe II de Espanha, agora também reconhecido como rei Felipe I de Portugal, político hábil, quis demonstrar aos portugueses o respeito que

---

7. A. Martins Afonso, *História da Civilização Portuguesa*, 8. ed., Porto, Porto Editora, 1979.
8. Ibid., p. 224.

tinha pelas leis tradicionais do país. Quase nada alterou, mantendo a mesma estrutura e elenco de matérias das *Ordenações Manuelinas*, conservando-se também o critério nestas estabelecido para o preenchimento de lacunas legais com normas do direito romano e canônico. Falta-lhe uma marca própria, devido ao apego ao texto manuelino e à presença de preceitos revogados ou caídos em desuso.

No entanto, as *Ordenações Filipinas*, pouco alteradas, constituíram a base do direito português — e brasileiro — até a promulgação dos códigos liberais no século XIX, sendo que o Livro IV teve vigência no Brasil até o advento do Código Civil de 1916, que estudaremos na Parte V desta obra, atinente ao direito brasileiro.

CAPÍTULO IV

AS GUERRAS DE RELIGIÃO — O ABSOLUTISMO MONÁRQUICO E O POSITIVISMO JURÍDICO ESTATAL DE THOMAS HOBBES

CRSO

Felipe II e a Contrarreforma

Vimos anteriormente como, em oposição à Reforma protestante, surgiu um movimento denominado Contrarreforma. Dissemos também que a Idade Moderna seria palco de tremendas lutas entre os dois movimentos, nas quais se decidiriam os destinos da Europa.

Uma das figuras mais representativas da Contrarreforma foi Felipe II, rei da Espanha, filho do Imperador Carlos V. Conta-se que este, antes de morrer, incitara seu filho a combater a Reforma com mais ardor ainda do que ele mesmo o tinha feito. De fato, Felipe II seria um terrível adversário com que os luteranos teriam de se defrontar.

Os Países Baixos, que ao tempo de Carlos V aceitaram a Reforma, procuravam agora cortar os laços que os prendiam à coroa da Espanha. De 1554 a 1559, Felipe II permaneceu no território em revolta, chefiando pessoalmente as operações de repressão. Sua permanência intimidava os nobres flamengos. Porém, quando ele se retirou para a Espanha, em 1559, sua irmã, Margarida de Parma, que ficara como regente, não conseguiu deter os protestantes. Assaltando as igrejas, eles destruíram grandes tesouros da arte sacra, pois eram contrários ao culto de imagens (iconoclastas: quebradores de ícones ou imagens).

A revolta dos flamengos contra a Espanha revestiu-se, assim, de aspectos religiosos e políticos. Por não disporem de contingentes adequados, os flamengos eram chamados de *gueux* ou mendigos.

Para atacar os luteranos, Felipe II enviou o célebre Duque de Alba, em 1567, à frente de um exército de veteranos da infantaria espanhola.

149

Alba mandou decapitar, em 1568, os Condes de Hoorn e Egmont, os quais tinham apoiado a revolta. Mas um grande número de outros nobres fugiu para a Alemanha. Ali eles se reuniram sob o comando de Guilherme de Orange, conhecido por Taciturno, devido a seu caráter pouco comunicativo.

Sabedor de que em combates terrestres os espanhóis eram muito hábeis, Orange decidiu mudar o campo de operações para o setor marítimo, contratando para seu serviço inúmeros corsários. Dali por diante, os marinheiros espanhóis passaram a viver em contínuo sobressalto, pois, quando menos esperavam, aparecia-lhes em frente a bandeira negra de um corsário a soldo de Guilherme de Orange. O comércio espanhol decaiu. Guilherme de Orange conseguiu impor-se sobre o mar. Para molestar a Espanha, os flamengos atacavam também as colônias espanholas, como se deu com o Brasil em 1624 (nessa época, as coroas de Portugal e Espanha estavam unidas sob o mesmo cetro, desde 1580).

O sucesso marítimo dos flamengos levou outras sete províncias dos Países Baixos a assinar o Pacto de Gand, sob a liderança de Guilherme, o Taciturno. Formaram um só Estado, que em 1579 se tornou a Holanda, pelo pacto definitivo de Utrecht. Guilherme de Orange ficava como seu *Stadholder*, ou chefe.

As dez províncias católicas do sul, fiéis a Felipe II, formaram a Bélgica. A tremenda luta findava com a formação de dois novos Estados, um adepto da Reforma (Holanda) e outro que apoiava a Contrarreforma (Bélgica).

A vitória de Henrique IV

No fausto do Castelo de Chambord, construído em estilo renascentista por Francisco I, não faltavam os agentes da Reforma, que ganharam para sua causa as famílias de Bourbon, Condé e Coligny.

O filho e herdeiro de Francisco I, Henrique II, favoreceu grandemente os protestantes franceses (huguenotes), inclusive em expedições marítimas como a célebre invasão do Rio de Janeiro por Nicolau de Vilegaignon para fundar a França Antártica, um império huguenote no Novo Mundo meridional.

Henrique II morreu subitamente no decorrer de um torneio. Sua mulher, a florentina Catarina de Médicis, ficou como regente em nome de seu primogênito, Francisco II. A morte continuou a ceifar a corte da França, e o jovem Francisco também faleceu após curto reinado.

Sucedeu-lhe o colérico Carlos IX, seu irmão. Catarina, que de fato governava, exercia uma política de conciliação entre huguenotes e católicos. Estes, à medida que os luteranos se reforçavam, uniam-se em torno do Duque Francisco de Guise, líder da Contrarreforma na França.

Um choque armado se produziu entre as duas correntes: foi a batalha de Jarnac, vencida pelos católicos (1569). No ano seguinte, os huguenotes se dirigiram para Paris (1570), e foram bloqueados em Amboise, onde os seus principais líderes foram enforcados. A paz de Saint-Germain visava uma cessação total das guerras, mas apenas conseguiu uma calmaria que prenunciava maiores tempestades.

Catarina de Médicis, nessa época, colocou nas mãos de Henrique de Bourbon uma arma poderosa, dando-lhe como esposa sua filha Margarida de Valois. O príncipe huguenote era agora o segundo na sucessão do trono.

Isso desgostava profundamente os Guises. Catarina lhes prometeu uma compensação. Em 24 de agosto de 1572, foram mortos sem julgamento todos os huguenotes de Paris, sob a acusação de pretenderem um golpe de Estado. Foi a famosa "noite de São Bartolomeu".

Dois anos depois, Carlos IX morreu: subiu ao trono seu outro irmão, Henrique III, que era um devasso, no juízo de Henri Robert, um governante incapaz[1].

A França se achava, pois, às vésperas de receber como rei um huguenote, caso o atual morresse sem descendência. Surgiu assim a Santa Liga Católica contra os huguenotes, chefiada por Henrique de Guise, filho de Francisco de Guise; este havia sido assassinado pelo punhal de um nobre huguenote em 1563.

Começou o chamado "jogo dos três Henriques": Henrique III, Henrique de Guise e Henrique de Bourbon (Príncipe de Bearn e Navarra). Deu-se a batalha de Coutras, vencida pelos huguenotes. Mas a Santa Liga continuou a contar com a simpatia da população; o Duque Henrique de Guise era extremamente estimado em toda a França.

O Rei Henrique III convidou então o duque para uma entrevista secreta no Castelo de Blois. Ali o esperavam, escondidos atrás de reposteiros, vários sicários. Henrique de Guise, caráter altivo e leal, compareceu ao encontro e foi traiçoeiramente assassinado.

---

1. Henri Robert, *Os Grandes Processos da História*, Porto Alegre, Ed. Globo, 1960, v. 10, p. 103-9.

Sem o seu líder, a Santa Liga continuou não obstante a lutar contra o rei e Henrique de Bourbon, quem mais tarde derrotaria os defensores do Catolicismo em Ivry (1590).

Pouco depois, o Rei Henrique III foi assassinado. Sua morte constituiu Henrique de Bourbon, príncipe de Bearn e Navarra, herdeiro presuntivo do trono francês. Entretanto, sua religião, protestante, o desqualificava para subir ao trono de uma nação católica. Foi então que, para satisfazer os católicos, o bearnês "abjurou de seu credo protestante" e se tornou o Rei Henrique, quarto desse nome. Atribuiu-se a ele, nessa ocasião, a célebre frase: *"Paris vaut bien une messe"* — que significa o oportunismo de sua conversão. ("Paris vale bem uma missa").

Em 13 de abril de 1598, Henrique IV promulgou o Édito de Nantes, ou "da tolerância", igualando católicos e protestantes e concedendo a estes cargos e cidades fortificadas, como La Rochelle, por exemplo.

Com o tempo, La Rochelle seria a capital de um Estado dentro do Estado francês, e contra ela se ergueria o vulto de Richelieu.

A marcha para o absolutismo na França: o cardeal de Richelieu

Em 1610, o Rei Henrique IV, depois de doze anos de reinado, tombou, misteriosamente, sob o punhal de Ravaillac, que morreria na forca com o segredo do crime.

Deixou sua segunda esposa, Maria de Médicis, com um filho ainda criança, o futuro Luís XIII. Os huguenotes cresceram em poder e, da cidade fortificada de La Rochelle, passaram a ameaçar a Regente e o Delfim. Os nobres franceses viram na situação um momento favorável para reduzir o poder real a quase nada. Sua obra seria facilitada pela pouca simpatia do povo pela Regente Maria de Médicis, que trouxera da Itália uma corte de aventureiros, entre os quais o célebre Concini, que era quem de fato governava o País. Um golpe de Estado poria fim à tirania de Concini em 1617.

Mas, no decorrer das sessões da Assembleia dos Estados Gerais, em 1614, como representante do clero, o Bispo de Luçon fez inflamados discursos sobre a autoridade real, concitando seus colegas a darem o exemplo de submissão ao jovem Rei Luís. Pouco depois, Luís XIII demitiu o Duque de Luynes — que participara do golpe contra Concini e, por isso mesmo, contava com o apoio dos nobres — e em seu lugar colocou o Bispo de Luçon, como seu Primeiro-Ministro.

Armand Jean du Plessis de Richelieu era o jovem prelado que da obscura Luçon emergia para a celebridade. Nascido em Paris em 9 de setembro de 1585, perdeu o pai aos cinco anos de idade. Inicialmente foi destinado à carreira militar, recebendo lições de estratégia no Colégio Henrique IV, onde se mostrou aluno brilhante, apesar de pouca saúde e de seu aspecto franzino. Dessa estada no Colégio Militar Richelieu guardaria a marca indelével no caráter autoritário e no ar marcial.

A família du Plessis de Richelieu recebera do Rei Henrique III, desde 1584, o bispado de Luçon, segundo a prática da época. Pela morte de Jacques du Plessis, foi nomeado um bispo provisório até que Afonso de Richelieu pudesse ocupar a sede episcopal. Mas, abandonando os projetos da família, Afonso se fez monge cartuxo. Para não perder a mitra de Luçon, a família designou o irmão mais novo de Afonso, Armand Jean, para a carreira eclesiástica. Assim, nosso cadete teve de trocar a espada pelos livros de teologia.

Na época, porém, ainda estava presente a memória do célebre Cardeal Sully, que fora Primeiro-Ministro de Henrique IV, por isso o jovem clérigo sonhava em ocupar também semelhante cargo. A sede episcopal seria um degrau para o Conselho Real. Eis por que ele se empenhava nas eleições para os Estados Gerais, conseguindo um lugar no Estado do Clero, onde pronunciara, como vimos, o discurso que lhe valeu a confiança do rei.

Como primeiro-ministro a obra de Richelieu apresentou aspectos contraditórios.

O Rei Luís XIII se reconheceu incapaz de governar uma França tão dividida; Richelieu, há pouco nomeado cardeal, seria o obstáculo com que se depARARiam os inimigos da realeza: os huguenotes e a nobreza.

Os huguenotes eram "um Estado dentro do Estado", na expressão de Auguste Bailly[2].

Concentrados em La Rochelle, eram apoiados pela Inglaterra e pela Holanda. Richelieu resolveu cercar La Rochelle pelo mar, numa ação fulminante, à qual ele assistiu em pessoa. Bloqueada, a cidadela capitulou. Os navios ingleses enviados por Buckingham encontrariam uma resistência à altura de outros contingentes convocados de toda a França. Richelieu submeteu os huguenotes, tirando-lhes as vantagens políticas, embora deixasse intocável a liberdade religiosa do Édito de Nantes. Isso mostrou

---

2. Auguste Bailly, *Vie de Richelieu*, Paris, Ed. Fayard, 1934, p. 158-60.

que o Cardeal não agira por idealismo religioso, mas simplesmente por necessidade política.

O imenso prestígio que lhe trouxe a tomada de La Rochelle o preparou para enfrentar a nobreza. Esta tinha justos motivos para reclamar contra a absorção das autonomias locais. Entretanto, para fazer vencer suas reivindicações, os nobres escolheram como meios o golpe de Estado, a deposição do rei e a aclamação de Gastão de Orléans, seu irmão, que os atenderia.

Richelieu foi informado do complô e, como de hábito, agiu com rapidez fulminante. Foram presos os principais conjurados, entre os quais se achava o jovem Marquês de Cinq-Mars, favorito do Rei Luís XIII. A morte foi a punição para sua traição.

Fortalecida no interior, a monarquia agora se ergueria no concerto das nações. O plano de Richelieu era elevar a França à situação de "fiel na balança da Europa". Isso ele o fez, com a política antiaustríaca e antiespanhola. Richelieu entrou na Guerra dos Trinta Anos contra a Áustria e a Espanha, e a favor do bloco de nações protestantes.

Assim, Richelieu, no interior e no exterior, foi um precursor do Rei-Sol, Luís XIV.

A França de Luís XIV e o absolutismo monárquico

Não teria sido possível Luís XIV sem Richelieu. Quando o velho Cardeal morreu em 1642, a nobreza feudal se encontrava dobrada perante o poder central. Como última tentativa, ela se levantou na Revolta da Fronda. Luís XIII acabara de falecer, o governo se achava nas mãos do Cardeal Mazarino, recomendado por Richelieu; Luís XIV era uma criança.

As grandes famílias, como os Condé, chefiavam o movimento. Paris assistiu a lutas de rua, o palácio real foi cercado, a corte se transferiu para a província. Não fosse a perspicácia do Cardeal Mazarino, a coroa da França seria despojo dos revoltosos. Mazarino dominou-os, lançando a divisão no meio dos insurrectos.

Terminada a Revolta da Fronda, o povo francês desejava ardentemente a paz, e um grande rei que o empolgasse.

Luís XIV corresponderia à expectativa. Dotado de uma personalidade brilhante, "como estofo suficiente para quatro reis e um homem íntegro" — como dizia Mazarino —, ao lado de uma versatilidade notável, mereceria o título pomposo de Rei-Sol.

Antes de tudo, é preciso dizer que Luís XIV amava o ofício real, com todas as preocupações a ele inerentes. Costumava dizer: "O ofício real é o mais belo que existe". Por outro lado, após a morte de Mazarino, renunciou ao uso de um primeiro-ministro. Queria ele mesmo conduzir as rédeas do Estado. Para isso, não lhe faltaram exímios colaboradores: o grande economista Colbert, o hábil organizador do exército Louvois, o engenheiro militar Vauban, os generais Turenne e Condé, este último ganho para a causa do rei após ter participado da Fronda ou Revolta dos Nobres.

Suas tendências absolutistas foram sofreadas pela pujança das organizações locais, feudos, cidades e famílias, cujos privilégios o Rei-Sol teve de reconhecer. Resultou daí o sistema que, no dizer de Pierre Gaxotte, "era uma confederação de províncias, as quais conservavam ciosamente suas particularidades e hábitos"[3].

Assim se chegou a um equilíbrio de forças entre o rei e a nobreza feudal, embora esta já bastante diminuta.

Temendo novas coligações huguenotes, Luís XIV revogou o Édito de Nantes, o que foi um terrível golpe no protestantismo, não só da França como de toda a Europa.

Em revanche, Guilherme de Orange, da Holanda, criou uma coalizão contra a França, de que faziam parte Inglaterra, Holanda, Suécia e, por cálculo político, a Espanha.

Nas batalhas de Fleurus (1690) e Neerwinden (1693), a França venceu a Europa e, pela paz de Ryswick (1697), ganhou, na América, São Domingos e as Antilhas, ao lado de indenização de guerra.

Conhecendo a importância da Península Ibérica, Luís XIV também motivou a Guerra da Sucessão da Espanha, em que triunfou, colocando ali seu neto Felipe d'Anjou. Os sucessos militares eram acompanhados com entusiasmo pelo povo francês, que gostava de ver nos teatros obras de exaltação patriótica, como *Horace*, de Corneille, ou de lances dramáticos empolgantes, como *Phèdre*, de Racine. Era o brilho literário do *Grand Siècle*, com as fábulas de La Fontaine, as cartas de Madame de Sévigné, a música de Lully, a oratória de Bossuet, no fausto esplendor dos palácios de Versailles e Fontainebleau, em que se seguia um cerimonial, meticulosamente, todos os dias, com horários prefixados e religiosamente

---

3. Pierre Gaxotte, *La France de Louis XIV*, Paris, Ed. Hachette, 1946, p. 41.

cumpridos. Eis a cerimônia do *lever du Roi*, descrita por Saint-Simon em suas *Mémoires sur le Siècle de Louis XIV et la Régence*:

"Às 8 horas da manhã, o primeiro criado de quarto — somente ele podia dormir no quarto do rei —, e que já se havia vestido, acordava-o. O primeiro médico, o primeiro cirurgião e a sua ama de leite entravam de uma só vez. Ela ia beijá-lo; os outros massageavam-no e frequentemente trocavam sua camisa, por causa do suor. Às 8 horas e 15 minutos, chamava-se o camareiro-mor, ou na sua ausência o primeiro gentil-homem, e com eles a corte. Um dos dois abria a cortina e apresentava a água benta que se achava na pia aos pés da cama. Após o que, o Rei vestia-se. Tão logo vestido, ele rezava aos pés da cama; o clero ajoelhava-se e os leigos ficavam de pé. O capitão da guarda vinha ao balaústre de onde o Rei seguia para seu gabinete. Lá encontravam-se todos que tinham acesso. O Rei dava as ordens do dia a cada um. E todos saíam em seguida".

Temos na cena descrita uma simbolização perfeita do que era a pessoa do rei na monarquia.

Todos os dias se repetia, com precisão cronométrica, o cerimonial do *lever du Roi*, como símbolo de um dia que ia começar em todo o reino. Daí a concorrência, em grau hierárquico bem definido, dos que tinham as *grandes entrées*, ou seja, o privilegiados que podiam partilhar da intimidade do Rei-Sol. Quem despertava o Rei Luís XIV era um simples valete, quem abria o cortinado do leito real era o grande camareiro, que logo lhe apresentava a água benta. Os médicos e cirurgiões o examinavam e lhe aplicavam massagens. O rei estava em ordem. Depois de se vestir, seu dia começava, "a França continuava".

Uma sede do grandioso marcou de tal maneira o século XVII que ele se chamou o "Grande Século" ou o Século de Luís XIV, como outrora houvera um Século de Augusto, em Roma.

A Revolução Inglesa: Cromwell

Em 1644 surgiu na Inglaterra uma nova seita protestante radical: os "puritanos", que se congregavam em torno de Oliver Cromwell, líder religioso e militar de um movimento republicano que ameaçava o Rei Carlos I, a quem chamava de "anticristo" e "dragão do Apocalipse". Formavam um exército curioso, em que os combates eram entremeados com cânticos e salmódias. O respeito para com o chefe era absoluto e sua palavra era lei.

Os puritanos de Cromwell queriam abolir a monarquia, fazendo de seu líder um ditador perpétuo.

Aproveitando-se da luta entre Carlos I, monarca absolutista, e o Parlamento, Cromwell marchou sobre Londres, derrotando as tropas reais em Naseby (1645). Carlos I fugiu para a Escócia ante a aproximação dos revolucionários, mas os escoceses o "venderam" (sic) ao Parlamento Britânico.

O Parlamento, por sua vez, não quis ouvir os puritanos, que pretendiam a morte do rei. Cromwell fez então um expurgo onde foram forçados a sair 143 membros do Parlamento. Os 50 restantes condenaram o rei à morte. E ele foi de fato decapitado, em 30 de janeiro de 1649. Proclamada a República ou *Commonwealth*, Cromwell se tornou ditador, com o título de *Lord Protector*, suprimindo a Câmara dos Lordes ou nobres ingleses.

Monarquistas irlandeses e escoceses fizeram uma contrarrevolução, que foi esmagada pela mão de ferro do ditador, que, além de matar 500 mil habitantes, vendeu como escravas suas mulheres e filhas, fato inédito na história da Europa Moderna.

Por tudo isso, a Revolução Inglesa foi pré-figura e serviu de prefácio à Era Revolucionária. Além disso, o *Navigation Act* de proteção à burguesia de armadores e proprietários de companhias mercantis mostrava o nexo entre o mercantilismo capitalista e o puritanismo de Cromwell[4].

A Câmara dos Comuns ou do Povo foi também dissolvida, e Cromwell se tornou senhor onipotente. A família real inglesa se refugiou na corte francesa.

O Estado Totalitário ou "O Leviatã" de Thomas Hobbes e o positivismo jurídico

Foi nessa Inglaterra do século XVII — esquecida da "Magna Charta" de 1215 — presa de revoluções contra monarcas absolutos a que se seguem ditaduras — que se criou ambiente para o surgimento de uma das mais terríficas concepções do Estado, "O Leviatã" de Thomas Hobbes (1588-1679). Parte ele da concepção de que "o homem é o lobo do homem", ao contrário de Aristóteles que via na sociabilidade uma característica normal do ser humano. Dessa premissa, sem dúvida resultante do quadro social

---

4. F. Ancillon, *Tableau des Révolutions: Cromwell*, Paris, Anselin et Pochard, 1823, p. 364 e s.

e político em que vivia seu autor, tirava a consequência lógica de que a "guerra de todos contra todos" só cessaria se surgisse um Estado tão forte que fosse capaz de domar o egoísmo de cada um, um monstro de grandeza e poder inaudito, o "Leviatã", nome tirado de uma espécie de grande cetáceo, citado na Bíblia.

Para Hobbes, por influência decisiva do pessimismo de matiz protestante, o "estado natural" deixou de ser a vida em sociedade para ser pensado como uma "situação anormal" e "decorrente da natureza decaída pelo pecado original", e o autor concluía ser tal decadência a *bellum omnes contra omnes*, pois em sua ótica protestante, sem a Graça *homo hominis lupus est*. O Estado-Leviatã aparecia como tentacular oposição à destruição da sociedade.

A proposta de Hobbes é bem original, pois a autoridade do Estado-monstro viria não do ato de vontade de um rei, mas de um pacto ou contrato de todos os cidadãos, renunciando à sua liberdade em prol do "Leviatã", o qual, enfeixando todo poder civil e religioso, garantiria a todos segurança contra seu semelhante — inimigo potencial.

Define ele o Estado como "a pessoa una, cujos atos têm por autor, devido ao acordo mútuo, estabelecido entre eles, cada um dos membros de uma grande multidão, a fim de que aquele que é essa pessoa possa utilizar a força e os meios de todos, como ele considerar conveniente para a sua paz e sua defesa comum"[5].

Daí concluía que "a lei civil é o conjunto de regras que o Estado ordenou a todos os súditos, por palavra ou por escrito, ou por outro sinal suficiente de sua vontade, afim de que ele faça uso para distinguir o direito do torto (*for the distinction of right and wrong*), em outras palavras, o que é contrário e o que não é contrário à regra"[6].

Vejamos nas questões religiosas: "Sendo que, em todo Estado cristão, o soberano civil é o pastor supremo, a quem está confiada a guarda de todo o rebanho de seus súditos, por consequência, é do soberano civil que todos os demais pastores recebem o direito de ensinar, de pregar, e outras funções ligadas à sua função, pois eles são ministros do soberano, tal como os magistrados nas cidades, os juízes nas cortes judiciárias,

---

5. Thomas Hobbes, *Léviathan, ou matière, forme et puissance de l'État chrétien et civil*, trad. Gérard Mairet, Paris, Ed. Gallimard, 2000, p. 288-9.

6. Ibid., p. 406.

e os comandantes do exército, todos não passam de ministros daquele que é o magistrado do conjunto do Estado"[7]. Daí que, no frontispício do livro, Thomas Hobbes mandou desenhar um gigante cujo corpo era formado por dezenas de pequeninos seres humanos aglomerados como peças de um grande sistema, pois o Estado toma sua força do consentimento dos seus súditos. Tal gigante segura com uma das mãos a espada, símbolo do poder político, e com a outra segura um báculo pastoral, símbolo do poder religioso.

Não faltaram autores que apenas viram em Hobbes mais um teórico do absolutismo monárquico, e justificado ficava o absolutismo dos Stuart, como o de Luís XIV. Mas, ultimamente, pode-se vislumbrar muito mais em tal livro: o esquema de um Estado totalitário, numa sociedade de massas, liderada por alguém que tem todo o poder, com o consentimento geral. Ou seja, o livro é de 1651, mas antevê um Estado como só o conheceria o século XX. Muitos historiadores da Ciência Política e do Direito, de Norberto Bobbio a Michel Villey, mostraram que tal obra foi a primeira afirmação categórica de que todo poder legislativo deve vir do Estado, ou seja, "O Leviatã" foi a primeira justificação do positivismo jurídico.

---

7. Thomas Hobbes, *Léviathan, ou matière, forme et puissance de l'État chrétien et civil*, trad. Gérard Mairet, Paris, Ed. Gallimard, 2000, p. 756.

CAPÍTULO V

O PENSAMENTO
JURÍDICO LIBERAL

CR80

O advento do individualismo filosófico e jurídico:
Hugo Grócio

O direito moderno foi identificado por Gioele Solari, entre outros autores, como Michel Villey e Miguel Reale, como Individualismo, por ser a consolidação das Revoluções Liberais, Inglesa, Americana e Francesa.

Faz-se necessário estudar melhor, com a ajuda da erudição de um Michel Villey[1], de um Guido Fassò[2], de um Miguel Reale[3], o que foi o retorno ao pensamento clássico, que caracteriza a ruptura com tal Idade Média, no Renascimento, pois nos parece que não houve um, mas vários renascimentos, não só quanto ao campo de atividade humana, podendo-se falar de um aspecto científico do Renascimento, de um matiz filosófico, de um modelo artístico... mais ainda quanto às várias correntes, todas elas procuradas na Antiguidade greco-romana e reinterpretadas ao sabor das novas circunstâncias históricas. Assim, há uma corrente bastante conhecida: o neoplatonismo, da Academia Platônica de Florença; mas existe também uma corrente epicurista, liderada por Lourenço Valla; existe até uma corrente neoaristotélica (o filósofo mais o teólogo Santo Tomás), na Escola de Salamanca, e muito ligada é verdade a esse neoaristotelismo, uma corrente menos conhecida mas muito influente, segundo Villey e Reale, na formação do pensamento jurídico moderno e ligando a Antiguidade ao Renascimento e este à "ordem jurídica do liberalismo": trata-se

---

1. Michel Villey, *La Formation de la Pensée Juridique Moderne*, Paris, Ed. Montchrestien, 1975.

2. Guido Fassò, *Storia della Filosofia del Diritto*, vol. I: *Antichità e Medioevo*; vol. II: *L'Età Moderna*.

3. Miguel Reale, *Horizontes do Direito e da História*: Hugo Grócio e sua posição na Escola do Direito Natural (p. 106-14); O Contratualismo: Posição de Rousseau e de Kant (p. 128-50).

160

do neoestoicismo, ao qual pertenceram, sucessivamente, Montaigne, Erasmo de Rotterdam, Justo Lipsio, Hugo Grócio e o próprio Descartes.

Centro de irradiação do neoestoicismo, mesmo para os países que abraçaram as várias modalidades da Reforma, como a Holanda, foram sem dúvida os Colégios dos Padres Jesuítas, cuja formação era sobretudo baseada no estudo das humanidades (grego e latim), pois viam nos autores clássicos não só a pureza do estilo, mas também a precisão dos conceitos (racionalidade) e a exaltação da vontade humana (voluntarismo). Ora, essa era a proposta de Cícero, um eclético, aristotélico-estoico, que surge adaptando os ensinamentos de Zenon e do Estoicismo antigo grego à realidade do espírito prático dos juristas romanos, atenuando a "passividade" e realçando a "atuação", bem de acordo com a *voluntas* que caracterizava ainda o povo do Lácio. Não por simples coincidência, o aluno dos jesuítas foi Corneille, cujas obras de teatro são uma ode à força de vontade no cumprimento do dever (*v.g., Horace, Cinna, Polieucte, Le Cid*), em contraste com o pessimismo jansenista de seu rival Racine (*Phèdre, Britannicus, Athalie*); também foi seu aluno René Descartes no Collège de la Flèche, autor do *Discours sur la Méthode,* em oposição ao sensismo de Bacon (*Novum Organon*).

A dominação espanhola nos Países Baixos deixou raízes profundas na Holanda e na Bélgica. Ali nasceu Hugo Grócio. Não estranharemos, pois, se esse autor tiver sofrido influência do neoestoicismo de Erasmo, seu compatriota, e dos jesuítas, para compor seu livro *De Iure Belli ac Pacis,* em que lança as bases do moderno direito internacional com a ideia de direito supranacional, racional e natural que existiria sempre, mesmo que, por absurdo, Deus não existisse ("Etsi daremus si Deus non esse"). Compreendendo o profundo significado do pensamento de Grócio para a laicização do direito, como solução desesperada perante o conflito das guerras entre católicos e huguenotes, Gioele Solari a ele dedicou um dos seus ensaios mais eruditos, "De Ius circa Sacra nell'Età di Ugone Grozio"[4], não sem situar as circunstâncias de tal laicização com a ruptura do *orbis christianus.*

Hugo Grócio representa o neoestoicismo. Um dos princípios fundamentais do estoicismo romano, como salientava Giuseppe Carle, era a identificação do *ius naturale* de Aristóteles (a *diké* ou justiça na *polis*) com o *ius civile* atuado, *in acto,* dando um encaminhamento próprio, como

---

4. Gioele Solari, *Studi di Filosofia del Diritto,* Turim, Giappichelli, 1949, p. 25-71.

notará Solari, ao problema do direito natural racional. Ora, segundo esclarece Villey, é este o estoicismo de um Suárez, de um Justo Lípsio e de um Grócio.

Tal *ius naturale*, como encarnação do *Logos* divino, conduziu diretamente ao Racionalismo cartesiano, por um lado, e à ordem liberal, por outro lado. Para escapar do idealismo subjetivista de Cartesio, tanto quanto da "ordem individualista", o jovem Marx já se preocupava com alicerçar seu pensamento não na filosofia aristotélica, que o conduziria ao estatalismo jurídico da *polis*, nem na filosofia estoica, que o levaria ao personalismo jurídico da *cosmopolis*, mas sim na filosofia epicurista de Demócrito, objeto de sua Tese de Doutoramento em Filosofia em Iena, exatamente tentando dessolidarizá-la do vulgar "epicurismo" de Gassendi e dos libertinos do século XVIII, materialistas porém no sentido do *ni Dieu ni Loi* de um Cyrano de Bergerac, aliás discípulo de Gassendi, filósofo e teatrólogo (antes de ser guindado a personagem na peça romântico-barroca de Rostand, que o tornou mais conhecido que suas meditações epicuristas). Marx, para retirar o mecanicismo de Demócrito das peias epicuristas do Baixo Império — pois o epicurismo em moral levava a aceitar inclusive as leis e os governos injustos pela paz individual, a *quietas* de quem não sofre porque não busca situações melhores, impossíveis, sem fadiga —, constrói com tal intuito sua tese: Demócrito, como fundador de uma teoria mecanicista explicadora do cosmos, serviria como base de reflexão do materialismo moderno, mas um materialismo que não deixa de colher em Hegel sua concepção dialética, analisado em apartado do conjunto da física epicurista. Daí o significativo título: *Différence de la Philosophie de la Nature chez Démocrite et Épicure*[5].

Grócio já faz sua a opção neoestoica, que, admitindo embora um evolucionismo fundamental, pela ideia de "razão divina" na evolução, bastante próxima do positivismo evolucionismo moderno de um Spencer e de um Darwin como de um Laplace, supera as limitações do mecanicismo, marcha para outro rumo e se alinha entre os defensores, com Rosmini — na senda aberta por Santo Agostinho e os neoplatônicos —, do valor da contribuição pessoal no processo coletivo de evolução e progresso.

Mas, antes de passarmos à análise da influência do racionalismo sobre o pensamento individualista, detenhamo-nos na análise do importante

---

5. Karl Marx, *Oeuvres Philosophiques*, trad. J. Molitor, Paris, Champ Libre, 1981, v. 1, p. 6-50.

ensaio de Gioele Solari sobre *"Il Ius circa Sacra nell'Età di Ugone Grozio"*[6]. O mestre torinês se coloca como observador sagaz das circunstâncias históricas que precedem a obra do sábio holandês sobre o poder do monarca (chefe de Estado), sobre questões religiosas (sacra) — donde o título *De Imperio Summarum Potestarum circa Sacra* —, quais sejam, as Guerras de Religião que se seguiram à Reforma luterana e calvinista e a doutrina geralmente aceita do *cujus regio ejus religio*, com que se pretendia resolver o problema da confissão religiosa das nações europeias: os súditos só poderiam praticar livremente a religião que fosse compartilhada por seu soberano. Assim, na Alemanha prussiana deveria ser admitido apenas o Luteranismo; na República teocrática de Genebra só o Calvinismo; na Inglaterra só o Anglicanismo; na Espanha só o Catolicismo. Considerava Grócio uma intromissão indevida, reminiscência justiniano-bizantina do poder temporal na esfera do espiritual recuperada pela nova tendência das Igrejas nacionais (Galicanismo ou Catolicismo francês, Arminismo ou Calvinismo holandês, Presbiterianismo na Igreja da Escócia), bem como uma inclusão na esfera política de questões sagradas, vale dizer, religiosas (sacras). O que Grócio discute é exatamente se o monarca pode ter poder (*imperium*) sobre questões de consciência individual (*circa sacra*), e, embora permanecendo no campo jurídico-constitucional (até onde vai o poder do chefe do Governo ou do Estado, já que tal distinção inexiste na monarquia absoluta de então), levanta questões filosóficas fundamentais: como fazer para que respeitada fosse a "esfera interior da consciência" do cidadão, sem desobediência ao ordenamento jurídico do Estado, que subordinava ao princípio acima lembrado do *cujus regio ejus religio*, verdadeira solução de compromisso para uma trégua nas Guerras de Religião — no fundo quase todas mascarando Guerras de Sucessão, como ficou patente no caso do huguenote Henri de Navarra pleiteando o trono vacante da França. A solução vai Grócio encontrar na tese da racionalidade comum a todos os seres humanos, separados que fossem por sua convicção religiosa.

Se o ordenamento jurídico, por influência luterana, se alicerça no direito divino, fica na estaca zero. Grócio foi buscar, acima do sistema nacional normativo e positivo, um "direito de razão" aceitável para todos, porque fundado na natureza, ainda que, por impossível, "Deus não existisse": o "direito natural racional". Solari valoriza o momento e a discussão jurídica do alcance do *Imperium Principi* para explicar por que Grócio

---

6. p. 25 e s.

lança a ideia da racionalidade, como alternativa da intolerância: "Na razão natural Grócio procura o fundamento do *ius circa sacra*, contra os teóricos do absolutismo que se inclinavam para conceber a soberania como expressão da vontade imperativa e mesmo arbitrária do soberano, sentindo a necessidade de racionalizar o direito do soberano, analisando-o na sua natureza, nos elementos constitutivos, imutáveis. O conceito de que o Estado é desejado por Deus como princípio de ordem, de organização humana, é sempre o pressuposto de Grócio. Só depois ele faria do Estado uma instituição humana resultante de direito natural mas voluntariamente formado e consentido"[7].

Do fato de que o poder soberano seja único não deduz o sábio holandês que se deva exercer também sobre a esfera sacral e religiosa: "Não é necessário nem mesmo útil que o soberano exercite funções régias sacras pois, apesar dos exemplos da Escritura, é mais apropriado que tais funções sejam desempenhadas por uma classe — no caso o Clero — ainda que submetido ao poder supremo do monarca". E isto "por lei divina positiva mosaica como cristã criando a classe sacerdotal". Vemos que, neste ensaio, Grócio é apresentado como um Bossuet holandês, justificando a suprema autoridade do rei, mas privilegiando o exercício da função religiosa para a classe dos sacerdotes. Entretanto, Solari chama a atenção para o fato de que o fundamento da responsabilidade do rei pelas questões sacras — pois é inadmissível em Grócio um Estado despreocupado pelos valores espirituais — não é a fonte bíblica, à maneira dos jacobitas ingleses (teoria do direito divino), mas a natural correlação entre o divino e o humano nas questões do Estado, com separação de campos e convergência de objetivos como próprio da natureza do poder real ("summarum potestatum cura praecipus est ut divina recte ordinentur"). Mas é lógico que o *modus operandi* ficava com os detentores do poder espiritual, de acordo com a natural ordenação das coisas (teoria do direito natural, ainda quando verse sobre questões espirituais). Grócio retira de "temporal" o rótulo de "material" ou "laico" e de "espiritual" a etiqueta de "abstrato" ou "teológico", pretendendo que um e outro compõem a vida humana (natureza).

Assim, Solari explica que há dois momentos no pensamento de Hugo Grócio: do Grócio do *Imperium circa Sacra*, que busca na natureza

---

7. Gioele Solari, *Studi di Filosofia del Diritto*, Turim, Giappichelli, 1949, p. 49.

humana o fundamento do poder do rei sobre as questões religiosas que interessam ao Estado (à maneira de Bossuet), do autor do *De Iure Belli ac Pacis*, já "completamente laicizado e naturalístico", em que não se concebe como função real "zelar também pelo bem espiritual de seus súditos" (à maneira de Voltaire). Como as pessoas — inclusive Grócio — pensavam antes como Bossuet e depois como Voltaire é assunto que Solari não aprofunda, mas acena para a doutrina de Grócio que deve ser relacionada com a crise (palavra textualmente usada: *crisi della coscienza religiosa e politica* — muito antes do clássico de Paul Hazart —, o que revela em Solari os incríveis dotes de historiador), que então vive a Europa antes da Guerra dos Trinta Anos[8].

Grócio, na primeira fase, foi, pois, como os jesuítas de Salamanca, um "estoico-cristão", como já salientamos na temática do pensamento clássico na construção da ordem liberal, isto é, empolgado, como Leibiniz, com a ideia da reunião ecumênica de católicos e protestantes, sem negar um papel "sacral" do Estado. Por isso mesmo, não fez parte do caudal racionalista que engendra o Iluminismo, ao contrário, nos parece, de Thomasius, que serve de ponte entre Cartesio e o Enciclopedismo, coisa que nem o primeiro Grócio e talvez nem mesmo o segundo do *De Iure* — jamais o foi.

Essa *mise au point* de Gioele Solari revela um aspecto inédito do criador do direito internacional moderno, e, por inferência, uma faceta do Idealismo Social e Jurídico. Ora, a Idade Média, *bon gré, mal gré*, tinha realizado a união da razão (base do pensamento político) com a fé (base do pensamento religioso), sobretudo com a obra de São Tomás de Aquino[9].

Com o nominalismo de Guilherme de Ockham rompe-se tal unidade pelo caminho que conduzirá, via Francis Bacon, ao Empirismo de John Locke e Berkeley e ao Ceticismo de David Hume. Do outro lado, o Conceptualismo gerará o Racionalismo de Descartes, Leibniz e Wolf. Influirão ambos os movimentos na formulação do Criticismo Kantiano. Mas a ordem jurídica, antes de ser racionalizada por Kant, passa pelo crivo do Empirismo, em que há uma hipótese nada empírica: o "estado de natureza", que dará muito trabalho a Kant para ser reformulada.

---

8. Cf. Gioele Solari, *Studi di Filosofia del Diritto*, Turim, Giappichelli, 1949, p. 63.

9. "Como para a concepção do Estado, também Grócio se contrapunha ao mundo protestante no modo de entender a Igreja, que participa da lei divina mas também se apresenta na forma visível, política e social" (Solari, *ibid.*, p. 68).

A Declaração de Direitos de 1688 e o liberalismo de John Locke

Quando o líder republicano Cromwell morreu em 1658, deixando um filho, Ricardo, como sucessor, o General Monk, por um golpe de Estado, apossou-se do poder e restaurou a monarquia, voltando para a Inglaterra, Carlos Stuart, filho de Carlos I, como Rei Carlos II.

Em 1688, pela Declaração dos Direitos (*Bill of Rights*), punha-se fim à ditadura. Entretanto, para evitar sobressaltos puritanos, o Parlamento determinava que nunca poderia ser rei da Inglaterra um católico. Com isso, garantia-se a sobrevivência da Igreja Anglicana, sem ceder aos radicalismos. Insatisfeitos, muitos puritanos passaram a emigrar para as colônias inglesas da América do Norte

Concomitantemente, as teses do filósofo John Locke (1632-1704), na sua obra *Dois Tratados sobre o Governo*, começavam a ser aceitas: não se conceberia mais o poder do rei como executivo e legislativo ao mesmo tempo. A divisão de poderes nascia: o rei era detentor da chefia do Estado, o Parlamento governava a Inglaterra, sendo suas atribuições as legislativas. O Poder Executivo era exercido pelo primeiro-ministro, com voto de confiança do Parlamento. Esse regime, o Parlamentarismo, até hoje vigora naquele país.

Foi de John Locke que Montesquieu extraiu a ideia que defenderia posteriormente na França, somando ao Executivo e ao Legislativo o Poder Judiciário, dos Tribunais, consumando a reformulação do Estado Moderno, com três Poderes autônomos.

Nas antípodas, ficava o precedente teórico de Hobbes, para ressurgir sempre que houvesse um fracasso do liberalismo.

Os puritanos na América

As ideias das Revoluções Inglesas iriam medrar sobretudo na América do Norte, para onde emigraram os puritanos, que, após a morte de Cromwell e com a Restauração dos Stuarts na Inglaterra, se sentiram desajustados. Mas, ao mesmo tempo, viram-se investidos de uma missão divina, a de criar no Novo Mundo uma Terra de Promissão, de prática do puro evangelismo, sem laços com uma Europa que consideravam farisaicamente cristã, na Era Barroca.

Levaram no navio *Mayflower* para a América Setentrional suas famílias, para lá se estabelecerem e criarem raízes, não para explorarem a terra e voltarem ricos para o Velho Continente, como os colonos espanhóis, portugueses e franceses sonhavam.

É o que vai marcar fortemente sua presença neste Continente: o desenvolvimento de uma civilização de fundo religioso protestante, valorizadora da Bíblia, muito mais que as colônias hispânicas, durante séculos. A ideia de fazerem parte de um "New Covenant", literalmente: uma "Nova Aliança", como novos herdeiros da promessa abrâmica, incumbidos de divulgar a Escritura Sagrada por todo o mundo, une-se curiosamente com alguns ideais de tolerância religiosa, hauridos no *"Tratado da Tolerância"*, de John Locke, para a convivência entre cristãos de diferentes denominações cristãs.

Os "Pais Fundadores" dos futuros Estados Unidos da América, no século XVIII, insistirão neste propósito, que se reflete na sua Declaração da Independência de 4 de julho de 1776: "Consideramos evidentes por si mesmas as verdades seguintes: todos os homens são criados iguais; estão dotados pelo Criador de certos direitos inalienáveis, entre os quais se encontram a vida, a liberdade e a procura da felicidade. Os governos são estabelecidos pelos homens para garantir esses direitos, e seu justo poder emana do consentimento dos governados".

Há semelhança com a Declaração dos Direitos do Homem e do Cidadão da França de 20 de agosto de 1789: "Os homens nascem e permanecem livres e iguais em direitos". Mas a diferença não é menos patente: aqui nenhuma menção a um Criador, como no texto acima. Na Declaração Francesa se nota a marca do Iluminismo racionalista e agnóstico; na Declaração Americana, a presença da fé dos puritanos do *Mayflower*.

É claro que na evolução da história norte-americana estes valores fundantes serão atenuados e até negados, e isto por largas faixas da intelectualidade dita "liberal", até chegarmos aos séculos XIX e XX. Mas também é verdade que, nessas épocas de ruptura com todo um legado nacional de ética cristã, são numerosos os movimentos de *revival*, de restauração da fé, muitos deles se difundindo por todo o mundo, como os Batistas, os Quakers, os Adventistas, os Metodistas, os Mórmons, as Testemunhas de Jeová e o filantrópico Exército da Salvação.

Liberalismo e contratualismo

Como as Revoluções Inglesa e Americana contemporaneamente se põem como modelos de "Revolução Liberal", e a Francesa como "modelo de Revolução Autoritária"[10].

J. Locke foi, com a ideia de "Direitos Naturais do Homem", o fundador da Escola Liberal do Direito Público Inglês e Americano. Tem-se insistido muito na contribuição de Locke no que diz respeito à ideia de contrato social e de divisão de Poderes, influenciando depois Rousseau e o anglófilo Montesquieu. Mas Guido Fassò lembra que tal ideia contratualista, presente no pensamento de Hobbes, como também no de Suárez, é uma *trouvaille* do século XVII para se opor ao absolutismo monárquico, de modo que algo de original ali não se vislumbraria. Onde está a contribuição maior de Locke é na ideia de "estado de natureza", oposta à de todos os pensadores políticos desde Aristóteles. Solari lembra em sua *La Formazione Storica e Filosofica dello Stato Moderno* que para Aristóteles "o estado natural do homem é a vida na *polis* onde o ser humano se realiza plenamente, o mesmo sucedendo com a ideia de Estado em Platão". Na Idade Média, mesmo Santo Agostinho abandonou a ideia de ver no Estado uma "punição pelo pecado humano" para nele reconhecer um "desígnio da Providência divina". Santo Tomás não concebe a vida humana senão na sociedade, como bom discípulo de Aristóteles que foi. De Maquiavel a Suárez não se interrompeu a discussão sobre como governar o Estado, mas, com exceção talvez de Thomas Morus, ninguém questionou a necessidade mesma do Estado e da vida em comum[11]. Era, pois, defendida a velha noção aristotélica de que o direito natural é a vida na comunidade da *polis*.

Nas antípodas de tal raciocínio hobbesiano, mas com ele confluente na tentativa de identificar "estado de natureza" com uma "situação" e não como "ordem natural das coisas" de Aristóteles, Locke, libertado do pessimismo luterano-calvinista pelas obras de Hooker — um humanista tomista perdido na Inglaterra dos Stuarts —, passa a considerar tal "estado de natureza" não de guerra total, mas de paz e felicidade na liberdade e na igualdade, transitando aos poucos de um *Tratado de Direito Natural*, de 1660, em que a situação natural deriva da vontade de Deus, que "criou o

---

10. "Os que dizem que Rousseau foi o mestre e inspirador da Revolução em todas as suas fases, distinguem a teoria da prática e admitem que seu pensamento foi modificado pela pressão da realidade e deformado por elementos derivados de Locke e Montesquieu. (...) Na nossa opinião é difícil perceber nas diversas fases da Revolução o que se deve a Rousseau o que a outros, não só pela sucessão vertiginosa dos acontecimentos como pelos interesses e paixões que prevaleceram ora uns ora outras" (*La Formazione Storica e Filosofica dello Stato Moderno*, 2. ed., Turim, Giappichelli, 1962, p. 86-7).

11. Ibid., p. 49-50.

homem bom e feliz", para a visão de 1680, em que o "estado natural" é bom não porque Deus o criou como tal, mas porque racionalmente se explica como bom viver em liberdade total e em perfeita igualdade[12]. Passou-se com Locke o que se deu com Grócio, como já vimos, No *Segundo Tratado do Governo*, escrito para defender a Revolução Burguesa que expulsava os Stuarts e inaugurava o predomínio dos Comuns (a "Gloriosa de 88"), Locke dá um passo além e vê no Estado uma força capaz de garantir os direitos naturais. Ora, diz-nos Solari, "tais direitos no fundo são a propriedade, a herança, são instituições de Direito Privado", de modo que clara e manifesta era a intenção do jurista inglês de criar a base doutrinária do sistema individualista, sendo impossível mudar o direito positivo em matéria que não são reguláveis pelo homem, pois pertencem à órbita do direito natural. Quer dizer, o que na "fase teológica" medieval era desempenhado pela fé passa agora, na "fase metafísica" (na expressão de Comte), a ser atributo da razão, pois os direitos racionais são naturais porque racionais[13].

Ao lado da ideia de um "estado de natureza", deparamos também no século XVII com o nascimento da ideia de "contrato social", para reprimir o Estado, na perspectiva de Locke, para manter a ordem social, na ótica de Hobbes, conforme a visão que cada um tem do "homem no estado natural", bom ou mau. O importante é que a ideia de contrato social vai reaparecer no século XVIII com Rousseau e mesmo na ideia de "Estado de Direito", se bem que em outros termos, na obra de Kant. Qual a relação de todas essas ideias com o racionalismo? Mostra Gioele Solari que "a racionalidade constitui a nota comum de todas as concepções contratualistas, mesmo aquelas que derivam da corrente empírica. A aparente contradição se explica pensando que não se buscava o fundamento da sociedade na natureza das coisas mas sim que tal estado de vida social parecia obra de reflexão, e por conseguinte racional e voluntária, do homem"[14].

Expliquemos: parece que o racionalismo cartesiano, interessado mais no sujeito cognoscente e na ordem racional do conhecimento, não devesse conduzir ao mesmo resultado que o empirismo de Locke, interessado mais na experiência sensível e na natureza experimental do conhecimento.

---

12. Cf. *La Formazione Storica e Filosofica dello Stato Moderno*, 2. ed., Turim, Giappichelli, 1962, p. 60-9.

13. Gioele Solari, *Filosofia del Derecho Privado: la Idea Individual*, trad. para o castelhano do original italiano *Individualismo e Diritto Privato*, feita por Renato Treves, Buenos Aires, Editorial de Palma, 1946. v. 1, p. 32-47.

14. Cf. *La Formazione*, op. cit.

Aparentemente, o cartesianismo deveria conduzir a uma racionalização da ordem política e jurídica, e que conduziu de fato ao máximo de racionalização, isto é, admitir a própria sociedade como criação racional do homem e não como dado da natureza, como o faz Rousseau no *Contrato*. Entretanto, a verdade é que existe em dois momentos na obra clássica do filósofo genebrino: num primeiro momento, quando parte do pressuposto do "estado de natureza", ele confere com Locke (natureza = liberdade = igualdade = felicidade), mas num segundo momento do mesmo livro, quando trata da passagem voluntária (voluntarismo) para o estado "civil", subordinado a leis, Rousseau, através do mecanismo da *volonté générale*, subordina totalmente o indivíduo ao Estado, não admitindo nenhuma "sociedade parcial" entre indivíduos e Estado. O racionalismo conduziu do liberalismo de Danton e da Gironde ao despotismo de Robespierre e do "Comitê de Salvação Pública", *avant-première* do Bonapartismo[15].

Em sentido contrário, o empirismo deveria ter conduzido a formas orgânicas e naturais de relação social de que era rica e fecunda a vida política inglesa, desde a *Magna Charta*, mas tal não sucedeu, pois com Locke tivemos a construção racional de um contratualismo antiestatal, e com Hobbes o mesmo, mas com características anti-individualistas. Seria como se Locke fosse um precursor do *Contrato Social* — I Parte (Primado do estado natural de liberdade) e Hobbes, do *Contrato Social* — II Parte (Primado do Estado e da vontade geral). Somente em Rousseau se passa do liberalismo ao autoritarismo, enquanto Hobbes, justificando o absolutismo jacobita, foi anterior a Locke, teórico das "Gloriosas" de 1648 a 1688, quer dizer, a Inglaterra transitou do Absolutismo-Leviatã para o liberalismo, enquanto a França, no modelo de Rousseau, pela Revolução Francesa, transitou numa primeira etapa (1788-1791) do Absolutismo para a monarquia liberal, numa segunda etapa (1791-1792) da monarquia para a república liberal, numa terceira, do liberalismo republicano para o despotismo, primeiro jacobino (1793-1794), depois conservador (1794-1799), para, com o golpe de Brumário, voltar à forma de governo em que a decisão caberia a um só (1800-1815), ou seja, a restauração da monarquia absoluta com o 1º Império. Quer dizer, com Rousseau, a Revolução, transitando por Locke, consagrou finalmente o Leviatã. Mas um Leviatã a serviço da classe burguesa, do mesmo modo que as "Gloriosas", chegando ao mesmo ponto que o empirismo, pela via da racionalização.

---

15. Cf. nosso *Dinâmica da História*, p. 100-6, 1. ed.

Em suma, dos dois lados do Canal da Mancha triunfou o Individua-lismo liberal, em nível doutrinário e teórico-ideológico, como econômico e político.

Iluminismo e Despotismo Esclarecido

O hábito de desvincular o Iluminismo do Renascimento e o Racio-nalismo do Humanismo vem da historiografia do século XIX, que opunha estrategicamente o "Século das Luzes" ao "Século de Luís XIV". Como este consubstanciou o apogeu do absolutismo e foi contra tal absolutismo que se ergueu a ideia iluinista de "Estado de Direito", pode ficar parecendo que houve verdadeira solução de continuidade entre o Estado segundo Maquiavel e o Estado segundo Kant. Tal não sucedeu. Mostrou Paul Ha-zard que a "crise do pensamento europeu" já inicia no século XVII, e Galvão de Sousa apontou a relação entre o voluntarismo do absolutismo ("a vontade do Príncipe tem força de lei") e o voluntarismo de Rousseau ("a vontade geral tem força de lei"). De qualquer forma, a lei depende da *voluntas* do detentor do poder, antes o monarca, depois a assembleia po-pular. Na realidade o que se discutia no século XVIII não era Maquiavel, mas quem ou como seria o "Príncipe" de Maquiavel. O Iluminismo pre-tendeu romper com o *Ancien Régime* e isto é correto, mas não através de uma verdadeira revolução social, e sim através de uma reforma política e jurídica. Continuariam no poder os monarcas e aristocratas, ligados forte-mente à burguesia mercantil e bancária, mas se realizariam várias reformas estruturais, pela entrega do poder a déspotas iluminados, como o foram Pombal em Portugal, Frederico II na Prússia, Catarina II na Rússia, Ta-nucci no Reino de Nápoles, Choiseul e Turgot na França de Luís XV. Era uma mudança política, pois silenciava os Senhores ou Grandes do Reino e entregava todo o poder a um soberano ou ministro com plena confiança do soberano, para realizar reformas substanciais na tributação, na partilha de terras, no sistema educacional etc. Foi quando em Portugal se editou a "Lei da Boa Razão", cujo nome indica sua matriz racionalista[16].

Em matéria jurídica a preocupação de criar (ou descobrir) princípios universais e permanentes de um "direito natural" acompanha esse movi-mento geral rumo a um Estado "governado por leis" e não "por homens" = "pela vontade de um só monarca". Aliás, o déspota frisa que seu poder

---

16. Cf. nossa Tese de Doutoramento, cit., p. 55 e s.

não vem de Deus (como o dos senhores e reis medievais e barrocos), mas da razão, ou seja, da conveniência de seu governo para realizar as reformas inadiáveis na estrutura "decrépita" do Antigo Regime. Daí a preocupação com a redação escrita dos direitos e deveres dos cidadãos de um Estado, que conduzirá ao Código Prussiano de 1794, como depois ao Código Napoleão de 1804, como antes produzira no direito público o *Bill of Rights* de 1688, a Declaração de Filadélfia de 1776, a Declaração dos Direitos do Homem e do Cidadão de 1789 e a Constituição da 1ª República Francesa de 1792[17].

Talvez isso explique o alto nível retórico de tais documentos legislativos, o apelo a normas as mais gerais, como o "direito à liberdade", menos quando se queira prejudicar a liberdade de outrem. Ideia kantiana de liberdade mutuamente respeitada.

Ao mesmo tempo se inicia o choque entre os dois *slogans* da Revolução Liberal: como conciliar o máximo de liberdade com o maior grau de igualdade? Isso será muito bem explorado pela crítica da Escola Histórica, sobretudo nos autores contrarrevolucionários, como De Maistre e Burke, mas também no *enfant térrible* da Restauração: Friedrich Schelling..., como ainda nos autores revolucionários "ao contrário", como Fichte dos *Discursos à Nação Alemã*. Viu-o Solari no seu artigo "L'Idealismo Sociale del Fichte", inserto depois nos *Studi Storici di Filosofia del Diritto*[18], e depois ao estudar a *Constituição Segundo a Justiça Social de Rosmini*[19].

Bertrand de Jouvenel delicia-se em nos mostrar as contradições do processo revolucionário francês, quando, no auge da polêmica liberdade — igualdade (como entre Danton e Robespierre), alguém proclama por decreto que a Revolução terminou[20]. Acontece que esse alguém era o Primeiro Cônsul (mais uma terminologia romana tomada de empréstimo), e tinha plenos poderes não só para mandar matar todo aristocrata que tentasse restaurar a antiga ordem de coisas (como parece ter sido o *affaire do Duc d'Enghien*), mas também todo artífice ou camponês insubordinado contra a nova ordem de coisas burguesa (como no *affaire Babeuf*).

---

17. Cf. *Dinâmica da História*, p. 96-110, 1. ed.

18. Cf. Gioele Solari, *Studi Storici di Filosofia del Diritto*, Turim, Giappichelli, 1949, p. 281 e s.

19. Cf. Gioele Solari, *Rosmini Inedito*, *Rivista di Filosofia* (28), p. 97.

20. De Jouvenel, *As Origens do Estado Moderno*, p. 75-82.

Não tinha a burguesia sacudido os tronos da Europa, aos quais há séculos vinha se associando, para depois dar participação no poder ao povo miúdo. Plebe ela era, como o campônio, mas plebe enriquecida, era enfim a "nova classe", com ares de substituir a nobreza, não aceitando o epíteto de Molière em pleno reinado de Luís XIV (*Le Bourgeois Gentilhomme*). Também a Igreja Romana não titubeava em apoiar, através de Concordatas sempre revistas, o Governo que antes chamara de "satânico", por "ligado com a Franco-Maçonaria". Foi o caso de Pio VII[21].

Ficava adiada para depois a problemática da igualdade, e o Código Penal Francês de 1810 punia como delito contra a ordem pública qualquer reunião por melhores condições salariais dos operários das fábricas cada vez mais prósperas e em aumento de lucros como de mão de obra.

A Universidade Napoleônica segue o modelo impresso pelo Grande Corso a todo o seu sistema de governo: torna-se um órgão controlado pelo Estado, cuja manutenção o interessa, pois visa preparar o pessoal que, nas Escolas Politécnicas, fornecerá os conhecimentos para o desenvolvimento da indústria e, nas Escolas de Direito, dará aos futuros advogados, promotores e juízes o cabedal de conhecimento científico e técnico necessário para legitimar a ordem social[22].

Havia também algo de característico na Revolução Francesa que escapou a muitos políticos de outros países, pelo menos no primeiro momento: seu aspecto de "Revolução da Humanidade", de "Movimento Universal", ou, nos limites da época, de Ideário Europeu. Eis a justificativa da expansão da Revolução pelas tropas napoleônicas, como também depois a justificativa do neocolonialismo na África e na Ásia. Compreenda-se: o antigo colonialismo hispânico se baseou na expansão da "Fé e do Império", casando Tomás de Aquino com Dante e mesmo Maquiavel[23]. O novo colonialismo, depois de uma Revolução em nome da liberdade e da igualdade, seria inconcebível, mas foi perpetrado por um "burguês" como o Reis Luís Felipe na Argélia, por um pacífico rei da Bélgica (rei constitucional à moda inglesa) no Congo africano e, é claro, pela patrona de todas as causas liberais, a Grã-Bretanha, na formação de seu imenso Império.

---

21. Cf. J. Godechot, *La Contre-Révolution: Doctrine et Action*.

22. Cf. De Jouvenel, op. cit., p. 150-9.

23. Miguel Reale, Cristianismo e Razão de Estado no Pensamento Lusíada, in *Horizontes do Direito e da História*, p. 75-105.

Digamos que a justificação era: o neocolonialismo vinha libertar os povos colonizados do atraso em que se encontravam e trazê-los, ainda que não o quisessem, para a luz e o gozo da civilização do século XIX. E parece que os ingleses o faziam com maior sossego de consciência que os franceses, pela própria ideia especial que tinham de Revolução, desde as críticas de Burke aos fatos de 1789. Constatamos isto já na "Introdução" ao *Storicismo e Diritto Privato*, que vimos citando.

Não olvidando que a Revolução Inglesa se deu um século antes que a Francesa, pois foi em 1688, e que a Americana de 1776 está tão próxima da Gaulesa que é impossível não estar propenso a um paralelo, seria agora preciso mostrar as características diferenciais que terão grande peso no futuro político de todas essas potências, e que também explicam por que, por exemplo, Spencer era inglês, enquanto Comte era francês. Não teriam expressado em suas filosofias gerais e jurídicas a *forma mentis* diversa de seus respectivos povos? Não teríamos a "chave" do enigma que separa os dois positivistas mais famosos e mais seguidos do século: Spencer e Comte?

Deplora, por exemplo, um Alexis de Tocqueville que a Revolução não inovou nada em matéria de relacionamento Estado-Indivíduo[24], e, mais recentemente, Bertrand de Jouvenel lhe dá razão, entendendo seu entusiasmo pela democracia na América, contraposta a uma "democracia" jamais realizada na Europa, sobretudo na França. Atribui sagazmente a uma mentalidade anti-igualitária dos franceses a permanência de símbolos e realidades do Antigo Regime numa França já republicana e "democrática" (formalmente).

Em longa série de estudos, Benedicto Ferri de Barros descreveu o processo da política francesa, de Luís XIV a Napoleão, nas antípodas do que chama "amor dos ingleses e americanos pela liberdade".

A nosso ver, a discrepância é também doutrinária, pois uma foi baseada em Locke, a outra em Rousseau. Ora, para o tratadista inglês, os direitos do indivíduo vêm antes do que os do Estado, são os direitos naturais de 1698 e de 1776; já os de 1789, inspirados ao mesmo tempo em Montesquieu e Rousseau, guardam uma ambiguidade inicial para depois de Termidor (fim da tentativa igualitária de Robespierre) se resolverem na clara afirmação de que os direitos civis de que todos gozam são concessão do Estado, pois o "estado natural" cessa com o ingresso na vida em

---

24. Cf. Tocqueville, Alexis de. *O Antigo Regime e a Revolução*, trad. de Yvonne Jean da Fonseca, Brasília, Editora da Universidade de Brasília, 1979, p. 173-7, passim.

sociedade, "abdicando o indivíduo de sua liberdade natural para conquistar a liberdade civil"[25].

Então a vitória final foi de Rousseau e não de Montesquieu, discípulo de Locke. Não esqueçamos que foram os Enciclopedistas, Voltaire à frente, adversários de Rousseau, mas não deixemos no olvido as "Lettres Persannes" do Barão de la Brède: veremos, como dizia arguto professor de História, que "o persa é quase um primo-irmão do bom selvagem" (na crítica à sociedade do Antigo Regime etc.).

Por uma lógica interna da Revolução, a fase liberal foi devorada pela fase posterior jacobina, passando de Locke a Rousseau. Mas não se fez esperar a reação burguesa e Robespierre caiu, voltando-se às boas com Montesquieu e esquecendo o pai do "Emílio". Entretanto, só no curto período do Diretório e em poucos anos de monarquia constitucional (1815-1830) Rousseau passou por utópico. Sua "revanche" foi avassaladora, nos plebiscitos napoleônicos, na Revolução de 1848 e no 18 Brumário, para não falar no Romantismo alemão, que tem muito em comum com o de Rousseau, autor que se presta a variadas interpretações, mas que ninguém pode negar foi o criador da ideia de "soberania nacional". Onde irão Fichte e depois a Escola Histórica buscar a ideia de Nação senão em Rousseau, que dizem acatar? Não se propõe mais uma revisão dos conceitos enciclopedistas e iluministas importados da França e menos uma discussão sobre a soberania nacional? É nesse sentido que não podemos concordar com quem coloca na mesma Escola, sem distinção, Burke, De Maistre, Fichte e Savigny. Há inegáveis pontos de contato, mas a substituição da soberania real pela da nação, típica de Rousseau como de Fichte, inexiste incisivamente em De Maistre[26].

Entretanto, o mais perfeito e acabado modelo da ordem jurídica liberal é Immanuel Kant, coroamento de um pensamento que iniciou com René Descartes, ou seja, o Racionalismo, e que agora se questionaria a si próprio.

Racionalismo e Criticismo: de Descartes a Kant

No que o aluno dos Jesuítas do Collège de la Flèche, René Descartes, viria somar com o antropocentrismo que inaugura os Tempos Modernos? À primeira vista nos pode parecer que Descartes, valorizando a razão e

---

25. Cf. O Contrato Social.
26. Cf. Godechot, op. cit., páginas introdutórias.

aplicando o método da dúvida sobre tudo o que não é razão ou racionalmente explicável, estaria nas antípodas do movimento inaugurado pelo "Outono da Idade Média" e albores da Modernidade: ele não é um fideísta que supervaloriza a Bíblia como Lutero; não é um naturalista, pois, além de se preocupar com a prova "matemática" da existência de Deus, é antes de tudo um místico "rosa-cruz", que acredita que o homem se integra num cosmos maior, onde se verifica a perfeita racionalidade.

No entanto, pensamos que René Descartes, embora partindo de ponto de vista diverso, conflui para o mesmo resultado: o Eu colocado como centro no processo do pensamento, pois não é à maneira dos antigos escolásticos que Descartes constata a racionalidade da existência de Deus (*philosophia ancilla teologiae*), mas à maneira moderna, ou seja, duvidando de sua existência, apesar do testemunho da tradição e da Revelação, até constatar *more matemathico*, para não dizer *mechanico*, que sua existência não choca a razão, antes resolve problemas por ela propostos (*teologia ancilla philosophiae*). De modo que é o sujeito pensante que constrói a sua convicção racional sobre tal existência. E assim, com relação à necessidade racional das ideias morais, das regras de conduta em sociedade, sem se dar ao trabalho de testar suas conclusões com o mundo circundante. Ao meditar em torno de sua chaleira na Holanda, Cartesio repensa o mundo, exatamente porque constata (a todo momento encontramos a constatação = prova) que o mundo é pensável, vale dizer, é racionalizável[27].

Contribuía assim Descartes e, depois dele, todos os racionalistas para dissociar o pensamento da experiência.

A desvalorização do empírico-experimental em toda a filosofia racionalista de Descartes reforçou a cosmovisão renascentista dos padrões perenes e imutáveis, sempre válidos, manifestados na história, pois trabalhava com entidades abstratas, de razão, uma vez que Descartes pensava "como se" não tivesse sentidos para captar a verdade do mundo exterior, mas trabalhasse "angelicamente" com o pensamento puro, sem o crivo dos sentidos, um pouco à maneira do idealismo platônico, quanto à concepção das ideias abstratas, mas bem diverso deste por não se acreditar preso a uma caverna e sim na posse plena do universo através da razão. Eis por que Descartes supervaloriza a lógica, sobretudo a lógica matemática, pois é esta a parte da filosofia em que o filósofo menos tributo precisava pagar ao fator tempo e lugar.

---

27. Cf. *Individualismo e Diritto Privato*, p. 120 e s.

O sucesso — antes de tudo pelo caráter eminentemente simplificador do cartesianismo — coroou o método da dúvida pela preocupação que se prolonga até o século XVIII com a sistematização racional (= lógica) de todas as normas de conduta, incluindo evidentemente o direito. Tercio Sampaio Ferraz Júnior mostrou a preocupação sistematizadora como típica dos pós-cartesianos, até a época do Iluminismo.

Veremos que a afirmação hegeliana de que "o real tem de ser necessariamente racional" já vinha sendo ensaiada por todos os filósofos e juristas, como Grócio, por exemplo, que já fala em um direito da natureza marcado pela racionalidade, em oposição ao arbitrário do posto pela tradição, pela vontade ou sentimento humanos. É o despontar iluminístico de um "direito natural racional" no século XVIII. Constata-o Gioele Solari em seu monumental "Individualismo e Diritto Privato"[28].

Por intermédio de Leibniz e sobretudo do jusnaturalista Wolff, Immanuel Kant era, pode-se dizer, até os 50 anos, um filósofo racionalista, quando a leitura de David Hume o "despertou do sono dogmático". Como se sabe, Hume radicalizou as teses sensistas e empiristas de Locke e Berkeley, não mais admitindo nenhuma ideia universal, caindo num rígido nominalismo que punha em perigo as conclusões da ciência experimental, pois concluía que conhecemos apenas dados isolados, sendo impossível uma generalização, que necessariamente seria uma conclusão racional, sem base. Compelido a defender as potencialidades da razão, para salvar do ceticismo absoluto de Hume a própria ciência experimental, Kant, como lembra Solari no ensaio "Scienza e Metafísica del Diritto in Kant", constrói a partir dos a priori tempo e espaço toda uma teoria do conhecimento, pois, "excluída a possibilidade de um saber constituído em todas as suas partes de princípios racionais, universalmente válido e apoditicamente certo, permanece a necessidade de questionar se, ao lado das ciências sintéticas da experiência, não sejam possíveis ciências sintéticas racionais, ou seja, ciências nas quais o sentido de racionalidade não seja da antiga metafísica, por dedução analítica desde conceitos fundados no princípio de contradição (Aristóteles, Descartes), mas no sentido de conhecimentos construídos sinteticamente sobre o fundamento da unidade da percepção, tais que, sem derivar da experiência, formulam as condições necessárias de uma qualquer experiência possível"[29].

---

28. Cf. *Individualismo e Diritto Privato*, p. 124-5.
29. Art. sup., p. 208 de *Studi*, cit.

Numa segunda instância, Kant coloca as categorias de quantidade, qualidade e relação e os juízos que temos como possíveis quanto à quantidade: unidade, pluralidade, totalidade; distribuindo-se os juízos em afirmativos e negativos, quanto à qualidade dos seres, e em juízos categóricos, hipotéticos e disjuntivos, quanto à relação.

Afirmado ficava o relativismo, pois a experiência de cada um é diversa de uma outra, de outrem, embora os *a priori* e as categorias sejam próprias de todo ser humano dotado de razão. Salvou, assim, Kant a utilidade da razão, sem deixar de valorizar a experiência, conciliando as duas correntes, racionalista francesa e empirista inglesa, no seu idealismo transcendental.

É evidente que até aí se limitava a possibilidade do conhecimento, deixando Deus, a alma e o universo como o incognoscível. Daí Kant fundamentar a moral na ideia de dever, o famoso imperativo categórico, pois "o homem não está em condições de conhecer a causalidade do inteligível sobre o sensível, mas não há dúvida sobre a existência de leis morais que à sua consciência empírica se revelam como dado racional, ao qual deve conformar a conduta. Ora, na consciência do dever está implícita a consciência de liberdade: todo ser sabe que não pode agir de outro modo senão sob a ideia da liberdade, e por isso do ponto de vista prático é realmente livre"[30]. Conclui Solari que Kant é o grande teórico do liberalismo: "ele foi o doutrinário da Revolução (não à maneira de Voltaire ou Rousseau, seus precursores mais ou menos seguidos), nem, como dizia Marx, quem escreveu a teoria da Revolução, mas quem teve vivência dela e da ordem nova que por meio dela maturava". Entretanto, não aprovaria o despotismo de Robespierre, pois "ninguém pode colocar em dúvida sua aversão por toda forma de despotismo, fosse o de um príncipe, fosse o de uma nação, legítimo ou violento. Em qualquer forma de despotismo via Kant o predomínio do arbítrio da vontade particular de um só ou de um grupo, associado no seu particularismo e no seu subjetivismo. Particularmente severo se mostra contra o despotismo na forma ética, iluminista, de sua pátria, como na forma racional, democrática de Rousseau. Por isto, Kant não aceitou a formulação da exigência igualitária implícita na doutrina de Rousseau, mas a sua posição não se pode chamar liberal no significado em que o liberalismo é entendido por Locke, por Montesquieu, que se tinha traduzido nas

---

30. Cf. Il Liberalismo di Kant e la sua Concezione dello Stato di Diritto, in *Studi*, cit., p. 231; Scienza e Metaf., p. 210.

'Declarações de Direitos' e Constituições anglo-americana e francesa. (...) Admirou neles e em Rousseau o entusiasmo ético, o sentido profundo de Humanidade, mas não os seguiu no seu radicalismo e moralismo político. (...) O Estado kantiano é liberal no sentido de que ele surge do consenso para garantir a cada homem as condições exteriores de explicação da atividade econômica e moral. Com isto ele exprimia a exigência do liberalismo lockeano, mas ao mesmo tempo a superava pois não abandonava ao jogo das forças naturais as relações humanas, mas as queria subordinadas ao limite legal, elevado a dever da razão comum. Qualquer possibilidade de despotismo é eliminada na fórmula kantiana, pois o Estado surge com a finalidade de garantir exteriormente a possibilidade da liberdade interna"[31].

Por isso, Rousseau não admite os corpos intermediários, como seriam todas as formas de organização política, enquanto Kant os considera exigências do pluralismo das ideias: "O dissentimento profundo com Rousseau está em que para este o sistema representativo é incompatível com o Estado ideal republicano, enquanto que para Kant constitui sua própria essência"[32].

Conclui Solari pelo caráter jurídico do Estado kantiano, como o será depois em Jellinek e em Kelsen: "às duas grandes leis que enchiam sua alma de entusiasmo (alusão à sua frase (de Kant) 'No alto o céu estrelado, no meu interior a minha consciência') a lei do céu acima de nós e a lei moral em nós, deve-se juntar uma terceira, a lei do Direito fora de nós..."[33].

Em outro ensaio, Solari analisa "Il Concetto di Società in Kant", opondo-o ao conceito de sociedade em Rousseau, em Locke e no Iluminismo; "Kant recebeu da tradição filosófica o tríplice conceito de sociedade: natural, político e ético. A ideia de uma ordem social natural, Kant tirou de Newton, mais do que de Locke ou de Montesquieu, pois acolheu sua explicação mecânica e causal do universo em sua obra Naturgeschichte (1755)"[34]. Quer dizer, na opinião de Gioele Solari, Kant não foi apenas um empírico à maneira de Locke, mas não prescindiu da experiência de um Newton, ao construir uma teoria da natureza e da sociedade. De modo que a experiência lhe deu uma informação tão palpável como a lei da gravidade: o homem vive em sociedade. Daí, apesar dos inegáveis pontos de

---

31. Il Liberalismo di Kant e la sua Concezione dello Stato di Diritto, in *Studi*, cit., p. 232-3.
32. Ibid., p. 239.
33. Ibid., p. 249.
34. Cf. Solari, *Studi*, p. 255.

contato, Kant se destacar de Rousseau. "Não se pode dizer que Kant seja menos pessimista do que Rousseau, ao entender a História em relação com a felicidade e o aperfeiçoamento moral do indivíduo. A passagem da tutela materna da natureza para o estado de liberdade (civil) significa também para Kant a passagem de um estado de inocência para um estado de corrupção: A História da natureza, obra de Deus, se move para o bem; a História da liberdade, obra humana, se move para o mal." Neste ponto, Kant se encontra com Rousseau, para não dizer com Fénelon, com La Fontaine e todos os que, desde o século de Luís XIV, exaltando a vida em contato com a natureza, fizeram pesadas críticas ao mundo europeu civilizado: era um rico filão que vinha de Montaigne[35].

Mas, ao lado dessa corrente, Kant foi contemporâneo do Iluminismo, e dele foi também uma das principais figuras, ao lado de Voltaire, Diderot, Condorcet e demais Enciclopedistas: "Kant assumiu a função de árbitro entre as duas posições de pensamento político. Não renegou o Iluminismo, expressão histórica do desenvolvimento da sociedade, cujo escopo era levar o ser humano ao livre e pleno domínio de si mesmo, na afirmação de sua individualidade em todo o campo de atividade, ao respeito da mesma exigência de felicidade e aperfeiçoamento para os outros, consubstanciando-se no progresso econômico, numa idade de intensa vida espiritual (o século XVIII), de difuso e operoso humanitarismo. De outro lado, como ele mesmo reconhece, Kant foi tirado por Rousseau da fé cega no progresso do saber, para o reconhecimento dos valores morais"[36]. Quer dizer: Kant recebia, ao mesmo tempo, o influxo do Iluminismo e do Pré-Romantismo.

Talvez pela análise de Solari se encontre uma resposta para o famoso enigma: a quem serviu a Revolução?

Já se processava com os fisiocratas, com grande aceitação por parte da nobreza e dos governos, uma revisão do sistema econômico do mercantilismo, da estrutura patrimonialista do poder e da educação clássica, com as propostas de Pombal em Portugal, de Aranda na Espanha, de Tanucci em Nápoles, de Choiseul na França, de Bentham na Inglaterra, que produziam uma Reforma das instituições. Se vingasse, seria o triunfo do Iluminismo.

---

35. Cf. Lagarde & Michard, *La Littérature Française — Le XVII^ène siècle*, passim. Cf. tb. Fénelon, *Télémaque, Lettre à Louis XIV*. E de La Fontaine: *Fables, Contes et Nouvelles*. Cf. tb. Montaigne, *Essais*.

36. Cf. *Studi*, p. 261.

De outro lado, Rousseau, adversário dos Iluministas, sonhando com uma sociedade civil em que os direitos dos indivíduos dessem lugar à vontade da maioria. Sem dúvida, o radicalismo com que Rousseau renega qualquer forma de representação que não seja a democracia direta plebiscitária faz dele um inimigo do Reformismo e o propulsor de uma Revolução. Democrata, mas não um liberal.

Kant, ao detestar qualquer forma de despotismo, como já se viu, seria, para Solari, um companheiro de jornada de Rousseau, até o ponto em que a *volonté générale* não seja ela mesma expressão de um despotismo da maioria, pois a vontade geral não é senão a da maioria. Onde ficam as minorias?

Ora, além de expressar uma reconciliação, no nível da gnoseologia, do empirismo com o racionalismo, o que representaria Kant na ordem política? Se o Iluminismo representaria a consagração dos déspotas iluminados, do aristocratismo anticlerical, liberal, antidemocrático ("Tudo para o povo, nada pelo povo" (Pombal), e se o pensamento de Rousseau representava o poder para o povo-massa, da pequena burguesia e dos artífices-camponeses (hoje diríamos proletariado), o de Kant representaria a aliança entre a alta burguesia liberal e a aristocracia "esclarecida". Daí admitir Kant a desigualdade, proporcional aos esforços de cada um.

Portanto, a Revolução, se foi a derrocada do projeto iluminista dos aristocratas, por não se tornar uma Revolução popular, consagrou uma aliança entre o ouro do capital e o dourado dos brasões. Com ela lucrou a alta burguesia, de que Kant poder-se-ia chamar o fiel intérprete: "Como os revolucionários franceses, que declaravam que todos os homens eram iguais e livres, mas excluíam do direito de voto os 'serviteurs à gages', a inferioridade política da classe trabalhadora surgia necessariamente da concepção política do *Rechsstaat* (Estado de Direito) e foi Kant lógico ao afirmá-la"[37].

É por tal motivo que Solari classifica Kant entre os fundadores do Estado Liberal, que nada têm que ver com o conceito de liberdade e de democracia na Antiguidade, na Idade Média, no Empirismo inglês, ou em Rousseau, com o qual mais se parece, mas não coincide na essência de seu pensamento. Vejamos o que nosso Autor nos diz na sua obra *Formazione Storica e Filosofica dello Stato Moderno*: "Jurídico, pois, é o Estado e

---

37. Cf. Solari, *Individualismo e Diritto Privato*, p. 377.

o liberalismo kantiano, não econômico, nem ético. Ele aparece para concretizar a ideia de Direito, ou como Kant se exprime, a justiça distributiva, que é a liberdade externa igualmente distribuída. Não a sociedade, mas os indivíduos são para Kant o pressuposto lógico do Estado. Por isso justa é aquela constituição 'que a cada um garante a sua liberdade mediante a lei' (*Ditado comum*, pág. 37 da trad.). No domínio puramente ético o indivíduo atua a liberdade em si, libertando-se da servidão do sentido; no domínio econômico a atua negativamente reconhecendo os obstáculos que se opõem à satisfação de suas necessidades; no domínio jurídico ele atua a liberdade limitando-se com relação aos outros. Se não se quer renunciar à ideia mesma de Direito o indivíduo deve sair do estado de liberdade natural sem freios, sem regras, para unir-se com todos os outros com os quais não pode evitar de se encontrar em relação recíproca, submetendo-se a uma constrição externa publicamente legal. Isto significa entrar em um Estado de Direito, em que o 'suum' de cada um esteja legalmente determinado por um poder externo e superior ao indivíduo". Disso tudo Solari conclui: "O Estado jurídico, ou seja, liberal no sentido kantiano, deve se constituir de modo a garantir a cada um de seus membros a liberdade como homem, a igualdade como súdito, a independência como cidadão. O Estado deve em primeiro lugar impedir que o homem sirva a outro homem, se torne, também só exteriormente, instrumento para fins de outrem. A escravidão, ainda em sua forma econômica, era por Kant implicitamente condenada. Isso não impedia que alguém se obrigasse com outrem, submetendo-se ao seu desejo, mas as obrigações deveriam ser livres, recíprocas e jamais lesivas à personalidade moral"[38].

Nada tem isso que ver, conclui Solari, com outras concepções de democracia. Na Antiguidade houve democracia? "Não no sentido moderno de Estado em que todos os cidadãos são soberanos e são chamados a legiferar em razão de sua igualdade natural, mas democrático no sentido de que todos são chamados ao governo da coisa pública por uma lei de justiça superior ao Estado, na razão de sua capacidade." E, quanto à liberdade: "Todos são livres, mas sua liberdade tem por limite os direitos do Estado, os deveres da disciplina cívica. A vida da 'polis' exige respeito e renúncia, a obediência às leis, também das não escritas, que emanam da justiça imanente na natureza e na consciência universal. (...) O Estado

---

38. Gioele Solari, *La Formazione Storica e Filosofica dello Stato Moderno*, 2. ed., Turim, Giappichelli, 1962, p. 141-2. Longo excerto deste livro completa o artigo Il Liberalismo di Kant e la sua Concezione dello Stato di Diritto, in *Studi*, cit., p. 231 e s.

antigo entendia a liberdade e a igualdade em sentido relativo, não desconhecia as desigualdades naturais e pessoais, nem se propunha a equiparação das condições sociais e econômicas de modo a não se poder confundir com o Estado liberal moderno, fundado sobre a liberdade e sobre a igualdade, como atributos do homem, tendo valor por si mesmos, não pelo Estado"[39].

Teria então surgido a ideia liberal com as democracias medievais? Responde Solari: "Não se podem confundir os Estados democráticos medievais com as formas liberais e democráticas modernas, as quais surgem de um ato de rebelião contra a lei natural e divina, e subordinam o Estado à vontade do indivíduo e à lei que os indivíduos com seus entendimentos criam". E mais: "A ideia democrática que na idade sucessiva do individualismo político e jurídico pode reviver nas doutrinas dos monarcômacos e dos jesuítas, teve que sofrer primeiro uma detenção e depois uma profunda transformação diante da formação da consciência política liberal. (...) Quando com Locke o indivíduo afirmou a sua razão de fim e criou o Estado para defender a sua liberdade, a doutrina liberal pôde se dizer teoricamente constituída"[40].

Mas aqui está a contribuição de Rousseau e Descartes: "Enquanto o empirismo filosófico fundando-se sobre a experiência era, malgrado o seu abstracionismo (*sic*) levado a dar uma solução liberal ao problema político, o racionalismo cartesiano na aplicação feita dele por Rousseau no *Contrato Social* favoreceu a formação da doutrina da mística democrática. (...) Não se sabe quanto a tradição calvinista influiu sobre a formação da doutrina democrática de Rousseau, nem é o caso de indagar (*sic*). Certo é que esta poderia fundar-se sobre o racionalismo e no pressuposto cartesiano de que a razão é o oráculo infalível de todas as regras do bem ou do mal e que só a igualdade natural de que se pode falar é a da razão: 'Le bon sens ou la raison est naturellement égale en tous les hommes...' Foi preciso o gênio de Rousseau para tirar do racionalismo cartesiano uma doutrina verdadeiramente democrática que realizasse o princípio da igualdade entre indivíduos dominados pelo egoísmo. Ele intuiu que o problema do Estado não era conciliar os interesses e egoísmos naturalmente inconciliáveis, mas antes tirar o homem da servidão da natureza e do sentido para elevá-lo à dignidade de cidadão, ou seja, de membro de uma associação

---

39. Gioele Solari, *La Formazione Storica e Filosofica dello Stato Moderno*, 2. ed., Turim, Giappichelli, 1962, p. 115-6.
40. Cf. ibid., p. 116-7.

em que domina soberana a lei"[41]. De modo que "a democracia de Rousseau é toda penetrada de exigências morais e se desenvolve a partir da fé profunda na perfectibilidade do homem"[42].

Sente-se em cada palavra a determinada admiração de Gioele Solari por Rousseau, sua pouca simpatia por Locke e sua quase nenhuma por Kant, pois vê no Estado de Direito deste último apenas uma fórmula jurídica, não um imperativo moral, ao contrário do que percebe em Rousseau: "A igualdade para Kant é entendida apenas como igualdade civil e jurídica, igualdade perante a lei. Como tal não implica nem em igualdade política, nem em igualdade econômica ou social. O Estado não pode nem impedir nem desconhecer as desigualdades de fato, não hereditárias, fundadas sobre a livre, vária explicação da individualidade. A igualdade dos indivíduos em um Estado pode se conciliar com a máxima desigualdade física, moral, econômica, social"[43].

É a partir da constatação da irredutibilidade do Estado de Direito do Liberalismo ao Estado de Igualdade e Justiça Social que Gioele Solari move sua dura crítica ao sistema liberal, sobretudo quando as teorias até aqui enunciadas se convertem em realidades normativas das Codificações, reforçando as desigualdades econômicas e legitimando a existência de classes sociais, com base na posse, na propriedade, na herança, embora não mais admitindo a transmissão hereditária de cargos públicos e abrindo "a carreira aos talentos", como jamais aconteceu no *Ancien Régime* pela *venalité des charges*...

A posição de Solari é de eticismo quase absoluto, que vai de sua admiração a Rousseau ao seu culto por Hegel: é dentro dessa perspectiva ética que se deve procurar compreender sua posição com relação aos vários códigos do *Diritto Privato* que ele vai estudar, sob o prisma do Individualismo que os inspirou. Daí seu sugestivo título: *Individualismo e Diritto Privato* para uma das suas melhores análises críticas da dogmática jurídica[44].

---

41. Gioele Solari, *La Formazione Storica e Filosofica dello Stato Moderno*, 2. ed., Turim, Giappichelli, 1962, p. 126-8.

42. Ibid., p. 127.

43. Ibid., p. 142-3.

44. Ao contrário de Solari, não nos permitimos aqui uma abordagem somente ética, mas uma análise funcionalista-estrutural, seguindo as orientações de Niklas Luhmann, procurando entender o funcionamento do sistema do direito. Solari, neo-hegeliano, se preocupa com uma eticidade idealista e absoluta do Estado, da sociedade e do direito.

Do Iluminismo teórico à aplicação prática: a codificação de Frederico II da Prússia

Solari teve o mérito de superar as distinções sibilinas e vislumbrar as múltiplas inter-relações entre o direito público e o direito privado. Hoje, quando já se fala em uma "teoria geral do direito e do Estado", depois que Hans Kelsen defendeu que toda teoria do Estado redunda numa teoria do Direito, pois o Estado nada mais é do que uma construção jurídico-normativa, isso pode parecer óbvio, sobretudo para o seguidor de Kelsen. Já maior dificuldade encontra o jusnaturalista, o comteano, o hegeliano, o marxista, habituado a distinguir da ordem jurídica o aparato de força e a burocracia do Estado, sobretudo depois dos estudos antológicos de Max Weber.

Para os não kelsenianos, Solari contribui notavelmente ao estudar os mecanismos de interação do direito público com o privado. Para os demais pensadores, não só revela mecanismos como desvenda ideologias nem sempre confessadas, supre aparentes interstícios e lacunas que então se preenchem, de modo que o *Individualismo e Diritto Privato* é uma das mais contundentes críticas movidas por um filósofo e jurista ao sistema do liberalismo, não só enquanto teorização da ordem jurídica, mas também enquanto consagração na ordem concreta e normativo-positiva.

A passagem do direito público para o privado se dá no nível do jusnaturalismo racionalista dos séculos XVII e XVIII: de fato, a teoria do Estado de um Locke, como de um Thomasius, de um Wolf, como de um Montesquieu, se verifica estar embasada na ideia de direitos naturais inalienáveis, anteriores ao Estado e que não se perdem ao encontrar a sociedade política e dela vir a participar. Vale dizer: constrói-se uma teoria do Estado a partir de ideias de inamovibilidade da propriedade, da posse, da herança, do pátrio poder, do poder marital etc. De modo que o conceito aristotélico de bem comum, ainda encontrado na derradeira Escolástica de Vitória e Suárez, esfumaçou-se completamente com a prevalência do bem individual, obliterando completamente a natureza social do homem, sobretudo quando o Rousseau-coletivista cedeu passo ao Rousseau-individualista, para no final se instalar o Rousseau-autoritário, como já lembramos ao explicar a "ordem jurídica do Liberalismo"[45].

---

45. Michel Villey mostra em sua *La Formation de la Pensée Juridique*, (2. ed., Paris, Presses Universitaires de France, 2003) que Suárez, com fazer várias concessões ao espírito

Por isso nos diz Solari: "A codificação resume os esforços seculares dos príncipes, dos jurisconsultos, dos filósofos para reduzir a uma unidade material e formal a legislação civil. A ideia mãe que serve de diretriz e fundamento da codificação é a ideia de direito natural elevado a fonte exclusiva do direito privado, fonte absolutamente nova e desconhecida para os romanos que consideravam que o direito natural é o próprio direito positivo generalizado, e que está muito longe de representar uma exigência objetiva da razão eterna imanente nas coisas"[46]. E descreve: "Frederico II (da Prússia) ao encomendar a Cocceji a preparação de um Código Civil para seus Estados, expressava a ideia de que o novo direito prussiano deveria se fundar sobre a razão ('auf die Vernunft') e constituir um 'jus certum et universale'. (...)

Comecemos, então, a análise do primeiro Código em data: o de Frederico II da Prússia. O comensal de Voltaire designara o jurista Cocceji para a redação de um Projeto de Código Civil Prussiano. Lembremos que nessa época ainda a Alemanha não estava unificada, e o Estado de maior pujança era o da Prússia, então governado por um monarca iluminista, musicista, filósofo e que no célebre "Caso do moleiro", sempre citado para mostrar o que é um governo de leis, é apresentado como um déspota, é verdade, mas um "déspota esclarecido pela leitura de Voltaire e da Enciclopédia".

A situação era complexa: "A recepção do Direito Romano na Alemanha não significou o desaparecimento do direito nacional. O Direito Romano não tinha senão um valor subsidiário, e os costumes locais em todas as partes tinham predomínio sobre o 'direito comum'. As instituições da propriedade, do matrimônio, das sucessões, estavam ainda reguladas substancialmente pelos antigos costumes germânicos, mais ou menos transformados pelas influências canônicas e feudais. (...) A vida jurídica estava dividida no século XVIII entre o Direito Romano, que correspondia mais cabalmente às tendências individualistas e filosóficas da época e o

---

mercantil do humanismo, ainda é um tomista, com a ideia de bem comum presente, só que introduz, aliás, na tradição providencialista de Santo Agostinho, uma ideia de direito natural como manifestação da vontade de Deus, que se transferia para o príncipe, *sed per populum*, com uma das primeiras teorias da soberania popular, enquanto vontade de uma população delegada ao chefe de Estado. Aproxima-se, por certos aspectos, dos contratualistas Locke e Rousseau (*première manière*). Sobre a dialética dos vários capítulos do *Contrat Social* já falamos ao historiar o *feedback* político da ordem jurídica do liberalismo.

46. *Individualismo e Diritto Privato*, cit., p. 76.

Direito Germânico, que representava se não a tendência geral, a tendência particular do povo alemão, em afirmar-se como unidade política e nacional entre os demais povos e Estados da Europa"[47].

De modo que Frederico, na medida em que se deixava embeber do cosmopolitismo iluminista, contrariava a tendência nacionalista que desde a Reforma vinha se reforçando na Prússia e em toda a Alemanha. Mas, por outro lado, tal nacionalismo *avant-la lettre* era um reforço ao feudalismo, pois o direito germânico era todo ele feudal, como já se viu. Ora, sendo o feudalismo a cabal negação do nacionalismo, Frederico da Prússia, com seu cosmopolitismo da *Auf-Klarung*, fazia mais pelo Estado nacional do que o povo miúdo, com seu apego a seus usos e costumes germânicos, e este, na medida em que rejeitava o direito romano, fortalecia o feudalismo e afastava a possibilidade da formação de um Estado alemão. A situação era, pois, paradoxal.

E disso se aproveitou o rei musicista: contratou para elaborar o Projeto do Código não um iluminista no sentido odioso, não um romanista, mas um jusnaturalista: Cocceji. Adepto da filosofia de Pufendorf, diz-nos Solari que "defendia ser o Estado o órgão formal, mais do que material do Direito e sua missão não é tanto a de criar o Direito como a de fazê-lo cumprir. Daí derivava a dupla consequência pela qual o caráter formal e coativo, ou seja, o reconhecimento por parte do Estado, se convertia em caráter essencial da norma jurídica, (...) e pela qual, na falta de leis civis, continuava em vigor a lei natural mas com valor puramente ético, desprovida da ação e só engendrando direitos e obrigações imperfeitas"[48].

Conclui, acertadamente, a nosso ver, Solari: "Em toda a sua obra Pufendorf tentou conciliar e integrar Grócio e Hobbes"[49], e Cocceji o realizou ao denominar seu trabalho *jus naturale privatum*, como se o *jus privatum* do direito romano estivesse consagrando em concreto as máximas do direito natural, como a realização racional dos postulados do direito natural em nível privado e não apenas "por ser romano, enquanto romano mas por ser universal". Assim escapava ao confronto inevitável com o direito germânico por se alçar ao nível de universalidade[50]. A morte de Cocceji, depois de um trabalho de dez anos (1745-1755), não trouxe

---

47. *Individualismo e Diritto Privato*, p. 83-4.
48. Ibid., p. 88-9.
49. Ibid., p. 89.
50. Ibid., p. 107-8.

mudança, aproveitando Frederico, o Grande, para introduzir ao lado de uma comissão de claras tendências romanistas alguns elementos de linha germanista, a fim de dar ao futuro Código aceitação entre todo o povo.

Daí resultou que no direito prussiano, além do direito público e do direito privado, abriu-se uma distinção para o direito dos corpos ou ordens, a fim de atender à tradição germânica dos estamentos feudais, ficando o direito alemão com três esferas: a individual (parte do Código relativa ao estatuto da personalidade jurídica individual, direito de propriedade, de compra e venda, arrendamento, direito de testar, em que se nota a influência romana ou romanística); a esfera corporativa (parte do Código relativa à organização das associações e seus estatutos privilegiados, de clara influência germânica e feudal) e a esfera do Estado (parte do Código relativa às obrigações do cidadão perante o Estado, a igualdade de todos perante a lei, a intervenção do Estado em situações lesivas para o menor ou o incapaz devedor etc., em que se revela clara influência iluminista)[51].

Não aceita Solari que o reconhecimento dos *Freikorps* do direito germânico seja uma analogia com os futuros movimentos socialistas. E está certo, "pois afirma a rígida separação de classes sociais e se acha totalmente penetrado do espírito medieval de subordinação feudal e hierárquica"[52].

O Código Prussiano de 1794 foi o resultado final, obtido pelo sucessor de Cocceji, Von Carmer, na lenta maturação de uma solução de compromisso entre o iluminismo e o nacionalismo fremente, que, logo, daria origem à Escola de Savigny. Nesse sentido, poderíamos aduzir, o Código Prussiano, com não ser de modo algum "socialista", como aponta Solari, não é também puramente "liberal", tal como o francês de 1804, que, este sim, representou um repúdio à *nuit gothique* e o enaltecimento da *aurore de la liberté*, como agora se verá.

Com o século XVIII, o papel sistematizador de Domat e Pothier, rumo a um "cartesianismo jurídico", resultou nas *Ordonnances* de Luís XV como as de Luís XIV, que tinham sido obra do famoso d'Auguesseau[53].

Eclodindo a Revolução, as ideias de 89 eram no fundo as dos fisiocratas, que seguiam, graças a Voltaire e Montesquieu, o empirismo inglês,

---

51. *Individualismo e Diritto Privato*, p. 110-2.

52. Ibid., p. 115.

53. Ibid., p. 118-9.

e "para eles a propriedade não era uma criação do legislador nem um atributo da personalidade civil, mas o produto de determinadas condições econômicas. Daí a luta dos fisiocratas contra a propriedade fundiária e seu apoio às propriedades médias com o reconhecimento de uma propriedade livre dos vínculos feudais"[54].

Sobre a família, os fisiocratas tinham uma visão que lembrava a de Aristóteles e Montesquieu: não viam o "Estado senão como uma reunião de famílias"[55].

Em matéria penal, por influência de Kant e de Beccaria, insistiu-se no século XVIII na ideia de responsabilidade e imputabilidade, como provenientes da ideia de liberdade, para depois ceder ao utilitarismo de Jeremias Bentham. Sabemos no que vieram a desaguar os vários rios do liberalismo em matéria de delitos e penas, no campo fértil do direito civil inglês.

---

54. *Individualismo e Diritto Privato*, p. 127.
55. Ibid., p. 138.

PARTE IV
O DIREITO NA IDADE CONTEMPORÂNEA

CAPÍTULO I
A REVOLUÇÃO FRANCESA

୯ଃ୫ଠ

A Revolução Francesa de 1789 marca o fim da Idade Moderna e o começo da Idade Contemporânea.

Sua importância é capital para a compreensão dos séculos XIX e XX. De fato, a Revolução Francesa de 1789 foi o triunfo da burguesia sobre a nobreza, que perdeu sua função de liderança política em benefício dos burgueses. Estes passaram, desde então, a ocupar os postos de mando em quase todos os países.

A Revolução Francesa do século XVIII representa a vitória no campo político e social dos mesmos princípios igualitários, no campo religioso, que presidiram a Reforma Protestante do século XVI. A queda da nobreza como classe social privilegiada, no crepúsculo dos Tempos Modernos, correspondeu à queda do clero no seu início. A partir da Revolução Francesa, os nobres não mais lideravam a política dos povos, e os títulos nobiliárquicos passaram a ser, cada vez mais, meramente honoríficos, até os dias de hoje.

Como já tivemos oportunidade de observar, na maior parte dos países da Europa, o regime de governo era a monarquia, e a concepção da sociedade do tipo patriarcal e aristocrático, onde os representantes das famílias mais importantes ocupavam os mais elevados cargos do Estado. Esse sistema social e político, que vigorou desde a Renascença (século XVI) até a Revolução Francesa (século XVIII), chamou-se *Ancien Régime* (Antigo Regime). Era a dinastia Bourbon dos Reis Luís XIII, Luís XIV e Luís XV na França. Dos Stuarts, na Inglaterra; dos Habsburgos, na Áustria; dos Bourbons, na Espanha, e dos Braganças, em Portugal.

As doutrinas revolucionárias

A primeira oposição ao absolutismo foi a de Fénelon, autor de uma *Carta Aberta a Luís XIV* e do romance *Telêmaco*, em que o filho de Ulisses é o modelo do rei piedoso, tolerante, pacífico e sábio.

Durante o reinado de Luís XV (1715-1774), surgiram na França ideias novas em sociologia e política, pregadas por pensadores conhecidos como "filósofos" e que pertenciam a um movimento de repercussão internacional chamado "Iluminismo" ou "Enciclopedismo"[1].

Suas principais figuras foram François Marie Arouet, cognominado Voltaire, e o Barão de Montesquieu.

Do seu castelo em Ferney, Voltaire mantinha assídua correspondência com os principais monarcas da Europa, como, por exemplo, Frederico II da Prússia e Catarina II da Rússia. Seus ensaios, crônicas e peças teatrais eram lidos com interesse pela alta sociedade francesa, bem como por todas que o haviam tomado como paradigma da elegância e do brilho literário.

Luís XV nomeou-o historiador da corte, e Voltaire escreveu então as célebres *Crônicas de Carlos IX* e *O Século de Luís XIV*.

O ensaísta e dramaturgo, transformado agora em historiador, não poupou críticas ao regime e sarcasmos contra o clero e a Igreja, que considerava inimiga pessoal. É famosa a sua frase: *"Ecrasez l'infame"*, referindo-se à Igreja, que denota seu rancor anticlerical. Voltaire, entretanto, não era um doutrinador.

O Barão de Montesquieu, Charles Louis de Secondat, Barão de La Brède e de Montesquieu, não se limitou a criticar as instituições da época, mas também elaborou os princípios de uma sociedade nova. Em seu livro *L'Esprit des Lois* (*O Espírito das Leis*), ensina que o regime vem da história de um povo, através das leis. O regime ideal não é a monarquia, se a tradição for a república, mas se esta não for possível, a monarquia deverá ser circunscrita por uma Constituição (monarquia constitucional). Assim se explica o entusiasmo de Montesquieu pelo parlamentarismo britânico e sua proposta da divisão em três poderes, como já vimos.

Suas *Lettres Persanes* (*Cartas Persas*) — em que imagina os comentários de um persa visitando Paris — tiveram muita aceitação nos meios elegantes. Não faltaram aí críticas ao regime vigente.

---

1. Paul Hazard, *La Crise de la Conscience Européenne*, Paris, Ed. Fayard, 1961.
   Hazard mostra que a "crise" adveio do próprio não entendimento das aspirações da sociedade na gestão do Estado. O Abade Fénelon, contrário ao absolutismo, só seria ouvido por Luís XVI, um século depois.

De 1751 a 1772, uma *Enciclopédia*, publicada por Denis Diderot e Jean Le Rond D'Alembert, reuniu as ideias dos filósofos sobre a autoridade, a sociedade humana, a civilização etc.

O grande autor de novas concepções revolucionárias de vida seria, entretanto, Jean-Jacques Rousseau, chamado "o Pai da Revolução Francesa".

Em sua obra *O Contrato Social*, Rousseau afirma que o estado natural do homem não é o da vida em sociedade, mas o do isolamento. O homem não é o *animal socialis* ("animal social") de Aristóteles. Por não ser natural, a sociedade só pode advir de um livre contrato entre os homens. De onde se deduz que as normas que regem a vida social e política são expressões da vontade dos contratantes, isto é, dos membros do grupo social. Nessas condições, a autoridade derivaria de uma concessão dos súditos, o poder seria uma delegação do povo. Direitos como os de propriedade, de sucessão, de família, seriam meros artigos do contrato social celebrado entre os membros da comunidade, e passíveis, consequentemente, de alteração e até de supressão. Não seriam mais direitos naturais impostergáveis. Acontece que na prática surgem divergências entre os homens a respeito de muitos pontos. Como dizer, então, que as disposições do contrato social obrigam a todos?

Rousseau procura contornar a dificuldade criando a ideia de uma "vontade geral" do povo. A vontade geral seria como que a resultante da composição das forças divergentes do organismo social. Na prática se admite comumente que essa vontade geral seria expressa pelo sufrágio universal. Dentro dessa concepção, "a maioria está sempre com a razão", ou, pelo menos, "deve-se aceitar a vontade da maioria ainda que ela não esteja com a razão". Pode acontecer também que alguns interpretem a vontade de todos (despotismo esclarecido), como foi praticado por Pombal em Portugal, por Frederico II na Prússia e por Catarina II na Rússia.

Na mesma linha de pensamento, Rousseau escreveu o *Emílio*, em que apresenta a sociedade como causadora de todos os vícios. O individualismo tinha encontrado seu perfeito expositor. Rousseau opunha-se à doutrina do pecado original, ensinada pela Igreja, segundo a qual o homem tem, além de poucas inclinações boas, muitas inclinações más, que lhe advêm por herança, do pecado de Adão. "O homem é naturalmente bom, a sociedade é que o corrompe", dizia Rousseau.

Essas ideias, demasiado abstratas para os cortesãos de Luís XV, precisavam de um exemplo concreto para se impor. Esse exemplo veio com a luta pela independência das colônias inglesas na América do Norte.

O exemplo das colônias inglesas da América do Norte

As treze colônias americanas, povoadas por puritanos, revoltadas contra a Inglaterra, apresentavam aos olhos da Europa todas as características de uma sociedade nova, próxima à natureza, tolerante, patriarcal. Sua luta contra a Inglaterra tomava ares de uma guerra sagrada. La Fayette e outros nobres franceses, levados por esse idealismo, engajaram-se ao lado dos americanos.

A chegada de Benjamin Franklin a Paris, como embaixador das colônias insurrectas perante o novo Rei Luís XVI, contribuiu para exacerbar os ânimos. As ideias dos filósofos pareciam agora praticáveis, com a vitória dos americanos em Yorktown (1781) sobre os ingleses[2].

A Assembleia dos Estados Gerais se torna Assembleia Constituinte

Para impedir a implantação dessas ideias, seria preciso uma enérgica ação da autoridade real. Mas seu detentor, no momento, era o jovem Luís XVI, discípulo de Fénelon, que considerava seu cargo "como um fardo". Ele não estava em condições de exercer a mão forte e destra necessária para dominar o corcel impetuoso da Revolução, pois era o primeiro a discordar do absolutismo.

Em 5 de maio de 1789, os moradores de Versailles assistiram a uma pomposa cerimônia: o Rei Luís XVI abria solenemente a Assembleia dos Estados Gerais, reunindo trezentos representantes do clero, trezentos da nobreza e seiscentos membros do terceiro estado. Tal Assembleia não se convocava desde o reinado de Luís XIII, mas fora aconselhada por Necker, Ministro das Finanças do rei, como solução para os problemas administrativos. Cada região apresentaria seu caderno de reclamações (*Car nets de Doléances*) para ser lido e discutido pelos deputados da Assembleia dos Estados Gerais.

O voto seria "por ordem", como de hábito. Contra isso se insurgiu o Terceiro Estado, da Burguesia, exigindo a votação *per capita*. O rei, a princípio, se opôs. Mas Luís XVI resolveu ceder, diante das ameaças proferidas pelos membros do Terceiro Estado (*status* da Burguesia) na "Sala do Jogo da Pela", do palácio de Versalhes, em 17 de junho de 1789. Os insurretos então se declararam em Assembleia Constituinte, para dotar a França de um governo, como sonhara Montesquieu.

---

2. Ver *L'Education de Louis XVI*, de P. de Coursac, Paris, Ed. Gallimard, 1972, p. 89-93.

A queda da Bastilha, em 14 de julho de 1789, articulada pelos representantes do terceiro estado, foi vista como um símbolo de que o *Ancien Régime* chegava ao fim. Quanto ao fato, em si mesmo, não tinha maiores efeitos. Na famosa prisão somente se encontravam dois loucos, um nobre debochado e quatro falsários. Libertados pelos revolucionários, os loucos foram levados ao hospício de Charenton; os quatro falsários seriam presos mais tarde por falsificar papel-moeda da Revolução; e o nobre estouvado, não sendo aceito por sua família, pronunciou vários discursos de rua contra o despotismo[3].

A fermentação revolucionária teve um efeito inesperado: os nobres reunidos renunciaram a seus direitos feudais em 4 de agosto, para acalmar os membros da burguesia e do povo.

Em 26 de agosto, a "Declaração dos Direitos do Homem" resumiu as ideias de Locke e Rousseau. Todos a saudaram com entusiasmo, inclusive o Rei Luís XVI.

O soberano esperava salvar a ordem pública com algumas concessões. Foi, pois, com surpresa que ele viu seu palácio de Versailles invadido por uma multidão em 5 de outubro de 1789. A população gritava: "O rei em Paris!" Decidiu-se, então, a abandonar a suntuosidade de Versailles, partindo com a família para o palácio das Tulherias, em Paris, não ocupado desde Luís XIV.

Em 12 de junho de 1790, a Constituição Civil do clero confiscou os bens eclesiásticos e transformou os padres em funcionários governamentais. Todos os clérigos deveriam jurar fidelidade à lei. Os refratários foram perseguidos e aprisionados. Na região do oeste da França, sobretudo na Vendeia, surgiram as primeiras manifestações contra o governo revolucionário, em defesa dos sacerdotes perseguidos.

Diante do rumo tomado pelos acontecimentos, muitos padres e nobres emigraram para a Prússia e a Inglaterra. A própria família real tentou deixar o País, mas foi detida em Varennes, em 20 de junho de 1791.

Em setembro de 1791 foi publicada a Constituição. O Poder Legislativo caberia a uma Assembleia Nacional; o Executivo, ao rei, que tinha direito de veto sobre as decisões da Assembleia. Neste ponto também o mestre era Montesquieu. A França era uma monarquia constitucional, a partir dessa data, como a Inglaterra.

---

3. F. Funck-Brentano, *Légendes et Archives de la Bastille*, Paris, 1929.

A luta pela República

Na Assembleia Legislativa, os deputados da Gironda, Danton, Desmoulins, Roland e Condorcet, iniciaram a luta pela República. Faltava--lhes, de momento, um motivo para acusar o rei como inimigo do bem comum. Um pretexto lhes foi fornecido pela coligação que a Prússia, a Savoia e a Áustria formaram contra a França em 1792. A família real foi encerrada na prisão do Templo e a República foi proclamada em 22 de setembro de 1792.

Em dezembro do mesmo ano, Luís XVI foi processado pela Assembleia Legislativa, sob a acusação de aliança secreta com os exércitos coligados. Malesherbes funcionava como advogado do Rei, mas não conseguiu evitar que ele fosse condenado à morte e guilhotinado em 21 de janeiro de 1793. A morte do rei selou a vitória da Revolução. O *Ancien Régime* estava derrubado. Comenta Philippe Erlanger: "Fénelon, um século antes, preparara um rei-mártir expiatório dos erros de seus antecessores, não um rei-salvador da monarquia"[4].

A Convenção e o "Regime do Terror"

Com a proclamação da República, todos os poderes reais passaram para uma assembleia denominada Convenção, que também acumulava o poder legislativo.

Em seu seio, porém, existiam divisões. Os girondinos, que eram republicanos moderados, opunham-se aos jacobinos ou "montanheses", que, não contentes com o caminho já percorrido pela Revolução, queriam levá--la às últimas consequências, tanto no campo econômico como no social, implantando o regime denominado "do Terror".

Chaumette, do partido jacobino, discursava dizendo: "Trata-se da guerra dos pobres contra os ricos, é preciso que nós os esmaguemos, pois temos a força nas mãos. Guerra aos tiranos, aos aristocratas e aos açambarcadores"[5].

Em 1793, Pache e Chaumette pediram o confisco dos gêneros de primeira necessidade e o extermínio da burguesia.

---

4. Philippe Erlanger, *Fénelon: une Belle Tête sans Prudence, Miroir de l'Histoire*, Paris, dez. 1970, n. 252.

5. Pierre Gaxotte, *La Révolution Française*, Livre de Poche (traduzido para o português por Edições Livros do Brasil, Porto, 1945).

Os girondinos foram acusados de malversação do dinheiro público e de conciliábulos contrarrevolucionários. No fim, os jacobinos conseguiram processá-los como traidores: era a vitória da facção radical, da qual faziam parte, além dos dois já citados, Robespierre, Hébert, Jean-Paul Marat, Saint-Just, Billaud-Varenne e Collot d'Herbois.

A Convenção ficou sob o domínio do Comitê da Salvação Pública, presidido por Robespierre, o qual instaurou um regime de terror, através do Tribunal Revolucionário, em que foram julgados sumariamente os adversários do jacobinismo. Ali se ergueu a silhueta magra de Fouquier-Tinville, o "acusador público", homem de confiança de Robespierre.

Foram condenados à morte por esse tribunal de exceção não só príncipes e outros aristocratas como Maria Antonieta — esposa de Luís XVI —, Madame Élisabeth — irmã do rei —, mas também líderes girondinos: Danton, Desmoulins, Madame Roland, Condocert.

Comentando o fato, dizia Vergniaud: "A Revolução é como Saturno: devora os próprios filhos"[6].

Saint-Just obteve a aprovação de uma "lei dos suspeitos", segundo a qual seriam considerados passíveis de pena capital "todos os eclesiásticos, aristocratas, burgueses e espiões" e mais "os que, nada tendo feito contra o governo, também nada fizeram a favor" (sic).

Foi grande o número de burgueses que emigraram para o exterior, tendo sido suas casas de comércio confiscadas pelo Estado. Por falta de intermediários, os gêneros alimentícios se deterioraram nos armazéns do interior. O Comitê da Salvação Pública racionava os alimentos para a população parisiense.

Entrementes, na província do oeste da França, surgia uma contrarrevolução, motivada pela execução de Luís XVI e pelas medidas de alistamento ordenadas pela Convenção. Seus começos datavam da primeira perseguição movida contra o clero na época da Constituição Civil.

Partindo dos camponeses, ganhou as salas dos castelos da Vendeia, da Normandia, da Bretanha, do Anjou e do Poitou. Seus chefes eram nobres feudais, como o Marquês de Bonchamps, o Barão de Lescure, o Senhor de La Rochejaquelein, mas também havia homens do povo, como

---

6. Pierre Gaxotte, *La Révolution Française*, Livre de Poche (traduzido para o português por Edições Livros do Brasil, Porto, 1945).

o carroceiro Jacques Cattelineau, o comerciante Jean Chouan, o guarda-
-marinha Charette, o marujo Georges Cadoudal[7].

As tropas contrarrevolucionárias recebiam novas adesões à medida
que crescia o "Terror" Jacobino.

A queda de Robespierre — O Governo do Diretório

Robespierre recebeu com exasperação as notícias do Oeste e mandou
emissários especiais para as províncias sublevadas. Um deles, enviado para
Nantes, no coração da Vendeia, chamava-se Carrier. A cidade, à margem
do rio Loire, resistia há meses a um cerco dos monarquistas vendeanos.

Apenas chegou à cidade, Carrier inspecionou as prisões onde se com-
primiam os acusados de favorecer a contrarrevolução nas imediações de
Nantes. Carrier, como conta G. Lenotre, planejando desembaraçar-se dos
presos, iniciou as *baignades* ou "afogamentos coletivos": as vítimas eram
colocadas em enormes barcaças, amarradas umas às outras, sob o pretexto
de transferência de prisão[8]. No meio do Rio Loire, as barcaças eram abandonadas pelos timoneiros e enormes tampões eram tirados do seu fundo.

Em Paris, Robespierre estava no auge de seu prestígio. Na festa do
"Ser Supremo" ele era quase adorado como "encarnação da pátria redimi-
da". Entretanto, estava próximo seu fim.

Em 1794, Barras, Talleyrand, Sieyès começaram a conspirar contra
Robespierre e, no dia 9 do mês de Termidor do Calendário Republicano,
os chefes do movimento jacobino foram presos e posteriormente guilhoti-
nados (de 12 de junho a 28 de julho de 1794). O Terror condenara 1.285
pessoas à morte. Agora Robespierre, Saint-Just, Fouquier-Tinville subiam
por sua vez ao cadafalso. Poucos dias antes, um líder jacobino, Marat,
tombara assassinado por uma jovem adepta das ideias girondinas, Char-
lotte Corday. A nação recebeu com ufania a notícia de que estavam aca-
bados os dias de intranquilidade e de suspeita.

Pela Constituição do 3º ano da República surgia um sistema novo: o
Diretório, em que havia cinco diretores e mais um Conselho dos Quinhentos. A principal figura era Barras, primeiro diretor da República.

---

7. Sobre Cadoudal, v. nosso artigo O Gênio Céltico, *THOT*, São Paulo, Ed. Palas Athena,
    1983, n. 31, p. 17 e s.

8. G. Lenotre, *Les Noyades de Nantes*, Paris, Lib. Perrin, 1910.

Os monarquistas, por seu lado, decidiram aproveitar-se dos momentos difíceis que atravessava a República, para retomar o poder. Surgiram dois movimentos de restauração: um em Toulon, outro em Paris.

A cidade portuária de Toulon se declarou separada da França e, com o apoio da Inglaterra, pretendia restaurar a autoridade real. Com a morte presumida do filho de Luís XVI — o Delfim, que deveria levar o nome de Luís XVII —, o Conde de Provença, irmão do rei, foi então aclamado como Luís XVIII.

A cidade de Toulon suportou um longo cerco, mas capitulou diante do canhoneiro a que a submeteu um jovem oficial da Revolução, Napoleão Bonaparte.

Os Diretores não tiveram muito vagar para celebrar a vitória em Toulon, pois, em 5 de outubro de 1795 (13 Vindemiário), os bairros de Paris estavam sublevados contra o Diretório. Como descreve Lenotre, "Paris regurgitava de aristocratas que eram as molas de uma conspiração monarquista, de há muito preparada em segredo".

Mais uma vez Napoleão salvava a Revolução, enfrentando e derrotando as tropas amotinadas, cujo comandante, Danican, era bastante inábil em conduzir as manobras.

As duas vitórias de Napoleão Bonaparte indicaram-no a Talleyrand — ex-bispo de Autum, ex-deputado do clero nos Estados Gerais de 1789 e então conselheiro do Diretório — como o homem do futuro, que iria dar à Revolução, com as glórias militares, o prestígio que Robespierre havia seriamente comprometido[9].

---

9. Louis Madelin, *Talleyrand*, Lisboa, Ed. Aster, 1959.

CAPÍTULO II
A CONSOLIDAÇÃO DA REVOLUÇÃO: NAPOLEÃO BONAPARTE

∽⧸⧹

O 18 Brumário — o Consulado — o Império

As consequências desastrosas para a França da ditadura de Robespierre na época do Terror levaram vários líderes girondinos a depô-lo em 9 Termidor.

Os monarquistas franceses tentaram aproveitar-se da ocasião para restaurar a monarquia com Luís XVIII no trono, mas o governo do Diretório venceu os realistas de Toulon e Paris (13 Vindemiário ou 5 de outubro de 1795).

O imenso prestígio que Napoleão adquiriu com tais vitórias levou os membros do Diretório a afastá-lo da França, enviando-o para lutar com os austríacos na Itália. Mas a boa estrela de Bonaparte continuou a brilhar: vencendo os imperiais em Lodi, Castiglione, Revoredo, Bassano, Árcole e Rívoli, tomou as cidades de Milão, Verona, Mântua, Veneza, que, pelo Tratado de Campo Fórmio, ficaram pertencendo à França, exceto Veneza, que foi cedida à Áustria.

Napoleão organizou os territórios conquistados sob a forma de repúblicas democráticas: Cisalpina, Liguriana, Tiberiana (de que fazia parte Roma) e Partenópica.

Fundou ainda a República Helvética, na Suíça, e confirmou a Batava, na Holanda. Com isso as ideias de 1789 ganhavam o exterior da França, e a Revolução começava a ser propagada por toda a Europa.

Como César de volta das Gálias, Napoleão foi acolhido triunfalmente na França, quando veio prestar contas ao Diretório, da campanha na Itália.

Como outrora Pompeu, em Roma, o Diretório percebia que Napoleão lhe fazia sombra, e por isso o enviou para uma segunda campanha, desta vez contra os ingleses, no Egito.

Em agosto de 1798, o Almirante Nelson derrotou os franceses na batalha naval de Aboukir, porém esse triunfo inglês ficou empalidecido pela vitória que Napoleão obtivera, em julho de 1798, na batalha das Pirâmides, e ainda ficou suplantado pela de Monte Tabor (abril de 1799), em que a Palestina, o Egito e a Arábia foram conquistados.

Sem dúvida alguma, Napoleão devolvia à Revolução o prestígio que Robespierre pusera em perigo. Suas vitórias militares repercutiam na França de maneira a consolidar o regime revolucionário, mas pondo em perigo o Diretório.

Com efeito, Napoleão já percebera que os Diretores viviam das suas glórias e decidiu, no ano VII da República, depô-los por um golpe de Estado de que participaram o General Murat — seu cunhado — e o astuto Talleyrand, que deixou de apoiar o Diretório quando observou que os ventos sopravam a favor de Napoleão.

Em 18 Brumário (10 de novembro de 1799), ele se apossou do poder, depondo os Diretores *par la force du canon*. Estabeleceu-se então o Consulado, de que participavam três cônsules anuais: Napoleão (Primeiro Cônsul), Siéyès e Ducos.

O Consulado de Bonaparte

Como Primeiro Cônsul da República, Napoleão decidiu consolidar as conquistas da Revolução, reformando as leis francesas e realizando um amálgama das conquistas de 1789 com o Antigo Regime.

Assim, codificou o direito penal, o direito civil e o direito processual, em que, ao lado de instituições do Antigo Regime, como o direito de família e o direito de propriedade, apareciam inovações ao sabor de 1789: o direito de herança ficava sensivelmente reduzido pela taxação estatal e se abolia o direito de primogenitura, com a consequente partilha dos grandes latifúndios, que tinham sido a base da aristocracia rural. As leis particulares das regiões da França eram suprimidas, e uma só lei, emanada do poder central, passava a reger toda a Nação.

Para pacificar a Vendeia, Bonaparte fez a Concordata com o Papa Pio VII, pela qual a Igreja poderia gozar de liberdade na França, abrindo templos e seminários, embora se vivesse em regime de separação entre a Igreja e o Estado, apagando todos os traços do direito canônico que ainda pudesse ter o direito público francês. A isso se chamou de política do *modus vivendi* entre a Igreja e a Revolução.

Pela Constituição do ano X, Napoleão passou a ser o cônsul vitalício. Seu desejo era tornar o governo da França hereditário. Mas, entre os revolucionários, havia muitos que o consideravam "um General Monk" e que, "como ele fizera com os Stuarts na Inglaterra, Napoleão restauraria os Bourbons na França". Urgia que ele desse provas em contrário.

Ora, um príncipe de sangue real, o Duque d'Enghien, primo dos reis da França, e pertencente à família Condé, vivia na margem alemã do Rio Reno, no eleitorado de Bade. Tendo lutado contra a Revolução no exército austríaco como chefe dos nobres franceses emigrados, o Duque d'Enghien abandonara há anos os campos de batalha e se confinara a uma existência prosaica na aldeia de Ettenheim, com sua jovem esposa.

Napoleão o mandou raptar após um ofício ao Eleitor de Bade, advertindo-o da "necessidade de realizar manobras na margem alemã do Reno"[1].

No amanhecer de 15 de março de 1804, o Duque d'Enghien foi raptado, levado para a margem francesa do Rio Reno, e mais tarde fuzilado no castelo de Vincennes (21 de março de 1804). Nas *Memórias* que escreveu em Santa Helena, Napoleão assumiu inteira responsabilidade pelo fato, alegando razões políticas[2].

Com efeito, os políticos, que até aquele momento viam nele um restaurador dos Bourbons, não mais duvidaram da sua fidelidade à Revolução. Talleyrand, comentando a atitude de Napoleão, diria posteriormente: "Foi pior que um crime, foi um erro". Talleyrand, entretanto, fora o principal instigador de Napoleão no caso.

O Império Napoleônico

Em 2 de dezembro de 1804, Napoleão assinava a Constituição do ano XII, pela qual se instaurava o Império, em que o trono pertencia hereditariamente à família Bonaparte. As Repúblicas italiana, suíça e holandesa passavam a reinos, sendo Duque de Berg o General Murat; Luís Bonaparte, rei da Holanda e José Bonaparte, rei de Nápoles. A mãe de Napoleão, Letícia Ramolino, recebia honras de rainha-mãe. Napoleão era coroado por Pio VII em Notre-Dame, e sua mulher, Josefina de Beauharnais, tornava-se Imperatriz.

A hierarquia na corte napoleônica foi composta em grande parte por generais de sua confiança, e as diferenças sociais eram superadas

---

1. Marcel Dupont, *Le Tragique Destin du Duc d'Enghien*, Paris, Ed. Hachette, 1945.
2. Henri Robert, *Os Grandes Processos da História*, Porto Alegre, Ed. Globo, 1960, v. 3, p. 207.

invocando o princípio superior da fidelidade a Napoleão, encarnando a vontade popular que o consagrou cônsul vitalício.

Aliás, a cerimônia da promoção de seus oficiais no fragor da batalha dava a Napoleão a certeza de que essa fidelidade básica garantiria a hierarquia que daí haveria de nascer. E a ordem social nela se expressava da seguinte maneira: os monarquistas — pró-Bourbons — e os jacobinos — republicanos — eram elementos de desordem. Assim sendo, foram punidos por se oporem à hierarquia que garantia a ordem vigente: o monarquista Cadoudal e o jacobino Babeuf morreram na mesma guilhotina.

Como várias gerações se haviam imbuído do princípio do qual emanava a ordem social no tempo de Luís XIV, assim também o suceder das gerações criou uma mentalidade que poderíamos chamar "moderna", em que o princípio básico da ordem social era outro, por onde se explica a preocupação de Napoleão em criar escolas e universidades cujos professores ensinassem aos alunos a fidelidade ao Imperador, como mandatário do povo.

Quando quis manter uma hierarquia baseada no sangue, pensando em formar uma dinastia, transbordou os limites da ordem social nascente. Queria ele um retorno ao *Ancien Régime?* Daí a singular aliança da liberal Inglaterra com a reacionária Áustria para destruí-lo, e veio Waterloo.

Quer dizer, sem o suporte do princípio dinástico, a ordem social se destruiu e a hierarquia se desagregou. Dos marechais e barões do Império restou *"au soir d'une bataille le champ couvert de morts sur lesquels tombait la nuit"* (V. Hugo).

"Napoléon se courona lui-même." Era o poder secular distinto e separado do religioso, como determinava a Constituinte de 1792.

Realmente, além da forma ritual religiosa, ensina H. D. Duncan, existem outras formas e significados com sua própria mística, expressando uma ordem social; neste caso, conta com "atores" — para retomar a expressão de Duvignaud — com seu lugar numa hierarquia secular[3].

Os símbolos transcendentes que legitimam a ordem social — como diz Duncan — são "baseados no homem, na natureza, na sociedade, em Deus e na linguagem".

---

3. Ver Teoria Social da Comunicação, de H. D. Duncan, in *Teoria da Comunicação Humana*, de F. X. Dance, São Paulo, Ed. Cultrix, 1972, p. 297 e s.

Como veremos na parte relativa às Guerras Mundiais da Idade Contemporânea, apesar das diferenças, o Estado Moderno se basearia em um princípio superior não religioso, mas laico, e não obstante transcendental: a superioridade de uma raça, a ariana, ou de uma classe, o operariado. No fundo: a superioridade da massa.

Quando lemos que Hitler pedia à massa que se sacrificasse nos campos de batalha... Quando lemos que Stalin pedia ao operariado que sofresse resignado os racionamentos... (e nos dois casos com aplausos frenéticos de adesão), compreendemos a validez da proposição de Duncan de que um princípio superior, mesmo que não religioso, torna-se garantia da hierarquia que expressa determinada ordem social.

Era por isso que o *valet de chambre*, como bom ator, representava seu papel de coadjuvante e ia sacudir outro ator, gordo, baixo e calvo, que representava tão bem o seu papel de Rei que realmente se convenceu dele: *"Le métier de Roi est le plus noble de tous"*. (Extrato das *Memórias* de Luís XIV.) Só podemos concluir: "Os mesmos deuses são submetidos às suas próprias leis"[4].

As campanhas de Napoleão: de Austerlitz a Waterloo

Do outro lado do Canal da Mancha, as inquietações aumentavam à medida que na França se estabelecia a tranquilidade interna. O Ministro Pitt, da Inglaterra, temia uma incursão napoleônica na ilha. Procurou, então, desviar o golpe, conseguindo em 1805 uma coligação inglesa, austríaca e russa contra Napoleão. Pouco depois, a Prússia e a Suécia também aderiram à coligação.

Porém, antes que os coligados arquitetassem uma invasão, Napoleão tomou a ofensiva e, atravessando o Reno, aprisionou um exército austríaco em Ulm, alcançou Viena e bateu as tropas combinadas austro-russas na planície de Austerlitz, onde as perdas dos aliados subiam a 80.000 homens (2 de dezembro de 1805).

Em 26 de dezembro, a Paz de Pressburgo incorporava Veneza ao reino da Itália, e desligava do Sacro Império Romano-Germânico dezesseis Estados alemães, que passavam a formar a Confederação do Reno, sob o protetorado de Bonaparte. Westphalia passava a ser reino do Império

---

4. H. D. Duncan, Teoria Social da Comunicação, in F. X. Dance, *Teoria da Comunicação Humana*, São Paulo, Ed. Cultrix, 1972.

Napoleônico, cabendo seu governo a Jerônimo Bonaparte, único irmão do General até então sem coroa.

Mas, quando Napoleão ainda ouvia os acordes da vitória no campo de Austerlitz, chegavam notícias das vitórias navais inglesas. O Almirante Nelson vencia os franceses em Trafalgar, embora a custo da própria vida. As derrotas prussianas em Iena e dos russos em Eylau não satisfizeram Bonaparte: a Inglaterra saíra vitoriosa.

Ora, Napoleão sabia que toda a riqueza da Inglaterra se concentrava no comércio marítimo. Por isso decidiu bloqueá-la, ordenando o fechamento de todos os portos da Europa aos navios ingleses.

Mas Portugal, sendo velho aliado da Grã-Bretanha, negou-se a bloquear seus portos, e foi por esse motivo que o General Junot, em 1807, invadiu o solo luso, determinando a fuga da família real portuguesa para o Brasil.

A Espanha, por sua vez, após a abdicação do Rei Fernando VII em Bayona, tornou-se um país dominado, sendo nomeado soberano José Bonaparte, irmão mais velho do Imperador, que cedeu Nápoles a Murat.

Entretanto, o Papa Pio VII se negava a obedecer ao bloqueio continental contra a Inglaterra, e, tendo Napoleão invadido os Estados Pontifícios, o Papa o excomungou. Levado preso para o castelo de Savona, o Papa manteve a excomunhão. Contudo, graças a uma rede secreta chamada Amizade Cristã, Pio VII mantinha ligações com os bispos da França[5].

Senhor da Europa, Napoleão mantinha o Papa encarcerado. A Áustria, por intermédio do Ministro Chanceler Metternich, reconhecia o poderio da França, e em 1810 oferecia a aliança matrimonial de Maria Luísa, arquiduquesa da Áustria, ao Imperador. Repudiando Josefina de Beauharnais, Napoleão se uniu à herdeira dos Habsburgos[6].

Em 1808, o Czar da Rússia, Alexandre I, pela entrevista de Erfurt, já se comprometera ao bloqueio continental, preferindo a amizade de Napoleão à dos ingleses.

A Inglaterra, porém, respondeu com as tropas do Duque de Wellington, que auxiliou os portugueses a expulsar o General Junot na batalha de Vimeiro.

---

5. O principal artífice da rede de comunicações entre o Papa prisioneiro e os bispos da França foi o Padre Pio Bruno Lanteri, fundador da "Amizade Cristã", que, após a queda de Napoleão, saíra do segredo e florescera por toda a Europa (ver *Un prête redoute de Napoléon: Pio Bruno Lanteri*, de Léon Cristiani, Ed. Nice, 1965).

6. Cf. Frédéric Masson, *Josephine Repudiée*, Paris, Lib. Acad. Perrin, 1966.

Por outro lado, a Rússia acabou por romper o bloqueio a que se sujeitara por vários anos: a economia russa estava seriamente abalada com o fato de não poder exportar para a Inglaterra.

Na Prússia havia fermentos de revolta contra Napoleão, de que faziam parte muitos poetas do nacionalismo germânico e o filósofo Fichte[7].

A campanha da Rússia, com que o Imperador quis punir o Czar por seu desrespeito à entrevista de Erfurt, redundou na morte de 125.000 soldados franceses, além de 200.000 prisioneiros. Com efeito, Napoleão venceu os russos em Borodino, bombardeando Moscou, mas o Czar se refugiou na Sibéria e o exército de Bonaparte teve de enfrentar o inverno russo, decidindo finalmente retirar-se da Rússia. A vitória do grande General parecia-se com a de Pirro, como narra Leon Tolstoi no célebre romance *Guerra e Paz*.

O retorno da *grande armée*, derrotada pela astúcia do inimigo, fez empalidecer a estrela de Napoleão: o povo francês começava a olhá-lo como o autor de seus desastres, que deixavam o tesouro da Nação vazio.

A terceira coligação dos inimigos da França foi bem-sucedida: retirou o cetro de Napoleão da Confederação do Reno e o obrigou a defender o território francês.

A trajetória da queda foi rápida: prussianos, russos, austríacos, ingleses, na Batalha das Nações ou de Leipzig, infligiram a Napoleão a sua primeira grande derrota, e invadiram a França (1813).

Paris foi sitiada pelos aliados, e o General Ney convenceu Napoleão a abdicar em nome do Rei de Roma, filho seu com Maria Luísa. A 13 de abril de 1814, deu-se a rendição do Imperador francês. Sua abdicação foi declarada nula. Restou-lhe o governo da ilha de Elba. Os aliados chamaram Luís XVIII de Bourbon para "restaurar" o trono que Napoleão tinha "usurpado".

Bonaparte ainda voltaria ao poder por cem dias, de março a junho, em 1815, até que os aliados o venceram de novo em Waterloo (18 de junho de 1815). Restou-lhe depois o exílio de Santa Helena, onde escreveu suas *Memórias*, até morrer em 1821, envenenado paulatinamente com arsênico, segundo parecem indicar os últimos dados da ciência sobre sua rápida

---

7. A invasão napoleônica levou o jovem Gottlieb Fichte de entusiasta da Revolução Francesa a iniciador do nacionalismo germânico com os célebres *Discursos à Nação Alemã*, e a analisar criticamente a filosofia do liberalismo em *O Estado Comercial Fechado*.

extinção. O homem que fez estremecer toda a Europa jazia agora numa vala comum de uma ilha perdida no Oceano Atlântico. Mais tarde, já no governo do Rei Luís Felipe de Orléans, seus restos seriam transladados para os *Invalides* de Paris, passando sob o Arco do Triunfo; nascia, assim, a legenda áurea do maior líder que a França já teve...

O significado do Código Civil francês de 1804

O Código Civil francês promulgado em 1804 está estreitamente ligado ao desmoronamento do *Ancien Régime* e à construção da sociedade liberal. Impõe-se, então, ao nosso espírito uma retrospectiva histórica sobre uma lei que ainda é objeto de controvérsias pelo que estabeleceu ou deixou de legislar. Isto, é claro, dentro dos limites de um estudo que pretende se situar na história do pensamento jurídico e não nas inúmeras questões econômicas que tão importante diploma pode ensejar.

Ora, cabe novamente lembrar, o coletivismo do lema "Igualdade" da Revolução Francesa só esteve presente nas tentativas quixotescas de Grachus Babeuf. Restou o individualismo da "Liberdade" da mesma Revolução, quando Locke, Rousseau, Kant e Montesquieu se punham de acordo com Voltaire. Mas há uma diferença entre o lema *Liberté* enquanto afirmação abstrata e sua realização concreta: liberdade para todos? Logo se viu que não: "*Napoléon perce déjà sous Bonaparte*". Foi o Consulado e depois o Império autoritário e centralista, de fazer inveja aos vários governos "iluminados" de Luís XV e Frederico II da Prússia. Ora, nessa época exatamente se codifica o direito privado francês.

Sondemos os bastidores do Código Francês de 1804. Pouca atenção se dá à elaboração do Código Napoleão, em grande parte porque o fragor das batalhas de Bonaparte contra as potências europeias, episódios grandiosos ou engrandecidos da história do Consulado e do Império, ofusca o leitor e o impede de lembrar que, na mesma hora em que o Corso vencia em Marengo os austríacos, não menos importante vitória conseguiam os setores moderados e liberais contra os radicais e jacobinos do Movimento de 1789.

Recuemos no tempo e conheçamos as duas grandes tendências pré--revolucionárias do direito na França: a do Midi, de ligação forte com a cultura greco-romana, embebida de direito romano, com uma concepção romana da família — consagrando o poder absoluto do *pater*; a da propriedade privada —, consagrando o poder absoluto do *dominus*, do contrato —, dando importância à autonomia da vontade, da sucessão, reconhecendo o direito de testa.

Em contrapartida, no Norte, fortemente impregnado pelo espírito germânico, com uma força maior do feudalismo — daí talvez por que não tiveram sucesso os pregadores cátaros —, com uma concepção corporativa da família, da propriedade, que era enfitêutica, corporativa, familiar e não individual, da sucessão, em que os bens dominiais eram conservados sem o consentimento mesmo do patriarca etc.

Cambacères, no informe sobre o primeiro projeto de Código Civil, apresentado à Convenção de 1793, escrevia: *"Les règles simples, faciles à saisir, voilà quel est le résultat de nos veilles et le fruit de nos méditations...",* e mais: *"L'immutabilité est le premier caractère d'une bonne législation".* Com isso se reconhecerá a inviolabilidade dos direitos da pessoa e a necessidade de subtraí-los à arbitrariedade política. A exigência de uniformidade, por sua vez, implicava a abolição de todas as desigualdades jurídicas ou privilégios derivados do nascimento, da classe social. O dogma da igualdade perante a lei era afirmado de modo categórico. Mas o mais grave vem agora: "Condição necessária para que a codificação fosse realmente expressão da razão e constituir-se em um corpo de princípios simples, uniformes, imutáveis, era que ela deveria ser obra exclusiva do legislador. Daí que a codificação foi a 'mise en disponibilité' da História e dos historiadores, como de certo modo dos juízes e da jurisprudência".

Comecemos por afirmar que o Código de 1804 trouxe inovações, como a supressão do direito de primogenitura em matéria de sucessões, a admissão do divórcio em caso de adultério no direito de família, a abolição dos direitos feudais ainda existentes em matéria de direito das coisas.

Era o triunfo dos ideais iluministas de eliminação dos usos e costumes feudais, os quais ainda sobreviviam, apesar da força centralizadora do poder político na Era Absolutista. Depõe Pierre Gaxotte que a França da época de Luís XIV ainda era uma "confederação de províncias, cada uma das quais conservava suas particularidades e hábitos, gerando extrema complicação"[8], em que coexistiam antigos costumes e leis de origem germânica, com as *Ordonnances* ou leis reais, com base no direito romano.

---

8. Pierre Gaxotte, *La France de Louis XIV*, Paris, Ed. Hachette, 1948. No mesmo sentido, Paul Orliac, *Histoire du Droit Français de l'a mil au Code Civil*, Paris, Ed. Albin Michel, 1985.

Com o Código se unificava a legislação civil e se começava a desenhar o mapa jurídico de uma só França.

O deputado e jurista Jean-Jacques Régis de Cambacérès apresentara um Projeto de Código Civil Francês, já em 4 de junho de 1793, em que propunha a supressão da diferença entre filiação legítima e natural e a total liberdade contratual: equivaleria na prática a uma diminuição da força da instituição do casamento civil e do pátrio poder, que vinham do direito romano. Tal projeto foi rejeitado pelo Legislativo como sendo demasiado jurídico e pouco filosófico, mas, para Bobbio, nem sequer foi analisado, pois *majora premebant*[9], ou seja, certos acontecimentos militares tornavam mais prementes as discussões da Convenção Nacional sobre a defesa da soberania da Nação, como a ameaça das forças da Áustria na fronteira italiana e da Inglaterra nos portos do País. Mais duas tentativas, com os Projetos de 1794 e 1796, foram prejudicadas respectivamente pelo tumulto provocado pela queda de Robespierre em 27 de julho de 1794 (o 9 do mês de Termidor do novo calendário), como fim do Terror, e a conspiração de Graccus Babeuf para derrubar o Governo do Diretório e instalar um regime comunista (*avant la lettre*) na França, lançando o famoso Manifesto dos Iguais de 9 de abril de 1796 (20 Germinal)[10]. Não havia clima para serenamente discutir um Projeto, quando o destino político da Nação estava em jogo!

Foi preciso esperar momento mais sereno, depois que o chefe do governo diretorial, Paul François de Barras, conseguiu prender Babeuf e outros líderes dos Iguais. Enquanto isso, o jovem capitão de Artilharia Napoleone Buonaparte, originário da ilha da Córsega, depois conhecido como Napoléon Bonapart, retomou o porto de Toulon, que caíra nas mãos dos ingleses. Foi o primeiro degrau de uma fulgurante carreira militar, que, após as vitórias de Montenotte, Mondovi, Lodi, Arcole e Rivoli, afastou o perigo austríaco e tornou os patriotas do norte da Itália aliados dos franceses. Barras e Maurice de Talleyrand viram nele uma liderança nacional que poderia pacificar e unir em nome da Pátria todos os cidadãos.

O golpe de 18 Brumário (9 de novembro de 1799), que pôs fim ao Diretório e instalou o Consulado, com três membros — Napoleão

---

9. Norberto Bobbio, *O Positivismo Jurídico*, São Paulo, Ed. Ícone, 1995.

10. Jacques Godechot, *Chronologie de la Révolution Française*, Paris, Ed. Perrin, 1988, p. 200-7.

(primeiro cônsul), Emmanuel Joseph Siéyès (famoso autor do folheto "O que é o Terceiro Estado?") e Roger Ducos, depois Lebrun —, foi um ponto de chegada: a Revolução havia acabado: "Citoyens, la Révolution c'est fixée aux principes qui l'ont commencée, la Révolution est finie"[11].

No ano seguinte foi instalada uma Comissão para elaborar um Projeto de Código Civil, presidida por Jean Etienne Marie Portalis, antigo preso político durante a ditadura de Robespierre e exilado pelo Diretório, recém-chegado à França com um livro que escrevera, *Reflexões sobre o Abuso do Espírito Filosófico no Século XVIII*, uma crítica violenta ao Iluminismo, cuja publicação só ocorreria postumamente pelos seus filhos, mas que é útil para revelar as ideias que inspiraram o Código de 1804[12].

Como resume Norberto Bobbio, Portalis faz duros ataques à filosofia iluminista, acusando-a de ter causado o desprezo pela tradição, o ateísmo e o materialismo[13].

Nos membros da Comissão Redatora do Projeto do Código nada há que se aproxime de um desprezo pela tradição jurídica ocidental.

O Código Civil: a consolidação da Revolução Francesa

Os trabalhos da Comissão Redatora convocada por Napoleão em 1800, composta por quatro juristas — Tronchet, Maleville, Bigot e Portalis —, terminaram um ano depois e foram encaminhados para o Conselho de Estado, conforme determinava a Constituição do Ano VIII (Oitavo da Revolução de 1789), elaborada por Siéyès após o 18 Brumário. Após 102 sessões, das quais Bonaparte participou pessoalmente de 57, o Código foi promulgado em 21 de março de 1804. Há quem considere tudo fruto de uma ditadura militar, mas artigo recente atenua um pouco as tintas: "Não é exato dizer que foi uma ditadura que se instalou, pois os oficiais continuaram subordinados ao poder político. Foi a nação inteira das elites civis à Universidade que foi organizada como um exército"[14]. Vale dizer: depois das desordens nas disputas entre várias facções revolucionárias por dez anos, além da guerra civil contra os contrarrevolucionários da Bretanha,

---

11. Dominique Jamet, *Napoléon*, Paris, Ed. Plon, 2003, p. 51.

12. Norberto Bobbio, *O Positivismo Jurídico*, São Paulo, Ed. Ícone, 1995, p. 71.

13. Ibid., p. 72.

14. Jean Paul Bertaud, Une Dictature Militaire, *L'Histoire: Napoléon l'Homme qui a changé le Monde*, jul. 2003, p. 22 e s. Ver ainda o Dossiê Napoleão em *História Viva*, nov. 2003, editada no Brasil, p. 40 e s.

Normandia e Vandeia, era preciso salvar as conquistas de 1789, pondo ordem na casa!

Também há quem considere, como Norberto Bobbio, tal data como a do início do positivismo jurídico na Europa Continental. Trata-se, *data venia*, de evidente exagero, pois a *époque* do legislador ainda é a do Jusnaturalismo do século anterior, como se lia no Artigo 1 do Título I: "Existe um Direito universal e imutável, fonte de todas as leis positivas: não é outro senão a razão natural, já que esta governa todos os homens"[15], mais tarde suprimido, e que recorda a famosa definição de Cícero (*República*, Livro III, 22).

No entanto, observa Giovanni Tarello que há uma considerável atenuação do sentido racionalista e um verdadeiro triunfo da tradição jurídica francesa do *droit coutummier*, conforme a consolidação de Jean Domat (1625-1696) e a hermenêutica de Robert Joseph Pothier (1699-1772), os quais beberam na fonte do *Corpus Juris Civilis*, mas, enquanto o primeiro jurista teve uma visão sistemática, o segundo a teve casuística[16].

Eis o motivo pelo qual se considera o *Code Napoléon* como o marco inicial de uma família ou tradição romanística, e não propriamente romana, pois não se trata de mera transcrição de leis romanas antigas consolidadas por Justiniano no *Corpus*, mas de sua adaptação a situações diferentes, vividas pela França durante toda a Idade Moderna. O fundamento, porém, é o direito natural, desde Grotius considerado sobretudo como racional, consagrado na "Declaração dos Direitos do Homem e do Cidadão" de agosto de 1789. Não conseguimos ver aí o início do positivismo jurídico, que parte de base diversa, a validade da lei, devido somente à autoridade de quem a promulga, independente de seu conteúdo, esvaziando todo o sentido do Jusnaturalismo, e que só poderia ocorrer quando o "Leviatã" imaginado por Thomas Hobbes se tornasse realidade palpável no Estado Totalitário, de lamentável memória no século XX. O que observamos, isto sim, é a translação do direito natural aristotélico, situado na *polis* grega ou na corporação medieval contemporânea de São Tomás ou nos Estados do *Ancien Régime* para um direito do homem e do cidadão, de origem estoica, e não propriamente aristotélico-tomista, como mostra o

---

15. Norberto Bobbio, *O Positivismo Jurídico*, São Paulo, Ed. Ícone, 1995, p. 55.

16. Giovanni Tarello, *Storia della Cultura Giuridica Moderna*, Turim, Ed. Il Mulino, 1976, p. 156-89.

Prof. Michel Villey (1914-1987)[17]. Esta foi a base, mas se modificou segundo a experiência jurídica de uma nação patriarcal, de economia agrícola e pastoril, ainda não transformada pela industrialização a ponto de esquecer os costumes dos antepassados. Foi onde prevaleceu o bom senso da Comissão redatora.

Constata Solari, sem exagero, que o que se pretendia era "impedir que sob o pretexto da interpretação o juiz se convertesse em legislador. A doutrina de que a lei escrita se basta a si mesma, de que o direito não só de fazer leis como de interpretá-las corresponde ao legislador unicamente, de que o papel do juiz é apenas lógico e formal e se esgota na 'ratio juris' foi, pelo menos em teoria, consagrada na Codificação"[18].

Nada mais expressivo do que o testemunho do próprio Napoleão ao fazer a retrospectiva de toda a sua vida, no isolamento do exílio na longínqua ilha de Santa Helena: "Minha verdadeira glória não é de ter ganho quarenta batalhas; a derrota de Waterloo apagará a lembrança de tantas vitórias. O que não se apagará, o que viverá eternamente, será o meu Código Civil" (*Memórias de Santa Helena*).

Mesmo François Gény, que abria perspectivas para a aplicação de usos e costumes, na lacuna da lei, com a *libre recherche* preceituou "Au delà du Code, mais par le Code" (ir além do Código, mas pelo Código)[19].

Os ataques mais duros contra a codificação vieram de dois campos opostos: os românticos da Escola Histórica Alemã e os anárquicos da Escola de Direito Livre na Polônia. Os primeiros combateram ferozmente a Codificação na Alemanha em nome das diversidades locais, como o famoso Friedrich Karl von Savigny, os adeptos do direito livre de Hermann Kantorowicz, em nome da consciência individual do juiz.

Vale dizer: com a Escola Histórica se voltaria ao pluralismo das fontes da época feudal; com o direito livre se cairia num subjetivismo total, retirando qualquer segurança do cidadão.

A realidade provou a inanidade de tais ideias, pois a Alemanha unificada de 1870 elaborou com Wilhelm Windscheid e os estudiosos do *Corpus Juris Civilis* seu Código Civil de 1900, o qual exerceu grande

---

17. Michel Villey, *La Formation de la Pensée Juridique Moderne*, 2. ed., Paris, Presses Universitaires de France, 2003.

18. Op. cit., p. 80.

19. Miguel Reale, *Lições Preliminares de Direito*, 24. ed., São Paulo, Ed. Saraiva, 1998, p. 286-8.

influência sobre Clóvis Beviláqua no seu Projeto de Código Civil Brasileiro de 1916[20].

A Escola de Exegese e o problema das lacunas do Código Civil francês

O que prejudicou bastante e deformou os resultados da codificação foi o aparecimento da Escola de Exegese, onde surgiu o "princípio da onipotência do legislador". Esse princípio é o maior responsável pela caricatura do próprio Código, ao dizer, por exemplo, o Professor Bugnet, que aliás não era porta-voz da Escola: "Sou professor de Código Civil, não conheço o Direito Civil". Foi evidentemente uma *boutade*, mas que serviu para desmoralizar a Escola de Exegese. Esta se desenvolveu depois da promulgação de 1804, dando ao legislador toda a força e limitando proporcionalmente o poder de interpretação dos juízes ao aspecto gramatical e sistemático das disposições do Código. Nisso vemos obediência ao princípio da divisão dos Poderes, que não permite ao Judiciário invadir a esfera do Legislativo, pois *"il faut que le pouvoir contienne le pouvoir"* (Montesquieu).

Também cabe lembrar que o recurso à jurisprudência nos anos que se seguiram a 1804 significaria quase anular a eficácia do Código com uma jurisprudência toda ela formada por juízes do *"Ancien Regime"* cuja interpretação pré-revolucionária desfaria as conquistas da Revolução.

Esse é um aspecto político negligenciado quando se critica o "fetichismo da lei "da Escola de Exegese... Era preciso esperar alguns anos para constituir uma jurisprudência compaginada com a nova ideia de justiça e de direito, ensinada em Faculdades da Universidade Napoleônica, consagradora dos princípios básicos que até hoje norteiam a legislação nos países democráticos.

Não significava negar a existência de lacunas no Código, pois, no discurso preliminar ao Conselho de Estado, pronunciado pelo próprio Portalis, e que Norberto Bobbio nos fornece em sua obra, exatamente ao pesquisar as origens históricas do positivismo jurídico na Europa[21], ele declarava (*in verbis*): "Faça-se o que se fizer, as leis positivas não poderão jamais substituir inteiramente o uso da razão natural nos negócios da

---

20. Cláudio De Cicco, *Direito: Tradição e Modernidade*, 24. ed., São Paulo, Ed. Ícone, 1993, p. 146.

21. Norberto Bobbio, *O Positivismo Jurídico*, São Paulo, Ed. Ícone, 1995, 1ª parte.

vida", daí que "uma grande quantidade de coisas são, portanto, abandonadas ao império do uso, à discussão dos homens cultos, ao arbítrio dos juízes"[22]. Antecipando Gény, quase em uma centúria, Portalis concluía, em 1804: "Na falta de um texto preciso sobre a matéria, um antigo uso, uma série não interrompida de decisões similares, uma máxima adotada funciona como lei. Quando se trata de algo absolutamente novo, remonte-se ao direito natural"[23]. Era esse o espírito que norteava os codificadores napoleônicos quando, no artigo 4, diziam: "O juiz que se recusar a julgar sob o pretexto do silêncio, da obscuridade da lei ou da sua insuficiência poderá responder como culpável de denegação de justiça". Era, na abalizada opinião de Bobbio, uma exigência fundada na possibilidade de fazer uma autointegração, recorrendo à analogia, se houvesse lei regulando caso semelhante, ou, na impossibilidade desta, uma heterointegração, recorrendo ao direito natural, considerado ordenamento jurídico diverso do positivo e até superior a ele, aos costumes e usos, à jurisprudência uniforme. Já não é a *libre recherche* no início do século XIX? Se posteriormente a Exegese se deformou, seus autores passaram a negar a existência de lacunas e proclamaram a onipotência do legislador, isso não pode ser imputado ao Código cujo bicentenário comemoramos, mas ao progressivo abandono da ideia do direito natural, que até então era o paradigma da filosofia e da teoria jurídicas. Para a época, os méritos do Código são resumidos com precisão por Miguel Reale: "Na realidade bem poucos legisladores como os de 1804 souberam colocar-se tão sobranceiros às vicissitudes do passado e às forças projetantes do futuro, pondo-se a cavaleiro de duas épocas"[24].

Na coletânea comemorativa a que nos referimos, sublinha Arlete Lebigre, no artigo "La Révolution du Code Civil": "Lê-se nos Trabalhos Preparatórios da Comissão: Tudo o que é antigo já foi novo. O essencial é imprimir às instituições novas o caráter de permanência e de estabilidade que lhes possa garantir o direito de se tornarem antigas". E comenta judiciosamente: "conciliou-se o antigo e o novo, a tradição e a inovação"[25].

---

22. Ibid., p. 75.

23. Ibid., p. 76.

24. Miguel Reale, O Significado Histórico do Código Civil Francês, prefácio à tradução de Souza Dinis ao Código Civil Francês.

25. Arlete Lebigre, La Révolution du Code Civil, *L'Histoire*, jul. 2003, p. 26 e s. No mesmo sentido, Robert Ambelain cita Napoleão nos debates sobre o Projeto e a acusação jaco

Parece que tal espírito de síntese se perdeu no decorrer dos séculos XIX e XX, marcado por antagonismos de toda a espécie e, em grande medida, provocou numa sociedade farta de guerras e revoluções certo ceticismo perante a ideia de justiça, como um relativismo moral que invade setores antes considerados inexpugnáveis, como o amor dos filhos pelos pais, o respeito pelo alheio etc. Infelizmente isso vem se agravando no século XXI.

Hoje se fala no triunfo de uma tecnologia jurídica que não admite verdades definitivas em campo algum, muito menos no direito de família, de herança, de propriedade, no sentido de liquidar qualquer ideia de uma baliza para os operadores do direito.

Não há mais valores permanentes, e, assim, a ciência jurídica se aproxima de uma posição nas antípodas daquela vislumbrada pelo Código duas vezes secular, que, enriquecido de farta jurisprudência e sustentado por exímia doutrina em que se salientaram Laurent, Aubry e Rau, Demolombe, na sua estrutura básica, mantém-se até hoje, como monumento a uma época decisiva para a França.

---

bina de que ele seria um retrocesso: "Conservando tudo o que a Revolução pode produzir de novidades úteis, eu não renuncio às boas instituições que ela teve a má ideia de destruir". *Le Secret de Bonaparte*, Paris, Ed. Laffont, 1989, p. 159.

CAPÍTULO **III**

O HISTORICISMO, O ROMANTISMO E O IDEALISMO ALEMÃO

08念O

Análise do historicismo idealista

O movimento que se conhece em literatura como Romantismo é um olhar nostálgico para o passado medieval da Europa, e teve sua raiz filosófica no historicismo fundamental, que reúne figuras tão díspares como Joseph De Maistre, um contrarrevolucionário que transitou do Iluminismo para um Idealismo Neoplatônico; Fichte, um revolucionário, filho de Rousseau, que passou do Cosmopolitismo para um Nacionalismo romântico; Schelling, com algo de ambos, passando de uma posição contrarrevolucionária, como *enfant térrible* da Restauração, na expressão de Renato Czerna, para assumir um espiritualismo romântico, na linha de Frederico Schlegel, é companheiro de jornada de Frederico Carlos von Savigny, Otto Gierke, Gustav Hugo na implantação da Escola Histórica do Direito e do Estado e seu *Volksgeist*, mais tarde por Hegel desenvolvido como momento do Espírito Absoluto que se objetiva no Estado... O que os une? Exatamente o senso histórico, o historicismo, que, desde Montesquieu, rompia os laços do universalismo jusnaturalista do Iluminismo para se deter nas mais profundas camadas do "espírito do povo", unindo literatura, história e filosofia para elaborar uma original teoria do direito.

A reação contrarrevolucionária: Joseph De Maistre

No início do século XIX, 50 anos antes de Marx, surgiu uma profunda análise crítica da construção doutrinária da ordem jurídica liberal, ao nível dos princípios básicos e de sua aplicação nas várias codificações, empreendida pelos autores católicos Joseph De Maistre e Louis de Bonald em suas obras *Réflexions dur la France* e *Théorie Du Pouvoir Politique et Réligieux*, respectivamente. Pode-se facilmente notar a aversão de quem escreve às doutrinas que analisa, e, pelo contrário, a muita simpatia com que os autores passam em revista todas as vantagens trazidas à Europa pela civilização cristã, que se tentara reduzir a escombros com o Iluminismo e com a Revolução Francesa.

Desejando um retorno ao pensamento medieval de Santo Agostinho e de São Tomás de Aquino, sobretudo no que diz respeito à autoridade do papa e dos reis e à obrigatoriedade da moral bíblica e católica de antes da Reforma, defendida no Concílio de Trento e divulgada pelos jesuítas até mesmo em longínquas colônias, Joseph De Maistre, desde as *Lettres d'un Royaliste Savoisien* até as *Soirées de Saint-Pétersbourg*, e Louis de Bonald, da *Théorie du Pouvoir Politique et Réligieux* aos *Essais sur l'Éducation*, opõem-se radicalmente ao racionalismo inaugurado por Descartes, e que dera como resultado último o contratualismo de Rousseau e de Kant. Trazemos ao conhecimento de nossos leitores sua doutrina política social, que o torna um dos mais fecundos autores do século XIX. O Conde Joseph De Maistre, bastante conhecido pelo seu livro clássico *Les Soirées de Saint-Pétersbourg*, com a mesma elegância de estilo e precisão da *mise au point*, em suas obras *Considérations sur la France* e *Étude sur la Souveraineté*, refuta o contratualismo de Rousseau e propõe uma concepção orgânica do Estado, que, vitoriosa, afastaria para sempre o Leviatã dos totalitarismos[1].

Foi Jean-Jacques Rousseau, como já vimos, quem abriu caminho para uma concepção abstrata do Estado, produto de elucubrações de gabinete, e que, exatamente por desprezar os dados da história e o acervo cultural que forma a Nação, injetou o "vírus" político do totalitarismo, que engendrou o monstro Leviatã, devorador dos grupos sociais e dos indivíduos, massificando-os num mesmo padrão estereotipado e preconcebido[2].

Para De Maistre, a sociedade surgiu natural e organicamente[2]:

"Toda questão sobre a natureza do homem deve ser resolvida pela História. O filósofo que quiser nos provar, por raciocínio *a priori* o que é o homem, substitui razões de conveniência e suas próprias decisões à experiência e à vontade do Criador.

Admito, para argumentar, que me provem que um selvagem tem mais felicidade e menos vícios que um homem civilizado: pode-se daí concluir

---

1. Cf. nosso artigo Joseph De Maistre: do Iluminismo ao Idealismo, uma Trajetória Existencial e Filosófica, *THOT*, São Paulo, Ed. Palas Athena, 1984, n. 35 e 36.

2. Cf. nosso artigo O Adversário do Leviathan, *Hora Presente*, São Paulo, Hora Presente Sociedade de Cultura e Educação Ltda., 1971, n. 10, p. 213 e s.

que este é um ser decaído e mais longe do 'estado de natureza' que o primeiro? Claro que não. Seria o mesmo pretender que a natureza do homem é permanecer criança, pois nessa época da vida ele está isento de vícios e preocupações da idade madura.

A História nos mostra os homens vivendo, constantemente, reunidos em sociedades, regidas por uma autoridade soberana. Logo, a sociedade não é obra do homem. Rousseau imagina um povo 'no estado natural', deliberando sobre as vantagens e desvantagens do 'estado social', resolvendo passar daquele para este. Que faziam os homens antes dessa 'convenção nacional' em que resolveram aceitar um chefe? Viviam sem leis, nem governo? Desde quando?

Erro capital é representar o estado social como escolha fundada no consentimento dos homens, em deliberação e contrato primitivo. Isto é utópico.

O 'estado de natureza' é então o de ser hoje o que o homem sempre foi: um ser sociável; todos os anais do mundo estabelecem esta verdade"[3].

Estabelecida a origem natural da sociedade, De Maistre nos fala agora da necessidade da autoridade para o seu funcionamento:

"É tão impossível imaginar uma sociedade sem chefe, como um enxame de abelhas sem rainha, pois o enxame existe dessa forma, ou deixa de existir. A sociedade e a soberania nasceram, pois, juntamente: é impossível separar as duas ideias"[4].

Partindo de premissas contrárias, Rousseau chega a admitir que a sociedade e a soberania do Estado são meras concessões do povo, podendo, evidentemente, ser suprimidas ao capricho dos "contratantes", que são os cidadãos. Por mais que o filósofo de Genebra ressalve que "a ordem social é um direito sagrado que serve de base a todos os outros", é ele mesmo que admite: "entretanto não vem esse direito da natureza, pois funda-se em convenções"[5].

Para nossos leitores aquilatarem ao que isso nos conduz, vejamos o que nos diz o Prof. José Pedro Galvão de Sousa:

"Rousseau é, na verdade, uma expressão típica da atitude mental abstracionista tão difundida no século XVIII. A organização concebida nas

---

3. Joseph De Maistre, *Étude sur la Souveraineté*, 4. ed., Lyon, Liv. E. Vitte, 1924, p. 96 e s.
4. Ibid., p. 103.
5. *Contrato Social*, cap. I.

páginas do *Contrato Social* corresponde plenamente à ideia do Estado totalitário. Mas o pressuposto sociológico ou o esquema da sociedade política segundo o liberalismo radical — o Estado sem sociedades parciais e tendo diante de si o povo constituído por indivíduos soltos — ali se delineia"[6].

Mas prossegue De Maistre:

"As próprias concessões de um chefe foram sempre precedidas por um estado de coisas que as provocou e que do chefe não dependem.

Os direitos do povo, propriamente ditos, originam-se frequentemente de concessões do soberano; mas os direitos do soberano, enquanto chefe do Estado, não resultam de concessão, ao menos no que respeita aos direitos essenciais e constitutivos da autoridade.

Embora as leis escritas não sejam senão declarações de direitos anteriores, entretanto nem tudo pode ser escrito. Quanto mais se escreve, mais a instituição é fraca e a razão é clara. As leis não passam de declarações de direitos e os direitos não se declaram, exceto quando atacados; de sorte que a multiplicidade de leis escritas não prova senão a multiplicidade dos choques e o perigo de uma destruição.

A influência humana não se estende além do desenvolvimento dos direitos existentes, mas que estavam sendo contestados ou ignorados; se os imprudentes ultrapassam os limites das reformas temerárias, a nação perde o que tinha, sem atingir o que pretende.

Mesmo os legisladores carismáticos não fazem senão reunir elementos preexistentes nos costumes e caráter dos povos.

Nunca uma nação tentou desenvolver eficazmente, por meio de leis fundamentais escritas, outros direitos que aqueles que existiam em sua constituição natural.

Uma assembleia qualquer de homens não pode constituir uma nação e provar esta proposição com detalhe (depois de tudo o que eu já disse), parece-me que seria faltar ao respeito para com os que sabem, e honrar em demasia os que não sabem"[7].

A Revolução Francesa, em sentido contrário, e fiel a seu corifeu Rousseau, criou o Estado anorgânico, em que as leis resultam de elucubrações fora da realidade.

---

6. José Pedro Galvão de Sousa, *A Historicidade do Direito e a Elaboração Legislativa*, São Paulo, edição do autor, 1970, p. 57-8.

7. Joseph De Maistre, *Considérations sur la France*, Lyon, Liv. Ed. Vitte, 1924.

Em *A Historicidade do Direito e a Elaboração Legislativa*, o Prof. José Pedro Galvão de Sousa mostra o resultado: a tensão entre a norma e a realidade do direito constitucional:

"As constituições vinham a ser assim obra de homens instruídos ao sabor de influências estrangeiras, desenraizados de sua terra e de sua gente e vinculados aos interesses da classe social dominante. Eram as 'elites marginais'[8].

Aliás, nas democracias modernas, a realidade dos grupos mais ou menos ocultos e do poder econômico é a fonte da 'contraconstituição', enquanto o princípio da origem popular do governo é a expressão teórica da constituição formal.

Salutares tendências do pensamento contemporâneo indicam uma volta ao sentido de historicidade do direito, ao mesmo tempo em que a sociedade, por seus grupos naturais históricos, reage contra a tirania absorvente dos totalitarismos hodiernos"[9].

Os resultados de tal valorização estão patenteados pela história: a organicidade da Idade Média deveu-se em grande parte ao respeito ao princípio de subsidiariedade, isto é, os grupos menores devem realizar tudo o que estiver em sua esfera de atuação, sendo subsidiariamente auxiliados pelos grupos maiores, no que escapar a suas atribuições.

Ao situar São Luís IX como modelo de chefe de Estado em sua época, tivemos oportunidade de mostrar como a organicidade plasmou as nações europeias, do século XI ao XIII, com frutos que até hoje perduram no patrimônio cultural, jurídico e artístico da Europa.

Ora, entre São Luís IX e Luís XVIII mediavam a Renascença, a Reforma, o Século do Racionalismo e a Revolução de 1789.

Notamos com interesse que tais reações se produzem todas principalmente no Piemonte. E a razão nos é dada por Luigi Bulferetti, no ensaio *Il Principio de la Superiorità Territoriale nella Memorialistica Piemontese del Secolo XVIII*[10]: "Considerava-se o Príncipe de Savoia 'vicário perpétuo do Sacro Romano Império na Itália'". Assim sendo, "as doutrinas jurídicas relativas ao Sacro Romano Império foram o centro das atenções dos memorialistas savoianos, ainda que, na impossibilidade de revirar as relações

---

8. Galvão de Sousa, José Pedro. *A Historicidade do Direito e a Elaboração Legislativa*, São Paulo, edição do autor (tese de livre-docência na Faculdade de Direito da USP), 1970.

9. José Pedro Galvão de Sousa, op. cit., p. 115.

10. Bulferetti, art. cit., p. 172-3.

de força, a doutrina da superioridade territorial não foi levada até suas últimas consequências".

Ora, a Revolução Francesa foi antes de tudo a destruição da estrutura de poder do "Sacro Império", até sua final transformação por Napoleão em mera "Confederação dos Estados do Reno", com monarcas-títeres do governo francês. Sendo o rei de Savoia o herdeiro do Sacro Império na península itálica, deve-se supor que em torno de sua liderança se iniciou a reação antijacobina, em que não teve pequeno papel De Maistre, que em 1751 ocupava o alto cargo de Procurador-Geral do Príncipe Carlos Emanuel de Savoia.

A Contrarrevolução no Piemonte era uma reação contra o individualismo e o liberalismo, na medida em que, *in sede cattolica*, opunha-se ao "egoísmo liberal". Joseph De Maistre defendeu a origem natural do Direito e do Estado, contra o artifício do *contratualismo* de Hobbes, Locke e Rousseau, preferindo a antiga concepção medieval do poder, considerado como originário de Deus e também de acordo com a doutrina do direito natural clássico de Aristóteles e São Tomás de Aquino, que desejava restaurar.

Escola Histórica e Romantismo

Ao passar à análise da Escola Histórica do Direito e do Estado, lembremos que o Historicismo teve valor duplamente, como novo método do estudo do direito e como nova filosofia dos valores e da cultura: Com o nome de Historicismo se designa especialmente a inovação metodológica que se processou nas ciências morais no princípio do século XIX, e em virtude da qual essas ciências, depois de abandonar o método dogmático cartesiano, buscaram seu fundamento em postulados da realidade histórica criticamente verificada, com a consequente transformação dessas ciências experimentais e positivas. Resume Gioele Solari: "o Historicismo, além de ser uma direção metodológica, serviu para assinalar na primeira fase de seu desenvolvimento uma especial direção de pensamento cujos caracteres essenciais foram o critério histórico elevado a critério de verdade, a realidade histórica considerada como a única verdadeira realidade, como o objetivo próprio das ciências morais, e o processo de formação histórica das instituições jurídicas invocado como justificação das mesmas"[11].

---

11. Gioele Solari, *Filosofia del Derecho Privado: la Idea Social,* trad. para o castelhano do original italiano *Storicismo e Diritto Privato,* feita por Renato Treves, Buenos Aires, Editorial de Palma, 1950. v. 2, p. 12.

Eis por que a Escola Histórica se coloca contra os postulados da Escola Clássica do Direito Natural do século XVIII, pois, enquanto esta considera que o parâmetro da justeza e da justiça só pode ser a racionalidade das normas jurídicas, para a Escola de Savigny esse critério deve ser buscado na história das instituições, a qual varia de povo para povo, e por isso mesmo não pode ser a mesma para todos os países, no que Savigny se choca com o pensamento iluminista, que é cosmopolita e universalista. Ao "Espírito das Leis" Savigny responderá com o "Espírito do Povo" (*Volksgeist*), embora não seja ele propriamente um filósofo, e sim um jurista, obrigado a tratar de questões que naquele tempo tocavam de perto a filosofia, e hoje talvez mais a antropologia ou a sociologia. Sua formação foi kantiana, mas por ela não se deixou influenciar muito, como também depois não se deixaria cativar por Hegel. De qualquer forma, Savigny tirou de Kant a ideia de autonomia da realidade empírica e o dogma do relativismo do saber fenomênico. Em tais postulados kantianos, o empirismo em geral e o historicismo em particular, não tanto como método mas como sistema, acham sua razão de ser.

Mas, pergunta Solari, lembrando-se de seu compatriota Giambattista Vico, para quem *verum factum convertuntur*, por que na Alemanha foi surgir a Escola Histórica? "A pátria do Historicismo é a Alemanha porque, ainda que em todas as partes o engendraram as mesmas causas, só na Alemanha se deram, por diversas circunstâncias, condições favoráveis para o desenvolvimento de seu método na esfera do Direito Privado"[12].

De modo que, na própria França, como na Itália ou na Inglaterra, surgiram reações contra o universalismo e o cosmopolitismo da Escola Clássica, mas só na Alemanha essa reação levou a elaborar uma "teoria geral do direito e do Estado", como novo conteúdo e nova proposta de análise da realidade jurídica. Talvez porque ali se chegou à quintessência do liberalismo com seu mais completo e cabal expositor — e mais lógico — Immanuel Kant. Ao falecer em 1804, iniciava-se a era das Codificações europeias, com base nas "Declarações de Direitos" da Revolução e no Código Napoleão, também de 1804. Abria-se o ciclo das Escolas de Exegese dos textos normativos. Na Alemanha isso significava, exceto na Prússia, que já tinha um Código iluminista, como se viu anteriormente, um transplante de instituições jurídicas, ao mesmo tempo em que as tropas

---

12. Gioele Solari, *Filosofia del Derecho Privado: la Idea Social*, trad. para o castelhano do original italiano *Storicismo e Diritto Privato*, feita por Renato Treves, Buenos Aires, Editorial de Palma, 1950. v. 2, p. 12.

napoleônicas provocavam uma reação nacionalista, com os *Discursos à Nação Alemã* de Fichte. Do nacionalismo e no clima do Romantismo alemão, nascia a Escola Histórica e o próprio Historicismo. Mas recordemos um pouco os precedentes.

Teremos uma visão simplista do que foi o Historicismo na Alemanha se pensarmos apenas numa vertente "rousseauniana" do pensamento, do outro lado do Reno. Foi algo de muito mais profundo por corresponder a anseios de liberdade dos povos germânicos com relação ao predomínio latino. Pouca atenção se tem dado ao fato de que a Reforma, como antes o Guibelinismo, manifestou um repúdio tipicamente germânico contra séculos de dominação latina nas artes, na filosofia, na religião. Verdadeira ou falsa, a legenda da conversão forçada dos alemães pagãos por obra de Carlos Magno (*Compelle illos intrare in Regno*) simboliza bem a aceitação cheia de ressentimentos, por parte da massa da população, da religião universalista que vinha destruir os velhos ídolos...

Constituído, na Idade Média, um Sacro Império Romano-Germânico, em que o Imperador estava subordinado ao Papa, começam os movimentos de revolta, por vezes política, por vezes religiosa, mas sempre de caráter libertário, contra a ordem de coisas da Cristandade medieval, até a formação da organização secreta dos *Ritter* ou "cavaleiros" alemães na Ordem Teutônica, cujo supremo tribunal (*Santa Veheme*) não admitia a autoridade superior nem do Papa, nem do Imperador.

O Tribunal da *Veheme* se impunha por seus castigos terríveis contra salteadores e ladrões de gado que infestavam as estradas alemãs, granjeando o apoio das populações que consideravam muito distante a autoridade do Sacro Imperador e do Papa, e muito próxima deles a dos cavaleiros (= senhores de terra), que faziam justiça em suas terras[13].

Engrossada por templários, que fugiam da perseguição política e religiosa que lhes movia Felipe, o Belo, na França, a Ordem Teutônica chegou a dominar um território bem delineado, a futura Prússia, sendo seu Grão-Mestre aclamado Duque da Prússia em 1270[14]. Era a formação de um novo "Estado", mais do que isso, o reconhecimento de uma comunidade distinta da Baviera, submissa ao poder papal e imperial, da catolicíssima Polônia, da ortodoxa Rússia.

---

13. Jean Claude Frère, *Nazisme et Sociétés Secrètes*. Paris, Editions Grasset, 1974, p. 29 e s.
14. L'Ordre Teutonique, vários autores, *Revista Histórica* (hors série), n. 16.

A Reforma foi a eclosão da insatisfação no nível religioso, cujo cunho nacionalista transparece na tradução da Bíblia para o vernáculo, nos cânticos religiosos e populares que enchem os templos...[15]

Mas foi também um fato político, pela adesão dos Príncipes da Dieta e sua solidariedade a Lutero, que manifestava sua hostilidade a Carlos V, o Habsburgo austro-hispânico, baluarte do Papado.

Nesse contexto teria sido difícil a propagação das ideias francesas do "Grande Século" e do "Século das Luzes", sem a liderança política de um Frederico da Prússia e o relacionamento com um Voltaire.

Eclodiu a Revolução; no Reno alemão seguiram-se manifestações de simpatia, pois era o triunfo de uma filosofia que se tornava realidade. Mas, no alvorecer da Era Napoleônica, as disputas fronteiriças já começavam a acirrar os ânimos, até chegar à guerra total, quando Napoleão sonhava com o Império europeu sob seu domínio. Grave humilhação padeceu o povo alemão nas derrotas de Eylau, Iena e mesmo Austerlitz. Bonaparte encarnava o aspecto menos desejável da Revolução, sua roupagem romana, seu aspecto latino-geométrico dos Códigos cartesianos, seu centralismo tirado dos Césares da sempre odiada Roma, antítese de tudo o que sempre fora Germânia.

Da admiração passou-se ao ódio, ao despeito, dos encômios se passou à condenação, os aplausos a Montesquieu, Burke, De Maistre suplantaram o memorial dos Danton, Desmoulins, enquanto Napoleão, pelo casamento com Maria Luísa de Habsburgo, ficava cada vez mais identificado com o Sacro Império de Carlos V, que ele dizia substituir com sangue novo.

Um dos primeiros intérpretes da nova situação psicológica da Alemanha foi Frederico Carlos de Savigny.

Quando Savigny propôs um estudo das fontes do direito, que no fundo era o direito romano da "recepção", que já pressupunha a aceitação do Sacro Império como fato consumado, marca indelével da nação alemã, estava longe de supor que grande movimento, que imensa mole de ideias estava pondo em ebulição, embora não correspondendo aos anseios de uma elite burguesa ou aristocrática, recuperada pela aliança com banqueiros, por uma Alemanha unificada e grande. Paradoxalmente, ele começava por valorizar as fontes medievais do direito germânico visigótico com

---

15. Franz Funck-Brentano, *Martinho Lutero*, 2. ed., trad. Eloy Pontes, São Paulo, Ed. Vecchi, 1956.

um estudo sistemático das fontes do direito romano da "recepção"[16], mas ao mesmo tempo dava ensejo à discussão de uma problemática esquecida desde Vico: a historicidade do direito e da cultura, perdida de vista, ofuscada pelo Século das Luzes e do universalismo.

Mas os estudos de direito romano conduziriam, como em França, à codificação, pela necessidade de racionalidade, de completude do ordenamento jurídico. Como pôde Savigny polemizar a respeito tão acerbamente com o jurista Thibaut? Porque, com todo o seu romantismo, Savigny tinha algo do Romantismo de seu cunhado Clemente Brentano, fora como ele poderosamente influenciado por *Novalis*, e sobretudo por Schelling. Aliás, o retorno (ou pseudorretorno) à Idade Média, típico do Romantismo de Walter Scott e Schiller, levava a uma Alemanha não unificada, mas composta de pequenos Estados, governados por baronetes, cavaleiros da *Santa Veheme*, povoado de bardos e trovadores que contavam nos castelos e aldeias intermináveis gestas de cavaleiros andantes, em bom dialeto "românico" (= romance)[17], em que se espelhava o *Volksgeist* (= o "espírito do povo"), desconhecido por uma elite de intelectuais afrancesados, desligados da sua realidade. Ora, diria Savigny, como antes o dissera Fichte, era nesse povo, nos seus usos e costumes que se deveria buscar a inspiração maior para a legislação do País, não nos tratados escritos pelos eruditos. Aí Savigny rompia com sua própria formação jurídica clássica e se debruçava sobre a realidade palpitante que o cercava. Nascia a "Escola Histórica do Direito e do Estado", que, sendo efetivamente — como muitos creram — uma Contrarrevolução, era uma reação regional e nacionalista que se colocava contra o conceito de Revolução Universal, que opunha o *Volksgeist* aos "direitos do indivíduo", pois via mais a comunidade e menos a personalidade, mais a Nação e menos o homem[18].

O Savigny que fundou a Escola Histórica do Direito, trazendo o Historicismo de Schelling, como antes de Vico, para o campo da Teoria Geral do Direito e do Estado, não é o autor do estudo histórico sobre a *Posse*. Nesse trabalho de 1803, Savigny era um historiador da posse na história das instituições jurídicas alemãs, à maneira de um Hugo, ainda aceitando os postulados kantianos. Como Gustav Hugo, nesse trabalho juvenil,

---

16. Solari, *Storicismo*, p. 27 e s.

17. Carl Schmitt, *Romanticismo Politico*, trad. italiana por Carlo Galli, da obra original em alemão *Politische Romantik*, Milano, Giuffrè Editore, 1981, p. 43.

18. Ibid., p. 83.

Savigny não lançou uma teoria explicadora da realidade jurídica em processo, mas simplesmente analisou de modo histórico não sociológico o instituto da posse, segundo os postulados da dogmática jurídica, do "direito conceitual dos professores", exatamente como Hugo o fazia com outras instituições do direito privado positivo, cuja autonomia defendeu perante a tentativa de considerá-lo mera parcela do direito público ou mera aplicação da filosofia do direito. Como em Kant, era fundamental, em Hugo, a distinção entre filosofia e *praxis* do direito, no fundo entre "razão pura" e "razão prática". Notemos: Hugo — como Savigny na análise da posse — admite ser o direito criação individual, aceita o dualismo kantiano, permanece ainda com a mentalidade iluminista. O Savigny de 1814, da *Vocação de Nosso Tempo*, já acreditava que o direito é criação da comunidade[19]. Na obra sobre a *Posse*, Savigny aplicara o método de investigação autônoma das instituições privadas, com êxito. Por isso, não é preciso ser historicista para admitir as teses de Savigny sobre a posse; em contraposição com a noção de propriedade, continua-se dentro do universo da dogmática jurídica, estudada, digamos, cronológica e sistematicamente, de modo a devolver significado histórico a tal instituto. Já na *Vocação* de 1814, vemos um Savigny que procurava descobrir o *Volksgeist*, o espírito do povo, como pano de fundo da criação coletiva, através dos usos e costumes, das instituições jurídicas. Agora a abordagem era outra. Sem deixar de ser historiador exímio, Savigny já era também um teórico do direito, um historicista, no sentido que assinalamos, ao distinguir a atividade do analista da especulação do filósofo do direito.

O Idealismo alemão: Fichte, Schelling e Hegel

A explicação para a passagem de uma postura como a de Hugo (ou seja, Kant) para um posicionamento que chegara ao desenvolvimento final com Hegel se encontraria no momento, na Alemanha de então, da transição do Iluminismo da *Aufklärung* para o Romantismo da *Sturm und Drang*, do "no princípio era a razão" de Descartes para o "no princípio era a ação" de Goethe e Schiller. E quem operou tal passagem foi, antes de todos, Schelling, ao resolver o dilema fichteano entre "o eu e o não eu" na "ideia de universalidade", em que se realiza a individualidade.

---

19. Friedrich Carl von Savigny, *De la Vocation de Notre Temps pour la Legislation et la Jurisprudence*, trad. Alfred Dufour, Paris, 2006, p. 53.

A nova consciência filosófica se revela claramente em Schelling, o filósofo do Romantismo que, integrando e continuando a obra de Fichte, deu vida e desenvolvimento a essa direção idealista que em Hegel encontraria sua sistematização definitiva. Superada ficava a dicotomia kantiana, "ser-dever ser", "eu-não eu", "particular-universal", para se resolver no monismo espiritualista de Schelling: a consciência individual tem um processo inconsciente anterior a ela, dela independente, e aparece como princípio absoluto, pelo qual tudo o que é compreendido pelo homem é manifestação da alma ou da consciência universal; no absoluto de Schelling há identidade entre o subjetivo e o objetivo.

Reabilitou-se, então, tudo o que o rigorismo cartesiano descartara: a intuição do absoluto, intelectivamente "superior" ao pensamento lógico. De Kant, Schelling tomou a ideia de autonomia da vontade como base não só da atividade regulada pela razão prática (moral, direito), mas de toda a atividade em geral, abarcada pela filosofia. Era a natureza, o universo e o homem concebido como "ação", como querer, o que origina desde a ordem universal (num sentido próximo ao estoicismo) até a ordem pública e privada. Ora, tal vontade se manifesta na reiteração de práticas pela nação, sem sistemática racionalizadora, como emanação do "querer coletivo". Savigny tinha encontrado o filósofo historicista. Schelling, alguém que transportaria suas ideias para a "Teoria Geral do Direito".

Seria impossível Savigny sem a base que foi Schelling. Sem Savigny, Schelling não teria encontrado aplicação na ciência do direito, o Romantismo não teria gerado a Escola Histórica, um importante setor da atividade humana, o jurídico, ficaria imune ao Historicismo, amarrado ao Iluminismo e ao Cartesianismo racionalista. Conclui Solari: "Só com Schelling temos uma superação do individualismo tanto nas premissas metafísicas como nas aplicações práticas, pois (...) para ele, dizer Direito equivalia a dizer possibilidade de fazer, limitada pela possibilidade igual de outrem, equivalia a dizer ao mesmo tempo garantia e condição da liberdade, só então se realizando o "Reino de Seres Livres e Iguais"[20]. Com seu sentido de exposição, Solari foi ao requinte de questionar qual a diferença entre a visão de Savigny e a de Schelling. De fato, Schelling foi o filósofo do Idealismo, mas não à maneira de Fichte. O Idealismo de Schelling já se desenhava numa atmosfera liberta do eu, que ainda aprisionava o kantiano, *malgré lui*, Fichte.

---

20. Friedrich Carl von Savigny, *De la Vocation de Notre Temps pour la Legislation et la Jurisprudence*, trad. Alfred Dufour, Paris, 2006, p. 130.

Ora, se é exato insistir sobre a correlação entre o Romantismo e a "Escola Histórica do Direito" de Savigny, é interessante ver como Schelling influiu sobre o Romantismo. Isso nos conduzirá a examinar se existiu Romantismo antes de Schelling e que tipo de Romantismo, depois a ver qual o papel da história em ambos os momentos do Romantismo citado, observando onde e como aparece aí o direito. Isso nos ajudará a ver melhor a Escola e a obra de Savigny.

a) Que tenha existido um Romantismo anterior a Schelling pode parecer óbvio, se se chamar de "romântica" toda a tendência à manifestação de sentimentos recalcados pelo que Solari chamava de "tirania" da razão (*sic*), toda exaltação do que a moderna psicologia chamaria de "desejos inconscientes". Rousseau já era um romântico, e alguns pretendem que o próprio classicismo em sua fase barroca teve incidências românticas, no teatro plurifacetado de Shakespeare, como nos arroubos do teatro voluntarista de Corneille. Bernardin de Saint-Pierre era romântico, como, de certo, o foi Chateaubriand, o homem da Restauração, como antes o fora o próprio Fénelon, apesar das "cabeleiras clássicas" a que se referia Sílvio Romero. Ora, como já dissemos, a Revolução foi um produto do Iluminismo e do Classicismo, foi mais Montesquieu e menos Rousseau, sobretudo em sua fase final, quando Bonaparte refez um Império Romano em pleno século XIX (1810-1815). Fichte, como pondera Jorge Garcia Venturini, o autor da *Politeia*[21], tinha muito de Rousseau, exatamente por suas origens kantianas, e Kant foi um Rousseau que racionalizou o contrato social no nível de *a priori* da vida política. De Fichte viria, como acima dissemos, não uma "Contrarrevolução", mas uma "Revolução ao Contrário", aplicando na Alemanha os princípios de 89, contra os franceses invasores, não sendo de pouco valor todo o problema da oposição nacionalista dos germânicos contra a dominação latina que então a França encarnava. Ora, o primeiro momento do Romantismo foi fichteano, teve base subjetivista e se debateu no eterno dilema entre liberdade e necessidade, igualdade-liberdade, indivíduo-Estado, eu-não eu, bem na linha das dicotomias kantianas, agora exacerbadas. Isso produzia a introspecção, como notou Solari, "uma característica do Romantismo, não nos devendo iludir os reclamos para a ideia de nação, de comunidade, de família e corporação, pois tudo isto passava pelo crivo do subjetivismo, de que partia Fichte, para exaltar a individualidade". Daí todas as manifestações de misticismo,

---

21. Jorge Garcia Venturini, *Politeia*, p. 153.

de neogótico, de "medievalismo" partirem de uma ideia de sentimento pessoal, não de algo objetivo. Por esse caminho se entende a Escola Histórica como manifestação de subjetivismo e de interesse individualista, matizada de retorno às origens germânicas do direito, oposta, é verdade, ao Racionalismo, mas ainda carregada de interioridade. Daí se casar perfeitamente com o retorno ao direito romano, em que se garantem direitos — ainda que com a invocação das fontes visigóticas — que tutelam ainda e sempre interesses burgueses. Isto viu-o com nitidez o jovem Marx ao dizer: "A opinião do vulgo considera a Escola Histórica como uma reação contra o espírito frívolo do século XVIII. Esta opinião é propagada na razão inversa de sua verdade. Para dizer a verdade, o século XVIII não nos legou um só produto cuja frivolidade seja a característica essencial: este produto frívolo único é a Escola Histórica. Ela faz dos estudos dos textos sua razão de ser, leva sua paixão pelas fontes ao ponto de pedir ao navegante que não navegue pelo rio, mas sobre a fonte do rio"[22].

Descontado o rancor de Marx contra a Escola Histórica, que lhe "rouba o público", pois denuncia o liberalismo muito antes dele, é verdade que tal escola não navega pelo rio, mas também não cairá na cachoeira em que o marxismo caiu no século XX, com Lênin e Stalin.

Aliás, toda posição tradicionalista olha para o passado, nele se inspira. Não se pode dizer que estagna. Caminha, mas não a partir do zero, mas de todo um acervo de valores de uma cultura de um povo. Lembremos Norberto Bobbio: o ordenamento jurídico não nasce num deserto... A Escola Histórica do Direito e do Estado viu isto.

b) Por outro lado, foi inegável a influência de Schelling sobre parte da visão romântica e, mais no que nos interessa, no desenvolvimento da ideia de *Volksgeist* de Savigny, tirada, como explica Solari, de sua adaptação ao campo jurídico da intuição artística estudada por Schelling, o que sublinhou Landsberg, um ardoroso defensor da identificação entre Romantismo e Idealismo, entre Savigny e Schelling. Que este tenha repercutido na Escola Histórica do Direito, não quer dizer que sua obra seja apenas isso. Ao se preocupar com o fato normativo não há dúvida que o Romantismo deu um passo rumo à objetivação de seus anseios, já que norma jurídica significa exteriorização de valores, significa sanção pelo Estado, significa heteronomia. E nisto poderia ter incidido a influência de Schelling, que exatamente cria a ideia de universalidade dos valores, ainda

---

22. Karl Marx, *Oeuvres Philosophiques — Le Manifeste de l'École Historique*, trad. J. Molitor, Paris, Champ Libre, 1981, v. 1, p. 73.

aprisionados no arbítrio individual na concepção de Fichte e do primeiro romantismo dos irmãos Schlegel (com base mística, que se relacionava diretamente com sua vida pessoal e sua conversão ao Catolicismo, Catolicismo este "em que se entrava pela porta da beleza", como dizia *Novalis*), e não pela discussão dogmática dos seus princípios doutrinários. Schelling, que o Prof. Renato Cirell Czerna chama "l'enfant terrible de la Restauration", não deseja se cifrar a tão limitado círculo de divagações subjetivo--místicas, como os Schlegel, como Fichte. Ultrapassou as dicotomias kantianas exatamente porque rompeu com o individualismo: "Só com Schelling temos uma verdadeira e própria superação do princípio individual tanto nas premissas metafísicas do sistema como nas aplicações práticas".

"Schelling parte do Eu individual empírico para se elevar a afirmar sua relação e sua compenetração com o princípio universal", pois agora "a transição da concepção natural de Direito para a concepção histórica se aplainava e explicava pelo significado que a História, como a Natureza, assumiam no sistema de Schelling, pelo qual aparecia como um produto espiritual, um organismo vivo, uma manifestação progressiva do Absoluto"[23]. Eis o que distingue uma visão romântica da história da visão de Schelling: embora seja um passo no sentido do Historicismo, o Romantismo e com ele Savigny e a Escola Histórica não deixaram de cair em certo nominalismo e concretismo, perdendo a ideia de universalidade, que repudiavam como um dado clássico e aristotélico. O absoluto para Schelling representava a manifestação de uma síntese, que acontece na realidade (e não no interior de cada um apenas): "Natureza e História são para Schelling a manifestação, respectivamente, do Absoluto como real e como ideal". O interesse de Schelling pela história não era nostalgia, mas a procura de um caminho percorrido pelo ser humano até realizar o absoluto *in acto* e *in concreto*. A tradição, para ele, era importante, como para Savigny. Mas para ele a tradição era movimento (*tradere* = entrega) rumo a fórmulas mais perfeitas. Com Schelling, não teria cabimento a crítica de Marx, pois, partindo das fontes do direito e do Estado, o navegante ultrapassa a linha do horizonte do "direito formal" e do interesse individual, para se realizar no último porto, atravessadas as tempestades e vencidos os piratas; chegando ao ancoradouro da justiça: o "Estado Ético", não arremedo ou contrabando do "Estado de Direito", mas sua perene superação.

---

23. Gioele Solari, *Filosofia del Derecho Privado: la Idea Social*, trad. para o castelhano do original italiano *Storicismo e Diritto Privato*, feita por Renato Treves, Buenos Aires, Editorial de Palma, 1950, v. 2, p. 131.

c) Com Hegel o processo do idealismo chegou ao fim, abandonou-se o sentimental pelo racional, agora identificado não com o sonhado romanticamente, mas com o real, conforme ele o declara no Prefácio da *Filosofia do Direito*, vale dizer: Hegel aportou e lançou âncora no fundamento da realidade: não há justiça concreta e possível sem Estado[24].

Seria dar uma visão parcial da filosofia do Idealismo alemão fazer dela apenas uma dama de companhia do movimento romântico, de que ela seria a manifestação filosófica, a partir de um pensamento estético.

Passemos, em seguida, a estudar os grandes filósofos Fichte, Schelling e Hegel, não mais em relação com o Romantismo, mas em contraposição a Kant e ao Classicismo do Iluminismo, de modo que só se poderá falar agora do Idealismo, nesse sentido, olvidando, por exemplo, o idealismo de Platão.

Novo Copérnico, Kant tinha transposto o centro da especulação filosófica do objeto ao sujeito, demonstrando que não é nosso pensamento que se amolda aos objetos, mas estes que se amoldam a nosso pensamento. Apesar disso, seu sistema de princípios 'a priori' estava limitado ao conhecimento da realidade fenomênica, e não se referia à realidade que transcendia a experiência, que para o indivíduo cognoscente permanecia como recanto impenetrável. Nos limites mesmos da experiência sua doutrina gnoseológica tinha um valor essencialmente formal, pois tendia a compreender a experiência, não a produzi-la, deixando sem solução a relação entre o elemento material e formal do pensamento humano.

Ora, para tentar superar tal dualismo surgiu Fichte: "Reduzir à esfera da atividade do sujeito em si, resolver o dualismo da matéria e forma do pensamento, foi o objeto da filosofia pós-kantiana. Já em Fichte o recanto impenetrável da realidade em si se resolve em um produto da atividade do Eu, e toda a experiência deriva em sua matéria, em sua forma de um princípio único, do Sujeito". Em outras palavras: "O Sujeito se converte em um princípio ativo, criador absolutamente livre e autônomo", até se poder afirmar com Schelling que "a realidade é única, é espiritual; o espírito pensante é o único princípio ativo e produtivo, pelo que a doutrina da ciência substitui ainda por ele a ontologia tradicional, fundada no pressuposto do ser em si. Porém, enquanto que em Fichte o princípio número um, do qual derivam todas as coisas, reside na consciência individual, para Schelling este princípio tem um processo inconsciente anterior à consciência individual,

---

24. Hegel, *Principes de la Philosophie du Droit*, trad. Robert Derathé, Paris, Lib. Philosophique J. Vrin, 1986, prefácio.

independente desta, e aparece como princípio absoluto, pelo qual tudo o que é, incluso o homem, é manifestação da alma e da consciência universal"[25].

Fichte, embora buscando superar o dualismo kantiano, ainda se move no universo formado pela mentalidade iluminista, supervalorizando o eu, enquanto com Schelling já "se prepara a interpretação teleológica da natureza em oposição à interpretação mecanicista do período iluminista".

Agora desaparecia a dualidade, pois, como se pode perceber, em Schelling "o que se chama comumente de objeto é o sujeito despotenciado, privado de sua consciência, pois, como no Eu de Fichte, no Absoluto de Schelling há identidade entre o sujeito e o objeto, entre o objetivo e o subjetivo, e no desenvolvimento do mundo se dão diferenças quantitativas não qualitativas, pelo que se passa de formas inferiores onde prevalece a objetividade, ou seja, a natureza, para formas superiores onde prevalece a subjetividade, ou seja, o reino do espírito (hoje diríamos da cultura). O universo não é mais do que uma série das determinações e limitações do espírito, e se apresenta como sujeito enquanto é força ativa e produtiva, e como objeto enquanto que se limita a si mesmo e se concretiza, nas coisas e nos produtos individuais"[26].

Para não cometer o erro de menoscabar o seu papel, que é deveras importante, pois sem Fichte não existiria Schelling, como sem este não haveria Hegel, estudemos o pensamento do jovem assistente e sucessor de Kant, Gottlieb Fichte.

No primeiro momento (a "juventude de Fichte") aquele filósofo teutônico aderiu ao liberalismo kantiano e mesmo lockeano; para ele a vida social era a "convivência das liberdades individuais". Em 1793, Fichte era ainda um entusiasta da Revolução que se desenrolava do outro lado do Reno. Revelava-se, na opinião de Solari, um adepto irrestrito dos fisiocratas, com o conceito de "estado de natureza" e de "ordem natural das coisas", defendeu as máximas da economia individualista "finalmente livres das peias do corporativismo e do absolutismo" no seu livro *Contribuições para Retificação do Julgamento Público sobre a Revolução Francesa*, em evidente resposta aos argumentos contrarrevolucionários das *Reflexões sobre a Revolução Francesa* de Edmond Burke. Chegou a uma concepção

---

25. Gioele Solari, *Filosofia del Derecho Privado: la Idea Social*, trad. para o castelhano do original italiano *Storicismo e Diritto Privato*, feita por Renato Treves, Buenos Aires, Editorial de Palma, 1950, v. 2.

26. Ibid., p. 117-8.

234

contratualista da sociedade muito próxima à de Jean-Jacques Rousseau. Mas, contra o genebrino e também contra Hobbes, Fichte se negava a identificar Nação e Estado. O passo decisivo e o desenvolvimento de sua ideia particular sobre as relações entre o indivíduo e o Estado se deu quando Fichte reconheceu ser a sociedade uma realidade inconfundível com os indivíduos componentes e com o Estado. Era já um indício de suas futuras posições, suas restrições ao kantismo como "novo estoicismo ligado a uma ideia de mera relação empírica entre os indivíduos, que desconhece a base ética sobre a qual repousa a comunidade". Em 1796, Fichte já considerava a propriedade privada não como um direito natural impostergável, mas como mera apropriação instintiva de algo, e só geraria direitos na medida em que a ocupação do espaço pelo indivíduo derivasse de uma permissão dada pelo ordenamento jurídico, não mais conservando o ponto de vista fisiocrático (propriedade = trabalho produtivo). Em 1800, o Fichte da "maturidade" já despontava em seu *Estado Comercial Fechado*, que mereceu de Weber o labéu de "primeiro trabalho socialista publicado na Alemanha". Na verdade, Fichte renovou as teses mercantilistas de um Estado autossuficiente, independente dos demais, que garantia a liberdade e o bem-estar de seus cidadãos na medida em que não se deixava influenciar pela voga das ideias cosmopolitas e das empresas que hoje chamaríamos multinacionais. Quer dizer, o "nacionalismo" de Fichte era econômico, com ser também político, mas nunca se poderia chamar de xenofobia ou nacionalismo culturalista, pois a ideia iluminista de liberdade herdada dos ingleses e franceses se mesclou com o "Estado de Direito" de Kant. Por isso, converteu-se às ideias de um Capitalismo de Estado na concepção de um Estado de Direito, governado por leis e não pelo poder tirânico de alguns. Isso bastou para dele não fazer um precursor ou legitimador de Estados modernos negadores da liberdade dos cidadãos em regimes policialescos, pois nunca para Fichte o Estado era um absoluto. O "absoluto" era a "comunidade nacional" a que de fato o indivíduo se devia dobrar, mas nação como conjunto de valores éticos, e nisso está a diferença entre Fichte e Hegel.

Isso, porém, não significa não ver em Hegel senão o teórico do Estado Absoluto.

Um aspecto pouco observado da filosofia hegeliana, muito importante inclusive por ter servido de base à posição de Karl Marx sobre a sociedade capitalista, é o conceito hegeliano de sociedade civil, como aparece em seu *Ensaio sobre o Direito Natural* e em sua *Filosofia do Direito*. Hegel, nesse ponto, representou uma reação contra o amoralismo do Iluminismo, separando direito e moral, na linha de Kant, e contra o subjetivismo, em que a "Eticidade" como realidade individual chegara ao máximo no *laissez faire* de 1789. Contra uma e outra heranças do Jusnaturalismo do século XVIII, Hegel reagiu quando opôs uma concepção organicista a uma ideia mecanicista de grupo social. Para Solari, Hegel tentou resolver o grave problema da perda de organicidade, com o Individualismo, por meio da ideia de realização do indivíduo (espírito subjetivo), dialeticamente, na família, na corporação profissional e na comunidade nacional, entendida à maneira dos românticos como a continuidade de tradições e usos e costumes de um povo, formando o "Espírito do Povo" (*Volksgeist*), isso tudo no nível da *sociedade civil* (frisa bem Solari a propósito), como sociedade orgânica, sem falar em resolução de tudo no absoluto do espírito que seria o Estado. Mas o importante passo foi dado "na substituição da ética natural e relativa do indivíduo pela ética absoluta do espírito objetivo". E explica com agudeza: "Na distribuição do povo em três classes: os nobres, os burgueses e os camponeses, Hegel tem presente, de um lado Platão, de outro as características da era capitalista, sendo que a burguesia personificaria o particularismo econômico e jurídico, que presta homenagem à justiça formal mas na realidade é utilitarista, e pela qual Hegel não esconde seu desprezo". Hegel, pois, quis devolver a unidade ao mundo da ética, reunindo moral e direito, contra o postulado iluminista de Thomasius, e para isso desenvolveu sua teoria do Estado ético, em que se resolveriam objetivamente as eticidades subjetivas dos cidadãos, elevando "o que é negativo, abstrato, particular à dignidade de positivo, concreto e universal". Conclui Solari: "Hegel viveu e sentiu intensamente o drama do mundo moderno. Era o drama do indivíduo que, depois de ter destruído o 'ethos', do qual o mundo antigo retirava sua força, sua estabilidade e sua vida harmoniosa, lutava para reconstruí-la com suas forças, sem conseguir superar a si mesmo, satisfazer a aspiração à universalidade e à unidade do real".

Chama, então, Gioele Solari nossa atenção para a importância do conceito de sociedade civil em Hegel, pois com o sucesso da visão positivista de Augusto Comte, o fato social passasse a ser desvinculado da filosofia, como algo de particular a cada ramo da sociologia, limitando seu estudo à análise da realidade social, sem recorrer à inserção do problema da sociedade em uma concepção metafísica da realidade. "A sociologia tornou-se uma ciência particular e foi destacada do tronco vital da filosofia. Retornar a Hegel hoje neste campo, depois dos desvios positivistas, significa não renegar os resultados da pesquisa científica, mas revalorizá-los à luz de uma mais alta e concreta realidade, à qual se ligam novas posições e novas soluções do problema jurídico e político".

Vemos aqui um aproveitamento do idealismo hegeliano, como superação do individualismo, sem cair nos extremos do Estado absoluto: delineia-se o perfil do "Idealismo Social" de Gioele Solari, que analisaremos ao estudar sua filosofia jurídica no século XX.

Renato Cirell Czerna, em sua tese *O Direito e o Estado no Idealismo Germânico*, elogia essa análise de Solari[27] como demonstradora da importância da sociedade civil em Hegel, em geral menoscabada, como intermediação entre a família e o Estado. No mesmo estudo o Prof. Cirell Czerna faz sobressair a posição organicista do último Schelling, valorizador do que hoje se chamam os "corpos intermediários" entre o indivíduo e o Estado. Apesar de que ele deixa bem claro que os dois filósofos alemães são distintos — pois Schelling é mais o filósofo do Romantismo —, a importância da intermediação dos grupos sociais profissionais, universitários, culturais, religiosos e esportivos não escapou a Hegel, se bem que para ele tais grupos alcancem sua plena realização no Estado, que não os mata ou absorve a não ser enquanto os normativiza e concretiza em instituições por ele garantidas e reunidas num fim superior de perfeição absoluta, de que a força do Estado seria, como pondera Czerna, a realização terrena como espírito objetivo. De forma que o "espírito do povo" em Hegel não tem o sentido sentimental-irracionalista da Escola Histórica, mas um sentido de concreção cuja última etapa é a criação do sistema de normas jurídicas, onde se vê por que Hegel não apoiou Savigny, foi até favorável à codificação e mesmo à criação do Estado prussiano, que, se não era o "Estado ideal" da *polis*, era um momento na história como afirmação do espírito objetivo (*Volksgeist*) em sistema de direito positivo.

Dando a palavra ao próprio Solari: "A categoria do devir, antes de elevar-se com Hegel à categoria de ordem lógica, e ainda com Darwin à categoria do mundo físico e orgânico, foi entendida pelos românticos como categoria de ordem psicológica. A experiência interior despertou a primeira ideia de um devir contínuo, e tal ideia passou das ciências do espírito a outras ordens de conhecimento até chegar à lei universal de realidade. A vida do espírito, desligada dos mecanismos das faculdades e da associação, pareceu à comovida fantasia romântica como uma atividade que se desenrola e se renova perenemente em formas variadas e múltiplas. A psicologia

---

27. Renato Cirell Czerna, *Justiça e História*, São Paulo, Ed. Convívio, 1987, p. 213.

tradicional tinha trabalhado para simplificar e tornar rígida a vida do espírito, desligando-a do tempo e do espaço, imobilizando-a em conceitos e faculdades abstratas, carentes de conteúdo real. O romantismo representa a reabilitação do variável, do inconsciente, do contínuo psíquico. (...) E por tal capacidade de captar o indefinido, o inconsciente psíquico, os românticos chegaram a compreender a vida psíquica da coletividade, cujas manifestações se apresentam precisamente com as características de inconsciência e espontaneidade, e formam parte dessa vida inferior do espírito que a psicologia tradicional ignorava e descuidava"[28]. De modo que Solari, distinguindo os vários momentos do Idealismo, e não confundindo a contribuição de um Savigny com a de um Hegel, não deixa de apontar o mérito especial dos românticos, sem os quais não teria sido possível a Hegel chegar ao desenvolvimento completo e racionalizado de sua teoria do devir permanente, dando agora ao *Volksgeist* um sentido mais exato, dentro de um sistema mais elaborado. Mas o ponto de partida foi sem dúvida o Romantismo.

A opinião abalizada de Cirell Czerna sobre a análise do conceito de sociedade civil em Hegel feita por Solari, colocando-o ao lado dos grandes historiadores da filosofia jurídica e social, não o reduz, evidentemente, a mero e simples expositor, como *A Filosofia do Idealismo Alemão* não contém todo o gênio de Nikolai Hartmann...

Prossigamos. Gioele Solari traçou um paralelo entre Kant e Hegel, no último tomo da notável trilogia: "Kant o filósofo da liberdade não poderia ser o filósofo da Restauração, isto é, da época em que se buscava restaurar o princípio da autoridade, afirmar perante o indivíduo os direitos do Estado. O filósofo da nova época, que encontrou as simpatias dos governantes e o favor do público foi Hegel, cujas doutrinas foram frequentemente invocadas para justificar a nova ordem de coisas. A Filosofia do Direito e do Estado de Hegel se contrapõe à de Kant e à da Revolução Francesa, aos economistas ortodoxos e aos juristas do Código Napoleão. Estes, sob a ascendência de Kant entendiam a liberdade como o poder de tudo fazer nos limites da lei: em manter-se dentro de tais limites consistia a justiça. Tarefa do Estado era delimitar o que se pode ou se não pode fazer. Tal conceito da liberdade, da justiça e do Estado pareceu a Hegel medíocre e negativo. A liberdade no sentido de Kant, dos economistas e dos juristas (liberais) não existe senão para os que possuem, enquanto que é formal e

---

28. Gioele Solari, *Socialismo e Diritto Privato*, publicação póstuma, Milano, Ed. Giuffrè, 1980, p. 231.

vã para os outros. Para Schelling como para Hegel, ou para Lassalle, a liberdade se atualiza só por meio do Estado. O problema do Direito, segundo Hegel, é o de traduzir nos fatos a liberdade, a qual outra coisa não é senão o espírito tendo consciência de si mesmo como da realidade última. A liberdade se confunde no sistema hegeliano com a verdade a qual é a conformidade do pensamento com o ser (ou seja, com a realidade), conformidade que pressupõe a sua identidade"[29].

Em outras palavras: "As funções do Estado não se reduzem a um papel negativo, como sustentava a Escola de Kant (na França, a Escola de Exegese, por exemplo). Também o Estado tem uma personalidade, tem uma vida própria independente da dos indivíduos, tem um pensamento, uma vontade, um seu fim próprio. (...) A separação entre a Escola Histórica e o Hegelianismo foi a consequência da transformação da Escola Histórica em Escola de 'Erudição Histórica'. Os seguidores de Savigny se tornaram historiadores e cronistas do passado, não intérpretes de um ideal de justiça: para eles a erudição se tornou um fim não um meio para penetrar no sentido dos testemunhos e dos textos. Esta tendência antifilosófica lhes foi apontada pelos juristas que formaram a Escola de Hegel, sobretudo Gans e Lassalle. Com efeito, a fórmula de Hegel 'o que é real é também racional' impedia que a história se contrapusesse à ideia: aquela não é senão a atuação progressiva desta. Na fórmula de Hegel havia como conciliar a Escola Histórica e a Hegeliana, mas os sequazes da Escola Histórica não se preocuparam em traduzir os fatos históricos na linguagem hegeliana e trabalharam independentemente do hegelianismo e fora dele, sem pensar que o hegelianismo poderia ser o complemento filosófico do historicismo. Apesar de tudo, hegelianismo e historicismo se desenvolveram a partir das mesmas necessidades, ambos trabalharam na transformação do Direito no sentido social, retirando o dualismo entre Direito Público e Direito Privado. Hegel queria, eliminando o contingente, o individual, atuar o racional na vida e na sociedade, queria despir a realidade histórica dos elementos variáveis e individuais e, com um processo abstrativo, pôr em evidência a ideia universal. A evolução histórica do Direito e do Estado se torna em Hegel evolução ideal, a socialização do Direito de histórica se tornava racional, pois para Hegel socializar significa racionalizar. (...) Hegel e Savigny, ainda que trabalhando em campos distintos, tinham mantido algum contato ideológico, mas este se rompe quando, morto

---

29. Gioele Solari, *Socialismo e Diritto Privato*, Milano, Ed. Giuffrè, 1980, p. 83.

Hegel e menoscabada por volta dos anos 1840 a influência de Savigny, prevaleceram nas ciências jurídicas de um lado os hegelianos puros, de outro os historiadores eruditos. O ideal e o real, ao contrário de manter-se conjugados, e idênticos, como queria Hegel, se separaram e originaram o contraste entre Direito filosófico e Direito histórico"[30].

Percebemos, no balanço final que faz da fracassada integração Hegel-Savigny, a simpatia de Solari por ambos os sistemas, enquanto lamenta a dicotomia produzida pela má compreensão do hegelianismo por parte dos savinistas. Paradoxalmente, a herança do *historicismo idealista e dialético* de Hegel ficará com o *historicismo materialista e dialético* de Marx, divergindo totalmente da Escola Histórica. A desejada conciliação estaria talvez no Idealismo historicista, ou no Historicismo idealista, que, no fundo, parece-nos ser exatamente, como logo veremos, o *Idealismo Sociale e Giuridico* do próprio Mestre torinês, na metade do século XX.

Análise do Historicismo marxista

Come Nacque e come Morì il Marxismo Teorico in Italia (1895-1900) (Como Nasceu e como Morreu o Marxismo Teórico na Itália): este o título da obra de Benedetto Croce que derrubou a filosofia de mestre Labriola. Tratava-se de uma pugna teorética e não de *praxis* política. Croce dedicou, inclusive, a obra a Labriola, seu velho mestre em marxismo. Em outra obra, *Materialismo Histórico e Filosofia Marxista*, Croce analisa agora a teoria da *plus valia* à luz da economia e descobre o seu inerente cunho ético político e não econômico. Com isso se desvendava o fundo comum jusnaturalista das críticas ao chamado "Capitalismo liberal". Ou seja, o marxismo não era tão materialista como se apresentava, e, por isso mesmo, não tinha um rigor científico maior dos socialismos que designava de "utópicos".

Evidentemente a crítica de Croce, no momento mesmo do apogeu da ação política marxista na península, mostrou que a "filosofia da história" marxista não estava isenta de moralismo.

Comparando-o com o materialismo de um Spencer, Benedetto Croce percebe toda a desvantagem de uma postura determinista, para defender os ideais de uma sociedade mais justa e igualitária.

---

30. Gioele Solari, *Socialismo e Diritto Privato*, Milano, Ed. Giuffrè, 1980, p. 85-6.

Inteiramente dissociado do materialismo, naquela época, o comunismo era impensável sem a visão ateísta do homem e do universo, sem a cosmovisão materialista em suma. Para Croce, era, pois, tremenda tarefa, mas urgente, para um marxista coerente dissociar o determinismo do materialismo: eis aqui sua crítica à ontologia de Marx. Mas, ao lado dos contrastes, quantas afinidades entre Croce e Marx: o Historicismo de Marx é de cunho dialético. A diferença está na ênfase para a infraestrutura econômica do Marx maduro e na valorização da ideologia, como no jovem Marx hegeliano. Daí nasce a diferença entre a dialética da oposição em um e a dialética da implicação em Croce, que, sem deixar de valorizar o aspecto econômico, timbra em frisar o aspecto fundamental do espírito e da cultura. Por isso é que não é dialética materialista, mas das ideias, mais Hegel e menos Marx, mais liberdade e menos determinismo.

Daí a análise imparcial que faz Solari do historicismo marxista em *Socialismo e Diritto Privato*, com ressalvas a Marx, críticas a Spencer e encômios ao marxismo teórico de Labriola. E tal marxismo teórico e acadêmico, criticado por Croce, receberá do Gramsci prisioneiro do fascismo o reforço de uma "releitura humanista" do Marx da maturidade.

O Marxismo

Um dos países mais maltratados em consequência das guerras europeias desde a Revolução francesa foi a Itália. Nela os efeitos do liberalismo, capitalismo e industrialização foram sentidos significantemente, tornando seus intelectuais abertos à grande crítica marxista, porém com ressalvas a seu determinismo. Como todos os pensadores italianos de sua geração, por exemplo, Gioele Solari foi poderosamente influenciado por Antonio Labriola e sua interpretação do Marxismo. Discípulo de Giuseppe Carle, ele nunca poderia, compondo-se a trajetória intelectual do mestre torinês, abraçar totalmente o materialismo, pois o positivismo de Carle já é um positivismo mitigado, longe de Icilio Vanni e de Comte, prenunciando o psicologismo de Wundt, senão de Gabriel Tarde. Mas cedo Solari se empolga pelo ressurgir do idealismo na Itália. Este nunca estivera ausente da península, se lembrarmos sua recuperação *in sede cattolica* por obra de um Rosmini, mas agora o retorno a G. W. F. Hegel se fazia com maior lucidez e precisão, através dos trabalhos de Gentile e Croce. Mas Solari não é um croceano nem um gentiliano, pois, embora aceite muito de Hegel, seu Idealismo social tem muito mais de Fichte, como ele mesmo o confessou. Nunca puramente idealista, também nunca puramente socialista, mas um pensador original que procura conciliar, como se vê no seu *Socialismo e Diritto Privato*, a preocupação com o social com o cuidado quase rosminiano pelo individual. Entretanto, o que mais o distancia de Marx é, sem dúvida, o materialismo de que este se impregnou, pagando tributo ao sistema capitalista que do outro lado combatia, pelo seu cientificismo, cuja praça sempre Marx e Engels fizeram, chegando até o anticristianismo e até o antissemitismo, pois para o Marxismo religião = alienação é uma equação indiscutível. *V.g.*, *A Sagrada Família*, cartilha de uma geração materialista.

Solari, com ser idealista, é também espiritualista; não o atrai a visão materialista, pois não vê vantagens na "materialização da vida senão para as classes dominantes"[31]. Não estava errado o nosso Solari. O sistema capitalista é a quintessência não do espiritualismo, mas sim do materialismo, e só se tornou possível quando se transitou de uma sociedade ainda dominada por cânones morais cristãos para a dita sociedade liberal, em que, como já se demonstrou, foi substituída a soberania da teologia pela da razão. Max Weber perceberá na Reforma Protestante, que "libertou" o homem ocidental do "moralismo" católico, um sólido apoio para o que chamou de "espírito do capitalismo".

Na concepção cristã de mundo no tempo cronológico linear da Bíblia está a base do historicismo, como já dissemos, imprescindível para ter lugar a visão marxista, de modo que o mais temível adversário do Marxismo não foi a filosofia cristã. O maior adversário do Marxismo foi sem dúvida o voluntarismo, contido no "irracionalismo" nietzscheano da "vontade de poder", levado até o anticristianismo. Já o fascismo, como adiante se verá, é mais o seu concorrente, o seu competidor na disputa pelas massas, na *prassi della politica delle cose* mussolineana e no *attualismo* de Gentile, que não se choca nem com o socialismo, nem com o catolicismo, mas os absorve, como até hoje deblateram seus expoentes. Solari, com não ser fascista, é mais um precursor, com Toniolo, da democracia social, ou, como se verá, precursor de um socialismo democrático moderado.

Não compartilha, pois, totalmente, da visão marxista do direito, pois defende um *socialismo giuridico* que também é Idealismo.

---

31. Gioele Solari, *Socialismo e Diritto Privato*, Milano, Ed. Giuffrè, 1980, p. 179-80.

Quando o jovem Marx, estudioso de Direito, insurgia-se contra as colocações de seu mestre Savigny, longe estaria de supor que sua polêmica ia se prolongar bem depois, exatamente porque, com base em Schelling, o Historicismo de Savigny, Puchta e Adam Muller, com o fluir dos anos, originaria o idealismo de Hegel, mas do Hegel da ideia como devir, como dialética do espírito, mas não da matéria, enquanto Marx, como sabemos, seguiria a chamada "esquerda" hegeliana.

Guardam, no entanto, vários pontos de contato: o historicismo de Savigny é — antes de tudo — antiliberal. Discutiu-se muito se o Romantismo não comportaria uma modalidade liberal, mas, se por Romantismo entendemos o absoluto superando o indivíduo, concluiremos que o indivíduo se realiza dentro dos padrões liberais no Racionalismo, nunca no Romantismo, pois este, embora partindo da angústia do indivíduo desejoso, com Fichte, de superar a dicotomia eu-não eu, mergulha no absoluto, chame-se a este absoluto Deus (Romantismo religioso de Anna Catherina Emmerich e Clemente Brentano); chame-se a este absoluto nação ou pátria (Romantismo político de Fichte, como de Rousseau); chame-se a este absoluto Estado (Romantismo político de Hegel, depois, de Gentile).

Neste ponto o Romantismo da Escola Histórica nada fica a dever em virulência ao Marxismo, só que este é o prosseguimento jacobino da Revolução, enquanto o Nacionalismo é uma Revolução ao contrário, pretendendo uma marcha a ré (o que é anti-histórico), com o retorno a formas políticas e econômicas baseadas no feudalismo, para não falar em formas ainda mais arcaicas, na configuração nietzscheana do Romantismo.

Percebe-se que Marx é o anunciador da Revolução Comunista de Lênin, enquanto Savigny é o anunciador da Contrarrevolução Nacionalista de Hitler, pervertido pelo racismo de Gobineau de Chamberlain, herdeiros retardatários de Spencer e Darwin.

Carl Schmitt, em discutida obra, pôs em relevo os aspectos "arcaicos" do nacional-socialismo[32]. Quanto ao fascismo, herdeiro do *modus faciendi* do marxismo com o ex-socialista Mussolini, chamou para sua ideia de "Estado Absoluto", um pouco tardiamente, o prestígio do "Estado como Absoluto" de Hegel, inspirador dos filósofos do fascismo: Rocco, Gentile e Bortoloto.

---

32. Carl Schmitt, *Romanticismo Politico*, trad. italiana por Carlo Galli, da obra original em alemão *Politische Romantik*, Milano, Giuffrè Editore, 1981, p. 46 e s.

É Mircea Eliade quem tem salientado o aspecto cristão ou judaico-
-cristão do Historicismo, desde Santo Agostinho, como vimos no final da
Idade Antiga. Não seria por esse motivo que Savigny supervalorizou o
"retorno às fontes", fontes romanas, românticas, medievais, em plena atmosfera do Romantismo, enquanto Marx pregou a "marcha pelo rio da
história, rio que flui para a desembocadura final da sociedade sem classes,
também em plena atmosfera do Romantismo, digamos de outra ala, de
outra corrente mas partindo do mesmo antirracionalismo, do mesmo anti-
-individualismo, do mesmo ódio à Revolução Liberal (sobretudo a Inglesa
de 1688)...?

E isso é tanto mais verdadeiro quando hoje sabemos que o Marxismo
pressupõe a cosmovisão cristã do tempo que flui, é historicista, enquanto
o Romantismo o é em outro sentido, mais no de retorno a algo já vivido,
um pouco na linha dos arquétipos de repetição, subjacente à sua visão
de direito romano como ideal a ser seguido, repetido, com notável valorização das fontes. É a diferença entre "história-profana e humana" e "história sagrada e mítica", tão bem explicadas por um Mircea Eliade em
várias obras, mas sobretudo em *Le Mythe de l'Éternel Retour*. E isso tudo
porque a noção de tempo progressivo da visão judaico-cristã, presente na
visão marxista, está ausente da visão de tempo cíclico da visão céltica,
germânica, grega, romana, pré-cristã, retomada pelo hiper-romântico
Nietzsche[33]. O Marxismo não é só um materialismo, como o de um Demócrito antigo. É um materialismo que se manifesta em uma visão do
homem em processo histórico de luta de classes. Não é sequer uma luta
contra o Idealismo, pois a ideia marxista de "ideia dominante porque ideia
da classe dominante" pressupõe uma explicação histórica do como e por
que ocorreu a ascensão da classe burguesa que o Marxismo pretende
substituir por uma classe dirigente trabalhadora até a final extinção da
distinção entre uma classe e outra.

Vemos que, sem o Historicismo, Marx perde todo o *élan* sociológico
e mesmo político, pois sua explicação dialética da história é a grande explicação que se contrapõe à sociedade de classes como algo "permanente"
do século do Iluminismo.

E foi em grande parte graças a Marx que a história buscou a exatidão,
o método rigoroso, a possível neutralidade, enquanto que a visão que

---

33. Mircea Eliade, *Le Mythe de l'Eternel Retour*, Paris, Editora Gallimard, 1949, p. 218-20.

Savigny tinha do direito invadiu a sociologia, a psicologia, a antropologia, mesmo quando sua orientação não é romântica. V. g., a sociologia de Weber, a antropologia de Franz Boas etc., e, no campo jurídico, o Idealismo Social de Gioele Solari. São seus prosseguimentos. Diz, realmente, nosso autor: "Savigny reabilita o passado e nele procura os germens do presente. As normas e as instituições jurídicas readquirem valor em proporção de sua antiguidade. (...) Única e verdadeira geradora do Direito é a alma coletiva que se afirma nas instituições jurídicas, se perpetua nas tradições, se desenvolve e se encontra nos legisladores e nos juristas como seus fiéis e autorizados intérpretes"[34]. E sobre o Marxismo reconhece: "O caráter científico do socialismo marxista não lhe advém de sua dependência das ciências físicas e naturais. O marxismo tem origem filosófica, não científica, e suas lutas são de fato independentes do movimento materialista que se desenvolvia contemporaneamente na Alemanha, sob a influência dos estudos físicos e biológicos. O mundo físico e natural estava fora da especulação marxista como ele estava fora da especulação de Hegel (sic)". E mais: "Marx estuda, materialisticamente a história e, com isto, Marx entende encontrar a base nova e positiva do movimento socialista". Mas "Marx não pretende considerar a história prolongamento da natureza e de suas leis, antes admite como vimos o voluntarismo nos fatos históricos e com isto exclui o determinismo físico materialista". E explica melhor ainda: "Compreender a história significava compreender a 'fatalidade histórica' do socialismo, a necessidade própria das coisas, a necessidade imanente na história mas sem o caráter de determinismo e fatalismo. É preciso não esquecer que para Marx são os homens mesmos que fazem a História"[35].

Marx foi muito mais hegeliano do que comumente se pensa: "Não esqueçamos que Marx mais do que na escola dos fatos tinha se formado intelectualmente na escola de Hegel: ele procura na História a prova renovada da lei dialética hegeliana"[36].

Todo o mérito de Solari está, a nosso ver, em ter reconhecido o idealismo que serve de base ao materialismo histórico, pois Marx nunca rompeu com a visão historicista nem com a dialeticidade do hegelianismo. Apenas, e isto não é pouco, mas não é tudo, mostrou que as relações de

---

34. Gioele Solari, *Socialismo e Diritto Privato*, Milano, Ed. Giuffrè, 1980, p. 55.

35. Ibid., p. 154.

36. Ibid., p. 159.

produção estavam na base das transformações sociais, políticas, que todas seriam sua superestrutura, a ponto de assim definir o Estado e o direito, que por fim viriam a desaparecer...

A expressão "Marx inverteu Hegel" tornou-se algo de tão consagrado que muitos historiadores do Marxismo se esquecem da dívida contraída com o Hegelianismo, de onde parte o achado magnífico que revolucionou não só a filosofia, mas a história e terá influência sobre a sociologia: a ideia de dialética, com o novo sentido que lhe emprestou Hegel, como processo normal do pensamento e da vida no universo.

Sendo materialista, na linha de um "Demócrito moderno", e cientificista, Marx não chega, como Feuerbach, a negar o valor da dialética em nome do materialismo, mas, pelo contrário, utiliza a dialética para explicar a História em termos materialistas, disjuntando o hegelianismo enquanto idealismo do hegelianismo enquanto dialética[37]. Exatamente porque consegue, em sua obra, conciliar o inconciliável aparente (idealismo = dialética, materialismo = perenidade) é que Marx provoca a Revolução, primeiro no campo das ideias, depois no campo dos fatos, sendo o grande inspirador da Revolução de Lenin em 1917.

Feita essa ressalva, não se pode negar que Marx investe contra o idealismo alemão, pós-hegeliano de seus contemporâneos, como uma construção típica da mentalidade burguesa, que fingia não ver a realidade à sua volta, para construir um mundo ideal, subjetivo, em que se vê claramente um "espiritualismo gnóstico" escondido, que Marx viu muito bem ao notar a "sacralização da história" operada por Hegel, como realização do espírito objetivo. Aliás, a própria ideia de "espírito não subjetivo" já marca caracteristicamente a obra sobre Hegel. Daí procedem os ataques violentos a Stirner, tanto quanto ao materialista Feuerbach ainda não liberto da metafísica kantiana e hegeliana[38].

Foi, no entanto, um contemporâneo de Savigny, e como tal bebeu no mesmo rico caudal do Historicismo, o que não se pode esquecer...

E, de fato, é o que mais salienta Solari na obra *Socialismo e Diritto Privato*, ao dizer: "Labriola insiste sobre a visão profunda de Vico, repetida por Marx, ou seja, que a História é feitura humana e desdenha qualquer aliança com a ciência das transformações animais inconscientes e fatais

---

37. Karl Marx, *Oeuvres Philosophiques — Le Manifeste de l'École Historique*, trad. J. Molitor, Paris, Champ Libre, 1981, v. 1, p. 261.

38. Ibid., p. 127.

de toda natureza animal inferior. O homem não se move na natureza mas num mundo que ele mesmo criou, modificando a estrutura externa e fazendo-a servir a seus fins"[39].

A discordância de Solari não se encontra, pois, no nível do Hegelianismo, que, para Solari, é indispensável para a compreensão de Marx. O que lhe repugna é o materialismo, que, não sem razão, vê aproximar o marxismo do positivismo filosófico: "A parte da doutrina marxista que mais oferecia o flanco às exagerações dos neófitos do socialismo era a teoria do materialismo histórico, ainda que se tratando de simples teoria e não de um simples cânone de interpretação da História, como gostaria Croce. Era esta a parte da doutrina de Marx mais fácil de ser subentendida. Por obra sobretudo de Loria, a doutrina do materialismo histórico assume um aguçado caráter materialista, não mais no sentido histórico, mas no sentido naturalista, caráter que não estava na mente do autor. (...) O próprio trabalho, que é conceito fundamental na economia marxista é um fato espiritual, é sempre um produto do homem. O problema da História em si é, pois, um problema psicológico no marxismo. Isto se entende se se recorda que o marxismo alemão se desenvolvia sob a dúplice influência da corrente hegeliana e histórica"[40].

Quanto ao lugar ocupado pelo direito na filosofia marxista, que deveria ter sido mais enfatizado por Solari, já que escrevia sobre filosofia do direito, é o de superestrutura, totalmente dependente da infraestrutura econômica. Por isso os marxistas falam até hoje em "direito burguês" = "direito capitalista", não concedendo nenhuma autonomia à Teoria do Direito de Kant, por exemplo, que estigmatizam como um "filósofo liberal a serviço do Capitalismo".

Consequentemente, todas as instituições que constam de nossa Constituição e de nossos Códigos, como a família, a herança, a propriedade, a compra e venda, a locação etc., são, para um marxista fiel ao seu corifeu Karl Marx, meros produtos ideológicos, falsificações da realidade perpetradas pela classe dominante para iludir o ingênuo proletariado. A proposta é viver numa sociedade em que impera o amor livre, sem desigualdade de classe, sem propriedade, sem mercantilismo, viver numa coletividade absoluta, em que nada é privado, nem a própria privacidade, considerada própria da moral burguesa.

---

39. Gioele Solari, *Socialismo e Diritto Privato*, Milano, Ed. Giuffrè, 1980, p. 179.
40. Ibid., p. 173-4.

O sonho de uma sociedade que, ainda assim, funcione perfeitamente foi desmentido pelo enorme crescimento do Estado nos países que seguiram o modelo marxista, negando a possibilidade de uma futura extinção do próprio Estado, como constou da doutrina em sua primeira elaboração.

A Escola Jurídica Italiana: Contardo Ferrini

Contardo Ferrini, união de rigoroso espírito científico na pesquisa das fontes do Direito com uma vivência cristã

Nasceu Contardo Ferrini em Milão, aos 5 de abril de 1859, cresceu e se educou em Suna, aprazível cidade junto ao Lago Maggiore, onde seu pai, o engenheiro e professor de física Reinaldo Ferrini, estabeleceu sua residência. Bastante saudável e agitado, o menino Contardo era um verdadeiro traquinas, exigindo, muitas vezes, corretivo severo de seu pai, como de uso naquele tempo. No entanto, mais exatamente a partir de sua primeira comunhão, revelou um espírito sobrenatural, capaz de antever a razão essencial de toda a sua vida, resumida numa afirmação categórica de Gian-Battista Vico: "o homem é um ser finito que deve tender para o Infinito".

Contardo Ferrini, ao lado de uma espiritualidade que irá num crescendo até atingir os píncaros da ascética e da mística, em seus escritos espirituais da idade madura, já revelava uma tendência marcante para o estudo e a pesquisa. Seus colegas reuniam-se em sua casa para ouvi-lo repetir as lições do liceu. "Quase nunca falava de religião, mas, como atesta seu colega Ferrario, todos compreendiam como o estudo e a ciência eram, para ele, meios para subir até Deus."

Terminados os estudos do liceu, Ferrini ingressou no Colégio Borromeu, onde se matriculou na Faculdade de Direito. "Recordo muito bem, escreve o advogado Zapparoli, as impressões bem diferentes que me deixavam as lições escritas por Ferrini, comparadas com as dos outros companheiros. Ferrini não escrevia com as palavras do professor, mas reunia em poucas frases um grande discurso, anotando com prontidão e maravilhosa clareza só a ideia. Desde então, admirei esta característica da inteligência de Ferrini: ele era eminentemente sintético, e ao mesmo tempo muito claro."

Essa admirável capacidade de ir diretamente ao cerne das questões será uma característica de Ferrini, que explica seu êxito no campo tão complexo que escolheu em seus estudos de pós-graduação. Desde cedo se sentiu atraído pelo estudo aprofundado das leis penais dos povos da Antiguidade.

Ferrini não só levava consigo nessa empresa uma rica bagagem, um profundo conhecimento das línguas antigas e um bom conhecimento dos mais importantes idiomas moderno, mas também um puro e alto idealismo, que lhe desvendava e lhe indicava no direito romano um reflexo daquela lei natural, a qual, até mesmo pelo pensamento pagão, é considerada como algo de eterno e divino, segundo o solene testemunho de Cícero: "Vejo que a opinião dos mais sábios foi que a lei não é invenção do engenho humano nem da vontade dos povos, mas é qualquer coisa de eterno que deve reger o mundo inteiro, pela sabedoria dos preceitos e das proibições" (Cícero, *De Legibus*, L. II, cap. 4).

Em 21 de junho de 1880, o jovem Ferrini defende sua tese de doutoramento perante banca da Universidade de Pavia. Ela versa sobre os vestígios de direito penal nos poemas de Homero e Hesíodo. É aprovado por unanimidade e indicado para bolsa de estudos na Alemanha, que o governo italiano concedia aos melhores estudantes.

Seus professores entusiasmaram-se com ele, incentivando suas pesquisas em documentos antigos, na indagação que o ocupava então, a das fontes do direito romano. Inclusive o animavam a escrever, para que suas pesquisas aproveitassem para o progresso dos estudos romanísticos. O professor Moritz Voigt, desejando homenageá-lo, dedicou-lhe seu livro *História do Direito Romano*, como representante dos romanistas italianos, assim como dedicava a Otto Müller, alemão, e a d'Arbois Joubainville, francês.

Vale a pena notar que o período berlinense é para Ferrini o da ascensão para graus mais elevados de união com Deus e um dos mais fecundos em escritos espirituais. É também o do desenvolvimento integral do seu método científico. "Ferrini, informa o advogado Bellini, seguia a Escola Histórica, dando-lhe uma orientação muito especial. Estava persuadido de que os desígnios da Providência atuavam na evolução histórica. Tinha especial predileção para a investigação analítica, sabendo, porém, elevar-se às grandes sínteses. Como estudioso, Ferrini possuía perspicácia para conhecer o problema central das questões discutidas. Era dotado de uma grande clareza nas ideias e assim as discutia, com lucidez e facilidade em exprimi-las. Ao lado da ciência, um senso didático incomparável, que o levava a amenizar as aulas com anedotas e comparações que condiziam com os assuntos em pauta, sempre que percebia o decréscimo do aproveitamento na classe. Nos exames era justo e imparcial, mas também indulgente" (*Carta a Paulo Mapelli*, de 16-1-1881).

Carta a Paulo Mapelli, de 16-1-1881. Nessa mesma carta, em que conta como conheceu o Prof. Westermaier, Ferrini informa que na Alemanha o estado sustentava as escolas tanto católicas como protestantes (o que atenua bastante a ideia que se faz da perseguição religiosa do "KulturKampf", que se deve atribuir mais ao chanceler Bismark do que ao imperador, o qual insistia na formação religiosa de seus soldados)[41].

Mesmo seus alunos que não compartilhavam suas convicções o estimavam, e Agostinho Gemelli, que era ateu nesse tempo, e que se ria de um professor que ainda acreditava em Deus, ia assistir às suas aulas com admiração. Mais tarde, já padre e fundador da Universidade Católica do Sagrado Coração de Milão, Gemelli iria trabalhar com seu testemunho pessoal pela causa de beatificação de seu antigo professor.

No seu "Regulamento de Vida" o professor Ferrini escrevera: "A caridade pelo bem moral dos outros será minha primeira preocupação e assim devo ser humilde e afável"[42].

Regressando à Itália, em outubro de 1883, foi encarregado da cadeira de Exegese das Fontes de Direito Romano, na Universidade que cursava. Foi também chamado para reger a de Direito Penal Romano. Em novembro de 1885 prestou concurso e venceu, tornando-se, assim, professor titular-catedrático de Exegese das Fontes do Direito Romano. Sua obra *História das Fontes do Direito Romano* mostrava como o Cristianismo influiu, indiretamente, na civilização romana, durante as perseguições e, uma vez cessadas estas, passou a influir diretamente na legislação e se mais não penetrou o direito romano foi porque os imperadores não foram os protetores que diziam ser do Cristianismo, por vezes levados mais por interesses humanos do que espirituais. Iniciou então a pesquisa laboriosa das obras de Lactâncio, o "Cícero cristão", de Arnóbio, de Minúcio Félix. Após sua morte, seus estudos foram aproveitados nas obras de Carusi, Biondo Biondi e Riccobono sobre o direito romano-cristão.

Em grande parte, a publicação de volumes de sua especialidade o absorvia por completo. Além do citado acima, que publicou em 1885, deve-se mencionar o *Tratado de Direito Penal Romano*, de 1888, e o *Manual das Pandectas*, de 1900. Sobre esse último, dizia o famoso Scialoia: "Quem conhece a matéria não pode deixar de se maravilhar com as preciosidades

---

41. Contardo Ferrini, *Scritti Religiosi*, Milano, Ed. Romolo Ghirlanda, 1911, p. 118.
42. Ibid., p. 172.

condensadas neste livro escrito em tão pouco tempo, fruto porém de longo e consciencioso trabalho". "Alegro-me", dizia Ferrini no prefácio ao volume *Teoria dos Legados e dos Fideicomissos*, "de poder testemunhar que sempre procurei a verdade e nunca o extravagante, e que tudo quanto publiquei o fiz com persuasão honesta e sincera de estar com a verdade. Por isso mesmo desejo juízo imparcial e sereno dos entendidos." Seu amor pela verdade excluía todo relativismo, e seu apreço pelos estudos afastava qualquer vaidade, pois frequentemente corrigia opiniões antes sustentadas ao vê-las cair perante as incessantes objeções de sua perspicácia e de sua fria autocrítica.

A fama de Ferrini, depois do seu *Tratado de Direito Penal Romano*, era tão grande que seu colega nos estudos de direito penal romano, Theodore Mommsen, teve a coragem de dizer: "Assim como o século XIX se intitulara o século de Savigny, o século XX seria o de Ferrini, nos estudos de direito romano e assim a primazia do romanismo passaria da Alemanha para Itália". Isso seria reconhecido pela Academia dos Lincei, em sessão solene, de 7 de julho de 1903. O professor Contardo Ferrini, além de Pavia, lecionava em Módena e deixara seu cargo em Messina, para avizinhar-se da sua família, que ainda residia em Suna. Ao voltar de uma excursão, pois seu "hobby" era o alpinismo, Contardo Ferrini revelou sintomas do tifo, que o levou em poucos dias, em 4 de outubro de 1902.

Todos o elogiavam como "O mestre", de norte a sul da Península, e todos se alegravam com a honra por ele devolvida à pátria da Ciência do Direito, no campo romanístico.

Beatificado em 1947, a então recém-fundada Faculdade de Direito da PUC de São Paulo, em 1948, tomou-o para seu patrono e tal permanece até hoje.

CAPÍTULO IV

A EUROPA NO SÉCULO XIX: OS NACIONALISMOS — OS IMPÉRIOS COLONIAIS O POSITIVISMO FILOSÓFICO DE AUGUSTE COMTE — O EVOLUCIONISMO DE HERBERT SPENCER E RUDOLF VON JEHRING

🙰

O Congresso de Viena e a Santa Aliança

Vimos anteriormente como as conquistas da Revolução Francesa de 1789 foram consolidadas no país em que elas se deram e propagadas no estrangeiro por Napoleão Bonaparte.

Não se deve crer que a queda política de Bonaparte em 1814 tenha representado o fim do processo revolucionário, pois este prosseguia seu curso, agora sob a forma latente de fermentação das ideias, no período pós-napoleônico[1].

Em 1814, reuniu-se em Viena um Congresso para tratar da situação política da Europa, restabelecer as fronteiras que Napoleão tinha alterado, repartir os despojos do império napoleônico, recompensar as atitudes favoráveis aos aliados, tomadas na época em que despertaram as fúrias do General Bonaparte.

Foi no decorrer dessa memorável assembleia que o ministro da Áustria, o príncipe de Metternich, apresentou os planos de uma instituição de

---

1. "As calmarias são meras metamorfoses da Revolução. Os períodos de tranquilidade aparente, supostos interstícios, têm sido, em geral, de fermentação revolucionária surda e profunda. Haja vista o período da Restauração." Cf. *Revolução e Contrarrevolução* de P. C. de Oliveira, p. 24.

caráter contrarrevolucionário. Destinava-se a sufocar desde o início qualquer movimento revolucionário que surgisse na Europa. Sua política era a da intervenção pelo bem das nações europeias, que choravam suas primeiras concessões à Revolução.

O Czar da Rússia, o Rei da Prússia e o Imperador da Áustria formaram então a Santa Aliança. Alexandre I da Rússia, Frederico Guilherme II da Prússia e Francisco II da Áustria se comprometiam a fornecer tropas e subvenção para as intervenções contrarrevolucionárias.

Entretanto, a política da Santa Aliança seria prejudicada pela atitude da Inglaterra, cujo Ministro Canning era a favor da autodeterminação dos povos e, portanto, contrário a toda forma de intervenção estrangeira. Começava a era dos nacionalismos.

Valendo-se de seu prestígio político e de sua força econômica, a Inglaterra pressionou os países no sentido de não permitir a passagem das tropas da Santa Aliança por suas terras, e de não se solidarizar com as medidas contrarrevolucionárias aconselhadas pela Santa Aliança.

Eis a explicação para o fato de a Santa Aliança nada ter obtido para evitar as revoluções de 1820 e 1824 em Portugal, as revoluções de 1830 e 1848 na França e as lutas da independência grega. Tampouco conseguiu impedir a ação das doutrinas socialistas na Europa, em 1848.

A Restauração e a Revolução de 1830

Como dissemos anteriormente, a queda de Napoleão trouxe ao trono francês o herdeiro dos Bourbons, Luís XVIII. A isso se chamou Restauração. Esperava-se nos meios monarquistas uma volta integral ao Antigo Regime, anterior à Revolução de 1789. Luís XVIII, porém, manteve o *status quo* napoleônico, os códigos que datavam do Consulado e inclusive o pessoal administrativo do Império. Talleyrand, um dos maiores protagonistas da Revolução, continuou como chanceler da França. Em certos pontos, a monarquia era mais liberal que o império, sobretudo se compararmos a constituição imperial com a outorgada pelo Rei Luís XVIII. Isso provocou nos meios conservadores certo mal-estar, que levou o Conde Joseph De Maistre a dizer: "A Restauração tudo restaurou e nada restabeleceu".

Entretanto, a morte de Luís XVIII e a subida ao trono de seu irmão, o Conde d'Artois, agora chamado Carlos X, animaram novamente as esperanças dos contrarrevolucionários. O novo rei atendeu de fato, em muitos pontos, às aspirações dos tradicionalistas, e por isso seu governo teve uma feição acentuadamente antirrevolucionária. Instituiu a censura da imprensa, impôs ao Parlamento de Paris o Ministro Polignac, expulsou da corte Talleyrand, restaurou a aristocracia na França.

Com isso não se conformou a burguesia revolucionária, que passou a apoiar declaradamente os políticos liberais. Estes, por sua vez, obtiveram a adesão de Luís Felipe de Orléans.

A casa principesca de Orléans sempre aspirara ao trono, de que estava excluída por ser *branche cadette,* ramo colateral na linha de sucessão do trono. Felipe de Orléans já em 1789 apoiara a Revolução com tais esperanças. A guilhotina fez-lhe ver quanto suas pretensões eram imprudentes.

Luís Felipe, seu filho primogênito, viu em 1830 a oportunidade que seu pai não tivera.

Uma considerável ala do clero tinha fortes pendores liberais — como Lamennais e Lacordaire — e democratas, isto é, almejava a separação entre religião e monarquia.

Em julho de 1830, após um tiroteio em que morreram 6.000 pessoas nas ruas de Paris, os liberais tomaram de assalto o palácio real. Carlos X pedira o auxílio da Santa Aliança, que não viera por temerem os aliados uma guerra com a Inglaterra, a qual olhava com simpatia para a revolução liberal.

Fugindo Carlos X para o exterior, Luís Felipe se proclamou rei da França, com o aplauso dos burgueses liberais. Por esse motivo, a monarquia de julho foi chamada "monarquia burguesa".

As consequências socioeconômicas do liberalismo e a doutrina social da Igreja

A Revolução Francesa de 1789 inaugurou um sistema socioeconômico chamado liberalismo. Segundo esse sistema, o Estado não deveria intervir jamais no campo das relações econômicas. No conflito de interesses, a norma era *laissez faire, laissez passer, que le monde va de lui-même.* O individualismo de Rousseau levava a liberdade de iniciativa até a abstenção total do Estado em matéria econômica e de relações de trabalho. Mas não se previa então a moderna maquinaria.

Acresce que a Revolução Francesa suprimira as corporações de trabalhadores vigentes na Idade Média e no Antigo Regime, sob a acusação de que eram nocivas à liberdade individual. Foi a lei proposta por Isaac

René Guy le Chapelier, em 14 de junho de 1791, que punia severamente a organização de trabalhadores, a greve, com a perda da cidadania e mesmo com a pena de morte (artigos 7 e 8).

Com isso os trabalhadores ficavam desamparados diante das crises que se avizinhavam. A Revolução Industrial ia paulatinamente substituindo o artesanato e a manufatura pela máquina. A máquina, não a liberdade, criava problemas.

Centenas de operários ficavam sem emprego quando as fábricas adquiriam as máquinas a vapor, os teares de recente invenção, os quais substituíam com lucro o trabalho humano, se bem que com perda de qualidade. A "lei da oferta e da procura" apareceu assim com a maior rigidez; os operários tinham, em muitos lugares, de aceitar condições extremamente árduas de trabalho e baixo salário para poderem trabalhar. Nessas condições, ficaram reduzidas a uma situação de extremo desamparo material e moral, pior que a escravidão, massas de trabalhadores cujos direitos não eram reconhecidos pela legislação saída da Revolução, voltada para os interesses da burguesia.

Ora, a maior parte das nações com governos liberais era, por tradição, cristã. Assistiriam as Igrejas, impassíveis, às lutas da "questão social"?

O Papa Pio IX, em 1864, condenou "os funestíssimos erros do socialismo e do comunismo" na Carta Encíclica *Quanta Cura*, mostrando que eles eram consequência de uma coleção de erros, que vinham sendo divulgados pelos liberais desde o início do século XIX e cuja lista — o *Syllabus* — vinha como anexo da Encíclica.

Seu sucessor, Leão XIII, mostrou o verdadeiro conceito de liberdade, explicando que só é livre quem age de acordo com sua reta razão e não seguindo as paixões instigadas por outrem, na Encíclica *Libertas*, publicada em 1888, ano em que concedeu a "Rosa de Ouro" à princesa Isabel do Brasil, que libertara os escravos com a Lei Áurea em 13 de Maio do mesmo ano.

Em documento anterior, increpara às filosofias dos séculos XVI, XVII e XVIII a responsabilidade pelos sistemas errôneos do século XIX:

"Efetivamente sabeis muito bem que a guerra encarniçada que os inovadores declararam, a partir do século XVI, contra a fé católica, e que tem aumentado de dia para dia cada vez mais, até à nossa época, tende a este fim, que, recusando toda a revelação e suprimindo toda a ordem sobrenatural, esteja aberto o campo às invenções, ou antes aos delírios da razão somente. Este erro, que da razão indevidamente tira o nome, lisonjeia e excita o orgulho do homem e tira o freio a todas as suas paixões: por isso invadiu naturalmente não só o espírito de muitos indivíduos, mas também, em grande escala, a sociedade civil" (*Quod Apostolici Muneris*, de 1878).

E mostra os frutos: "Daí veio que, por uma nova iniquidade, desconhecida até aos pagãos, os Estados se constituíram sem fazerem caso algum de Deus, nem da ordem por Ele estabelecida; a autoridade pública foi declarada como não tirando de Deus nem o seu princípio, nem a majestade, nem a força de mandar, mas que provinha da multidão, que, reputando-se livre de toda a sanção divina, julgou que devia submissão apenas às leis que ela mesma fizesse, consoante o seu capricho. Sendo combatidas e rejeitadas as verdades sobrenaturais da fé como contrárias à razão, o próprio Autor e Redentor do género humano é insensivelmente e pouco a pouco banido das Universidades, dos liceus, dos colégios e de todo o uso público da vida humana" (ibid.).

E lamenta o abismo em que se precipitam as pessoas mais pobres:

"Entregues ao olvido recompensas e castigos da vida futura e eterna, o desejo ardente da felicidade foi circunscrito aos limites do tempo presente. Estando por toda parte profusamente espalhadas estas doutrinas e introduzindo-se em todos os lugares esta extrema licenciosidade de pensamento e de ação, não é para admirar que os homens de ínfima condição, cansados da pobreza de suas casas ou pequenas oficinas, tenham inveja de se elevarem até aos palácios e à fortuna dos ricos: não é para admirar que já não haja tranquilidade na vida pública e particular, e que o género humano esteja já chegado quase à borda do abismo" (ibid.).

E mostrará, em 1881, na *Diuturnum Illud*, a raiz de tudo na descrença, no antropocentrismo do século XVI, fundamento e base dos contratualismos do século XVII (Hobbes, Locke) e do século XVIII (Rousseau):

"Na verdade, é a própria natureza, Deus, de forma mais precisa, Autor da Natureza, que determina aos homens viverem em sociedade civil. Claramente demonstram esta afirmação o poder da fala, que promove a vida em sociedade, uma série de tendências inatas da alma, e também muitas coisas necessárias e importantes que os homens isolados não poderiam obter e que, em conjunto e associados uns com os outros, poderá ser conseguido. Ora, não pode existir, nem se conceber, uma sociedade em que não há ninguém para governar a vontade de cada um, de modo que de muitos surja um impulso unitário e, em seguida, uma ordem certa para o bem comum. Deus quis, portanto, que na sociedade civil haja alguém que governe a multidão. Há um outro argumento muito bom: os governantes, cuja autoridade é administrar o Estado, devem obrigar os cidadãos à obediência, de tal modo que não obedecer seja um pecado manifesto. Mas nenhum homem tem em si mesmo e por si mesmo o direito de sujeitar a vontade livre dos outros com os liames deste império. Deus, criador e governador de todas as coisas, é o único que tem esse poder. E o exercício desse poder deve, necessariamente, se exercer conforme comunicado por Deus a eles: 'Há só um legislador e juiz, que pode salvar e destruir', diz a Sagrada Escritura, na Epístola de Tiago, IV, 12. Tal aparece em todos os tipos de poder. Que os poderes dos sacerdotes deriva de Deus é comprovado pela tradição de todos os povos, pois são chamados e considerados como 'ministros de Deus'. Da mesma forma, o poder dos pais tem sido a imagem e forma da autoridade que está em Deus, 'do qual procede toda a família nos céus e na terra' (Epístola de Paulo aos Efésios, III, 15). Assim, as várias espécies de poder tem um conjunto maravilhoso de semelhanças, uma vez que toda a autoridade e poder, quaisquer que sejam, tem sua origem em um único e mesmo Criador e Senhor do mundo, que é Deus."

Percebe-se uma clara referência à Bíblia, a Santo Agostinho e a São Tomás de Aquino. Nos próprios colégios cristãos se liam os autores liberais e os românticos mais ou menos socialistas, como Victor Hugo e Stendhal, e se adotavam filósofos liberais com verniz cristão, como Antonio Serbatti.

Percebeu Leão XIII que era urgente restaurar o ensino do tomismo nas escolas e universidades católicas.

Como reação, o Papa Leão XIII patrocinou o retorno ao direito natural do tomismo, pela Carta *"Aeterni Patris"* de 1879. O autor que mais o influenciou para essa importante decisão foi o jesuíta Luigi Taparelli.

Todo o esforço de um Luigi Taparelli, na época de Pio IX, fora no sentido de mostrar que o direito natural de São Tomás e os direitos do cidadão têm, mais do que analogia, verdadeira concordância. O direito de propriedade assume agora um lugar que não ocupa no pensamento de São Tomás. O direito de propriedade não tem em São Tomás o caráter de direito natural "primário", embora seja natural "secundário", pois existe mais por conveniência, por adequação à natureza. Já para Taparelli, o direito de propriedade é pedra angular do sistema e goza da inamovibilidade, que caracteriza sua noção de direito natural. Aliás, o direito natural inamovível é outra *trouvaille* do século XVIII encampada pelo neotomismo (ver o *Tratado de Direito Natural*, de Tapparelli).

A Escola de Louvain, patrocinada pelo Cardeal Joseph Mercier, distinguiu-se pelo esforço em dar ao tomismo um estilo mais aceitável para a época. Mas se aproximava mais dos textos autenticamente tomistas do que Taparelli, sem preocupação de se conciliar com certos pontos do liberalismo. A encíclica *"Rerum Novarum"*, de 15 de maio de 1891, veio completar outros trabalhos de Leão XIII durante o seu papado (*Diuturnum*, sobre as ideias políticas; *Immortale Dei*, sobre a constituição cristã dos Estados, e *Libertas*, sobre a liberdade humana) para fundamentar o pensamento social católico sobre a questão operária.

A encíclica trata de questões criadas pelo liberalismo e a situação operária durante a Revolução Industrial no final do século XIX. Leão XIII apoiava o direito dos trabalhadores de formarem corporações, mas rejeitava o socialismo e defendia o direito à propriedade privada.

A encíclica critica a falta de princípios éticos e valores morais na sociedade progressivamente laicizada de seu tempo, uma das grandes causas dos problemas sociais. O documento papal refere alguns princípios que deveriam ser usados na procura de justiça na vida social, econômica e industrial, como por exemplo a melhor distribuição de riqueza, a intervenção do Estado na economia a favor dos mais pobres e desprotegidos e a caridade dos empresários para com a classe operária. Esta é convidada à calma e perseverança na fé cristã, não se deixando levar para o ateísmo comunista.

A Revolução Social de 1848

Na França, desde fevereiro de 1848, os socialistas se aproveitaram das situações de descontentamento para promover várias manifestações de rua, que culminaram com a depredação de edifícios por uma população colérica. Vejamos como reagiram os liberais e a direita. Em 1848, Luís Felipe procurou apaziguar os ânimos com a abdicação em nome do filho ainda criança, o Conde de Paris. A regência provisória caberia à Duquesa de Orléans e seria formado um ministério de orientação socialista.

Entretanto, a oposição do Ministro Guizot ao projeto de reforma eleitoral fez gorar o acordo proposto pelo rei, e então Adolphe Thiers, Louis Blanc e Proudhon, com o apoio da Guarda Nacional, proclamaram a Segunda República Francesa.

Esta representava uma vitória da facção jacobina, outrora derrotada em 9 de Termidor. Louis Blanc era um dos mentores do movimento socialista internacional.

Proudhon costumava dizer: *"La propriété c'est un vol"* (a propriedade é um roubo), *slogan* que teria muita voga até nossa época.

A Constituição de 12 de novembro de 1848 suprimia a propriedade industrial, e estabelecia a participação obrigatória dos operários nos lucros das empresas, com a criação de oficinas nacionais.

O Presidente da República seria eleito pelo sufrágio universal, e sua autoridade seria considerada como proveniente do povo. Era a realização completa do *Contrato Social* de Rousseau.

A Revolução de 1848 repercutiu enormemente na Europa, dando origem aos movimentos socialistas da Alemanha e da Itália, cujo principal intérprete era Karl Marx, autor do livro *O Capital,* em que lançava as bases de uma "Nova Ordem" socialista.

Entretanto, no interior da própria França, os excessos dos líderes socialistas (estes de tal modo desejavam padronizar a administração que seu sistema se chamou "socialismo utópico") levaram ao poder o candidato apresentado pelos conservadores, Luís Napoleão Bonaparte, sobrinho do Imperador Napoleão Bonaparte, que obteve o apoio de todos os descontentes com a nova ordem de coisas: os bonapartistas, os legitimistas, os orleanistas, os democratas moderados (união das direitas).

Eleito em 10 de dezembro de 1848 por um golpe de Estado, suprimiu a Segunda República em 1860 e iniciou o Segundo Império com o nome de Napoleão III (Napoleão II teria sido o filho de Napoleão com Maria Luísa, o rei de Roma, em nome de quem o Imperador abdicou ao partir para Elba)[2].

---

2. Faleceu em Viena, ainda em vida de Maria Luísa. O herdeiro bonapartista passou a ser seu primo, Luís Napoleão, filho de Luís Bonaparte e Hortência Beauharnais.
Ver *Napoléon II, L'Aiglon* de André Cestelot, Paris, Lib. Acad. Perrin, 1961.

A UNIFICAÇÃO DA ITÁLIA E DA ALEMANHA

Itália

Para se tornar imperador, Napoleão III precisara do apoio dos católicos, aos quais, então, prometeu a liberdade de ensino. De acordo com a mesma política, Luís Napoleão socorreu o Papa Pio IX quando Roma foi tomada pelos socialistas italianos, liderados por Giuseppe Mazzini.

A Itália não existia como um Estado único, mas como nação que compreendia inúmeros Estados independentes. Após o Congresso de Viena de 1815, a situação política da Itália era a seguinte: os Estados Pontifícios, doados por Pepino, o Breve, rei da França no ano de 780, pertenciam ao Papa; o Reino das Duas Sicílias era apanágio da Casa de Bourbon; o Reino da Savoia e Piemonte pertencia a Carlos Alberto de Savoia; os Ducados de Toscana, Parma, Módena e Ferrara foram recebidos por príncipes austríacos após a derrota de Napoleão, formando o Reino Lombardo Veneziano.

Com a morte do Papa Gregório XVI, subiu ao trono pontifício o Cardeal Mastai-Ferretti, que tomou o nome de Pio IX. Era anunciado como um Papa "liberal" e que olhava com simpatia para os planos de unificação idealizados pelo jornalista Mazzini, desde que se formasse uma Confederação italiana sob sua presidência.

Apenas elevado ao sólio pontifício, Pio IX libertou os presos políticos e anunciou reformas liberais nos Estados Pontifícios.

Com isso, os socialistas se animaram a proclamar a República Romana, desconhecendo o poder temporal do Papa.

Negando-se Pio IX a reconhecer a República, o Vaticano foi invadido e o Papa fugiu incógnito para Gaeta, no Reino das Duas Sicílias (Nápoles). Foi socorrido por Luís Napoleão, cujas tropas desfizeram a República e garantiram a volta a Roma de Pio IX, agora francamente oposto à unificação.

A ideia de nacionalidade não entrou, porém, em declínio na Itália, até que Carlos Alberto, rei do Piemonte, decidiu apoiar o movimento liderado por Cavour e Garibaldi, com a promessa de sua casa real ocupar o trono de uma Itália unificada.

Por outro lado, Cavour obteve de Napoleão III sua neutralidade, na entrevista de Plombières (1858). Com efeito, a Napoleão III já não interessava o apoio dos católicos, que se achavam, aliás, divididos na França em "liberais", liderados por Mons. Dupanloup, e "ultramontanos", de Louis

Veuillot, estes favoráveis ao socorro francês ao Papa Pio IX em caso de agressão dos garibaldinos.

Da neutralidade Napoleão III passou para a ação quando decidiu apoiar os italianos, a fim de prejudicar a Áustria, que, como vimos, tinha feudos na Itália. As batalhas de Magenta e de Solferino — onde triunfou sobre os austríacos — foram um grande impulso dado pelo imperador à causa da unificação.

Em 1870, as forças convergentes de Vítor Emanuel, filho de Carlos Alberto, ao norte, e de Garibaldi, ao sul, invadiram o Vaticano, pondo fim ao poder temporal dos Papas: Roma passou a ser capital do Reino da Itália. Isso não atingiu o catolicismo, pois Dom Bosco, discípulo da Amizade Cristã da 3ª geração, fundou inúmeros colégios e orfanatos. Entretanto, o Papa Pio IX considerou-se "prisioneiro do Vaticano", no que foi seguido por seus sucessores até Pio XI, quando a chamada "questão romana" foi contornada, em 1929, por acordo entre o Cardeal Gasparri, secretário de Estado de Pio XI, e Benito Mussolini, primeiro-ministro e ditador da Itália. Dessa concordata se originou o Estado da Cidade do Vaticano, cujo sobe-rano é o Papa, com total liberdade e autonomia perante o governo italiano.

Alemanha

Ao tempo em que os italianos lutavam pela unificação, a Prússia já conseguira unificar a Alemanha, composta anteriormente de feudos inde-pendentes, excluindo a Áustria do Estado alemão. O Chanceler Otto von Bismarck sonhava entretanto expandir o poderio prussiano para fora da Alemanha, conquistando províncias renanas que pertenciam à França: a Alsácia e a Lorena.

O choque sobreveio quando Bismarck apresentou a candidatura de um príncipe alemão para o reino da Espanha. Napoleão III exigiu a reti-rada desse nome, pois a França temia ver-se entre dois fogos. A entrevista de Ems entre o Embaixador francês, Benedetti, e o Rei Guilherme da Prússia acirrou ainda mais os ânimos.

Em 19 de julho de 1870, irrompeu a guerra franco-prussiana, em que erros sucessivos de Napoleão III levaram os prussianos a fáceis vitórias, que culminaram na invasão da França e no desastre de Sedan, em que o imperador foi feito prisioneiro.

Em Paris, a notícia da derrota significou o fim do Segundo Império e a proclamação da Terceira República de Thiers e Jules Favre, que negociaram a paz de Versailles, em que a França reconhecia o Império alemão, a perda da Alsácia e Lorena e se comprometia a pagar vultosa indenização.

Essas decisões trouxeram grandes tumultos à cidade de Paris, cujos políticos consideravam deprimente a atitude de Thiers e Favre em Versailles. Os socialistas franceses criaram então a Comuna, a qual ocasionou muitas chacinas nas ruas parisienses, como represália pelas medidas do governo a fim de debelar a revolta. Incendiaram as Tulherias e o Paço Municipal de Paris, antes de serem vencidos. Como vimos, isso deu nome ao socialismo radical ou "comunismo", que preconizava a tomada do poder pela violência.

As últimas décadas do século XIX foram, pois, marcadas por terríveis agitações e conflitos europeus, causados pelas sucessivas revoluções que tinham na França a sua matriz, e que dali ganhavam os outros países da Europa. Também se presenciou a unificação alemã, sob a égide de Bismarck, com apoio filosófico no idealismo de Hegel, e jurídico no Código Civil Alemão de Windscheid. Também ajudaram o nacionalismo operístico de Wagner e a filosofia da vontade forte de Nietzsche.

OS IMPÉRIOS COLONIAIS

A América Espanhola

No século XVI a Espanha possuía um imenso império colonial que levava o Imperador Carlos V, detentor dos tronos espanhol e austríaco, a dizer: "Em meu império o Sol jamais se põe".

Havia pouco que Hernán Cortés conquistara o México, aproveitando-se da ingenuidade do rei asteca Montezuma, que deixara a cidade de Tenochtitlán, capital dos astecas, "abrir suas portas aos espanhóis, tidos como seres superiores pelos crédulos indígenas", como refere Prescott na sua obra *History of lhe Conquest.*

Quase ao mesmo tempo, Francisco Pizarro e Diego de Almagro anexavam o Peru às conquistas espanholas na América. A mando de Pizarro, Almagro conquistou o Chile, ao sul.

Em 1533, os *hidalgos* da corte de Madri, ouvindo falar das imensas riquezas que se achavam na *Nueva España,* para lá foram em grande número.

Juan Díaz de Solís percorreu o Rio da Prata, e Pedro de Mendoza fundou Buenos Aires, porto fluvial donde partiu à conquista da Argentina.

Ao findar a época colonial, a América Espanhola se constituía de quatro vice-reinados: o de México, o de Peru, o de Nova Granada e o de Assunção.

Os vice-reinados eram apanágio da coroa espanhola. Porém, a partir de meados do século XVIII, e sobretudo após o exemplo dos Estados Unidos (1776), as colônias espanholas da América eram agitadas por movimentos de independência.

O general venezuelano Miranda contava com o apoio da França, vendo no General da Revolução, Dumouriez, "um novo La Fayette". Malograram suas esperanças, pois Dumouriez se desentendeu com Napoleão, perdendo o prestígio na França.

Mas, em 1808, após a entrevista de Bayona, Napoleão depôs o rei da Espanha, Fernando VII, dando a seu irmão José Bonaparte a coroa espanhola.

Como os vice-reinados pertenciam à coroa e não, propriamente, à nação espanhola, tomou grande incremento a campanha de independência, tendo seu foco principal em Buenos Aires. Os membros do *Cabildo Municipal* se recusaram a prestar vassalagem ao usurpador José Bonaparte.

Em 1816, o General José de San Martín liderou a independência das Províncias Unidas do Prata, compreendendo a Argentina, o Uruguai e o Paraguai.

A esse gesto fez eco a revolta de Agustín de Itúrbide, que se proclamou Imperador do México, e de Simón Bolívar, que inaugurou a República da Colômbia, com a Colômbia, o Panamá, a Venezuela e o Equador.

Em 1821, San Martín levou a rebelião ao Chile, Peru e Alto Peru (depois Bolívia).

O sonho de San Martín era a República dos Estados Unidos da América do Sul, mas contra seus planos de liderança se opuseram Bolívar e outro estadista não menos ambicioso, o imperador recém-coroado do Brasil, Dom Pedro de Bragança. Para tirar de Bolívar e de San Martín a fama de líderes da América independente, Dom Pedro I deu a independência ao Uruguai em 1828, com o nome de Banda Oriental.

O Colonialismo na África

O verdadeiro móbil da colonização europeia na África era o acesso à matéria-prima, a colocação do excesso de suas populações, saindo da condição de imigrantes para países estrangeiros, e a ocupação de posições estratégicas fora da Europa.

A *Conferência de Berlim* foi realizada entre 19 de novembro de 1884 e 26 de fevereiro de 1885, e teve como objetivo organizar a ocupação de África pelas potências europeias; resultou numa divisão que não primou pela proporcionalidade.

O congresso fora proposto por Portugal e organizado pelo Chanceler Otto von Bismarck, da Alemanha. Participaram ainda Grã-Bretanha, França, Espanha, Itália, Bélgica, Holanda, Dinamarca, Estados Unidos, Suécia, Áustria-Hungria e Império Turco (Otomano).

O Império Alemão, país anfitrião, não possuía colônias na África, mas passou a administrar o "Sudoeste Africano" (atual Namíbia) e o Tanganica; os Estados Unidos possuíam uma colônia na África, a Libéria, logo libertada, pois tinham passado recentemente por uma guerra civil (1861-1865).

Como resultado dessa conferência, a Grã-Bretanha passou a administrar toda a África Austral, com exceção das colônias portuguesas de Angola e Moçambique e o Sudoeste Africano, toda a África Oriental, com exceção do Tanganica, e partilhou a costa ocidental e o norte com a França, a Espanha e Portugal (Guiné-Bissau e Cabo Verde); o Congo — que estava no centro da disputa; o próprio nome da Conferência em alemão é "Conferência do Congo" — continuou como "propriedade" da Associação Internacional do Congo, cujo principal acionista era o rei Leopoldo II da Bélgica; este país passou ainda a administrar os pequenos reinos das montanhas a leste, o Ruanda e o Burundi.

Os restantes países europeus que não foram "contemplados" na partilha de África também eram potências comerciais ou industriais, que, descontentes por muito tempo, passarão à ocupação sem consulta, como a Itália, na Abissínia e Líbia. Desse descontentamento nascerão duas guerras mundiais no século XX.

O POSITIVISMO FILOSÓFICO DE AUGUSTE COMTE

Nem todos os pensadores europeus do século XIX aceitaram a resposta de Kant ao empirismo radical de David Hume. Um dos mais importantes seguidores de Hume no que tange ao alcance do conhecimento humano foi o francês de Montpellier Isidore Auguste Comte (1798-1857).

Auguste Comte em sua obra *Cours de Philosophie Positive*, publicada entre 1830 e 1842, difundia uma filosofia da história, de certa forma, mais naturalista do que a de Hegel ou Marx, pois pode ser comparada, em grande ponto, à evolução psicológica do ser humano: época infantil ou da fábula; época da adolescência ou da racionalização abstrata; época da maturidade ou da ciência experimental.

Antes de tudo é preciso evitar um equívoco em que caem alguns juristas ao considerar o positivismo jurídico como reflexo da filosofia positivista de Auguste Comte ou filosofia positiva no campo do direito.

A expressão "positivismo" jurídico é própria e exclusiva do direito, com a tese que reduz o direito apenas ao direito positivo, vale dizer, legislado, enquanto norma emanada do Estado, daí ser mais apropriado substituir o termo positivismo jurídico pelo termo normativismo, para evitar confusão possível.

O positivismo, em outro sentido, é uma doutrina filosófica, concebida por Auguste Comte, que só reconhece validade científica à ciência exata e experimental, na sua época denominada "positiva". Já o positivismo jurídico designa uma doutrina jurídica, como já vimos, desde Hobbes até John Austin, no século XIX, para a qual o direito equivale, exclusivamente, à norma legislada, positivada, isto é, posta pelo Estado.

O positivismo de Auguste Comte não se ocupa, especificamente, do direito como objeto de estudo. Tem até uma tendência marcante pela insistência nos deveres do cidadão perante a sociedade, ou "o direito de cumprir o seu dever".

O normativismo se ocupa, exclusivamente, do direito, enquanto norma e enquanto objeto de estudo, atingindo sua melhor explanação na obra de Hans Kelsen (1881-1973), como veremos em próximo capítulo, mais aparentado com o formalismo ético de Immanuel Kant, radicalizado pelo contato de Kelsen com o cientificismo do "Círculo de Viena", erroneamente designado como "positivismo lógico" de Ludwig Wittgenstein (1889-1951), procurando esclarecer as condições lógicas entre o pensamento e a linguagem.

A preocupação de Comte é com o progresso do conhecimento científico. Para Comte "as ideias conduzem e transformam o mundo" e é a evolução da inteligência humana que comanda o desenrolar da história.

Comte pensava que nós não podemos conhecer o espírito humano senão através de obras sucessivas – obras de civilização e história dos conhecimentos e das ciências – que a inteligência alternadamente produziu no curso da história.

O espírito não poderia conhecer-se interiormente (Comte rejeita a introspecção, porque o sujeito do conhecimento confunde-se com o objeto estudado), mas pode descobrir-se através da história da civilização e particularmente através da história das ciências.

A vida espiritual autêntica não é uma vida interior, é a atividade científica que se desenvolve através do tempo. Como diz muito bem Henri Gouhier, a filosofia comteana da história é "uma filosofia da história do espírito através das ciências".

I. A Lei dos Três Estados ou Estágios

O espírito humano, em seu esforço para explicar o universo, passa sucessivamente por três estados ou estágios:

a) O estágio ou estado teológico ou "fictício" explica os fatos por meio de vontades análogas à nossa (a tempestade, por exemplo, seria explicada por um capricho do deus dos ventos, Eolo). Este estado evolui do fetichismo ao politeísmo e depois ao monoteísmo. Este estado é, no fundo, ingenuamente antropomórfico. O homem projeta espontaneamente sua própria psicologia sobre a natureza.

b) O estágio metafísico ou abstrato substitui os deuses por princípios abstratos como "o horror ao vazio", por longo tempo atribuído à natureza. A tempestade, por exemplo, será explicada pela "virtude dinâmica" do ar. Este estado é, no fundo, tão antropomórfico como o primeiro. O homem projeta empiricamente sua própria racionalidade sobre a natureza. A explicação metafísica tem para Comte uma importância sobretudo histórica como crítica e negação da explicação teológica precedente. Desse modo, os revolucionários de 1789 são "metafísicos" quando evocam os "direitos" do homem – reivindicação crítica contra os deveres teológicos anteriores, mas sem conteúdo real.

c) O estágio positivo ou científico é aquele em que o espírito renuncia a procurar os primeiros começos, bem como os fins últimos e a responder ao que não pode conhecer "positivamente", isto é, experimentalmente. A noção de causa (transposição abusiva de nossa experiência interior do querer para a natureza) é por ele substituída pela noção de lei científica ou descrição dos fatos. Contentar-nos-emos em descrever como os fatos se passam, em descobrir as leis (exprimíveis em linguagem matemática) segundo as quais os fenômenos se encadeiam uns aos outros.

Tal concepção do saber leva diretamente à técnica: o conhecimento das leis positivas da natureza nos permite, com efeito, quando um fenômeno é dado, prever o fenômeno que se seguirá e, eventualmente agindo sobre o primeiro, transformar o segundo ("Ciência é previsão e a previsão leva à ação").

Acrescentemos que para Augusto Comte a "Lei dos Três Estados" não é somente verdadeira para a história da nossa espécie, ela o é também para o desenvolvimento de cada indivíduo. A criança dá explicações "teológicas", o adolescente é "metafísico", ao passo que o adulto chega a uma concepção "positiva = experimental" das coisas.

II. A Classificação das Ciências

As ciências, no decurso da história, não se tornaram "positivas" na mesma data, mas numa certa ordem de sucessão que corresponde à célebre classificação, em ordem crescente de complexidade e decrescente de generalidade: matemática, astronomia, física, química, biologia, sociologia.

Das matemáticas à sociologia a ordem é a do mais simples ao mais complexo, do mais abstrato ao mais concreto.

Esta ordem corresponde à ordem histórica da aparição das ciências positivas. A matemática (que com os pitagóricos era ainda, em parte, uma metafísica e uma mística do número) constitui-se, entretanto, desde a Antiguidade, numa disciplina positiva (ela é, aliás, para Comte, antes um instrumento de todas as ciências do que uma ciência particular). A astronomia descobre bem cedo suas primeiras leis positivas, a física espera os séculos XVI a XVIII para, com Galileu e Newton, tornar-se positiva. A oportunidade da química vem no século XVIII (Lavoisier). A biologia se torna uma disciplina positiva no século XIX. O próprio Comte acredita coroar o edifício científico criando a sociologia.

As ciências mais complexas e mais concretas dependem das mais abstratas. De saída, os objetos das ciências dependem uns dos outros. Os seres vivos estão submetidos não só às leis particulares da vida, mas também às leis mais gerais, físicas e químicas de todos os corpos (vivos ou inertes). Um ser vivo está submetido, como a matéria inerte, às leis da gravidade. Além disso, os métodos de uma ciência supõem que já sejam conhecidos os das ciências que a precederam na classificação. É preciso ser matemático para saber física. Um biólogo deve conhecer matemática, física e química. Entretanto, se as ciências mais complexas dependem das mais simples, não poderíamos deduzi-las de, nem as reduzir a estas últimas. Os fenômenos psicoquímicos condicionam os fenômenos biológicos, mas a biologia não é uma química orgânica. Comte afirma energicamente que cada etapa da classificação introduz um campo novo, irredutível aos precedentes.

Ele se opõe ao materialismo, que é "a explicação do superior pelo inferior", quer o estático de Feuerbach, quer o materialismo histórico de Marx.

Nota-se, enfim, que a psicologia não figura nessa classificação. Para Comte o objeto da psicologia pode ser repartido sem prejuízo entre a biologia e a sociologia. Relutou muitos anos para, por fim, adicionar a moral como ciência máxima.

III. A Humanidade

A ciência que estuda a sociedade humana, que Comte chamara primeiramente de física social, e para a qual depois inventou o nome de sociologia, reveste-se de importância capital.

Um dos melhores comentadores de Comte, Levy-Bruhl, tem razão de sublinhar: "A criação da ciência social é a chave da abóbada decisiva na filosofia de Comte. Dela tudo parte, a ela tudo se reduz". Nela irão se reunir o positivismo religioso, a história do conhecimento e a política positiva. É refletindo sobre a sociologia positiva que compreenderemos que as duas doutrinas de Comte são apenas uma. Enfim, e sobretudo, é a criação da sociologia que, permitindo aquilo que Kant denominava uma "totalização da experiência", nos faz compreender o que é, para Comte, fundamentalmente, a própria filosofia.[3]

Comte, ao criar a sociologia, a sexta ciência fundamental, a mais concreta e complexa, cujo objeto é a "Humanidade", encerra as conquistas do espírito positivo: como diz excelentemente Henri Gouhier : "Quando a última ciência chega ao último estado, isso não significa apenas o aparecimento de uma nova ciência. O nascimento da sociologia tem uma importância que não podia ter o da biologia ou o da física: ele representa o fato de que não mais existe no universo qualquer refúgio para os deuses e suas imagens metafísicas. Como cada ciência depende da precedente sem a ela se reduzir, o sociólogo deve conhecer o essencial de todas as disciplinas que precedem a sua. Sua especialização própria se confunde,

---

3. Lévy-Brul. *La Philosophie d'Auguste Comte*, p. 266 e 285.

pois – diferentemente do que se passa para os outros sábios – com a totalidade do saber.

Ou seja, o sociólogo é idêntico ao próprio filósofo[4], que envolve com um olhar enciclopédico toda a evolução da inteligência, desde o estado teológico ao estado positivo, em todas as disciplinas do conhecimento.

Comte repudia a metafísica, mas não rejeita a filosofia concebida como interpretação totalizante da história e, por isso, sua identificação com a sociologia, a ciência última, que supõe todas as outras, a ciência da humanidade, a ciência, poder-se-ia dizer em termos hegelianos, do "universal concreto".

O objeto próprio da sociologia é a Humanidade e é necessário compreender que ela não se reduz a uma espécie biológica: há uma dimensão suplementar – a história –, o que faz a originalidade da civilização (da "cultura" diriam os sociólogos do século XIX).

O homem, diz-nos Comte, "é um animal que tem uma história". As abelhas não têm história. Aquelas, de que fala Virgílio nas "Geórgicas", comportavam-se exatamente como as de hoje em dia.

A espécie das abelhas é apenas a sucessão de gerações que repetem suas condutas instintivas: não há, pois, num sentido estrito, sociedades animais, ou ao menos a essência social dos animais reduz-se à natureza biológica.

Somente o homem tem uma história porque é ao mesmo tempo um inventor e um herdeiro. Ele cria línguas, instrumentos que transmitem este patrimônio pela palavra, e, nos últimos milênios, pela escrita às gerações seguintes, que, por sua vez, exercem suas faculdades de invenção apenas dentro do quadro do que elas receberam.

As duas ideias de tradição e de progresso, longe de se excluírem, se completam.

Como diz Comte, Gutemberg ainda imprime todos os livros do mundo, e o inventor do arado trabalha, invisível, ao lado do lavrador. A herança do passado só torna possíveis os progressos do futuro e "a Humanidade, Grande Ser, motor de toda existência individual ou coletiva, compõe-se mais de mortos que de vivos".[5]

---

4. Henri Gouhier. *La Vie d'Auguste Comte*, p.162.
5. Auguste Comte. *Catéchisme Positiviste*, p. 69.

Os mortos sobrevivem na memória dos que ficam. Os que sobressaem no serviço da Humanidade devem ser cultuados, como os "santos" da religião católica, antecessora da "religião da Humanidade", que Comte propunha, para preencher o vazio deixado pelo século XVIII e pelo laicismo, materialismo, utilitarismo do século XIX. Digamos, o positivismo comteano conduzirá a uma estrutura de governo autoritária.

O EVOLUCIONISMO DE HERBERT SPENCER E RUDOLF VON JEHRING

Para Herbert Spencer (1820-1903), o progresso da Humanidade se faria em termos de *"seleção das espécies"*, de *"sobrevivência dos mais aptos"*, no que se aproximava de Charles Darwin, procurando aplicar as leis da evolução a todos os níveis da atividade humana. O filósofo aplicou à sociologia ideias que retirou das ciências naturais, defendendo a primazia do indivíduo perante a sociedade e o Estado, e a natureza como fonte da verdade, incluindo a verdade moral. Não por acaso foi ele o autor de *The Man versus the State* (1884).

Objetando contra os critérios utilizados por Comte em sua classificação das ciências, Spencer adota o critério do maior ou menor grau de abstração. Assim sendo, Spencer classifica as ciências em três grupos: 1) as ciências abstratas, como a matemática; 2) as ciências concretas, como a biologia; 3) as ciências semiabstratas, como a física e a química.

Spencer introduz a hipótese evolucionista em 1854, com seu estudo *Estática Social*, desenvolvendo a teoria que será aceita e propagada por Charles Darwin, em 1859, na sua obra *A origem das espécies*.

Spencer, nos *Primeiros Princípios* (que introduzem o *Tratado* do qual os *Princípios de Sociologia* são uma parte), tentou explicar o Universo, concebido como um conjunto de relações dinâmicas, como um organismo vivo, no seio do qual se verifica uma crescente diferenciação e especialização, tanto dos organismos como das sociedades. Para o filósofo, as sociedades evoluem de formas mais simples para formas mais complexas, por diferenciação das funções e por integração, visando uma finalidade. Passa-se assim de uma sociedade primitiva, homogênea ou quase sem divisão do trabalho social para uma sociedade desenvolvida, heterogênea, com demarcação de tarefas distintas para os seus membros, visando um fim que tudo integra, que é o progresso = utilidade para todos.[6]

---

6. Spencer. *Les Premiers Principes*, p. 263 e segs.

A ideia de justiça para Herbert Spencer

Coerente com seu biologismo evolucionista, Spencer não distingue o mundo animal do mundo humano, a ponto de falar em uma moral animal (sic!), "pois a moral não pode ser separada das regras de conduta em geral e estas atingem sua perfeição quando garantem vida mais longa, ampla e completa, o que resulta, para cada espécie de animais, regras de conduta apropriadas, boas de uma bondade relativa e agindo sobre essa espécie do mesmo modo que agem sobre a espécie humana as regras de conduta moral que obtiveram assentimento unânime".[7]

"Os atos egoístas ou altruístas dos animais são pois classificados como bons ou maus, conforme sejam benéficos ou prejudiciais à preservação da espécie ou do indivíduo. (...) Se a constituição da espécie e suas condições de existência são tais que o sacrifício completo ou parcial de alguns de seus membros contribuirá para a prosperidade comum, assegurando a sobrevivência de um número maior de indivíduos, tal sacrifício será justificável".[8]

"A lei primordial para todos os seres é a lei de relação entre a conduta e as consequências que dela decorrem."[9]

"Do ponto de vista evolucionista a vida humana é um desenvolvimento ulterior da justiça infra-humana, essencialmente de mesma natureza, são etapas de um mesmo processo contínuo."[10]

Conclui Spencer que "a justiça se identifica com a necessidade de preservar o que é natural em cada homem, ou seja, a liberdade, desde que não impeça a liberdade de qualquer outro homem".[11]

Percebe-se que Spencer chegou ao mesmo resultado que John Locke no século XVII e Immanuel Kant no século XVIII. Mas a novidade residia agora na base cosmológica e biológica evolucionista, que dava ao convívio de liberdades o que o colocava não entre os "metafísicos", no jargão de Comte, mas entre os "positivos, científicos, exatos".

Sua visão evolucionista contribuía para fundamentar uma atitude de classificação das nações em mais ou menos evoluídas, sacrifício dos

---

7. Spencer. *Justice*, p. 1 e 2.

8. Idem, ibidem, p. 2, *in fine*.

9. Idem, ibidem, p.15.

10. Idem, ibidem, p. 17.

11. Idem, ibidem, p. 52.

doentes mentais e demais "fracos" em prol da espécie, competivismo econômico tido como absolutamente normal, com a "sobrevivência dos mais aptos", o que se coadunava com a visão da Economia como de livre concorrência, "Laissez-faire", por parte do Estado.

Vinha Spencer dar um apoio científico biológico à luta própria da competividade capitalista "selvagem" de então, sem qualquer consideração ética. Talvez isso explique o sucesso espetacular de suas obras, principalmente na Inglaterra e nos Estados Unidos, chegando a um milhão de exemplares vendidos. Como veremos, os engenheiros ingleses trarão suas ideias para o Brasil.O evolucionismo spenceriano levará a uma forma de governo liberal quase anárquico.[12]

Rudolf Jehring e a luta pelo direito

Discípulo de Spencer no campo da Filosofia do Direito será o alemão Rudolf von Jehring (1818-1892), professor da Universidade de Heidelberg, que define o direito como "vontade que visa um interesse, se preciso mediante o uso da força"[13]. Como seu mestre, inicia pelo estudo da "vontade animal" (sic!). Diz ele: "Se perguntarmos por qual motivo um animal bebe, a primeira resposta que nos ocorre é que bebe porque tem sede. Mas constatamos a inexatidão dessa resposta. Se o beber importa em um verdadeiro ato de vontade da parte do animal, ele não beberá porque tem sede, mas para que sobreviva".[14]

É incrível como um jusfilósofo tão festejado cai no erro grosseiro de confundir instinto animal com ato humano livre, e, por isso, volitivo. Se pretendia desacreditar o formalismo kantiano e o idealismo hegeliano, com uma procura incansável de "naturalismo" à maneira de Spencer, observamos que beirou o ridículo.

Com essa mesma metodologia evolucionista, monista, Jehring chega a justificar a escravidão como etapa no processo de evolução humana: "escravizar um prisioneiro é mais evoluído que matá-lo!".[15]

---

12. Richard Graham. *A Grã-Bretanha e o Início da Modernização no Brasil*, São Paulo, Ed. Brasiliense, 1973.
13. Rudolf Jhering. *O Espírito do Direito Romano*, vol. IV, p. 355.
14. Idem, *A Evolução do Direito*, p. 38.
15. Idem, p. 204.

É pois numa visão evolucionista que se insere famosa obra *A Luta pelo Direito*. Segundo o ponderado historiador Franz Wieacker, "tal título é uma transposição da 'luta pela vida' = *struggle for life* de Darwin".[16]

É claro que entre nossos estudiosos do direito tem prevalecido uma interpretação benigna, como "luta pelos direitos humanos", no sentido liberal e lockeano da expressão, o que explica sua imensa acolhida e repercussão até nossos dias. Mas é sempre bom saber qual o fundo ideológico em que se inseriu o livro em sua primeira concepção.

---

16. Franz Wieacker. *Jehring y el Darwinismo*", p. 352.

CAPÍTULO V

O PENSAMENTO JURÍDICO NO SÉCULO XX

ભ૪

A Primeira Guerra Mundial

A Primeira Guerra Mundial foi algo de inédito nos fastos da história; decorreu da política "de blocos" ou "das alianças", adotada pelas potências europeias no início do século XX. De acordo com essa política, um conflito entre dois Estados facilmente se comunicaria às nações dos respectivos blocos.

Em 1904, a Inglaterra, a França e a Rússia formavam a *Tríplice Entente*, enquanto a Alemanha, a Áustria e a Itália, desde 1882, compunham a Tríplice Aliança.

As duas coligações se opunham por motivos econômicos e políticos. A disputa do mercado europeu entre a indústria inglesa e a alemã, os interesses alemães pelos territórios franceses da margem do Reno, as pretensões do Czar sobre o Estreito do Bósforo, controlado pela Áustria, que, em 1908, anexou a Bósnia-Herzegovina, ponto estratégico nos Bálcãs, foram algumas das causas determinantes da Grande Guerra.

O estopim que fez explodir a pólvora foi o atentado de Sarajevo em 28 de junho de 1914. O príncipe herdeiro do trono imperial austro-húngaro, o Arquiduque Francisco Ferdinando, e sua esposa foram assassinados por um estudante anarquista quando o casal percorria a região da Sérvia, que tinha antigas pretensões sobre a Bósnia-Herzegovina.

A chancelaria austríaca enviou *ultimatum* à Sérvia: se não punisse os anarquistas sérvios, que, segundo parecia evidente, eram tolerados pelo governo da Sérvia, as forças austríacas atacariam aquela região da futura Iugoslávia.

Como o *ultimatum* não foi respondido, a Áustria declarou guerra à Sérvia. O exército russo, diante desse fato, mobilizou-se. A Alemanha, alegando solidariedade à Tríplice Aliança, declarou guerra à Rússia.

Grande era a comoção em Paris, onde Charles Maurras e Léon Daudet, chefes do movimento nacionalista e monarquista chamado *Action Française*, acusavam o governo de Clemenceau de conivência com os alemães, retardando a mobilização francesa.

Com efeito, o *Kaiser* Guilherme II, que já tinha tomado posição ao longo da fronteira do Reno, declarou guerra à França, que foi lançada de improviso numa terrível conflagração, para a qual Clemenceau não a tinha preparado.

É o que explica o rápido avanço das bem treinadas tropas alemãs pelo território francês em meados de agosto de 1914.

Os franceses tentaram uma diversão pela Alsácia, que de nada lhes valeu, pois os alemães avançaram até o Rio Marne.

Mas, para atacar a França, Guilherme II desrespeitara a neutralidade da Bélgica e de Luxemburgo, fazendo passar suas tropas pelo território desses dois países. A Inglaterra intimou a Alemanha a respeitar a soberania belga, e, diante da progressão germânica pelas províncias do norte, o governo britânico declarou guerra à Alemanha.

Atacada pela Rússia no *front* oriental e pela Inglaterra, Bélgica e França no *front* ocidental, a Alemanha recuou para Aisne, onde se entrincheirou, depois de ter perdido a batalha do Marne, em que o general francês Joffre venceu o general Ludendorff, da Alemanha.

Em fins de 1914, a Bulgária e a Turquia entravam do lado da Áustria e Alemanha, enquanto, em inícios de 1915, a Itália, que até ali não entrara em guerra, aderiu aos aliados, anulando a Tríplice Aliança como um erro, considerando a Áustria como eterna adversária da unificação, uma "inimiga histórica". Dentro em breve, dezenove países vieram cerrar fileiras ao lado de Inglaterra, França e Rússia.

Os russos demonstraram grande deficiência militar, sendo facilmente derrotados em Tannenberg, pelos alemães.

Atribuiu-se tal derrota à desordem interna reinante na Rússia, que resultou na Revolução Bolchevista de outubro de 1917. Essa desordem era devida à ação do célebre Rasputin, misto de espião e curandeiro, que ganhara a confiança do Czar Nicolau II e da Czarina Alexandra.

"A guerra das trincheiras" prosseguiu até 1917, ano em que os jornais noticiavam laconicamente: "nada de novo na frente ocidental". A monotonia foi quebrada pelo ataque do Marechal Foch às linhas alemãs em

Verdun, Malmaison e Chemin-des-Dames. Foi uma grande vitória dos aliados, que obrigou o *Kaiser* alemão a recuar para o Rio Reno.

A Áustria tinha melhor sorte, e os italianos recuaram em Caporetto, e os austríacos ocuparam a Romênia. Cedo, porém, a Itália reagiu e a decisiva batalha de Vittorio Veneto expulsou os austro-húngaros da Península.

A Revolução Russa: Lenin, Stalin, Trotski

Enquanto se desenvolviam as operações militares, a Rússia passava por grande convulsão, organizada por Vladimir Lenin e Leon Trotski, e financiada pelo *Kaiser* Guilherme II, interessado em afastar a Rússia do campo de batalha. Um trem blindado conduziu em segurança Lenin de seu refúgio na Suíça até a fronteira russa. Abdicando o Czar, o governo provisório de Kerensky, filocomunista, preparou o campo para os socialistas extremistas ou bolchevistas, cujos líderes eram Lenin e o oficial Trotski, rival com uma concepção própria do marxismo, de tendência anarcossindical, o trotskismo.

Conforme o combinado, Lenin fez a paz com a Alemanha em Brest-Litovsk (1917), retirando-se a Rússia da guerra.

Posteriormente, Trotski seria assassinado por ordem de Josef Stalin, no México, e, com a morte de Lenin, começou o stalinismo, ou o fortalecimento do Estado soviético, em nome da tese marxista da "ditadura do proletariado", para transitar de uma sociedade capitalista para uma sociedade coletivista. No fundo, tratava-se de um superestatismo em um totalitário regime de Partido Único, no qual reinavam funcionários da burocracia privilegiada, a *Nomenklatura*.

O Tratado de Versailles

Os alemães, entretanto, alegraram-se por pouco tempo, pois a Inglaterra e a França ganharam novos aliados: os Estados Unidos, Portugal e o Brasil. Acusavam a Alemanha de atos de pirataria no Atlântico, sem declaração de guerra.

De sua entrada na guerra, os Estados Unidos tiraram abundantes compensações econômicas.

A Alemanha, atacada violentamente, perdeu, na Jutlândia, sua marinha de guerra. Na floresta de Compiègne, a Alemanha se rendeu, num vagão de trem isolado...

Em 28 de junho de 1919, a suntuosa sala dos espelhos do palácio de Versailles se animava com o afluxo de altas personalidades do mundo político: Georges Clemenceau, da França, Lloyd George, da Inglaterra, Orlando, da Itália, e o Presidente dos Estados Unidos, Woodrow Wilson, plenipotenciários que vinham discutir a paz com as potências vencidas, Áustria, Alemanha, Bulgária e Turquia, que se renderam em 11 de novembro de 1918.

A Alemanha foi tratada duramente: perdeu todas as suas colônias e a Alsácia, a Lorena, o Danzig, a Posnânia, a Renânia, a Silésia. Foram-lhe impostos o desarmamento, a redução do seu exército a cem mil homens e o pagamento de vultosa indenização de guerra, cuja quantia não fora fixada de momento.

O Império Austríaco foi desmembrado: a Hungria, a Iugoslávia, a Tchecoslováquia, a Finlândia, a Lituânia, a Letônia e a Estônia se tornaram nações independentes. O imenso bloco que constituía o antigo Sacro Império perdia para sempre sua unidade.

A Turquia perdeu a Palestina e o Iraque, que se tornaram protetorados dos ingleses; a Síria ficou sob administração francesa.

A Bulgária, porém, não sofreu mutilações, para manter o equilíbrio político nos Bálcãs.

A Sérvia, que desencadeara a guerra, não obteve a sonhada independência: com a Croácia, a Macedônia e Montenegro formou a Iugoslávia.

Para supervisionar o cumprimento das cláusulas de Versailles, o Presidente Wilson criou a Sociedade das Nações, de caráter internacional; e, com a participação de todas as potências do mundo civilizado, compunha-se de uma assembleia, uma secretaria, um conselho e um tribunal de justiça internacional. Sua sede foi Genebra, na Suíça. Dela fizeram parte 32 nações. Com exceção dos Estados Unidos, pois, surpreendentemente, o Congresso Americano vetou os "14 Pontos" de Wilson!

O cinema de Hollywood e o fim da "Belle Époque"

Dá-se muita importância aos efeitos políticos da Primeira Guerra Mundial de 1914 a 1918. E, certamente, um dos principais, com a queda dos Impérios, foi o sucesso da Revolução Comunista na Rússia em 1917. Também se pode dizer que o Tratado de Versailles de 1918 redesenhou o mapa da Europa e do Oriente Médio. A crise econômica, por sua vez, trouxe greves e tumultos que explicam, em parte, o aparecimento de governos totalitários, como o fascismo na Itália, em 1922; o nazismo na Alemanha, em 1924, e assim por diante.

É preciso, porém, não esquecer da importante revolução cultural que foi a substituição da influência cultural da Europa pela dos americanos, que, sobretudo no campo das tendências da moda, do lazer e das aspirações do século XX, prepararam o longo processo de perda do decoro que culmina hoje nos "punks" e assemelhados. Foi um longo percurso, em que a maior importância na difusão do "American Way of Life" esteve a cargo do cinema de Hollywood, desde os tempos do cinema mudo de Douglas Fairbanks e Mary Pickford.

Com o desenvolvimento da indústria cinematográfica, concentrada em Hollywood, os americanos exportaram para todo o mundo suas roupas esportivas de preferência aos trajes monumentais da "Belle époque"; chapéu palheta ou boné colorido; calças curtas ou "shorts"; calças de lona ou "cowboy" (hoje, calça jeans). Jovens do sexo feminino usando calças compridas e fumando em público. Tudo isso no embalo de músicas como o "jazz", o "ragtime", o "charleston", os "blues", o "foxtrot". Pouca melodia, muito ritmo e velocidade nos passos.

Antes de 1929, o cinema ainda era mudo, mas nas casas de espetáculos havia uma orquestra que ficava num espaço embaixo do palco, e em cima deste estava montada a tela. Enquanto se viam as cenas do filme, os músicos tocavam músicas adequadas ao que se projetava.

Dando muito de si, só por sua expressão facial, modo de olhar, gestos das mãos, os atores e as atrizes conseguiam passar para os espectadores, na sala escura do cinema, todas as emoções: a alegria, a angústia, o despeito, a paixão, a ternura etc. Os roteiros se baseavam em novelas conhecidas, mas os personagens dos "Três Mosqueteiros" ganhavam vida com Douglas Fairbanks, como D'Artagnan, e Adolphe Menjou, como rei Luís XIII.

Rudolph Valentino ganhou fama interpretando tipos exóticos de "sheiks" do deserto, marajás da Índia, toureiros, cossacos russos. As centenas de cartas de fãs que chegavam toda semana mostravam que ele se tornara o protótipo do noivo ideal.

Ramon Novarro foi "Ben-Hur" e "Scaramouche", enquanto Tom Mix e Harry Carey eram os "mocinhos" contra os "bandidos" dos filmes de "far west".

Os jovens viam e imitavam o modo de andar deles. Os mais delicados, o corte de cabelo brilhante de vaselina de Rudy Valentino, e sonhavam com uma namorada parecida com Bebe Daniels ou Mary Pickford.

Com o "American Way of Life" divulgado pelo cinema, entravam os brasileiros em contato com uma cultura diferente: 1º) antitradicional, moderna, voltada para um futuro de realizações tecnológicas; 2º) uma cultura que valorizava os jovens, cujas ideias ousadas eram representações do futuro, em matéria de moral e comportamento social; 3º) uma cultura que dava realce aos esportistas, aos homens de ação, empresários e até jogadores de cassinos e mesmo "gangsters", desde que vitoriosos; 4º) uma cultura naturalista, materialista na visão de mundo, com uma tintura superficial de religiosidade nas cerimônias como casamento e funeral, em geral segundo o credo protestante, majoritário nos Estados Unidos; 5º) uma cultura sem cerimônia, de pés calçados estendidos em cima da mesa do escritório, chapéu firme na cabeça mesmo no almoço e jantar e expressões duras a todo momento: "Cale-se!", "Cai fora!" etc. Era toda uma nova cosmovisão que surgia no Brasil.

Porém a mudança das mentalidades é um processo longo. Ainda passaria algum tempo até que a nova filosofia de vida atingisse a maioria da população.

Observem-se, por exemplo, fotos de famílias europeias e brasileiras antes da Guerra: todos estão bem compostos e olhando serenamente para um ponto indefinido no horizonte. Um ou outro esboça um sorriso discreto.

Vejam-se, depois, fotos das mesmas pessoas depois da Grande Guerra: há um esforço para sorrir, mesmo gargalhar, denotando uma alegria contagiante, uma satisfação pela vida, irradiando otimismo. Alguns até fazem "caretas". Simples acaso? Cremos que se pode explicar a diferença das fotos. As primeiras irradiavam a seriedade da vida. As mais novas refletem uma visão otimista do futuro. Sorria, sorria sempre, mesmo que a notícia não seja boa.

Foi Hollywood, a "Meca do cinema", que trouxe, com seus astros e estrelas sorridentes, cheios de irradiante felicidade, e com o "happy end" obrigatório nos seus filmes, um otimismo que levava, subliminarmente, a uma visão de mundo romântica, oposta à dura realidade dos anos do pós--guerra. Havia também o "nobre arruinado", imagem caricata da época que estava acabando, personificado por Adolphe Menjou. Mas ele quase sempre era o vilão que perdia para o jovem americano simples e rude, meio atleta, meio "cowboy", interpretado por Harry Carey, que encarnava a nova era do "American Way of Life".

O fascismo e o nacional-socialismo: Mussolini e Hitler

O cinema americano se espalhava pelo mundo como a diversão das massas. O rádio divulgava o "jazz-band" por todo lugar. A cultura americana se impunha como o modelo do futuro, sobre os escombros de uma Europa semiarruinada pela Guerra. Mas isso desencadeou uma reação nacionalista, como antes nunca vista, em vários países.

Ainda não secara a tinta do Tratado de Versailles e já se viam os prenúncios da segunda conflagração mundial.

Teria dito o marechal Foch: Ganhamos a guerra em Verdun, mas em Versailles perderemos a paz. Com isso procurava fazer entender aos plenipotenciários que, se tratassem muito duramente os vencidos, haveria uma reação incontrolável e talvez outro conflito de graves proporções.

De fato, o duro tratamento imposto à Alemanha e o descontentamento da Itália, que nada recebeu por sua adesão aos aliados, acendendo antigos rancores, mostraram a incapacidade dos diplomatas de 1919. A Sociedade das Nações, por sua vez, malogrou completamente, surgindo em seu seio divergências sérias entre a França e a Inglaterra, pois esta, com o apoio dos Estados Unidos, pretendia ditar a lei internacional a todos os associados, o que provocou a saída de várias nações.

Em 1919, na Itália, o jornalista socialista Benito Mussolini criava o *Fasci di Combattimento*, origem do fascismo – esse termo advém do latim *fasces*, nome da insígnia romana do feixe de varas dos lictores, símbolo de união dos esforços em prol da Itália –, a fim de restaurar o antigo Império Romano, do qual Mussolini seria o *Duce*, isto é, o chefe.

Em 1923, Mussolini tinha obtido o cargo de Primeiro-Ministro do rei Vitor Emanuel III da Itália, após a espetacular "marcha sobre Roma", de 1922.

Seu lema era: *"Tutto nello Stato, niente contro lo Stato, niente fuori dello Stato"* = tudo no Estado, nada contra o Estado, nada fora do Estado.

Ao contrário de Marx, Mussolini colocava no Estado a suprema realização da nação, o que lembra Fichte e Hegel (ver acima Parte III, Capítulo III).

Na Alemanha, sentiam-se vivamente os efeitos das cláusulas de Versailles: uma crise econômica nunca vista levou à inflação e ao desemprego. Disso queriam se aproveitar os bolchevistas, que, animados com o sucesso obtido na Rússia, promoviam agitações nos sindicatos alemães do pós-guerra. Ao mesmo tempo, surgiam os grandes teóricos da Direita:

Maurras, Mussolini, Hitler, construtores de uma "Nova Ordem", com alguns pontos de contato com a "Nova Ordem Socialista" de Stalin, mas com direção oposta.

Já explicamos, com o exemplo de Luís XIV, uma ordem baseada em Deus (monarquia de direito divino).

Com o exemplo de Napoleão cremos ter ilustrado a ordem baseada numa concepção da sociedade, que, no caso, era a sociedade concebida segundo o "contrato social" e o "sufrágio universal" de Rousseau, em que Bonaparte era o mandatário do povo.

As ideias de Charles Maurras ou "naturalismo político" eram exatamente uma sistematização da ordem social com base na "natureza humana". Fortemente influenciado por Comte, Maurras aplicava à sociedade a metodologia das ciências exatas, e então concebeu o chamado *empirisme organizateur*.

Entrando em choque violento com a ideia de democracia, que considerava produto de abstrações dos filósofos do século XVIII, construiu toda uma concepção do Estado e da ordem social baseada na natureza política e sociável do homem. A hierarquia que concebia era baseada no princípio durkheineano "da divisão do trabalho social", mas à nobreza "de sangue" do *Ancien Régime* opunha-se "a nobreza funcional" dos capazes de desempenhar um papel na hierarquia.

Em Maurras se baseou o Estado Fascista de Mussolini, depois o Nazista de Hitler. Como sabemos, sua concepção do homem dentro do Estado era de base naturalista, embora politicamente procurasse o apoio da Igreja com as Concordatas. Mas, no caso do III *Reich*, havia características que não se podem equiparar ao esquema maurrassiano.

A cerimônia no Estado Nazista revestia, com o concurso do rádio, meio de comunicação de massa que já estava em uso desde 1904, um aspecto muito parecido com as manifestações de 1º de maio em Moscou na era de Stalin. Apesar das diferenças ideológicas, tinham em comum a consagração, com grande encenação teatral, do poder do Estado. Desfilando perante a "Cruz Gamada" e saudando a bandeira tocada pelas mãos do *Führer*, ou desfilando perante a "Foice e o Martelo" e saudando o corpo embalsamado de Lenin, era sempre a massa que se projetava num homem — Adolf Hitler ou Josef Stalin —, respeitando uma ordem social, o III *Reich* ou o *Soviet*, hierarquias que a representavam de *gauleiters* ou "comissários do povo", tudo convergindo para o grande fetiche, o Estado.

Em 1919, o governo alemão, que pela abdicação do *Kaiser* se tornara uma república parlamentar (República de Weimar), mostrava-se impotente para controlar a situação. É fácil ver como havia condições favoráveis para o sucesso de um partido político que se apresentasse como acendradamente nacionalista, contrário ao Tratado de Versailles, favorável ao império colonial alemão, pregando um governo ditatorial para fazer frente às agitações comunistas.

Esse foi o programa do partido Nacional-Socialista, propagado pelo jornalista Josef Paul Goebbels e que encontrou seu líder carismático em Adolf Hitler, austríaco, soldado na Grande Guerra de 1914-1918, na qual se distinguiu em combate, passando a *caporal*, ou seja, cabo.

O apoio de setores importantes da sociedade e uma hábil propaganda conduziram Adolf Hitler ao cargo de Chanceler do Presidente Hindenburg. Em 1923, Mussolini tinha obtido o cargo de Primeiro-Ministro do rei Vitor Emanuel III da Itália, após a espetacular "marcha sobre Roma", de 1922.

O *Reichstag* alemão foi dissolvido e Hitler obteve poderes ditatoriais por quatro anos, com o título de *Führer*, isto é, chefe supremo, em 1933.

Hitler anexou a Áustria, a Tchecoslováquia e, em 1939, o "corredor polonês" de Danzig.

Em 1936, Mussolini conquistou a Etiópia e, em 1939, a Albânia. Os protestos da Sociedade das Nações eram recebidos com hilaridade em Roma e Berlim[1].

Ao recordarmos a história do século XX, parece que a Ciência do Direito, majestosa e tranquilamente, prosseguia seu trajeto, enquanto o mundo, sob a influência da política, da economia e da sociologia, debatia-se em crises e guerras mundiais. Mas não nos devemos deixar iludir: o campo do Direito, como os demais da atividade e do pensamento humanos, era palco de acirradas disputas entre várias escolas filosóficas, umas acusando as outras de cumplicidade com o capitalismo, com o liberalismo, com o socialismo e o comunismo e até com o nazismo. Pode um pensador do justo e do bom, como definia Ulpiano, o jurista, na antiga Roma, ter alguma responsabilidade com os fatos que ocorreram no século XX?

---

1. Não se pode dizer que fascismo e nazismo fossem idênticos. Mas seus programas de Estado Totalitário, Corporativismo Estatal, Nacionalismo Integral e, também, anticomunismo e antiliberalismo se aproximavam muito. Entretanto, o racismo inexiste no fascismo.

Talvez não diretamente. Mas indiretamente, sem se dar conta, é muito provável que tenha influído de modo a abrir campo para certas condutas que, sem o aval do Direito, seriam moralmente condenáveis.

O normativismo de Hans Kelsen

Os historiadores do pensamento jurídico lembram que Hans Kelsen escreveu sua famosa obra *Teoria Pura do Direito* numa época em que os sociólogos postulavam ser o direito mero ramo da sociologia, negando sua autonomia como ciência. Diante dessa tendência, teria ele procurado elaborar uma teoria de um direito puramente jurídico, sem nenhuma vinculação nem com a sociologia, nem com a moral, nem com a política.

Além disso, o Círculo de Viena definia como ciência somente o estudo não subjetivo e experimental. Para que o direito pudesse ser aceito como ciência, Kelsen reduziu-o ao sistema de normas logicamente encadeadas, objetivamente observadas, sem conteúdo moral, político. Para isso teve que, no caminho aberto, como já vimos, por Hobbes, no século XVII, dar ao Estado o monopólio do processo da nomogênese e da coação.

Isso, em tese, autoriza o advento de qualquer ordenamento jurídico, desde que obedecidas as regras por ele estabelecidas de coerência e unidade. Basta seguir o procedimento técnico previsto na Constituição do Estado, segundo a famosa *Norma Fundamental* (obedeça ao que foi resolvido pelo legislador constituinte originário).

Não há nenhuma baliza como o conceito de "justiça da norma", apenas o de validade formal da norma. A "pureza" epistemológica permitirá a juridicidade de qualquer regime, mesmo o nazista e o comunista, pois o que cabe averiguar é se o ato praticado pelo agente é autorizado por norma estabelecida por autoridade legalmente competente.

O fascismo e o direito: Giovanni Gentile

Embora se saiba que o fascismo sempre se tenha apresentado como avesso à filosofia, chamou um dos principais expoentes da filosofia neoidealista, Giovanni Gentile, para a reforma da Educação. O ministro logo se preocupou com uma justificação filosófica do regime ao qual estava servindo. Suas raízes hegelianas o ajudaram muito na concepção do Estado como absoluto, em que o indivíduo se realiza, tal como todas as associações intermediárias: *"Tutto nello Stato, niente fuori dello Stato"* (Tudo no Estado, nada fora do Estado).

"O Estado, na sua eticidade essencial não é qualquer coisa de superior e externo que o indivíduo deva conquistar, pois que ele já a tem originariamente em si. Assim, na esfera da realidade humana, não existe acto económico que não seja ético, e, portanto, político; não há sociedade civil que também não seja Estado"[2].

Assume o chamado idealismo absoluto, considerando que o próprio Hegel, quando tratou do Estado, não foi suficientemente "hegeliano", porque não adotou o conceito do verdadeiro método idealístico, que é o da "imanência", pelo qual "o Estado no seu valor e na sua realidade espiritual não é o que se vê e se chama Estado no mundo da experiência que se diz ser a realidade histórica". Apenas teria adotado uma posição "empírica e não especulativa", dado ter-se colocado como "simples espectador que permanece fora do espectáculo"[3].

Proclama que há uma identidade total entre teoria e práxis, porque ser é agir, não sendo possível conceber uma filosofia especulativa distinta da filosofia da práxis. Assim, "o único dever do homem é o de pensar e só depois agir, mas através de um pensar-agir atualista, onde não pode haver qualquer regra exterior. Nestes termos, através do chamado método do pensar concreto ou acto puro, tudo reconduz ao acto de espírito, à actividade do sujeito transcendental, com seis configurações diferentes: arte, religião, direito, moralidade, ciência e filosofia"[4].

Se a política é absorvida pela moralidade e pelo direito, o Estado passa a ser algo que não existe entre os homens, mas sim no interior do próprio homem: o grupo social é o objeto do nosso sujeito, que, por ser nosso, deixa de ser coisa e torna-se um outro; e é propriamente o outro, ou seja, o nosso outro que, como tal, participa em nós, conosco, naquela sociedade que é inerente ao eu transcendental.

Também o indivíduo humano "não é átomo. Imanente ao conceito de indivíduo está o conceito de sociedade. Porque não existe Eu em que se realize o indivíduo que não tenha, não consigo, mas em si mesmo, um *alter*, que é o seu *socius* essencial, ou seja, um objeto que não é um simples objeto (coisa), oposto ao sujeito, mas que é um simples objeto (coisa)

---

2. Giovanni Gentile, *I Fondamenti della Filosofia del Diritto*, Florença, G. C. Sansoni Editore, 1937, p. 120.
3. Ibid., p. 115.
4. Ibid. Cfr. Interpretação de M. F. Sciacca, *História da Filosofia*, v. 3º, p. 218-20.

oposto ao sujeito, como ele. Essa negação da pura objetividade do objeto coincide com a ultrapassagem da pura subjetividade do sujeito; enquanto puro sujeito e puro objeto, no seu imediatismo, temos dois abstratos, e a sua concretização está na síntese, no ato de constitutivo do Eu"[5].

O nazismo e o direito: Carl Schmitt

Com vários pontos em comum com Hans Kelsen, pois não discute conteúdo da norma, mas só sua validade, Carl Schmitt legitima o poder total do *führer* Hitler com a ideia do "guarda da constitucionalidade das leis, defensor da Constituição, enquanto médium do povo alemão". A ele caberá a decisão sobre qualquer caso de inconstitucionalidade, pois a ordem e a segurança públicas devem ser garantidas pelo *führerprinzip*, algo bem mais concreto do que a abstrata "norma hipotética fundamental" de Kelsen.

"O *führer* protege o direito do pior abuso, quando ele, no instante de perigo cria o direito sem mediações, por força da sua liderança e enquanto juiz supremo."[6]

Nega que a função de guarda da Constituição possa ser exercida por um colegiado (*sic*!) como uma corte superior de justiça, pois a decisão tem que ser monocrática (*sic*!), cabendo, portanto, ao presidente do *reich*, isto é, ao *führer*[7].

Não admite qualquer forma de federalismo ou pluralismo de ordenamentos jurídicos, pois seriam "inimigos da unidade estatal"[8].

Também considera partidos políticos como ameaça para a unidade política, pressuposto necessário para a existência de um povo[9].

Defende que o regime é democrático pois o *führer* representa o povo alemão, e não um partido[10].

---

5. Paulo Lamanna, & Vittorio Mathieu, *La Filosofia del Novecento*, Florença, Ed. Felice Le Monnier, 1971. Tomo I, p. 389-90.

6. Carl Schmitt, *O Führer protege o Direito*, trad. Peter Naumann, São Paulo, Ed. Max Limonad, 2001, p. 220.

7. Carl Schmitt, *Il Custode della Costituzione*, trad. Antonio Caracciolo, Milano, Ed. Giuffrè, 1981, p. XIV.

8. Ibid., p. XXV.

9. Ibid., p. XXX.

10. Ibid., p. 241.

Carl Schmitt, por fim, ousa comparar sua obra à defesa da ditadura por Donoso Cortés no século XIX, na defesa da sociedade espanhola católica. Atinge com isso o cume da apresentação do regime como verdadeiro estudo de *teologia política*.

Suas obras principais têm título expressivo: *A ditadura* (1921), *Teologia política* (1922), *Conceito do que é política* (1927) e *O Guarda da Constituição*, obra de 1931.

O comunismo e o direito: Stuchka e Pachukanis

Ao contrário do que se poderia supor, os líderes soviéticos que tanto desprezavam o direito como defesa dos interesses burgueses, dispensável numa sociedade sem classes, apenas chegados ao poder na Rússia logo se ocupam de elaborar um direito de acordo com os princípios de Marx e Lenine.

Dois juristas se salientaram: Eugênio Pachukanis foi um jurista russo que estudou a teoria comunista do direito, mostrando que o ordenamento jurídico, mesmo após a vitória da revolução proletária, não poderia se fixar numa estrutura estática, muito semelhante à do ordenamento capitalista, sob pena de se contrapor ao caráter dialético do marxismo. Deverá o direito desaparecer um dia, com todo resquício de uma sociedade capitalista, marcada pelo individualismo das relações mercantis. Com a ascensão de Stalin ao poder, seu pensamento jurídico tornou-se suspeito. Por tal motivo, cedeu lugar à interpretação de Pedro Stuchka, para quem o direito é instrumento neutro que, assim como serviu para a classe burguesa no capitalismo, pode servir como instrumento da classe proletária quando esta detém o controle do Estado.

Percebemos que esse autor é mais leninista do que marxista ortodoxo e por isso se adaptou melhor à ideia de direito no Estado fortemente burocratizado de Josef Stalin.

O que caracteriza a visão comunista do direito, tal como a nazista, é a total negligência com relação aos direitos individuais perante o Estado, considerado como a suprema realidade que tudo abarca, como o Leviatã hobbesiano, do século XVII.

A Escola da Livre Pesquisa do Direito: François Gény

Do outro lado dos Alpes, na França, em 1900, François Gény (1861-1959) lançara sua obra *Méthode d'Interprétation et Sources em Droit Privé*

Positif[11], obra que literalmente quebrava o dogma da completude do ordenamento jurídico, lançado pela Escola de Exegese, reconhecendo a existência de lacunas legais. Caso não haja lei regulando determinado fato
surgido na vida social, como deverá proceder o aplicador da lei? Gény
defende que deve fazer uma livre pesquisa do Direito em outras fontes
reguladoras, como os costumes da sociedade e, se nada encontrar, deve
apelar para os Princípios Gerais do Direito.

A Escola Institucionalista: Santi Romano e Maurice Hauriou

*Santi Romano: os conceitos de "Ordenamento Jurídico" e de "espaço
jurídico vazio".*

Por outro lado, Santi Romano (1875-1947) viria trazer uma enorme
contribuição para a Teoria Geral do Direito, que será divulgada entre nós
por Norberto Bobbio: trata-se do inovador conceito de "Ordenamento Jurídico". A partir de Santi Romano, em 1918, não se estudam mais as normas
jurídicas isoladas uma das outras, mas concatenadas em um conjunto, o
"Ordenamento Jurídico", título de sua obra.

Também discute a possibilidade da convivência de vários ordenamentos jurídicos em um mesmo território. Era o caminho para o reconhecimento na Itália contemporânea, além do direito emanado do Estado, de
um Direito Canônico da Igreja Católica, afastando o laicismo que se intro-
duzira na Europa desde o Iluminismo e que servirá de base, poucos anos
depois, para o monismo de Hans Kelsen, que só admitirá como Direito a
norma que emana do Estado, não admitindo outras fontes geradoras.

Isso devido à sua constatação de que "o direito, antes de ser norma
e antes de se referir a uma relação ou a uma série de relações sociais, é
organização, estrutura e instituição da própria sociedade".[12]

Portanto, vemos que não havia só juristas inteligentes a serviço do
regime totalitário, numa Itália fascista, mas também magníficos pluralistas,
como Santi Romano. Uma das aplicações concretas mais importantes de
sua teoria foi o reconhecimento pelo governo de Benito Mussolini da existência de um Estado do Vaticano na península, com ordenamento jurídico

---

11. *Méthode d'Interprétation et Sources em Droit Privé Positif* foi lançada exatamente em 1899,
como que mostrando caminhos novos para o Direito no século XX, que iria iniciar.

12. Santi Romano, *L'Ordinamento Giuridico*, p. 27.

próprio e soberania independente, pelo Tratado de Latrão de 1929. A independência política do papado, com relação ao governo italiano está garantida, por esse Tratado, até hoje.

Outra notável contribuição de Santi Romano é a noção de "espaço jurídico vazio". Nem sempre a ausência de dispositivo legal sobre determinada matéria constitui uma lacuna jurídica. Pode haver situações em que o legislador deixa voluntariamente espaço para o arbítrio individual do cidadão.

Assim leciona o mestre da Universidade de Palermo: "existem dois tipos de espaço: o espaço jurídico cheio, que é o ocupado pela norma jurídica, e o espaço jurídico vazio, destinado a ser preenchido pelo indivíduo, se lhe aprouver. Na raiz desse ponto de vista está a constatação da liberdade natural do homem como algo histórica e logicamente anterior à limitação trazida pela legislação".[13]

Maurice Hauriou e o conceito de ideia diretriz da instituição jurídica

Maurice Hauriou (1856-1929) foi mais longe: quis descobrir o fundamento da validade da lei jurídica, desconfiando da simples positivação pelo Estado. Chegava a dizer: "O problema fundamental do Direito é a transformação do estado (ou situação) de fato em fato (ou situação) de direito. E isto se verifica quando há um encontro entre operações jurídicas repetidas de governo e de administração, ligadas por procedimentos, de modo a ter uma duração consistente na trama mais leve das relações jurídicas passageiras".[14]

Ora, não pode surgir uma instituição sem uma ideia diretriz, ou "ideia de uma obra a ser realizada para vantagem do grupo social, sendo tal ideia o elemento mais importante da instituição".[15]

Foi uma ideia diretiva que fundamentou uma instituição jurídica de direito privado como uma empresa. Não são as normas que criam a empresa, mas a ideia de constituí-la por pessoas *subjetivamente* interessadas em ter algum lucro. Quando a empresa é criada *objetivamente* para se

---

13. Santi Romano. *Lo Stato Moderno e la sua Crisi*, ensaio sobre o "espaço jurídico vazio".
14. Maurice Hauriou. *Teoria dell'Istituzione e della Fondazione*, p. 13-14.
15. Idem, ibidem, p. 17.

inserir de modo durável na realidade social, a norma é instrumento adequado para tanto. Logo o papel da norma jurídica é insubstituível, mas não é dela que se origina a instituição. Comenta Miguel Reale que a teoria de Hauriou é uma tentativa bem sucedida de superar a dicotomia subjetivismo-objetivismo no tema da fundamentação da validade do Direito.[16]

Podemos ver sem dificuldade a afinidade do institucionalismo de Hauriou com a pesquisa na mesma época, ainda que totalmente independente, de Santi Romano, na Itália, como vimos acima.

A Segunda Guerra Mundial

Em 29 de setembro de 1938, chegavam à cidade de Munich, na Baviera, *Lord* Chamberlain, chefe do governo inglês, Daladier, da França, Hitler e Mussolini. Chamberlain discutiu longamente com os ditadores e voltou para a Inglaterra certo de ter obtido deles o compromisso de cessar as anexações.

Mas o otimismo do *Lord* inglês não tinha fundamento: em abril de 1939, Hitler e Mussolini assinaram o tratado de ajuda mútua que se chamou Eixo Roma-Berlim. Logo depois, a Albânia era tomada por Mussolini e Danzig por Hitler.

Hitler concluía pouco depois um tratado de não agressão com Stalin, *premier* soviético, a fim de impedir qualquer surpresa do lado oriental, satisfazendo os russos com a partilha da Polônia (Pacto Ribbentrop-Molotov).

Encorajado pelo acordo nazicomunista, Hitler se lançou sobre a Polônia em 1º de setembro de 1939. Inglaterra e França, solidárias com a Polônia, declararam guerra ao Eixo em 3 de setembro.

Entretanto, numa invasão relâmpago (*blitzkrieg*), Hitler tomava a Polônia, com forças motorizadas de infantaria, apoiadas pelos velozes aviões *stukas* da Luftwaffe, em apenas duas semanas.

Em 17 do mesmo mês, a Rússia tomava a Polônia oriental; depois, avançou também sobre a Finlândia, mas foi por ela derrotada em janeiro de 1940.

Na região da fronteira do Rio Reno, defrontaram-se a linha *Maginot* (francesa) e a linha *Siegfried* (alemã). Prosseguindo com as *blitze*, Hitler ocupou a Dinamarca, a Noruega, a Bélgica, a Holanda e Luxemburgo.

---

16. Miguel Reale, *Fundamentos do Direito*, p. 291.

Em meados de maio, a França foi invadida, através do Rio Mosa. Os franceses recuaram para Dunquerque, onde foram apoiados pelos ingleses, enviados por *Sir* Winston Churchill, de mãe americana e pai inglês, Primeiro-Ministro do Rei Jorge VI, após a abdicação de seu irmão, o Rei Eduardo VIII[17].

Os alemães tomaram Calais, e os caças marcados com a cruz gamada obrigaram os aliados a uma retirada difícil, deixando muitos mortos em Dunquerque.

Com o auxílio da aviação italiana, a *Werhmacht* tomou Paris, e o General Von Kuchler atravessou o Arco do Triunfo de Napoleão. O General Pétain, veterano da Primeira Guerra Mundial, aceitou um acordo com o *Reich* alemão: daí resultou o governo fascista francês de Vichy, considerado "zona livre". Nas zonas ocupadas, os *maquis* ou *Résistance* iniciaram a luta de guerrilhas contra os nazistas.

Em 27 de setembro, os interesses japoneses na Manchúria levaram o Imperador Hiroíto a se aliar à Alemanha e à Itália. Ao mesmo tempo, Churchill procurava defender sua rota com a Índia, servindo-se da aviação, que bombardeava o Mediterrâneo. Data de então a participação da *Royal Air Force* (RAF), a respeito da qual disse o esperto estadista britânico: "Nunca tantos deveram tanto a tão poucos", exaltando o heroísmo dos aviadores que salvaram a Inglaterra de perecer, sobretudo quando do ataque a Londres. Quanto ao heroísmo, foi grande. A dívida também...

No mesmo ano de 1940, Mussolini ordenou a Graziani a conquista do Egito. Apoiado pelo marechal de campo alemão Erwin Rommel, a "Raposa do Deserto", infligiu graves derrotas aos soldados do general inglês Wavell. Socorreu-os Montgomery em El-Alamein. Em 1943, defrontaram-se no deserto os dois maiores generais do século XX: Rommel e Patton, dos Estados Unidos, mantendo suas posições.

Entretanto, violando o pacto nazicomunista pela conquista de zonas "russas" na Polônia, Adolf Hitler invadiu a Rússia em 22 de junho de 1941. O *front* russo achava-se tomado por tanques com a cruz gamada[18].

---

17. A versão final dada foi a de que Eduardo, que conservou o título de Duque de Windsor, abdicara por pretender se casar com Madame Vallys Simpson, uma divorciada e plebeia. Mas também Eduardo não escondia sua simpatia por Mosley, líder de um grupo de políticos ingleses fascistas... pró-Alemanha. Por outro lado, na visita do casal à Alemanha, Hitler não poupara elogios ao sistema inglês de monarquia constitucional (cf. Hitler e la Duchessa di Windsor, *Historia*, n. 223, julho 1976, ed. italiana).

18. Enquanto isso, um diplomata alemão tentava obter, por intermédio de Pio XII, recém-eleito Papa e antigo Núncio Apostólico de Berlim, uma união da Cristandade (católicos

Além disso, Raymond Cartier nos mostra que o enfraquecimento do ataque nazista à URSS se deveu à deslocação de um forte contingente comandado por Friedrich Paulus, que deixou a Rússia para ajudar Mussolini na Grécia (cf. "Mussolini salva Moscou", *Histoire*, Paris, janeiro/1961).

A Carta do Atlântico de 14 de agosto de 1941, celebrada entre Churchill e Franklin Delano Roosevelt, Presidente dos Estados Unidos, a bordo de um navio que adejava pelo Oceano Atlântico, resolveu o grande problema dos russos: a falta de armamento. Com efeito, os Estados Unidos se comprometiam a enviar armas e víveres para os soldados russos.

Entre julho e agosto, os nazistas avançaram de Riga até Smolensk, já no centro da Rússia. Em início de setembro, os *panzers* ameaçam Leningrado. Porém não foram bem-sucedidos na tomada da cidade, devido ao inverno russo, que os surpreendeu em fins de 1942.

Enquanto isso, os Estados Unidos entravam em guerra contra o Eixo, após o ataque à base americana de Pearl Harbor, no Havaí, perpetuado por M4-G japoneses, depois de sucessivas provocações dos americanos, que enviaram combustível aos ingleses e chineses em guerra com o Japão na Birmânia, embora os Estados Unidos fossem neutros. Foi então que os Generais Patton e Bradley foram lutar contra Rommel no deserto africano e auxiliar Montgomery.

Atacada em várias frentes e sobrecarregada com aliados incômodos, a Alemanha terminaria por sucumbir. Era o que previa para breve o sagaz Churchill, que se preparava para enfrentar o "aliado perigoso", a Rússia Soviética. Aliás, nas primeiras eleições do pós-guerra, Churchill sairia derrotado pelas "forças da esquerda" inglesas.

Na guerra, em primeiro lugar, procurou que os americanos, ingleses e franceses chegassem a Berlim antes que os russos. Sugeria o ataque pelos Bálcãs, em que teriam de seu lado os próprios gregos. Roosevelt, porém, preferiu ordenar o ataque pela Itália. O General Patton fez junção com Montgomery, em Messina, no sul da Península Itálica, após o recuo de Rommel por falta de combustível.

---

italianos, espanhóis, franceses, protestantes ingleses, americanos, australianos), contra o "Inimigo", o Comunismo. Pio XII não se prestou para a convocação de uma "Cruzada Anticomunista" (ver *Companheiros de Viagem*, de Tristão de Athayde, Rio de Janeiro, Ed. José Olympio, p. 24. V. tb. Le Problème de l'Europe, in *La Pensée Catholique*, Paris, Ed. du Cédre, maio-junho 1984, n. 210, p. 30-4).

O avanço aliado pelo sul da Itália levou Mussolini à demissão pelo Rei Vitor Emanuel III. Preso numa aldeola da Lombardia, foi libertado por paraquedistas alemães e levado a Berlim.

Para deter o avanço anglo-americano, as tropas alemãs se concentraram no sul da Itália. A muito custo, os aliados abriram caminho através da Campânia até Roma. Ali só chegaram em janeiro de 1944.

Os alemães se entrincheiraram no norte da Itália. A Força Expedicionária Brasileira (FEB) participou das operações para desalojar os nazistas de Monte Castelo, sob o comando do General Mascarenhas de Morais[19].

Enquanto isso, o General Zhukov vencia os alemães em Stalingrado e avançava em direção a Berlim.

Churchill, na reunião de Teerã, fez ver a Roosevelt o perigo que representava para a Europa o avanço soviético através da Polônia e dos Países Bálticos. Entretanto, o presidente americano deu ordens ao General Dwight Eisenhower para que atacasse o *front* alemão pela Normandia. O início do ataque foi em 6 de junho de 1944, o dia "D".

A marcha através da França foi lenta, pois os alemães ocupavam esse país há muito tempo. Em 2 de maio de 1945, após a entrada dos russos na Baviera, os alemães se rendiam. Anunciava-se o suicídio de Adolf Hitler e o assassinato de Mussolini, que retornara à Itália para fundar a República de Salo, com seus partidários, de cunho "social-fascista" (*sic*)...

Patton obteve total rendição das forças que ainda se batiam pelo *Führer*. Assinou a rendição em Berlim o General Jodl; era 7 de maio de 1945: os vermelhos entravam em Berlim, com prioridade. Isso motivou incidentes entre Patton e os russos, e Eisenhower acabou por retirar Patton do comando das forças americanas.

Prosseguiu a luta contra o Japão até a explosão da bomba atômica em Hiroshima e Nagasaki, que aniquilou as reservas nipônicas. Em 15 de agosto os japoneses se rendiam ao General MacArthur.

Como refere Arthur Conte, em *Yalta, Partage du Monde*, em 1945, na Conferência de Yalta, no Mar Negro, os "Grandes" Churchill, Roosevelt e

---

19. Se o Brasil não tivesse aderido aos Aliados, a luta se prolongaria no Atlântico, e o resultado das operações submarinas alemãs poderia ter sido a interrupção da ajuda americana à Europa. Ora, Getúlio Vargas era favorável ao Eixo. Após as conversações secretas de Natal com Roosevelt, os brasileiros foram lutar pelos Aliados. O afundamento de navios brasileiros por submarinos alemães teria um fundamento? Ameaça ou represália? Quem traiu quem? Jamais saberemos...

Stalin se reuniram para discutir a situação da Europa. A título de "indenização", Roosevelt permitiu que Stalin obtivesse a Europa Oriental, que passou a gravitar em torno da URSS. Churchill nada fez para impedir tais manobras dos "dois Grandes".

Os países em que as tropas russas se mantinham tiveram "eleições livres", "protegidas" pelos soviéticos, com estrondosas vitórias do Partido Comunista. Churchill protestou, mas Stalin era apoiado por Roosevelt. Assim, a Polônia, a Hungria, a Lituânia, a Iugoslávia, a Tchecoslováquia, a Romênia, a Albânia e a Estônia se tornaram comunistas.

A Alemanha foi dividida em duas partes: a República Democrática, de influência comunista; e a República Federal Alemã, de influência liberal. Berlim se encontrava na Alemanha Oriental (comunista), dividida em quatro zonas: a americana, a inglesa, a francesa e a soviética. Essa última estava separada das outras pelo "muro" de triste fama: o Muro de Berlim.

O incremento que a Conferência de Yalta deu à URSS levou os países da Europa Ocidental a criar a *North Atlantic Treatise Organization* (NATO), para a defesa dos países livres, contando com uma força para a qual contribuem todos os países, sobretudo os Estados Unidos.

CAPÍTULO VI

O PENSAMENTO JURÍDICO NO SEGUNDO PÓS-GUERRA

ᘓᑇᘏᘙ

O "Americanismo": a ascensão econômica e cultural dos Estados Unidos

Os anos 1930 trouxeram substanciais modificações, que não seriam de todo indiferentes às novas maneiras de ver o mundo, a sociedade e o homem, tais como seriam difundidas pelo cinema americano em todo o mundo. As maneiras ditas "americanas", cada vez mais aceitas, desde os anos 1920, no final dos anos 1930, para sublinhar nosso caso, já outro Brasil configuravam, sobretudo nos grandes centros urbanos, que acolhiam mais facilmente as modificações, enquanto o mundo rural seria mais tradicional e apegado aos valores de nosso passado histórico nacional.

As massas migratórias de várias partes do mundo que se encaminharam para os Estados Unidos no século XIX, entre elas italianos, irlandeses, alemães, poloneses, chineses e tantos outros, se de um lado ajudaram a criar uma das maiores potências econômicas da Terra, de outro lado trouxeram vários subprodutos de sua terra, como é o caso da "Maffia" siciliana. A imagem desse país que chegou a nós nas décadas de 1930 e 1940 nem sempre correspondia ao "Novo Mundo", sonhado pelos Pais Fundadores de 1776; no entanto, apesar de tudo, eram seus paladinos do Oeste como que a última versão da Cavalaria heroica, nos sonhos de muitas gerações de brasileiros que leram os quadrinhos e viram os filmes de "cowboys" intrépidos.

O advento do cinema sonoro em 1927, depois do filme colorido em 1935, tornou as salas de projeção muito mais concorridas, até os anos 1960, quando começam a perder público para a televisão, que é o "cinema em casa".

A vida imitando a arte. Não se pode negar que a participação dos *Yankees*, tanto na Primeira como na Segunda Guerra Mundial, foi decisiva para a vitória da democracia no mundo. Daí ser o "American Way of Life" (modo americano de viver) o paradigma de modernidade e democracia para muitos europeus, latino-americanos e orientais, que deixaram profunda marca nos anos 1930, 1940 e 1950, no Brasil. Americanizando-nos, ficamos abertos a todas as novas tendências que ocorreram no século XX[1].

O realismo jurídico americano: Jerome Frank

Com os olhos postos nos Estados Unidos da América como modelo de uma democracia, todos os juristas ficaram atentos para a maneira de os americanos verem o Direito. Mas havia um problema difícil de resolver, pois os EUA pertenciam à família da *Common Law*, enquanto a maioria dos países adotava o sistema do primado da lei escrita sobre a jurisprudência.

No fundo, o realismo jurídico queria desmistificar a figura do juiz como homem sem emoções, imagem produzida pela necessidade humana de vê-lo como um pai (*judge as a father*), como ensinava Jerome Frank em sua obra *Law and Modern Mind* (1930). Na realidade não é assim, e a decisão do juiz é sempre imprevisível, sendo o único direito certo e seguro o direito da sentença. Embora proveniente de outro sistema jurídico-cultural, a escola americana serviu também no mundo da lei escrita para alertar para o perigo de uma confiança demasiada dos aplicadores do direito na segurança dada pela norma jurídica.

John Rawls e o neocontratualismo

Em reação a essa visão "psicoanalítica" do direito, procurou o jusfilósofo John Rawls dar maior objetividade às reflexões dos filósofos do direito. Parte da ideia clássica de contrato entre os cidadãos como fundamento da democracia, identificando a justiça com a igualdade de oportunidades, eliminando as desigualdades concretas trazidas pelas diferenças econômicas e socioculturais. O justo não é algo já dado como *a priori*, mas algo a ser construído na sociedade por meio da ideia mestra da equidade, e não da aplicação rígida da lei. Na obra *Uma Teoria da Justiça*, publicada tardiamente em 1981, concilia Locke, Rousseau e Kant (pelo seu contratualismo) com a equidade de Aristóteles e dos pretores romanos.

---

1. Cláudio De Cicco, *Hollywood na Cultura Brasileira*, São Paulo, Ed. Convívio, 1979, p. 31-63.

Gioele Solari e o idealismo social e jurídico

Poucos autores do século findo poderiam rivalizar com o italiano de Bergamo, Gioele Solari, por seu amplo domínio da História da Filosofia e da Política nos Tempos Modernos. As largas citações que vimos fazendo de suas importantes obras *Individualismo e Diritto Privato, Storicismo y Diritto Privato, La formazione Storica e Filosofica dello Stato Moderno, Studi Storici di Filosofia del Diritto* demonstram cabalmente sua erudição, seu profundo conhecimento da essência das propostas dos grandes autores da Teoria do Estado e da Filosofia do Direito, aliados a notável senso crítico para desvelar consequências implícitas em autores consagrados.

Da combinação entre o idealismo de Hegel e o socialismo de Labriola retirou Solari as bases do seu "idealismo social e jurídico".

Sua formação no positivismo psicológico de Wundt, por obra e graça de seu mestre, Giuseppe Carle, que dá, como já descrevemos, ao *ius naturale* estoico a interpretação de Gaio — direito que se atualiza no direito positivo à medida que o aperfeiçoa —, e não a de um Zenon ou de um Sófocles (lei dos deuses, colocada como ideal no coração humano, inatingível e parâmetro quase perfeito da Justiça) —, que lhe dá do direito uma visão com base na vida (*La Vita del Diritto*, na epígrafe de Carle), equidistante tanto do coletivismo absoluto de Marx, via Demócrito, como do liberalismo individualista de um Adam Smith, via Protágoras, para aceitar um Idealismo (que parte do ideal transcendente, como Platão, Santo Agostinho e Antonio Rosmini) Social (que reconhece que a pessoa se realiza no grupo, como Aristóteles, Santo Tomás e Carle), ou seja, faz no campo da Teoria Geral do Direito o que Léon Duguit tenta na Dogmática Civil, o que François Gény procura no estudo das fontes do direito positivo: a conjunção do pessoal com o social, do indivíduo com o Estado, tal como a importância que Hegel dá à sociedade civil, na sua ideia de Estado orgânico.

Parece-nos, assim, que sua filosofia é eclética, reunindo contribuições hegelianas e as do positivismo psicológico de Wundt, com o amor pela história que lhe legou seu mestre Carle, autor, como vimos, de *La Vita del Diritto*.

Mas nem por isso nos parece escapar às categorias do Idealismo italiano de Croce e Gentile: ênfase sobre o ideal = ideia na composição do "mundo da cultura", em que se inclui o direito, em tensão dialética com a sociedade. Mas, enquanto Croce e Gentile concluem pela inexistência de uma filosofia do direito (pois Croce reduz o direito à economia e Gentile o reduz à moral em ato), Solari lhe reconhece um campo específico: por isso o seu idealismo é também "jurídico".

Mais ainda: poderíamos classificá-lo entre os jusfilósofos que empreendem uma análise crítica da dogmática. Ora, como se sabe, o próprio positivismo filosófico implicava uma crítica da Escola de Exegese, em nome das leis do "empirismo organizador", considerando-a uma fase ultrapassada e metafísica do direito. Léon Duguit chega a negar a existência de um "direito subjetivo", como se sabe.

Também o jusnaturalismo do final do século, com os Tapparelli e os Cathrein, empreendia uma audaz revisão dos princípios da sociedade liberal-democrática, em nome das "leis escritas na natureza humana", recuperando algo do tomismo.

Qual a originalidade do idealismo de Solari? Com ser crítico não cairia numa forma de positivismo comteano ou de jusnaturalismo escolástico? A resposta é que Solari faz a crítica do liberalismo, que identifica, como veremos, com o individualismo, mas não rejeitando, e sim sublinhando os pressupostos do liberalismo: liberdade e igualdade. Busca sua concreção na dialética entre sociedade e Estado, moral e direito, justiça e lei. É uma crítica *interna corporis*, uma "autocrítica" a partir dos princípios do Idealismo, que já estão explícitos desde Kant e chegam ao máximo desenvolvimento com Schelling e Hegel.

Por isso falamos em "Idealismo Crítico" de Solari, ao lado do "Idealismo Atualista" de Giovanni Gentile e do "Idealismo Historicista" de Croce.

Se Croce salienta mais o aspecto vichiano da cultura itálica do Novecentos, e Gentile enfatiza o aspecto voluntarista, Solari permanece no mundo ético de um Campanella. Eis os três grandes momentos da cultura "renascimental" que se reencontra na história do pensamento: o voluntarismo de Maquiavel, em Gentile, à direita, e em Gramsci, à esquerda; o historicismo de Vico, em Croce; o eticismo de Campanella, em Solari.

Não por acaso, das três formas de liberalismo (o empírico de Locke, o ético de Rousseau e o jurídico-formal de Kant), Solari tem maior indulgência pela do filósofo do *Contrato Social*, em que vislumbra uma preocupação com o "social".

Recaséns-Siches e a lógica do razoável

Influenciado pelo pensamento existencialista de José Ortega y Gasset, que se definia: *"Yo soy yo y mi circunstancia"* ("Eu sou eu e minha circunstância"), surgiu a "lógica do razoável", proposta pelo guatemalteco, educado na Espanha, lecionando no México, Luís Recaséns-Siches, dizendo que o raciocínio do jurista não deve sempre obedecer à lógica matemática, mas ater-se à decisão mais razoável, tendo em vista os valores defendidos pela norma e as situações reais e concretas com que o juiz se depara. Por exemplo, uma norma "É proibido entrar cães neste parque" não pode ser entendida como permissiva da entrada de leões... Mas sim, dentro do contexto de um parque urbano, forçosamente proibitiva da entrada de animais mais perigosos que cães! E talvez o guarda do parque, com razoabilidade, devesse deixar entrar o manso cão-guia de um cego...

Com isso, o direito passa a levar em conta os fatos e valores, para entender as normas jurídicas de modo a realizar a justiça concreta[2].

O retorno da jusfilosofia aristotélico-tomista: Jacques Maritain, Heinrich Rommen e Michel Villey

Podemos dizer que coube ao filósofo francês Jacques Maritain a tarefa difícil de romper as barreiras e os preconceitos do mundo universitário europeu para repensar os problemas trazidos pelo liberalismo, pelo capitalismo e pelo totalitarismo à luz dos ensinamentos de São Tomás de Aquino. E isso não por meio dos comentaristas, mas do contato com os lúcidos textos da *Summa Theologiae* sobre o direito.

Depois da Grande Guerra de 1914 a 1918, na procura de novos caminhos, com forte influência da filosofia de Bergson, Jacques Maritain fez uma notável síntese da filosofia tomista e da filosofia moderna, reconhecendo a independência do Estado e da ordem natural, mas ao mesmo tempo não aceitando uma total separação entre temporal e espiritual.

Heinrich Rommen e sobretudo Michel Villey retomam a colocação de Aristóteles e São Tomás, repudiando o racionalismo do século XVIII, o positivismo do século XIX e denunciando as concessões do neotomismo ao individualismo.

Descobriram a ignorância capital a respeito do tratado *De justitia et de jure* de São Tomás, por parte de muitos neotomistas, e reconheceram na filosofia moderna de Heidegger, de Max Scheler e nas pesquisas atuais no campo da sociologia e da antropologia notáveis contribuições para a restauração da teoria clássica do direito natural.

---

2. Guido Fassò, *Storia della Filosofia del Diritto*, Bolonha, Ed. Il Mulino, 1970, v. 3, p. 419.

Substituindo a expressão "individualismo" por "personalismo", dando à pessoa humana uma dignidade advinda de seu valor transcendente, o filósofo Jacques Maritain escapa de tal individualismo ao falar em animação cristã da ordem temporal, o que pressupõe certo reformismo perante o catolicismo liberal. Trata-se de um retorno às concepções de interferência da moral na ordem temporal, pois o Estado hoje se proclama leigo, mas a nação é "vitalmente cristã" (ver *Primazia do Espiritual, Humanisme Intégral; O Homem e o Estado; Cristianismo e Democracia* e outras obras).

Há um denominador comum na obra de restauração da teoria clássica do direito natural: a pesquisa do justo — distinto e até mesmo oposto ao simples legalismo ou adequação à lei — deve ser a finalidade mesma do direito. Trazendo à luz o esquecido tratado *De justitia et de jure*, mostraram que ver apenas no *Tractatus de legibus ac Deo legislatore* a noção tomista de lei e de direito é empobrecer sobremaneira a sua ideia de justiça.

O jurista serve à ordem, à segurança, à utilidade? Assim pensavam Hume e Bentham (utilitarismo inglês).

A justiça é algo de vago, idealizado, quase utópico? Assim pensava Kelsen (positivismo jurídico).

Para o direito natural clássico de Aristóteles, o justo é a essência mesma da justiça (ver *Ética a Nicômaco*).

Logo, o jurista é o que serve à justiça, não à ordem ou à segurança. O objeto da justiça e o objeto do direito se confundem em São Tomás e em Aristóteles. A justiça não pode ser um conjunto de regras rígidas. A equidade força os estreitos limites da regra legislada; o magistrado é chamado a um esforço criador, tal como os pretores romanos da época clássica. O direito não se confunde com a moral, mas se insere num dos seus setores. Foi o positivismo jurídico que obscureceu os laços nítidos entre moral e direito[3].

Michel Villey lembra que Aristóteles redigiu *A Constituição de Atenas* depois de ter visto e comparado as formas de organização de vários povos,

---

3. Sobre esse assunto, ver também Michel Villey, *La Formation de la Pensée Juridique Moderne*, Paris, Ed. Montchrestien, 1975.
   Cf. tb. Guido Fassò, *Storia della Filosofia del Diritto*, "O laço entre os juristas medievais ingleses Bracton e Fortescue e a futura teoria empirista do *rule of law*, da Revolução de 1688 e do Direito Jurisprudencial anglo-saxônico com o método romano-pretoriano do *ius naturale*" (v. 1, *Antichità e Medioevo*), Bolonha, Ed. Il Mulino, 1970, p. 236-40.

para saber quais as instituições que mais realizavam as necessidades vitais dos homens. Tais seriam as mais naturais. Logo, a fonte do direito natural não é subjetiva, mas objetiva. Por isso, o método do direito natural é o experimental: *ex facto oritur jus* — "do fato surge o direito".

Outra dominante do trabalho de Villey é combater o preconceito contra o direito natural imutável. Chama a atenção para a conceituação de São Tomás de que — fora dos casos de adequação natural — a adequação se dá por convenção, atendendo às mudanças históricas e espaciais.

Pugna muito também por devolver ao direito natural seu caráter de direito laico e não clerical. Chega ao ponto de não admitir uma doutrina exclusiva que se possa intitular "cristã". Distingue rigorosamente em São Tomás o que é preceito religioso do que é imperiosa questão de justiça. Aristoteliza São Tomás.

Defende a juridicidade do natural contra os que, como Carnelutti, neguem-lhe a condição de direito. Distingue as zonas concêntricas do natural, do institucional, do jurídico positivo. As instituições são regras de razão para realizar o que a natureza estabelece, de modo mais adequado. As normas jurídicas são já arbitrárias, referem-se à formalização da instituição. Exemplo: a união dos sexos (dado natural) regulada pelo matrimônio (instituição) é formalizada pelo juiz de paz perante duas testemunhas (norma jurídica).

Rommen é um historiador do direito natural, especializado em Suárez, em cuja doutrina política vê a primeira elucubração do pensamento democrático, antes de Locke e Rousseau. Sobre o direito natural, tem a interessante teoria do "eterno retorno ao direito natural", o que não seria possível se ele não existisse. Resta descobrir seu verdadeiro sentido, para o que nos dá muitos subsídios a própria história do direito natural. Tudo isso serve de base à doutrina social cristã.

Revelou Maritain São Tomás ao mundo: um autor conciso e lúcido, perfeitamente capaz de trazer solução para o impasse individualismo *x* coletivismo que levara o mundo à Segunda Guerra Mundial.

Terminado o conflito, entre as ruínas, lançou ele o ideal da construção de uma "nova cristandade", com base em um humanismo integral, mostrando que o que faltou ao Iluminismo foi a distinção entre indivíduo cidadão e pessoa, cujo fim se ordena para Deus, além dos limites do Estado. Não prega o retorno ao regime de união entre a Igreja e o Estado, mas, reconhecendo o pluralismo religioso e filosófico modernos, pleiteia um estado laico mas não laicista, vitalmente cristão, capaz de patrocinar um acordo prático entre homens de diversas convicções, rumo a um acordo comum de valorização da pessoa humana (*Humanisme Intégral*, 1952).

Chamado a colaborar com a ONU e a UNESCO, Maritain escreve obras clássicas como *O homem e o Estado*, *Princípios de uma filosofia humanista* e sobretudo *Os direitos do homem e o direito natural*.

Nos anos 1960, o professor da Universidade de Paris Michel Villey, em seu livro *Definição, Fins e Métodos do Direito*, restaura o método clássico de aplicação do direito dos juristas romanos, como vimos, que era eminentemente voltado para a práxis e pouco preocupado com teorizações. Tenta mostrar que a velha Escola do Direito Natural do século XVIII, com seus elencos de direitos naturais, desvirtuou o verdadeiro sentido de *ius naturale* dos gregos e dos romanos, que era muito mais um método de aplicação da justiça do que um articulado de direitos subjetivos. Só teve o jusnaturalismo iluminista utilidade para contestar os privilégios da nobreza no Antigo Regime, desencadear a Revolução e chegar às Declarações de Direitos de 1789 até a Declaração da ONU, mas, segundo Villey, tem-se demonstrado incapaz de assegurar o convívio social exatamente porque atomiza a sociedade, como massa de indivíduos mecanicamente justapostos, sem nenhuma articulação orgânica, onde todos invocam seus direitos e ninguém se lembra dos seus deveres!

La Formation de la Pensée Juridique Moderne é a obra em que o mestre francês denuncia todos os vícios fundamentais da teoria moderna do direito e não acredita numa solução que esteja muito longe de Aristóteles e São Tomás de Aquino, ou seja, de um sadio realismo filosófico[4].

Chaïm Perelman e a nova retórica

Esse sadio retorno ao pensamento clássico é acompanhado de uma retomada da importância da retórica antiga, desprezada como ultrapassada, própria da chicana, puro verbalismo, desnecessária numa época em que todas as soluções já estão na lei... Em seus livros *Traité de l'Argumentation* e *Nouvelle Rétorique*, prova-nos o Professor Perelman que, mais do que nunca, hoje em dia deve ser valorizado o auditório que ouve o discurso jurídico, quando a persuasão sobre o verossímil não é exatamente o mesmo que a demonstração do verdadeiro. Diz-nos Chaïm

---

4. Um bom resumo em *Filosofia do Direito*, de Villey, Ed. Martins Fontes, 2003.

Perelman que é com isso que trabalham os operadores do direito, e não com fórmulas matemáticas.

Conflitos do segundo pós-guerra no mundo

Como se sabe, no final da Segunda Guerra, surgiu a ONU, sucessora da Sociedade das Nações, com sede em Nova York. Nela o bloco comunista era bastante forte, pois os países da "Cortina de Ferro" tinham voto como qualquer país independente. Também, por essa época, surgiu um novo Estado, o de Israel, entrando em luta com o povo árabe da Palestina.

O Estado de Israel, como foi denominado em 1948, na realidade era o renascimento do antigo Reino de Judá, da época de Cristo, extinto pelo exército romano do General Tito no ano 70 da nossa era. Sua recriação, invocando direito histórico sobre a Terra Santa, foi apoiada na Inglaterra, em pleno século XIX, pelo então Ministro Lorde Balfour, que acreditava numa necessária comunidade de interesses entre os judeus e a Inglaterra. Era o movimento do anglo-israelismo, que logo chegou também aos Estados Unidos. Não se pode subestimar a importância do fator religioso na política anglo-americana, mesmo em nossos dias.

Esse movimento vinha ao encontro de outro, o sionismo, liderado por Theodor Hertzl, na segunda metade do século XIX, que defendia o retorno dos judeus dispersos por todo o mundo à velha Sião, ou seja, à Palestina. Havia um problema grave que, sendo ignorado, traria funestas consequências: a antiga Terra Santa tinha sido ocupada por sucessivas gerações de povos, de que os chamados palestinos eram a última identificação *in loco*. Inglaterra e Estados Unidos optaram pela legitimidade histórica de uma Palestina judaica. E eles eram os grandes vencedores da Segunda Guerra Mundial. Sabe-se que havia consciência mundial da necessidade de uma pátria para os judeus. Houve, então, a invasão e ocupação da Palestina, com ajuda militar também da França. Isso deu início a uma série de conflitos político-religiosos entre o mundo árabe e o Ocidente. A União Soviética se alinhou do lado dos árabes, o que representou um permanente perigo para a paz mundial durante a chamada "guerra fria".

Aliados contra o Eixo, Estados Unidos, Grã-Bretanha e França começaram logo a se unir contra a nova adversária comum, a potência comunista russa, em quem se via uma ameaça à democracia. Daí a corrida armamentista e o clima de incerteza do segundo pós-guerra.

Isso perdurou até o fim da União Soviética, no início dos anos 1990, com a experiência de Gorbachev, a *glasnost* ou transparência, que oferecia abertura inédita à liberdade de opinião. Era a *Perestroika*, a grande mudança para a realização do verdadeiro socialismo. Infelizmente, como se sabe, a demagogia dos políticos atropelou o plano de lenta e gradual reforma do Estado soviético, proposta por Gorbachev, e esse foi o sinal para a sublevação dos países-satélites: a Polônia, liderada pelo sindicato "Solidariedade", de Lech Walesa, foi a primeira a se levantar contra o Partido Comunista Polonês, títere de Moscou. Seguiram-na a Hungria, a Albânia, a Lituânia, a Iugoslávia, a Romênia, todas adotando regimes democráticos e parlamentares. Finalmente, a própria URSS se desfez, tornando-se a Comunidade de Estados Independentes.

No entanto, o desmoronar do imenso império soviético não trouxe ao mundo a esperada paz. Logo em seguida, começaram dissidências entre sérvios, croatas, kosovares e outros povos da antiga Iugoslávia e entre vários povos da antiga URSS, querendo sacudir o jugo russo, como os chechenos, ucranianos e georgianos.

⊰ PARTE V ⊱
O PENSAMENTO JURÍDICO BRASILEIRO

CAPÍTULO I

O PENSAMENTO JURÍDICO BRASILEIRO DO PERÍODO COLONIAL

෴

O período colonial

Descoberta a grande extensão de terra, que chamaram de Ilha de Vera Cruz e depois Terra de Santa Cruz, já que a posse se deu no dia 3 de maio de 1500, dia da Santa Cruz no calendário litúrgico católico, os navegantes portugueses, informado o Rei Dom Manuel I por carta, prosseguiram viagem para as Índias, principal meta da frota de Pedro Álvares Cabral.

Ao contrário do que propaga uma visão anglófila, Portugal, no século da descoberta do Brasil, era um Estado bem compaginado com a época econômica, podendo-se até falar num "Capitalismo monárquico português", mesmo porque a ascensão da dinastia de Avís ao reinado de Portugal em 1385 fora obra da burguesia mercantil lusitana.

O financiamento das grandes navegações e a colonização na Índia, na África e depois no Brasil ficaram a cargo da riquíssima Ordem de Cristo, herdeira, em Portugal, dos bens da Ordem do Templo, cujas cruzes marchetadas figurariam nas velas dos navios de Pedro Álvares Cabral.

Mas a atenção da Coroa estava voltada para o lucro imediato e garantido das especiarias da Índia, deixando de lado o Brasil. Portugal só se voltou para esta terra quando viu que corsários franceses e ingleses começavam a ocupar largas extensões da Terra de Santa Cruz e praticar o tráfico do pau-brasil, do qual se extraía tinta, de que adviria o nome "Brasil" finalmente dado à colônia.

As capitanias hereditárias

Como lembra Hélio Vianna: "Portugal, país pequeno, foi chamado a executar uma ação colonizadora que estava acima dos seus recursos oficiais"[1].

---

1. Hélio Vianna, *História do Brasil*, 13. ed. rev. e atual. por Américo Jacobina Lacombe, São Paulo, Ed. Melhoramentos, 1975, p. 62.

Então, decidiu o governo português pedir ajuda à iniciativa privada e adotar o sistema de doações de largos territórios, para que fossem colonizados por pessoas particulares. Foram as "capitanias hereditárias", sistema bem-sucedido nas ilhas da Madeira e de Cabo Verde. Iniciou no Brasil com a doação, a Fernão de Noronha, da ilha de São João, por Carta Régia de Dom Manuel I, datada de 16 de fevereiro de 1504.

Finalmente, em 1534, o rei Dom João III mandou o astrônomo Gaspar Viegas traçar um mapa do território brasileiro então conhecido, e depois, o mandou dividir "em 15 imensos lotes, com 300 quilômetros de largura cada um", conforme nos refere Eduardo Bueno[2], que seriam as Capitanias, ao longo do litoral que vai do Maranhão a Santa Catarina e para o interior se estenderiam pelo desconhecido sertão, até os não demarcados limites previamente fixados no Tratado de Tordesilhas, de 1494.

O vínculo jurídico entre o rei de Portugal e cada donatário era estabelecido por uma Carta de Doação, que conferia a posse da terra, e uma Carta Foral, que determinava direitos e deveres do donatário.

Como descreveu Capistrano de Abreu: "Os donatários seriam de direito (de jure) e herdade senhores de suas terras"[3].

O donatário recebia a posse da terra, podendo transmiti-la aos filhos, mas não poderia aliená-la.

O donatário exercia plena autoridade no campo judicial e administrativo para nomear funcionários e aplicar a justiça, podendo até decretar a pena de morte para habitantes que cometessem crimes punidos pelas Ordenações do Reino.

Em seguida entregou essas capitanias a pessoas de sua confiança para administrar, colonizar, proteger e desenvolver a região, com seus próprios recursos. Seriam os donatários. Em recompensa, os donatários tinham permissão para explorar as riquezas minerais e vegetais da região. À Coroa caberia 20% do valor da produção da capitania, mantendo o monopólio do comércio do pau-brasil.

As capitanias hereditárias eram as seguintes: São Vicente (donatário Martim Afonso de Sousa); Santana, Santo Amaro e Itamaracá (Pêro Lopes

---

2. Eduardo Bueno, *Capitães do Brasil: a Saga dos Primeiros Colonizadores*, Rio de Janeiro, Ed. Objetiva, 1999, p. 83.

3. Capistrano de Abreu, *Capítulos de História Colonial*, 7. ed., rev. e anotada por José Honório Rodrigues, Belo Horizonte, Ed. Itatiaia, 2000, p. 66.

de Sousa); Paraíba do Sul (Pêro Gois da Silveira), Espírito Santo (Vasco Fernandes Coutinho), Porto Seguro (Pêro de Campos Tourinho), Ilhéus (Jorge Figueiredo Correia), Bahia (Francisco Pereira Coutinho); Pernambuco (Duarte Coelho), Ceará (António Cardoso de Barros), Baía da Traição até o Amazonas (João de Barros, depois Aires da Cunha e finalmente Fernando Álvares de Andrade).

As capitanias de Pernambuco e São Vicente foram as únicas que se desenvolveram satisfatoriamente.

A grande extensão de terra de cada capitania, a falta de recursos dos donatários, os ataques dos indígenas, o abandono por donatários que nem vieram tomar posse, tudo levou ao fracasso do sistema, e, então, em 1549, o rei de Portugal criou um novo sistema administrativo para o Brasil: o Governo-Geral. Este seria mais centralizador, cabendo ao governador-geral as funções antes atribuídas aos donatários.

No entanto, naquele momento histórico, o sistema de capitanias garantiu a posse da terra para Portugal, lançando os fundamentos da colonização futura das várias regiões.

É a conclusão de Costa Brochado: "O sistema das capitanias não falira em absoluto. O que importava era concentrar os poderes, evitando arbitrariedades e impondo o regime jurídico moral da Coroa, uniforme e intransigentemente"[4].

O Governo-Geral

Um Regimento real instituiu o Governo-Geral. O documento descrevia as funções do representante do governo português na Colônia. O Governador-geral chamou para si as funções antes desempenhadas pelos donatários. A partir de 1720 o Governador terá o título de Vice-Rei, que persistirá até a vinda da família real para o Brasil, em 1808.

O primeiro Governador-geral foi Tomé de Souza, que aqui chegou em 1549, fundando a cidade de Salvador na Bahia, para ser sua capital.

Vinha "dar favor e ajuda" aos donatários e centralizar administrativamente a organização da Colônia. Resgatou dos herdeiros de Francisco Pereira Coutinho a capitania da Bahia de Todos os Santos, transformando-a na primeira capitania real ou da Coroa, sede do Governo-Geral. Essa medida não implicou a extinção das capitanias hereditárias e até mesmo

---

4. Costa Brochado, *A Lição do Brasil*, Lisboa, Portugalia Editora, 1949, p. 74.

outras foram implantadas, como a de Itaparica, em 1556, e a do Recôncavo Baiano, em 1566. No século XVII continuaram a ser criadas capitanias hereditárias para estimular a ocupação do Estado do Maranhão.

Contava com três auxiliares: o provedor-mor, encarregado das finanças; o ouvidor-geral, a maior autoridade da justiça; e o capitão-mor da costa, encarregado da defesa do litoral. Vieram também padres jesuítas chefiados por Manuel da Nóbrega, encarregados da catequese dos indígenas[5].

Em 1551, durante o governo de Tomé de Souza, foi criado pelo papa Paulo III o 1º Bispado do Brasil com sede na capitania real, sendo nomeado bispo D. Pero Fernandes Sardinha.

Foram também instaladas as Câmaras Municipais, compostas pelos "homens bons": donos de terras, membros das milícias e do clero. Nesse período ainda foi introduzida, nessa capitania, a criação de gado e instalados engenhos de açúcar.

Mas, enquanto isso, na Europa, o rei da França, Francisco I, sogro de Catarina de Médicis, perguntava ao papa "em que trecho do testamento de Adão, se dizia que o Novo Mundo deveria ser dividido entre Espanha e Portugal", justificando a partilha de Tordesilhas, e então seu filho Henrique II patrocinou a invasão do Brasil por Nicolau Durand de Villegagnon, vice-almirante da Bretanha, experimentado navegador, para criar uma colônia francesa, a "França Antártica"[6].

Aportando em Cabo Frio, em 1551, entrou em trato amigável com os indígenas tamoios, prometendo-lhes ajuda para expulsar os portugueses da terra deles[7]. Conseguiu estabelecer um forte na baía de Guanabara, no futuro Rio de Janeiro. O comando ficou com seu sobrinho Bois-le-Comte.

Mas foram vigorosamente repelidos pelos governadores que sucederam Tomé de Souza: Duarte da Costa (1553-1557) e sobretudo Mem de Sá (1557-1572). Também foram de grande ajuda os padres jesuítas, chegados com Duarte da Costa, que logo captaram a simpatia dos índios tupinambás. Em 25 de janeiro de 1554, os padres jesuítas Manuel da Nóbrega e José de Anchieta criaram um colégio para filhos de colonos e pequenos "curumins" naturais da terra. Foi o início da futura cidade de São Paulo.

---

5. Capistrano de Abreu, *Capítulos de História Colonial*, 7. ed., rev. e anotada por José Honório Rodrigues, Belo Horizonte, Ed. Itatiaia, 2000, p. 74.

6. Leonce Peillard, *Villegagnon. Vice-amiral de Bretagne, Vice-roi du Brésil*, Paris, Ed. Perrin, 1991, p. 181.

7. Ibid., p. 98.

Na investida contra Villegagnon, Mem de Sá fundou, em 20 de janeiro de 1565, a cidade de São Sebastião do Rio de Janeiro, com ajuda de seu sobrinho Estácio de Sá, que morreu em razão dos ferimentos sofridos em combate com os franceses.

Por razões estratégicas, definitivamente estabeleceu a cidade no atual morro do Castelo, munida de fossos e cercada de muralhas[8]. Conseguiu expulsar os franceses da região em 1567.

Retornando à França, tendo caído em desgraça na corte francesa, Villegagnon consegue ser aceito na Ordem dos Cavaleiros de Malta, falecendo como seu embaixador em Paris, em 29 de janeiro de 1572[9].

O Município no Brasil Colônia

O municipalismo foi uma das características mais pujantes de nossa organização política desde a criação das capitanias hereditárias até o advento do centralismo político do Marquês de Pombal, contra quem se ergueram vários movimentos de caráter autonomista, como as famosas inconfidências no século XVIII.

Ensinava José Pedro Galvão de Sousa em sua *Introdução à História do Direito Político Brasileiro*: "Ao fundar uma vila fazendo levantar o pelourinho, nomeando os primeiros funcionários, convocando os homens bons do lugar, os capitães — donatários — procuravam atender às necessidades do momento, sem ideias preconcebidas, não estavam aferrados a categorias jurídicas, não se inspiravam em motivos ideológicos, eram sobretudo homens práticos"[10].

Enquanto isso, a tendência absolutista se implantava em Portugal como em toda Europa por meio do "despotismo esclarecido".

Então, o marquês de Pombal, Sebastião José de Carvalho e Melo, ministro do rei Dom José I de Portugal, chegou a criar os "juízes de fora" para cassar as sentenças das câmaras municipais da colônia que contrariassem sua política.

---

8. Capistrano de Abreu, *Capítulos de História Colonial*, 7. ed., rev. e anotada por José Honório Rodrigues, Belo Horizonte, Ed. Itatiaia, 2000, p. 78.

9. Leonce Peillard, *Villegagnon. Vice-amiral de Bretagne, Vice-roi du Brésil*, Paris, Ed. Perrin, 1991, p. 249.

10. José Pedro Galvão de Sousa, *Introdução à História do Direito Político Brasileiro*, 2. ed., São Paulo, Ed. Saraiva, 1959, p. 44.

"Pombal desfechou o primeiro golpe. Ao absolutismo despótico do século XVIII, sucedeu o constitucionalismo de 1824 e a autonomia dos municípios foi desaparecendo dos textos das Constituições enquanto à centralização político-administrativa correspondia ao deslocamento da função pública exercida pelo poder local do município para órbita nacional."[11]

O pensamento jurídico e político do Brasil Colônia

Antes do nascimento do sentimento nativista, a Terra de Santa Cruz e a metrópole dividiam o mesmo destino histórico. Foram pensadores brasileiros que se destacaram na defesa dos interesses do imenso império lusitano.

Em 1583, Ambrósio Fernandes Brandão, que aqui esteve até 1618, escreveu os *Diálogos das Grandezas do Brasil*, em que critica o caráter predatório da colonização.

Outro brasileiro foi o emissário de Portugal nas negociações em Madrid em 1750. Natural de Santos, em São Paulo, Alexandre de Gusmão (1695-1753) defendeu, nas negociações do Tratado de Madrid, invocando o princípio *uti possidetis, ita possideatis* (do modo como possuís, assim possuirás), ou seja: as terras espanholas assim chamadas pelo Tratado de Tordesilhas, durante o período do domínio espanhol, em que tudo se tornou hispânico, de 1580 a 1640, foram ocupadas por súditos de Portugal. Daí que tais terras deveriam permanecer como território português. E isso foi importante para o Brasil tomar os contornos continentais que tem hoje.

No Brasil Colônia, a sociedade se formou num sentido patriarcal: autoridade máxima do chefe da família ou patriarca, não só sobre seus filhos, parentes próximos e escravos, mas também sobre seus colonos, agregados e dependentes. (Leia-se, por exemplo, *O Guarani*, e veja-se o caso de Dom Antônio de Mariz.)

A colonização propiciava a formação desse tipo de estrutura social porque, segundo o modelo português de governo inaugurado com a dinastia de Avís, de colegiados, notava-se a ausência de um governo central forte. Daí a acumulação pelos senhores de terra (sesmeiros) de toda a autoridade política e administrativa nas sesmarias (formadas por grandes fazendas).

A coesão era dada pela religião e pela cultura. A religião era o Catolicismo Romano e a cultura, a do Barroco. Este foi um movimento que

---

11. José Pedro Galvão de Souza, *Política e Teoria do Estado*, São Paulo, Ed. Saraiva, 1957, p. 42.

pretendeu, sob a égide dos jesuítas, conciliar a cultura humanista do Renascimento com a concepção de vida cristã herdada na Idade Média.

O meio de comunicação por excelência era a palavra, através dos sermões, aulas, peças de teatro religioso-educativo. Subsidiariamente, a leitura de alguns textos latinos, com comentários ou glosas à margem. Para alguns privilegiados, a possibilidade de doutorar em Coimbra "em um e outro Direito": civil e canônico.

E não se pense que o pensamento colonial era mera cópia do lusitano. O Padre Antônio Vieira (1608-1697), um dos maiores oradores sacros de todos os tempos, figura tanto nas antologias literárias brasileiras como portuguesas e teve influência decisiva na consolidação da família de Bragança em 1640, com sua "História do Futuro" e "O Quinto Império", em que aponta os rumos para uma influência maior de Portugal na política europeia e latino-americana. Defensor dos índios, foi acusado perante a Inquisição de heresia ao afirmar, curiosamente, que não se deveriam batizar os índios que depois não pudessem frequentar os sacramentos. É citado, ao lado de Frei Luís de Vitória e Frei Bartolomeu de Las Casas, como um dos precursores da ideia de direitos humanos, independentemente da raça, nação ou religião.

Adepto do "Sebastianismo", ou restauração do prestígio lusitano, perdido com a morte de D. Sebastião em Alcácer-Quibir, em 1578, sonhava Vieira com um Reino Unido de Portugal e Brasil, que só se efetivaria em 1815, quase duzentos anos depois.

Tudo isso deu azo a que seus superiores o afastassem do Brasil, que tanto amava, sem deixar de ser um apóstolo da soberania de Portugal, como se percebe no seu famoso *Sermão pelo sucesso das armas de Portugal contra as de Holanda*, de 1640.

Tomás Antonio Gonzaga (1744-1810), um dos líderes da Inconfidência Mineira de 1789, publicou um *Tratado de Direito Natural* de inspiração iluminista, que foi adotado como livro de curso na Universidade de Coimbra, por muitos anos, mesmo depois de sua condenação ao degredo na África pela participação na conjuração mineira. Suas *Cartas Chilenas*, à maneira das cartas persas de Montesquieu, trazem incisiva crítica ao regime colonial. E com todos esses densos trabalhos e atividades políticas, ainda foi o poeta Dirceu da Arcádia Mineira de Vila Rica, célebre pelos versos a Marília.

Partindo de Hugo Grócio, jusnaturalista racionalista do século XVII, Gonzaga mostra que a hipotética oposição entre a lei natural e a lei divina

313

bíblica não tinha sentido verdadeiro na origem mesma da ordem natural. É o que se pode resumir lendo os comentários sobre Gonzaga do eminente Prof. Lourival Gomes Machado[12].

Implicado na Inconfidência Mineira de 1789, é condenado ao exílio em Moçambique, onde vem a falecer em 1810.

Cláudio Manoel da Costa (1729-1789), um dos líderes da Inconfidência, foi seu verdadeiro doutrinador, almejando a forma republicana de governo, a abolição da escravatura e o reforço do governo municipal. Foi encontrado morto em sua cela, em 4 de julho de 1789, enquanto aguardava julgamento por sua atividade revolucionária.

Há autores que o reconhecem como o verdadeiro autor das satíricas *Cartas Chilenas*, contra o governo pombalino e o quinto do ouro, parodiando as *Cartas Persas* de Montesquieu.

A Inconfidência Mineira de 1789

As inconfidências ou conspirações para libertar-se da metrópole portuguesa começaram com o sentimento nativista de podermos ser politicamente independentes. O grande exemplo vinha das colônias inglesas da América do Norte, que se revoltaram contra a Inglaterra em 1776.

Apesar da queda de Pombal, em 1777, com a ascensão de Dona Maria I ao trono de Portugal, os fermentos da revolta se espalhavam pelo Brasil.

Em Vila Rica, Minas Gerais, em 1789, a conjuração liderada por Cláudio Manoel da Costa, Tomás Antonio Gonzaga, o desembargador Inácio de Alvarenga Peixoto e o padre Oliveira Rolim foi deflagrada devido ao aumento da taxa de 20% — o quinto do ouro — a ser paga ao governo português, na extração das Minas Gerais.

Os conjurados pretendiam, além da separação de Portugal, a abolição da escravatura e a forma republicana de governo. Seu lema era *Libertas quae sera tamen = a liberdade, ainda que tardia.*

Pretendiam espalhar o movimento por todo o país, mas não houve tempo, pois um espião, Joaquim Silvério dos Reis, infiltrou-se e tudo revelou ao governo colonial.

---

12. Lourival Gomes Machado, *Tomás Antonio Gonzaga e o Direito Natural*, São Paulo, Editora Livraria Martins, s/d, p. 46 e s.

Abortada a revolta, todos os líderes foram presos e condenados ao degredo na África.

Um decreto da Rainha reservava a morte só para o líder do movimento.

Cláudio Manoel da Costa foi encontrado morto na prisão, prevalecendo a tese de suicídio.

Então, à morte na forca só foi condenado o tenente conhecido como dentista, o Tiradentes, que obviamente não era a figura de mais destaque na conjuração.

A grande fama de Tiradentes, como verdadeiro mártir da nossa Independência, só virá com a República de 1889, pois, com a Independência de 1822, proclamada por um príncipe da mesma dinastia de Maria I, a monarquia manteve os personagens e os fatos da Inconfidência Mineira sob pesado silêncio.

A Conjuração Baiana de 1798

Na Bahia, a conjuração, inicialmente, era análoga à que aconteceu em Minas Gerais: nativista, republicana, abolicionista. Foi liderada pelo médico, formado em Coimbra, Cipriano José Barata de Almeida e dela participava a elite local, almejando tomar o poder, devido ao alto preço dos gêneros de primeira necessidade.

Contudo, as propostas revolucionárias da *Mensagem ao Povo Bahiense*, composta por Barata, divulgadas por panfletos e pasquins, instigaram os populares a tomarem conta do movimento. Escravos e brancos pobres se transformaram em líderes. Entre eles muitos alfaiates, dando à conjuração o nome de "revolta dos alfaiates".

Foi debelada pelas tropas coloniais, devido à delação do ferreiro José da Veiga. Barata foi detido e depois solto em 1800. Quatro populares foram condenados à morte e dezenas ao degredo na África.

O século XVIII se encerrou com o afã dos iluministas, como Pombal, de impedir o crescimento de subsistemas no ordenamento jurídico do Estado, buscando na dessacralização do direito uma fórmula para "libertar-se dos últimos liames religiosos e jusnaturalísticos e se tornar direito positivo, contingente, estatuído"[13].

---

13. Alberto Febbrajo, *Funzionalismo Strutturale e Sociologia del Diritto nell'Opera di Niklas Luhmann*, Milano, Giuffrè Ed., 1975, p. 95.

A nosso ver, ainda que se diga que "a reforma pombalina abalou mais as estruturas de Portugal do que o terremoto de Lisboa de 1750", como chalaceava Oliveira Martins[14], a verdade é que o que de fato se operou foi uma substituição do jusnaturalismo católico por um jusnaturalismo deísta, com pretensões racionalistas, segundo o esquema de Hugo Grócio[15]. Acontece que a base do ordenamento jurídico do *Ancien Régime* não era o "direito natural", nem mesmo o jesuítico. O sustentáculo das "Ordenações do Reino" era o "direito divino", fundamento do poder real em todas as monarquias da Europa, quer sob sua forma anglicana, com James I, quer sob sua forma galicana, com Bossuet. Logo, o Iluminismo reforçava a autoridade real e estatal, não era um movimento "revolucionário"[16].

Este veio, sem dúvida, com Jean-Jacques Rousseau, na senda aberta por Fénelon[17], ao radicalizar as teses de Suárez sobre a soberania derivada do povo, fazendo deste o detentor da soberania[18].

---

14. J. P. Oliveira Martins, *História de Portugal*, 9. ed., Lisboa, Tip. Parceria A. M. Pereira, 1917, t. 2, p. 176. Para Manuel Nunes Dias, o terremoto foi o "sinal telúrico" de uma radical mudança (op. cit., p. 109).

15. Michel Villey, *La Formation de la Pensée Juridique Moderne*, cit., mostra o mecanismo da substituição de um jusnaturalismo por outro, na obra de Hugo Grócio, nas p. 597 e s.

16. À expressão "não era um movimento *revolucionário*" estamos dando o sentido corrente de "subversão", "mudança violenta de forma de governo", no sentido estrito, e não no sentido amplo, pois nesse caso se deveria admitir que o Iluminismo foi profundamente "revolucionário" ao mudar as estruturas da sociedade tradicional e caminhar para a implantação do Estado Moderno. Ou, como precisa José Pedro G. de Sousa: "Insurgiam-se os soberanos contra os privilégios que representavam uma limitação ao seu poder. Nesse ponto podiam entender-se perfeitamente com os pseudofilósofos, os quais apregoavam uma reforma igualitária, visando destruir a hierarquia social" (*Introdução à História do Direito Político Brasileiro*, 2. ed., São Paulo, Saraiva, 1959, p. 59).

17. Pierre Gaxotte já vislumbra em Fénelon, preceptor do herdeiro do trono francês, o duque de Borgonha, os primeiros passos do espírito do século XVIII (*Le Siècle de Louis XV*, Paris, 2. ed., Ed. A. Fayard, 1980, p. 28 e s.).

18. Para Suárez, ainda um escolástico, o supremo detentor da soberania é Deus, mas o poder do soberano lhe advém do consentimento dos súditos. Já para Jean-Jacques Rousseau o poder vem do povo pelo fato de que ele (povo) é soberano. Sobre as várias concepções de soberania, ver Sahid Maluf, *Teoria Geral do Estado*, 11. ed., São Paulo, Sugestões Literárias, 1980, p. 47 e s.

CAPÍTULO II

O PENSAMENTO JURÍDICO BRASILEIRO DO PERÍODO IMPERIAL

ငဒ်ဆာ

O período imperial

Independência, patriarcalismo, separatismo x centralismo (1820-1840)

Quando da vinda da Família Real portuguesa para o Brasil no início do século XIX, tivemos a presença física de literatos, filósofos, artistas que residiram no Rio de Janeiro, com a famosa Missão Francesa[1].

O Movimento da Independência, que começa com a partida de Dom João VI, ao receber a adesão de Dom Pedro, tinha de ser necessariamente uma composição do pensamento de Rousseau com os interesses da Casa de Bragança, o que resultou no feliz preâmbulo da Carta Constitucional de 1824: Dom Pedro era imperador, "por graça de Deus", mas também "por unânime aclamação dos povos".

José Honório Rodrigues colocou em evidência o papel das lideranças nacionais no Movimento[2], e mesmo um apologista da Constituição de 1824, João Camillo de Oliveira Torres, reconhece o caráter sacral da monarquia brasileira, ainda que frisando a adoção da teoria suareziana de "translação" da soberania nacional para a figura do soberano[3].

Os senhores de engenho, os donos de fazendas, latifúndios e antigas sesmarias não esboçaram qualquer reação, antes apoiaram a instauração do Império Brasileiro, "porque isso convinha aos interesses da aristocracia

---

1. Delso Renault, *O Rio de Janeiro Antigo nos Anúncios de Jornais*, Rio de Janeiro, 1969. V. tb. J. F. de Almeida Prado, *Jean-Baptiste Debret*, São Paulo, Cia. Ed. Nacional, Bras. 352, e EDUSP, 1973.
2. *Independência: Revolução e Contrarrevolução*, cit., v. 1.
3. João Camillo de Oliveira Torres, *A Democracia Coroada*, Petrópolis, Ed. Vozes, 1964, p. 81-7.

317

latifundiária", e "o trono reforçara a estrutura hierárquica e auxiliara, com sua força coesiva, uma comunidade antiquada"[4].

A verdade é que a implantação de um governo central forte impediu o esfacelamento do território, fatal consequência do prosseguimento do mandonismo local dos tempos coloniais[5].

Também é certo que o Império foi antimunicipalista, ao instituir os governos provinciais, sendo cada Presidente de Província nomeado pelo Imperador, neutralizando por tal meio a ação dos municípios.

Paradoxalmente, mas, nessa óptica, muito logicamente, não permitiu ele a criação de uma nobreza hereditária, pois os títulos concedidos pelo Imperador não eram hereditários, não se transmitiam na estirpe familiar e permitiam a "democratização" dos títulos de nobreza, a que se passou a atribuir um sentido de "prêmio ou honra ao mérito pessoal do titulado" e menos um sentido de reconhecimento de uma aristocracia *de jure*, já que existia mesmo *de facto*[6].

Bastante progressista em termos de sistematização, a Constituição de 1824 prometia para breve prazo a elaboração de Códigos Civil, Penal, Processual, Comercial, para libertar-se das obsoletas Ordenações do Reino, que continuavam como lei na matéria não regulada ainda no Brasil independente.

Com efeito, tivemos um Código Penal em 1830, um Código de Processo Criminal em 1832. Esperou-se vinte anos para o surgimento do Código Comercial de 1850. Por que o Código Civil só veio em 1916? É o que tentaremos elucidar, já que nos interessa de perto.

As ideias jurídicas e políticas do Brasil Império

A independência nos trouxe a soberania como Estado, fruto do amadurecimento político enquanto nação distinta de Portugal, mas o fato de o herdeiro da casa de Bragança, D. Pedro I, ter proclamado a independência

---

4. Richard Graham, *A Grã-Bretanha e o Início da Modernização do Brasil*, São Paulo, Ed. Brasiliense, 1973, p. 29.

5. Ibid., p. 29-30.

6. Oliveira Lima, *O Império Brasileiro*, 4. ed., São Paulo, Ed. Melhoramentos, 1962, p. 496. V. tb. J. C. de Oliveira Torres: "Procurava-se o estabelecimento de um regime de liberdade e de igualdade de possibilidades para o maior número..." (op. cit., sup., p. 382).

e sido o primeiro imperador fez com que, embora autônomos politicamente, continuássemos herdeiros da cultura portuguesa.

Durante o Império, pela Constituição de 1824, o Poder Executivo cabia ao Primeiro Ministro; o Poder Legislativo, ao Senado e à Câmara dos Deputados; o Poder Judiciário, aos Juízes e Tribunais. Por fim, o imperador era assistido por um Conselho de Estado, detendo o poder moderador, que lhe dava possibilidade de interferir nos demais poderes, segundo a doutrina do autor liberal francês Benjamin Constant, que considerava tal poder a "chave de abóbada" do poder político[7].

Outorgada por Dom Pedro I a Constituição do Império, em 1824, surgiu seu comentário no livro *Direito Público Brasileiro e Análise da Constituição do Império*, de autoria de José Antônio Pimenta Bueno (1803-1878), que analisa, artigo por artigo, a Constituição Imperial. Este livro foi o paradigma dos estudos constitucionais das Faculdades de Direito de Olinda e de São Paulo, fundadas por Dom Pedro I, em 1827, até a proclamação da República, em 1889.

Braz Florentino Henrique de Souza (1825-1870) foi o autor do ensaio contendo a análise do Título V, Capítulo I, da Constituição, *Do Poder Moderador*, procurando explicar como deveria ser o exercício do Poder Moderador de acordo com a teoria de Benjamin Constant.

A Confederação do Equador

Mas havia também forte oposição ao governo monárquico, típico da Europa, nas terras brasileiras. Autores como Cipriano Barata (1762-1838), que já participara da Conjuração Baiana de 1798, e Frei Joaquim do Amor Divino Caneca (1779-1825) elaboraram um modelo político revolucionário, com base nos ideais democráticos e republicanos de Jean-Jacques Rousseau. Suas obras repercutiram no célebre movimento pernambucano da *Confederação do Equador*, que pretendeu Pernambuco e outras províncias do Nordeste como Repúblicas independentes do Brasil, confederadas entre si.

Em 2 de julho de 1824, o governador de Pernambuco, Manuel Carvalho Pais de Andrade, proclamou a independência da província de Pernambuco. Pais de Andrade enviou sugestão às demais províncias do

---

7. Cláudio De Cicco & Álvaro Azevedo Gonzaga, *Teoria Geral do Estado e Ciência Política*, 7. ed., São Paulo, Ed. Revista dos Tribunais, 2016, p. 259.

norte e nordeste do Brasil para que se unissem a Pernambuco e formassem a *Confederação do Equador*. O novo Estado republicano seria formado pelas províncias do Piauí, Ceará, Rio Grande do Norte, Alagoas, Sergipe, Paraíba e Pernambuco.

Contudo, nenhuma delas aderiu à revolta separatista, com exceção de algumas vilas do Ceará, sendo tais vilas comandadas por Gonçalo Inácio de Loyola Albuquerque e Mello, mais conhecido como *Padre Mororó*, que é quem reúne a câmara de Quixeramobim, em 9 de janeiro de 1824, para proclamar a solene deposição da dinastia dos Bragança.

O pensamento revolucionário continuará servindo de inspiração até a final eclosão do movimento republicano. Foi seu adepto, em São Paulo, o famoso Regente Diogo Antônio Feijó (1784-1843), que governou o Brasil após a abdicação de D. Pedro I. Além de político hábil, era dado à reflexão filosófica e em cujos *Cadernos de Filosofia* encontramos uma defesa inteligente do sistema de Immanuel Kant.

Ensinava o saudoso Ubiratan Borges de Macedo que a tônica dos liberais radicais era o igualitarismo, o republicanismo, o nacionalismo, o federalismo, o abolicionismo e o antimilitarismo[8].

A abdicação de Dom Pedro I

Houve dois motivos que levaram Dom Pedro a abdicar em nome de seu filho ainda criança. O primeiro foi o favorecimento dos portugueses em seu governo, o que desgostou os brasileiros, que saíram às ruas e foram animados pelo jornalista italiano Libero Badaró a proclamar a República.

A colônia lusa do Rio de Janeiro reagiu violentamente na noite das garrafadas, que deixou muitos feridos. Os protestos dos nacionais aumentaram. Dom Pedro I ameaçou abdicar.

Havia outro motivo. Dom João VI morrera em 1826 e o seu segundo filho, Dom Miguel, proclamara-se rei de Portugal, dizendo que Dom Pedro renunciara ao trono luso para reinar no Brasil. Ora, segundo o primogênito, sua filha Dona Maria II deveria subir ao trono.

Com apoio da Inglaterra, Dom Pedro deixou o Brasil, após abdicar em 7 de abril de 1831, e foi invadir Portugal, vitoriosamente, exilando o irmão para a Áustria e reinando como Dom Pedro IV até a maioridade da filha.

---

8. Ubiratan Borges de Macedo, *Liberalismo e Justiça Social*, São Paulo, Ed. Ibrasa, 1995, p. 118.

Período regencial: levantes contra a monarquia

Período regencial foi o decênio de 1831 a 1840, iniciado com a abdicação de D. Pedro I, em 7 de abril de 1831, e a *"Declaração da Maioridade"*, quando seu filho D. Pedro II teve a maioridade proclamada, antes do tempo legal, subindo ao trono.

Pedro II contava, quando da renúncia paterna, 5 anos e 4 meses, não estando apto a assumir o governo, por força da Constituição do Império.

Começou, então, o chamado período das regências, em que o império foi governado por "regentes" de confiança do tutor do príncipe, José Bonifácio de Andrada e Silva.

Foi quando houve vários movimentos separatistas de caráter republicano em províncias do norte e nordeste do país.

A Cabanagem (1835-1840)

O movimento começou no ano de 1835 em Belém do Pará, após a escolha do novo presidente da província que poucos laços tinha com o governo central do Rio de Janeiro: foi então proclamada a independência. A capital da província, Belém, foi atacada por uma multidão de mestiços, índios, negros, dentre os quais se destacou como líder o cearense Eduardo Angelim.

Mas havia divergência na liderança, pois o fazendeiro Félix Antonio Malcher queria continuar fiel ao governo monárquico, enquanto Manuel Vinagre, lavrador, e seu irmão Francisco eram pela separação e proclamação da república do Grão-Pará, incluindo os atuais Estados do Pará e Amazonas[9]. Chamados de *cabanos*, por morarem em pobres cabanas, os rebelados tinham apoio do povo do Pará. Tomada a cidade de Belém, imediatamente Malcher proclamou fidelidade ao império. Então Francisco vinagre liderou revolta popular contra ele, o depôs e o executou[10].

As tropas enviadas do Rio de Janeiro atacaram por terra e uma esquadra ameaçou por mar. Renderam-se os rebeldes e a repressão matou 40 mil cabanos, até a rendição final em 1840.

---

9. Francisco de Assis Silva, *História do Brasil*, São Paulo, Ed. Moderna, 1992, p. 137.
10. Ibid., p. 138.

A Sabinada (1837-1838)

Foi uma rebelião da classe média baiana, que teve início em Salvador, a 7 de novembro de 1837, e teve esse nome derivado de um dos seus líderes, o médico Francisco Sabino Álvares da Rocha Vieira. Logrou êxito inicial, após o levante que teve início no levante do Forte de São Pedro, que se espalhou pelas demais guarnições, provocando a fuga das autoridades, dentre elas o governador Francisco de Sousa Paraíso.

Formou-se então um governo provisório, dentro do contexto de uma *República Bahiense*, que entretanto seria interina até a maioridade do Imperador: o que nos leva a duvidar do caráter republicano do movimento.

Proclamada a *República Bahiense*, os fazendeiros do Recôncavo se aliaram às tropas imperiais e retomaram Salvador em janeiro de 1838 e formaram um tribunal para julgar os revoltosos. Condenou tanta gente à morte que se chamou "júri de sangue"[11].

A Balaiada (1838-1841)

O movimento separatista ocorrido no Maranhão foi uma revolta de escravos e vaqueiros das grandes fazendas, em dezembro de 1838, contando com o apoio dos liberais abolicionistas das cidades, que faziam oposição aos senhores de terras, escravocratas.

Tendo por principal líder Manuel Francisco dos Anjos Ferreira, um fabricante de balaios, em 1839 tomaram a cidade maranhense de Caxias, a segunda em importância depois de São Luís, enquanto os escravos fugidos se tornavam quilombolas.

Em 1840, foi nomeado governador (presidente da Província do Maranhão, como então se denominava) o coronel do exército Luís Alves de Lima e Silva. A campanha durou um ano, de 1840 a 1841, terminando com a vitória do governo imperial[12].

Portanto, de 1838 a 1841, as lutas duraram três anos, causando enorme prejuízo aos fazendeiros.

O coronel Lima e Silva recebeu do governo imperial o título de barão de Caxias, como homenagem e comemoração de sua vitória.

---

11. Francisco de Assis Silva, *História do Brasil*, São Paulo, Ed. Moderna, 1992, p. 139.
12. Ibid.

Revolução Farroupilha ou Guerra dos Farrapos (1835-1845)

A *Revolução Farroupilha* ou *Guerra dos Farrapos* foi a mais renitente das tentativas separatistas dessa época.

Farroupilhas ou *farrapos* eram todos os que se revoltaram contra o governo imperial, e que culminou com a Proclamação da República Rio-Grandense. Era termo considerado pejorativo, oriundo da política, e foi adotado pelos próprios revolucionários, de forma análoga aos *sans-culottes* da Revolução Francesa.

Sua causa econômica imediata foi o aumento dos impostos sobre o *charque*, principal produção da província gaúcha, que descontentou os estancieiros, já prejudicados com a concorrência dos produtores argentinos e uruguaios, que entravam no Brasil, pagando baixa tarifa alfandegária[13].

Também Hélio Vianna lembra que o Rio Grande do Sul tinha uma população que muito se identificava com os países da região do rio da Prata, como o Uruguai, a Argentina etc., repúblicas independentes[14].

Em 1832 foi fundado o *Partido Farroupilha* pelo tenente Luís José dos Reis Alpoim, deportado do Rio de Janeiro para Porto Alegre. Em 24 de outubro de 1833, os farroupilhas promoveram um levante contra a instalação da Sociedade Militar em Porto Alegre.

A revolta teve como chefes o general Bento Gonçalves, o coronel Onofre Pires, o coronel Lucas de Oliveira, o deputado Vicente da Fontoura, o general Davi Canabarro, o coronel Corte Real, o coronel Teixeira Nunes, o coronel Domingos de Almeida, o coronel Domingos Crescêncio de Carvalho, o general José Mariano de Mattos, o general Gomes Jardim, além de receber inspiração ideológica de italianos liberais, como o cientista e tenente Tito Lívio Zambeccari e o jornalista Luigi Rossetti, além do capitão Giuseppe Garibaldi, casado com a gaúcha Anita e que foi um dos fautores do *"Risorgimento"* ou movimento de unificação da Itália, em 1870, como já se viu na Parte IV, Capítulo IV, deste livro.

No dia 20 de setembro de 1835, Porto Alegre foi tomada por rebeldes gaúchos que proclamaram a *República Rio-Grandense*, ou *Piratini*.

Como Presidente Imperial da Província do Rio Grande do Sul, Araújo Ribeiro tratou de recompor seu exército, reunindo oficiais gaúchos

---

13. Francisco de Assis Silva, *História do Brasil*, São Paulo, Ed. Moderna, 1992, p. 140.

14. Hélio Vianna, *História do Brasil*, 13. ed. rev. e atual. por Américo Jacobina Lacombe, São Paulo, Ed. Melhoramentos, 1975, p. 463.

contrários aos farroupilhas, como João da Silva Tavares, Francisco Pedro de Abreu (o *Chico Pedro* ou *Moringue*), Manuel Marques de Sousa, mais tarde conde de Porto Alegre, Bento Manuel Ribeiro, Manuel Luís Osório e até mesmo contratando mercenários uruguaios.

Administrativamente, mandou fechar a Assembleia Provincial e destituiu Bento Gonçalves do comando da Guarda Nacional, nomeação feita por Marciano José Pereira Ribeiro, desautorizando-o. Iniciou-se aí a resistência em Rio Grande e a perseguição aos revoltosos.

No Rio de Janeiro o governo proibiu a utilização da alfândega de Porto Alegre, enquanto a cidade estivesse em posse dos rebeldes, restringindo a chegada de navios.

Em abril de 1836, o comandante das armas farroupilhas, João Manuel de Lima e Silva, prendeu o major Manuel Marques de Sousa, que foi trazido junto com os demais prisioneiros para o navio-prisão *Presiganga*.

Na noite de 15 de junho de 1836, com a ajuda de um guarda corrupto, os prisioneiros foram soltos e, sob o comando de Marques de Sousa e com ajuda de Bento Manuel, os imperiais retomaram a cidade de Porto Alegre das mãos dos farroupilhas.

Foram presos Marciano Ribeiro, Pedro Boticário e mais 32 revoltosos. A casa do cônsul norte-americano foi invadida em 17 de setembro e revistada em busca de armas e revoltosos, pretensamente ajudados por norte--americanos. Dois dias depois o cônsul foi preso, mas foi libertado alguns dias depois e retornou aos Estados Unidos depois de alguns meses.

Dias depois, Bento Gonçalves tentou retomar a capital, mas foi rechaçado e começou uma série de sítios ao redor da cidade, que terminou definitivamente somente em dezembro de 1840. Sem o controle da capital e do único porto marítimo da província, os revoltosos estabeleceram quartel-general na cidade de Piratini.

Em 21 de agosto, as tropas navais de Grenfell, almirante inglês da Marinha imperial, têm sua primeira vitória, com a tomada do forte do Junco, num ataque comandado pelo capitão-tenente Guilherme Parker, com o brigue-escuna *Leopoldina*, o patacho *Vênus* e seis canhoneiras, além de uma tropa de infantes comandados pelo coronel Francisco Xavier da Cunha. Cinco dias depois, o forte de Itapoã foi conquistado, deixando aberto aos imperiais o acesso fluvial a Porto Alegre.

O sistema de guerrilha e a troca constante de presidentes e comandantes de armas prolongaram a luta até que o Barão de Caxias (futuro

Conde e Duque) foi nomeado Presidente da Província e Comandante Supremo Imperial em 9 de novembro de 1842, reorganizando o exército e chamando Bento Manuel Ribeiro, que tinha se recolhido para o Uruguai, para seu Estado-Maior[15].

Pedira-lhe o jovem Dom Pedro II: "Acabe com essa revolta, como fez com as outras!"

Retrucou Caxias: "Fique Vossa Majestade certa de que empenharei nisso até meus últimos esforços"[16].

O barão empregava toda sua força de 12.000 homens com experiência para minar a relativa supremacia farroupilha no interior, que contava com apenas 3.500 homens. Entre as várias ações, iniciou uma campanha de estrangulamento da economia da república, atacando as cidades da fronteira que permitiam o escoamento da produção de *charque* para Montevidéu e Laguna, comprando cavalos para impedir que os Farrapos tivessem montaria e reativando o comércio.

Lima e Silva, porém, não conseguiu atrair os farrapos para uma batalha campal decisiva. O exército republicano, sabendo de sua inferioridade numérica e de armamentos, evitou o combate direto, tendo a campanha permanecido como uma série de pequenos combates; quando perseguidos, os farroupilhas se refugiavam no Uruguai.

Em 1844, Fructuoso de Rivera, presidente daquele país, propôs intermediar a paz entre legalistas e republicanos. Manuel Luís Osório foi enviado ao acampamento de Rivera, onde se encontrou com Antônio Vicente da Fontoura, para avisar que Lima e Silva recusara a proposta de paz, mas que poderia haver tratativas com o governo, porém sem a presença de terceiros. Vicente da Fontoura foi enviado à corte para discutir a paz.

Luís Alves de Lima e Silva recebeu instruções do império, que temia o avanço do general Rosas sobre o território litigante, para propor condições honrosas aos revoltosos, como a anistia dos oficiais e homens, sua incorporação ao Exército Imperial nos mesmos postos e a escolha do Presidente da Província pela Assembleia Provincial, taxações sobre o charque importado do Prata.

Entretanto, uma questão permanecia insolúvel, a dos escravos libertos pela República para servir no exército republicano. Para o Império do

---

15. Francisco de Assis Silva, *História do Brasil*, São Paulo, Ed. Moderna, 1992, p. 141.
16. Vilhena de Moraes, *Caxias, o Duque de Ferro*, Rio de Janeiro, Biblioteca do Exército, 2003, p. 70.

Brasil, era inaceitável reconhecer a liberdade de escravos dada por uma sedição, embora anistiasse os líderes da mesma revolta.

Em novembro de 1844, estavam todos em pleno armistício. Suspensão de armas, condição fundamental para que os governos pudessem negociar a paz, levando ao relaxamento da guarda no acampamento da curva do arroio Porongos.

Canabarro e seus oficiais imediatos foram a uma estância próxima visitar a mulher viúva de um ex-guerreiro farrapo e o coronel Teixeira Nunes. Foi então que apareceram imperiais, de surpresa, quebrando o decreto de suspensão de armas. Foram presos mais de 300 republicanos entre brancos e negros, inclusive 35 oficiais.

O general Canabarro, recuperado, reuniria ainda todo o restante de seu exército, cerca de 1.000 homens, e atacaria Encruzilhada em 7 de dezembro de 1844, tomando-a e mostrando assim que a sua intenção não era se render.

Por fim, a 1º de março de 1845, já sob o governo de Dom Pedro II, assinou-se a paz: o Tratado de Poncho Verde ou Paz do Poncho Verde, após quase dez anos de guerra, que teriam causado 47.829 mortes.

Entre suas principais condições estavam a anistia plena aos revoltosos, a libertação dos escravos que combateram no Exército piratinense e a escolha de um novo presidente provincial pelos farroupilhas. A impossibilidade de uma abolição da escravatura regionalmente restrita, a persistência de animosidade entre lideranças locais e outros fatores administrativos e operacionais podem ter ao menos dificultado, senão impedido o cumprimento integral do mesmo[17].

A atuação de Luís Alves de Lima e Silva foi tão nobre e correta para com os oponentes que a província, novamente unificada, indicou-o para senador. O império, reconhecido, outorgou ao general o título nobiliárquico de Conde de Caxias (1845). Mais tarde (1850), com a iminência da Guerra contra Rosas, seria indicado presidente da Província de São Pedro do Rio Grande.

Sem dúvida, deveu-se ao governo monárquico central forte a manutenção da integridade do Brasil, colosso territorial entre inúmeras repúblicas pequenas na América do Sul.

---

17. Hélio Vianna, *História do Brasil*, 13. ed. rev. e atual. por Américo Jacobina Lacombe, São Paulo, Ed. Melhoramentos, 1975, p. 465.

O Segundo Império

Muitos políticos que viam a instabilidade no período das regências falavam numa antecipação da maioridade de Dom Pedro II, que foi aclamado imperador em 1840, com apenas 16 anos, para desestimular os movimentos separatistas, que infernizaram o período das regências.

Os ingleses: influência cultural e modernização

Dificilmente se poderia supor que a modernização iniciasse tão depressa, a partir de 1850, e daí até a Grande Guerra (1914-1918), quase ininterruptamente, o Brasil entrasse num processo de mudança cultural, social e econômica até o paroxismo dos anos 30 e 40, já no século XX. O fator decisivo foi a própria personalidade do Imperador Dom Pedro II.

Como salienta Richard Graham, "o homem não pode ser confundido com a função que ocupava. Tinha sido educado nos ideais do Iluminismo e acreditava inquestionavelmente na liberdade individual, mobilidade social e expansão econômica. Estivera na Europa, nos Estados Unidos, vendo e admirando as comunidades industrializadas. (...) Mas a posição era mais significativa do que o homem que a ocupava, a coroa era o coração da sociedade tradicional. Usando-a, Pedro II era responsável pela manutenção da estabilidade, perpetuando o império e protegendo a comunidade contra as forças da desagregação"[18].

Além do apoio dos patriarcas rurais, como já dissemos, Pedro II contava com o apoio dos militares, que lhe juravam fidelidade, como legítimo sucessor de Pedro I, o artífice da Independência.

O outro pilar que sustentava o edifício da monarquia era a Igreja Católica, unida ao Estado pela Constituição de 1824, sendo o casamento religioso válido como casamento civil, o atestado de batismo, como registro de pessoa física. É verdade que pela instituição do "padroado" o imperador escolhia os padres a serem elevados ao episcopado pelo Papa; as bulas e encíclicas papais só eram divulgadas no território brasileiro depois de receberem o placet imperial[19].

---

18. Richard Graham, A Grã-Bretanha e o Início da Modernização no Brasil, São Paulo, Ed. Brasiliense, 1973, p. 48-9.

19. Por aqui vemos uma herança típica do século XVIII e de Pombal, que ainda permanecia, depois de 1822, no Brasil. Os bispos e padres eram funcionários do Estado, dependentes do Ministério de Cultos.

D. Pedro II, que sobe ao trono em 1840, simpatizava com o sistema inglês e por isso usou pouco *do poder moderador* que lhe cabia pela Constituição do Império de 1824 sem tolher o livre jogo parlamentar dos dois grandes partidos: o Liberal e o Conservador. Isso talvez explique a durabilidade da Constituição de 1824, até 1889.

Mas, tudo somado, poder-se-ia dizer que a estrutura do Império era firme. Os abalos começaram por atritos com militares de alta patente, quando da famosa "Questão Militar", depois com o encarceramento de dois bispos na famosa "Questão Religiosa". O Império caiu realmente quando, pela Abolição, perdeu o apoio dos latifundiários de modo definitivo. Esse apoio vinha sendo perdido, gradativamente, com a industrialização implantada pelo monarca, a partir de 1850, com o concurso dos engenheiros ingleses.

No Brasil, em 1850, o comércio e a atividade industrial ainda eram olhados com desprezo, como herança dos tempos coloniais em que as "profissões servis" eram consideradas indignas de um homem de família de boa cepa portuguesa, de um "filho de algo, fidalgo".

A origem social preordenava as posições, e o serviço público era verdadeiro asilo dos descendentes de antigas famílias ricas e fidalgas, que tinham desbaratado suas fortunas.

O sistema econômico predominante era o agrário e o pastoril, de que provinha o poder político dos donos de latifúndios, necessários para a cultura do café, base da riqueza nacional. Eram os latifundiários verdadeiros reis em suas terras, e seus agregados eram como que seus vassalos.

As primeiras e remotas mudanças no quadro iniciaram com a vinda da Corte, com a criação das primeiras escolas de artes e ofícios, abandonando o antigo programa de ensino de Humanidades e adotando as posições inovadoras de Verney, de predominância do ensino técnico.

A chegada de contingentes de imigrantes alemães e italianos, provenientes de nações já industrializadas, reforça a importância da indústria na economia moderna.

A mudança da Corte portuguesa para o Brasil trouxe inegável progresso para a cultura: o advento da imprensa, primeiras editoras, academias artísticas e científicas, viagens de estudos, fundação das Faculdades de Direito em São Paulo e Olinda (fins do Primeiro Reinado — 1827).

À época da Independência, já se salientavam inúmeros advogados (formados em Coimbra), médicos práticos, mineralogistas (José Bonifácio). Na abdicação de Dom Pedro I, clérigos e literatos eram nacionalistas (indianistas), a par das doutrinas europeias modernas. A Constituição de 1824 era a aplicação das teorias do liberalismo romântico de Benjamin Constant e de Montesquieu, com um pouco de Rousseau e de Kant. O Código Penal de 1830 seguiu as recentes doutrinas de J. Bentham.

Surgiram grandes jornais: *Gazeta Mercantil, Revérbero Constitucional, Diário de Notícias, Jornal do Comércio*, no Rio; *A Província de São Paulo*, em São Paulo. Neles se debatiam as grandes questões: a maioridade, o Poder do Imperador, a Guerra do Paraguai, a Abolição, a República. Discutiam-se as grandes correntes de pensamento: o sincretismo de Vitor Cousin, o nacionalismo de Fichte. A liderança social passou para o bacharel[20].

A partir da segunda metade do século XIX, a sociedade recebeu notável influência da Inglaterra, no sentido modernizador, no campo das ideias, usos e costumes sociais. Com a construção das ferrovias surgiram oportunidades de viagens de formação técnica à Europa. Daí novos tipos urbanos: o engenheiro, o empresário comercial, o industrial (Mauá)[21].

A família sofreu uma primeira transformação quando a mulher aprendeu a ler, escrever, falar francês, ler folhetins e acompanhar a moda de Paris.

Mas, decisivamente, de modo organizado e sistemático, o industrialismo se radicou, entre nós, quando Dom Pedro II, aderindo ao pensamento do Barão, depois Visconde, de Mauá, contratou com firmas inglesas a implantação de estradas de ferro, de estaleiros, de grandes refinarias, de fábricas de tecelagem, a partir de 1850.

Em obra fundamental sobre o tema, Richard Graham dá a entender que a modernização do Brasil não se teria processado sem o concurso da Inglaterra. Preferimos dizer: a modernização não teria tomado o rumo que tomou sem sacrifício da agricultura e adoção do sistema capitalista liberal do final do século XIX com largos efeitos, em termos de um equilíbrio social entre nós, sem o concurso da Grã-Bretanha. Permanece o fato de que os ingleses trouxeram o maquinismo, o capitalismo moderno, o espírito europeu competitivo e colonialista, com o que, aliás, concorda Graham[22]. Modernização que se inicia, que vai se processando, não se trata

---

20. Roque S. Maciel de Barros, *A Significação Educativa do Romantismo Brasileiro*, São Paulo, Ed. Grijalbo, 1973.

21. Richard Graham, *A Grã-Bretanha e o Início da Modernização no Brasil*, São Paulo, Ed. Brasiliense, 1973.

22. "Os inovadores brasileiros acreditavam firmemente que uma das primeiras medidas do governo seria neutralizar a influência exercida pela antiga mentalidade tradicional e

de algo acabado em pouco tempo. Nem é admissível, sociologicamente, uma mudança que faça *tabula rasa*.

Conta-nos R. Graham que, em 1851, inaugurou-se um serviço regular de navios a vapor entre o Brasil e a Inglaterra, "como se fosse um sinal do estreitamento das relações entre os dois continentes"[23].

Informa também que o valor das exportações se elevou de 21,5 milhões para 48,7 milhões de libras esterlinas, graças à penetração do café brasileiro no mercado europeu[24].

Com o Código Comercial de 1850, agilizou-se o nosso comércio, pela uniformização legal dos contratos de comércio, solução dos casos de falências, concordatas etc. Ao mesmo tempo, a Inglaterra lutava contra o tráfico de escravos e, por sua pressão, sobretudo depois da Lei Aberdeen, de 1845, o comércio de escravos passou a ser arriscado, e o desestímulo levou à procura de novas fontes de renda[25].

Sem pretender resolver a espinhosa questão de saber se os ingleses agiram contra a escravidão por humanitarismo ou por interesse econômico, a verdade é que o movimento abolicionista crescente entre nós, com o apoio internacional da Inglaterra, levava à aplicação de capitais na indústria, que os ingleses estavam implantando aqui no Brasil.

Apesar da dificuldade que o Código oferecia para criar sociedades anônimas, em 1851 já doze empresas desse tipo passaram a funcionar, e até 1859, mais cento e trinta e cinco receberam autorização para funcionamento.

Em 1852, foi aprovada uma lei que concedia juros de até cinco por cento para os acionistas de companhias construtoras de estradas de ferro (leia-se "São Paulo Railway"). A estrada de ferro São Paulo-Santos foi inaugurada em tempo recorde para a época, em 1868.

Richard Graham considera este fato mais importante que a Guerra do Paraguai, na história do Império[26].

---

deixar de intervir nas transações comerciais" (Richard Graham, *A Grã-Bretanha e o Início da Modernização no Brasil*, São Paulo, Ed. Brasiliense, 1973, p. 225). Como se sabe, em termos econômicos, o não intervencionismo era a principal característica do liberalismo do século XIX, que construiu o *British Empire*.

23. Ibid., p. 32.
24. Ibid., p. 33.
25. Ibid., p. 33.
26. Ibid., p. 35.

Com o incremento da comercialização do café, em Santos, surgiu um novo tipo de fazendeiro, que considerava sua fazenda "como um capital, não como um meio de alcançar posição social". Eram verdadeiros "empresários agrícolas", adotando novas técnicas e maquinaria, importadas da Inglaterra. E passavam a exigir "mudanças políticas no fim do Império", apesar da "prosperidade geral de que gozava o Brasil"[27]. Isso só se poderá entender *se se prestar ao fato das "novas ideias" trazidas da Europa a atenção devida*[28].

A nova situação econômica trouxe para a sociedade brasileira uma gama de modificações significativas: surgiram novos tipos urbanos: os industriais, os engenheiros de estradas, os engenheiros mecânicos, os bacharéis especialistas em Direito Comercial e Falimentar. Paralelamente, o grande centro de cultura para os novos componentes da sociedade era Londres, deixando de lado a herança humanística portuguesa e até mesmo francesa. Pode-se dizer que, nesse período, a cultura francesa continuava a exercer sua influência secular entre nós, mas circunscrita aos aspectos artísticos e literários, ficando para a Grã-Bretanha o monopólio cultural em questões ligadas à indústria, ao comércio e, desde muito cedo, à política e ao direito[29].

Toda essa influência se poderia resumir em vertentes: a cultura clássica e neoclássica, do início do século XIX, emanada da França e, interferindo mais na vida econômica e política do País, a cultura liberal inglesa. A cultura clássica francesa produziria, talvez, como último grande momento, o positivismo de Augusto Comte, com sua ideia de ordem e de autoridade, visivelmente calcada na tradição romanística, adaptada ao cientificismo do século passado. Já a cultura britânica seria o fundamento do liberalismo, sobretudo pela influência de Herbert Spencer e seu evolucionismo individualista, nos pensadores brasileiros infensos ao ideário comteano.

De qualquer maneira era uma segunda ruptura com o Brasil tradicional, na esteira inaugurada pela modernização pombalina, que foi a

---

27. Richard Graham, *A Grã-Bretanha e o Início da Modernização no Brasil*, São Paulo, Ed. Brasiliense, 1973, p. 39.

28. Gilberto Freyre, em *Ingleses no Brasil*, anota mais de cem expressões inglesas então incorporadas à linguagem do homem de sociedade (p. 30-1), vários nomes da poesia e da literatura inglesa que se tornam familiares aos brasileiros (p. 32). Cf. Liv. José Olympio Ed. e MEC, 2. ed., Rio de Janeiro, 1977.

29. Havia um verdadeiro cotejo entre as duas culturas, a inglesa e a francesa, como notou claramente na formação de um Joaquim Nabuco e de um Eduardo Prado (cf. Richard M. Morse, The Prado Family, European Culture and the Rediscovery of Brazil, 1860-1930, *Revista de História*). São Paulo, 1975, n. 104, p. 803-24.

primeira. Nesse segundo momento da vida nacional, o Império era investido, no que ainda manifestava de suporte tradicional, no que ainda tinha de "paternal", de "dominação tradicional", para falar como Weber, por duas frentes de hostilidade: de um lado, o positivismo, que o atacava exatamente no que ele tinha de não científico-positivo e, de outro lado, o liberalismo, que com ele dissentia no que ele guardava de antiliberal.

Derrubado o Império, em 1889, depois da Abolição, que dele distanciou os fazendeiros tradicionais, restaram em presença as duas fórmulas culturais transplantadas para os trópicos: o positivismo, que tinha a simpatia dos militares, o liberalismo, que tinha a simpatia dos empresários.

Nesse quadro cultural competitivo foi que se inscreveram os trabalhos preparatórios do nosso Código Civil de 1916, e em que se pronunciaram as sentenças de nossos Tribunais.

Evolucionismo, laicismo, individualismo

Entre as filosofias importadas pelos anglófilos, o evolucionismo positivista de Herbert Spencer ocupa o primeiro lugar: tratava-se de uma transposição das teses de Darwin para o campo social, com matiz individualista, isto, como se sabe, em função do "Capitalismo liberal" da Era Vitoriana. "A adaptação da teoria da evolução à sociedade humana causou grande abalo no Brasil. Spencer, que foi sem dúvida nenhuma um dos mais imaginosos aplicadores dessa teoria, era muito lido e citado no Brasil, (...) era o favorito da nascente classe média, (...) principalmente quanto à crença no progresso"[30].

À teoria da evolução se opunham, como era de esperar, não só a Igreja Católica, mas ainda as várias Igrejas Cristãs, em geral.

No entanto, a ideia de que o Brasil um dia chegaria, nesse processo de evolução da Humanidade, a ombrear com as grandes nações da Europa e com os Estados Unidos era, no que já então se chama "progresso", mais atraente para a mocidade acadêmica de São Paulo e do Rio, de Olinda e Recife, como do Rio Grande do Sul, para os profissionais liberais etc. do que a cosmovisão tradicional.

Aliás, a ideia de progresso era comum também à doutrina de Augusto Comte. Mas havia um importante matiz: para o positivismo comteano,

---

30. Richard Graham, *A Grã-Bretanha e o Início da Modernização no Brasil*, São Paulo, Ed. Brasiliense, 1973, p. 243-4.

o progresso se faria com ordem sob a direção de uma elite, que logo no Brasil se passou a entender como as Forças Armadas.

Essas duas correntes incidiram sobre o direito, no Brasil, de modo diverso e peculiar: o positivismo comteano, por valorizar a história e, de certo modo, criar a sociologia e a antropologia, interessou-se muito, na linha de um Léon Duguit, por negar a existência de um direito natural, quer o católico tomista, quer o jesuítico, quer o racionalista do século XVIII, de Grócio, dos iluministas e de Wolf. Em sentido contrário, valorizou sobremodo a história das instituições, querendo ver sempre a presença dos "estágios", imaginados por Comte. Seu método era o mais possível emprestado às ciências exatas, como a biologia, como veremos na Terceira Parte.

Sendo historicista, o positivismo comteano foi uma forma de pensamento em que a ênfase maior estava sobre o fato social como gerador de relação jurídica. Por exemplo, no assunto que nos interessa mais de perto, o direito de família era entendido como decorrência do fato social da existência de uma comunidade de pai, mãe e filhos. A autoridade do pai era um direito não "natural", mas decorrente da forma histórica assumida pelo relacionamento entre o pai e a mãe, que levou à supremacia do macho...[31] Não se colocava em termos individuais.

Já o evolucionismo spenceriano, com ser de índole mais darwinista, via na sociedade a luta contínua de que saíam perdedores os mais fracos. O direito era, para os spencerianos, uma expressão da força dos mais aptos, tinha uma função meramente utilitária, de assegurar os poderes conquistados pelos indivíduos. Daí não existir um direito do pai como representante da família, mas do pai enquanto indivíduo que gozava de tais ou quais direitos... "conquistados" sobre a mulher e filhos.

O liberalismo brasileiro teria imensas simpatias pela modalidade spenceriana, como é óbvio, principalmente porque nele haveria uma virtual justificação da escravidão dos negros, admitindo a estrita desigualdade dos indivíduos, como das raças[32].

---

31. Cf. Clóvis Beviláqua, *Direito de Família*, 7. ed., Rio de Janeiro, Ed. Rio, 1976, p. 17-20.

32. Graham assevera que havia spencerianos abolicionistas e que o mesmo Spencer era contrário à escravidão, mas, na verdade, sua teoria conduzia, implacavelmente, à permanência do sistema escravista (*A Grã-Bretanha e o Início da Modernização no Brasil*, São Paulo, Ed. Brasiliense, 1973, p. 257-60).

Toda uma geração foi educada nas Academias de Direito dentro de uma ou outra de tais Escolas, conforme fosse esta ou aquela a ideologia do catedrático ou de seus lentes, assessores, auxiliares etc.[33]

É claro, também, que tudo se inseria num processo de dessacralização progressiva, que culminaria com a separação entre Igreja e Estado, casamento religioso e civil, até os nossos dias[34]

Havia então uma dicotomia evidente: de um lado uma elite de professores, de estudantes de Direito, de Medicina, de Engenharia, já conquistados às ideias do cientificismo comteano ou spenceriano, laicista (anticlerical até). De outro lado, a população brasileira, que, em sua imensa maioria, continuava seguindo uma concepção de vida que datava dos tempos coloniais, católica, bíblica, tradicionalista e, nos aspectos que nos dizem respeito, patriarcalmente constituída por famílias de pátrio poder rigidamente respeitado e exercido[35]

Na sociedade brasileira por muito tempo seria proscrito como "indecente" o romance de Júlio Ribeiro Vaughan, *A Carne*, expressão em forma de narrativa romanesca das teses esposadas pelos sisudos catedráticos das várias Escolas Superiores a respeito do casamento, da família e da prole[36]

Reflexos na doutrina dos juristas do Império.
A reação contra o Projeto de Código Civil

José de Alencar: características de sua obra de ficção:
uma análise sociológica

Como dissemos no final do capítulo anterior, a sociedade patriarcal brasileira foi atacada no século XVIII ao mesmo tempo pelo Racionalismo

---

33. Cf. a multiplicidade de adesões às várias modalidades de positivismo na Faculdade de Direito de São Paulo, in Pensamento Filosófico no Primeiro Século da Academia, pelo Prof. Dr. Reynaldo Porchat, *Revista da Faculdade de Direito*, São Paulo, 1928, v. 24, p. 333-74.

34. "O nosso Direito Civil é absolutamente leigo". É a conclusão de um investigador emérito, Waldemar Martins Ferreira, *História do Direito Brasileiro*, São Paulo, Livraria Freitas Bastos Editora, 1952, 3 volumes, v. 2, p. 179.

35. Em certo sentido, isso se vislumbra até os anos 30, como pudemos pesquisar em nossa dissertação de Mestrado, concluindo que a sociedade brasileira permanecia tradicional até o advento da influência do cinema, do rádio, nos anos 1935-1945 (cf. *Hollywood na Cultura Brasileira*, São Paulo, Ed. Convívio, 1979, p. 65-79).

36. Que Júlio Ribeiro Vaughan fosse um evolucionista spenceriano, e que seu darwinismo transparece em A Carne, é opinião de R. Graham, op. cit., p. 253.

iluminista e pombalino e pelo Contratualismo romântico de Jean-Jacques Rousseau.

Pode-se até dizer que, unidos num primeiro momento, contra o poder da Metrópole, os dois movimentos, o racionalista e o romântico, passaram a se diferençar mais e até a se opor, a partir do instante em que os mais recentes frutos do racionalismo, o evolucionismo, o positivismo spenceriano ou comteano começaram a combater um Brasil ainda bastante ligado ao retrato da sociedade patriarcal e rural que tinham sonhado todos os românticos europeus, com a dificuldade de precisarem recuar à Idade Média, através da prosa de ficção de Walter Scott, da poesia de Lamartine, dos romances de Hugo ou Vigny, quanto mais industrializada estava sua terra — enquanto nós ainda vivíamos num país essencialmente agrícola, com larga faixa do território com a natureza intacta, ainda muito povoada dos índios tão caros a Rousseau e a Chateaubriand.

Chegavam os ingleses com ideias universalistas e cosmopolitas, falando em Humanidade, quando muitos ainda apenas queriam ver respeitada a ideia de Nação, para um Brasil recentemente independente.

É onde se destacaria o notável romancista, mas também educador e jurista, José Martiniano de Alencar. Encarnava ele a reação conservadora perante as novas ideias industrialistas; era o principal artífice do retardamento de um Código Civil brasileiro no século XIX. Houve profunda relação entre os motivos pelos quais não nasceu, mas "se tornou romancista", de um lado, e os motivos técnicos ou políticos que o levaram a impedir a aprovação do Projeto de Código Civil do insigne Teixeira de Freitas.

Entre Alencar e Teixeira se desencadeou uma polêmica análoga em tudo àquela célebre que opôs Savigny a Thibaut, na Alemanha. Vejamos:

Ultimamente têm sido estudados em profundidade os romances — antes considerados mais "ingênuos" — de Alencar, revelando toda uma postura filosófica e política consciente por parte do consagrado autor de *O Guarani, Iracema* e *Ubirajara*[37].

É claro que a intenção principal de um romancista é distrair, encantar o leitor, mas não se pode esquecer o nexo entre literatura e sociedade[38].

---

37. Silviano Santiago, Liderança e Hierarquia em Alencar, *Suplemento Cultural*, cit.
38. Antonio Candido, *Literatura e Sociedade*, 5. ed., São Paulo, Cia. Ed. Nacional, 1976, p. 73 e s.

A verdade é que Alencar era um homem de ideias nítidas, claras, e não poderia tratar de tantos assuntos de história sem dar sua interpretação aos fatos do passado, de modo a orientar no presente. Bem nítida é a proposta de formação de uma mística nacionalista indianista, como, aliás, é típico de todo o Romantismo[39].

Mas não é tão óbvia; aparecem matizes mais suaves de uma outra proposta de Alencar, para a vida em sociedade, para a concepção do Estado, da família, do poder paterno.

Tendo bem presente que ele foi o autor mais lido e conhecido do século (mesmo pelos analfabetos, que ouviam ler os romances nas noites de serões familiares ou de engenho e fazenda, sem rádio, teatro ou tevê), e que os personagens por ele criados são patrimônio não só de alguns conhecedores de literatura ou de ópera (depois da obra de Carlos Gomes), mas, praticamente, até bem pouco tempo, de todo o povo, mesmo da massa da população, nas cidades ou no interior, concluímos que ele foi um autor "de massa", para usar uma expressão consagrada, embora seu estilo fosse "de elite", mas nunca chegou a ser um autor "difícil", como seria um Camilo, um Euclides e mesmo um Eça, para o leitor brasileiro médio[40].

Em seus romances, Alencar defendia, em termos de narrativa, tudo o que com termos jurídicos ou filosóficos diria depois contra o Código esboçado por Teixeira de Freitas, como também contra o centralismo, para ele demasiado, pretendido por Dom Pedro II.

Sua concepção da sociedade era hierárquica e não liberal-democrática, como transparece até na descrição da natureza de *O Guarani*, sem negligenciar as analogias próprias dessa Escola literária entre os personagens e o meio ambiente[41]. A ação se passava, nesse romance, na época dos

---

39. Roque Spencer Maciel de Barros, *A Significação Educativa do Romantismo Brasileiro*, São Paulo, Ed. Grijalbo/EDUSP, 1973, p. 140 e s.

40. Isso é verdade se atentarmos para idiomatismos lusitanos em Eça ou Camilo Castelo Branco, termos técnicos de antropologia ou geologia em *Os Sertões*, comparando com a linguagem mais acessível de Alencar. Aliás, sua corajosa utilização de termos indígenas vem sempre acompanhada de um glossário, para que o leitor se familiarize aos poucos com termos aborígines. Cf. as "Notas" finais de *Iracema* e *Ubirajara*, por exemplo.

41. Em *O Guarani*, Alencar assim descreve o rio Paquequer: "É o Paquequer saltando de cascata em cascata, enroscando-se como uma serpente, vai depois se espreguiçar na várzea e embeber no Paraíba, que rola *majestosamente* em seu vasto leito. Dir-se-ia que *vassalo* e *tributário* desse *rei* das águas, o pequeno rio, altivo e sobranceiro contra os

Felipes, como já dissemos, em que "Dom Antônio de Mariz" era o protótipo do senhor feudal[42]. Sua concepção da família transparece também em *O Tronco do Ipê*, em que o personagem Mário procura a vida toda vingar a morte do pai, como se sua autoridade ultrapassasse as barreiras do túmulo[43]. *Senhora* é uma crítica forte contra a sociedade que se vai instalando, em que o dinheiro compra tudo, ou pretende fazê-lo[44]. Enquanto isso, o índio Ubirajara é um cavaleiro medieval nas selvas dos trópicos[45], e *Iracema* nos mostra uma virgem índia, com tal senso de honradez, como só o têm o Sertanejo e o Gaúcho, dos romances do mesmo nome, seres todos do mundo rural, que vivem longe da vida moderna, industrializada.

Até que ponto os romances regionalistas de Alencar não são uma crítica ao processo de modernização trazido pelos ingleses, em prol da valorização das características regionais brasileiras, perante o estrangeiro?

---

rochedos, curva-se humildemente aos pés do *suserano*. Perde então a beleza selvática; suas ondas são calmas e serenas, como as de um lago, e não se revoltam contra os barcos e as canoas que resvalam sobre elas: escravo submisso sofre o *látego do senhor*" (grifos nossos). Cap. I de *O Guarani*.

42. "Português de antiga têmpera, fidalgo leal, entendia que estava preso ao rei de Portugal pelo juramento da nobreza e que só a ele devia preito e menagem. (...) A casa era um verdadeiro solar de fidalgo português menos as ameias e a barbacã, as quais haviam sido substituídas por essa muralha de rochedos inacessíveis, que ofereciam uma defesa natural e uma resistência inexpugnável". "(...) a qual fazia as vezes de um castelo feudal na Idade Média. O fidalgo recebia (os agregados) como um rico-homem que devia proteção e asilo aos vassalos" (Cap. II, de *O Guarani*). A opinião de Dom Antônio sobre os índios: "Para mim, os índios quando nos atacam são inimigos que devemos combater, quando nos respeitam, são vassalos de uma terra que conquistamos, mas são homens" (ibid., Cap. VI). Todas as citações estão tomadas da edição da Editora Piratininga, de São Paulo.

43. Trata-se de uma narrativa que lembra bastante o *Hamlet* de Shakespeare, pois Mário passa a vida inteira preocupado em deslindar as circunstâncias que cercavam a morte de seu pai, cujos bens tinham passado para seu antigo agregado. Inclusive Mário sente a atração do além-túmulo para saber a verdade (Cap. IX), mas, ao contrário do fantasma de Elsinore, o jovem tem a seu lado o preto velho Benedito, que tudo sabe, e o convida ao perdão (Cap. I e Cap. XXXVII).

44. Fazendo analogia com a vida comercial que cada vez mais se desenvolvia no Rio de Janeiro, Alencar intitula as Partes de *Senhora*: "O Preço" (a moça desprezada que enriquece e compra o casamento com o jovem que ama), "Quitação" (o jovem procura pagar a dívida e erguer sua própria fortuna), "Posse" (só então seu casamento se torna feliz), "Resgate" (voltam às maneiras simples de outrora).

45. "Os certames guerreiros, os jogos de luta, combate e carreira, presididos por mulheres que julgavam do valor dos campeões e conferiam prêmios aos vencedores, não cedem em galantaria aos torneios de cavalaria" (*Ubirajara*, nota ao Cap. VI).

A "Consolidação das Leis Civis" e o "Esboço do Código Civil" de Teixeira de Freitas

Proclamada a Independência em 1822, continuaram em vigor as Ordenações Filipinas, evidentemente com a supressão das disposições tornadas caducas pelo fato da Independência, ou seja, as de Direito do Estado, por decreto do Imperador de 20 de outubro de 1823.

A Constituição de 1824 organizou a vida política do Brasil, e, em 1830, o Código Criminal do Império fez cair o Livro V das Ordenações a respeito de Direito Penal, em terras brasileiras. A Lei Imperial de 29 de novembro de 1832 promulgava o Código de Processo Criminal, e só em 1850 um Código Comercial veio substituir as Ordenações em matéria de Direito Comercial (Lei n. 556, de 25 de junho de 1850).

Continuaram, no entanto, valendo as Ordenações em matéria tão capital como é a do direito civil.

No entanto, rezava a Carta de 1824: "Organizar-se-á, quanto antes, um Código Civil e Criminal, fundado nas sólidas bases da Justiça e da Equidade" (art. 179, inciso XVIII).

Em 15 de fevereiro de 1855 era celebrado um contrato entre o Governo Imperial, representado por seu Ministro da Justiça, Nabuco de Araújo, e o Bacharel Augusto Teixeira de Freitas, para classificação e consolidação de toda a legislação civil. Dizia o contrato: "A consolidação será feita por títulos e artigos, nos quais serão reduzidas a proposições claras e sucintas as disposições em vigor" (cl. 3). Uma comissão constituída por Nabuco de Araújo para rever o projeto de Consolidação daria parecer favorável, em 4 de dezembro de 1858, ficando o trabalho de Teixeira de Freitas recompensado[46].

Feita a Consolidação das Leis Civis (Rio, Ed. Laemmert, 1857), agora se abria caminho para a redação do Código Civil brasileiro, mas o Imperador e seu Ministro não seguiram o exemplo de Napoleão ou de Justiniano, nomeando uma comissão de vários juristas para redigir o Código, incumbindo Teixeira de Freitas de, sozinho, elaborar o Projeto. Como era forçoso suceder, o Projeto de Teixeira de Freitas (que modestamente o chamou "Esboço") não foi considerado satisfatório, de modo que a Consolidação das Leis Civis — em que se acoplavam às Ordenações disposições

---

46. Sílvio Meira, Teixeira de Freitas, Rio de Janeiro, 1979, p. 95 e s. e 194 e s.

338

posteriores — ficou como o diploma legal mais consultado, até o Código que entrou em vigor em 1917.

O pátrio poder no *Esboço* veio incluído entre os "Direitos Pessoais nas Relações de Família", ao lado do casamento, parentesco, tutela e curatela, na Seção I do Livro I (Dos Direitos Pessoais), na Parte Especial. Apoiado em Savigny, Teixeira de Freitas dividiu os direitos em reais e pessoais, evitando toda confusão entre o disposto na Parte Geral: Título I, das Pessoas; e Título II, das Coisas; e o disposto na Parte Especial: Livro I: Dos Direitos Pessoais, com duas Seções: Dos Direitos Pessoais nas Relações de Família, e Dos Direitos Pessoais nas Relações Civis. Por relação de família entende a que "se dá de indivíduo para indivíduo determinado", repugnando-lhe, como ao mestre alemão, "envolver os direitos de família com as obrigações". Distinguiu também o direito de família "puro" do "aplicado", sendo que este ficava na divisão com os patrimoniais. Quer dizer, por exemplo, que os direitos patrimoniais sobre os bens do filho menor que compõem o pátrio poder não eram classificados juntamente com os direitos sobre a pessoa do filho.

Com acuidade, Teixeira denunciou a má utilização da denominação "Direitos Pessoais sobre Coisas" como defeituosa, porque "induz a perceber com inexatidão que nas relações de família não há direitos pessoais sobre as coisas e porque altera a índole dos direitos pessoais, em que não se atende senão à pessoa como objeto de direito, e não imediatamente ao fato, que pode referir-se a uma coisa propriamente dita ou a um serviço" (cf. *Esboço do Código Civil*, Rio, Ed. Laemmert, 1860).

Teixeira de Freitas distinguiu, pois, de modo preciso, o caráter pessoal do patrimonial em matéria de pátrio poder, o que o coloca como imediato precursor da compreensão de Clóvis Beviláqua.

Mas, embora citando frequentemente Savigny, não foi Teixeira de Freitas um "histórico", tanto que procura sistematizar o direito, para reduzi-lo aos artigos de um Código Civil. Aí está o motivo de sua polêmica com Alencar, então Ministro da Justiça, admirador do feudalismo, como transparece em sua obra de ficção.

Tal polêmica transparece na jurisprudência, ora, dir-se-ia, lamentando a permanência, ora se ufanando das "Ordenações Filipinas" vigentes.

Alencar e a sistemática do "Esboço"

Silviano Santiago nos diz: "O feudalismo de Alencar não é apenas figura de retórica, mas é utilizada para produzir um discurso onde exatamente se dá poder ao Senhor (de terras) para questionar os exageros do testamento burocrático (imperial). Feudalismo e crítica à burocracia vão *bras dessus, bras dessous* no discurso alencarino".

Romântico em literatura, José de Alencar foi um adepto da Escola Histórica, em direito, ao manifestar-se contrário à promulgação de um Código Civil. Lembremos que, na Alemanha, mais ou menos na mesma época, o líder da Escola Histórica, Frederico Carlos de Savigny, ergueu-se contra o Projeto de Código Civil Alemão, pois, como esclarece Guido Fassò, o Historicismo de Savigny não aceitava um Código de Direito, para ele expressão do direito natural racional do século XVIII, que nada teria que ver com a nação alemã, em seus usos, costumes e tradições. Mas também "para proteger privilégios e interesses que seriam golpeados pelo igualitarismo de um Código de tipo iluminístico"[47]. Invocava também Savigny a impossibilidade de um Código único para uma Alemanha multifacetada, "com situações históricas diversas"[48].

Profundo conhecedor das diversidades regionais do Brasil, que descreveu em seus romances *O Gaúcho, As Minas de Prata, O Sertanejo* etc., Alencar condenava um Código único para o Brasil e não aceitava a abolição imediata da escravatura, base da riqueza agrícola do Brasil latifundiário, que ele representaria no Parlamento e depois no Ministério da Justiça[49].

Mas sua posição era mais inteligente; não se pronunciou sobre a legalidade da propriedade de um escravo, antes define que a "personalidade humana nunca pode ser objeto de um direito sob pena de degradar-se à condição de coisa; ela é unicamente o termo da relação jurídica"[50]. Daí não aceitar de forma alguma a divisão proposta por Teixeira de Freitas de "Pessoas, Bens e Fatos"[51]. Não aceitou um só direito civil e se colocou numa posição como a de Savigny ao querer a continuidade dos usos e

---

47. Guido Fassò, *Storia della Filosofia del Diritto*, Bolonha, Ed. Il Mulino, 1970, v. 3, p. 60. V. tb. Silviano Santiago, art. cit., p. 11.

48. Ibid., p. 65. V. tb. José de Alencar, *Discursos Parlamentares*, Brasília, 1977, p. 117.

49. Djacir Menezes, José de Alencar: o Jurista, *Suplemento Cultural de O Estado de S. Paulo*, 11-12-1977, p. 12.

50. Art. cit., p. 12. V. tb. José de Alencar, *Discursos Parlamentares*, op. cit., p. 181 e s.

51. Sílvio Meira, *Teixeira de Freitas*, Rio de Janeiro, Liv. José Olympio Editora, 1979, descreve minuciosamente o *Esboço* (Projeto) de Código Civil, sua sistemática e as objeções (que Meira não aceita) de José de Alencar. Já Djacir Menezes, no art. cit. sup., as aceita com reservas.

costumes locais, em matéria civil, já sendo considerado mais do que suficiente o Código Comercial de 1850, para regular os atos e fatos do comércio. E sentenciava: "Um Código Civil não é obra de um talento ou da ciência unicamente, mas sim é obra dos costumes, das tradições, em uma palavra da civilização brilhante ou modesta de um povo"[52]. Savigny diria, do *Volksgeist*, que, como lembra Tercio S. Ferraz, "relega a segundo plano a sistemática lógico-dedutiva sobrepondo-lhe a sensação (*Empfindung*) e a intuição (*Anschauung*) imediatas. Savigny enfatiza o relacionamento primário da intuição do jurídico não à regra genérica e abstrata, mas aos 'institutos de direito' (*Rechtsinstitute*), que expressam as 'relações vitais' (*Lebensverhältnisse*) típicas e concretas. Os 'institutos' são visualizados como uma totalidade de *natureza orgânica*, um conjunto vivo de elementos em constante desenvolvimento. É a partir deles que a regra jurídica é extraída mediante um processo abstrativo e artificial, manifestando o sistema, assim explicitado, uma contingência radical e irretorquível"[53].

Para o seguidor da Escola Histórica, um Código Civil era, nos termos em que o colocara Teixeira de Freitas, como sistematização *racional*, sem base ou *fundamento histórico*, na realidade nacional plurifacetada, absolutamente inviável[54]. Ora, Alencar era um adepto da Escola Histórica, tanto quanto o era do Romantismo[55].

Além disso, um Código Civil, ao tratar da vida privada, iria regular situações que só tinham justificação na história, nunca na razão, como era a da família; iria — com base nas teorias civilistas em voga em Portugal, como herança da Reforma de Coimbra — entrar em choque com as instituições do casamento, da filiação, do pátrio poder, que no Brasil ainda seguiam as Ordenações dos Felipes.

Em matéria de propriedade é claro que levaria avante os conceitos trazidos pelo industrialismo, desvalorizando a terra, em benefício do capital de giro, das ações na Bolsa, enfim, mudando o eixo da economia nacional.

---

52. Sílvio Meira, op. cit., p. 370.
53. Tercio Sampaio Ferraz Jr., *A Ciência do Direito*, São Paulo, Ed. Atlas, 1977, p. 27-30.
54. Sílvio Meira, op. cit., p. 195.
55. Fassò, op. cit., refere a profunda afinidade entre Romantismo e Escola Histórica, sua comum valorização das tradições nacionais etc. Já Alexandre Correia, em seu ensaio *Concepção Histórica do Direito e do Estado*, prefere ver nessa Escola uma explicitação do pensamento contrarrevolucionário, sem nenhuma base rousseauniana, antes pelo contrário. Cf. Separata da *Revista da PUC*, v. 37, fasc. 71 e 72, São Paulo, 1970.

Por isso Alencar, representando todos os interesses em jogo, concluía: "A organização da propriedade, tal como se pretende, é absurda. Não foi a miséria, nem o delírio político, nem a febre reformista que arrancaram das entranhas da sociedade o grito convulso do comunismo (sic), foi a consciência indignada dessa organização individualista da propriedade, que se exacerbou, e a indignação prorrompeu, desvairando-se como toda paixão possante"[56]. Alencar não condenava utopicamente a propriedade, mas não compreendia a "clamorosa organização social" (sic) que dela resulta, que chama mesmo de "monstruosa"[57].

Tal reação anticapitalista antecede de certo modo a análise marxista e é frequente na pena dos adeptos da Escola Histórica, como Joseph De Maistre, Luis De Bonald, na França, e Edmond Burke, na Inglaterra, Adam Muller e Frederico Schlegel, antes de Savigny, na Alemanha, Sílvio Pellico, Alessandro Manzoni e o Beato Contardo Ferrini, na Itália[58]. Em nossos juízes e desembargadores a tendência era análoga, como se vê a seguir.

A reação da família patriarcal ao processo de modernização não constituiu uma exceção nos fenômenos de mudança cultural, social e jurídica. Luhmann lembra que "a positivação do Direito é uma conquista evolutiva, e como tal um produto extremamente improvável, pois necessita de pré-condições, e por isto mesmo não se realiza de modo contínuo, mas 'por saltos', cada um dos quais corresponde ao superamento de

---

56. Citado por Djacir Menezes, art. cit., p. 13.

57. Ibid. V. tb. *Discursos Parlamentares*, p. 24 e s. e 85-7.

58. V. nossos modestos artigos sobre Joseph De Maistre e o Beato Contardo Ferrini in *Hora Presente*, São Paulo, n. 10, 15 e 19, bem como nossa resenha do substancioso livro de F. B. de Ávila, Pensamento Social Cristão antes de Marx, *Hora Presente*, n. 15. Quer dizer, há uma crítica ao capitalismo anterior ao seu advento sob a forma mais avançada, pois foi feita no início do século XIX, e — com base em motivação moral ou jurídica tradicionalista — foi (ou vem) sendo retomada constantemente, de modo paralelo e até competitivo com a crítica marxista. V., nessa linha, *Sobre a Revolução* de Hannah Arendt: Capítulo "O Significado da Revolução" e "A Tradição Revolucionária e o seu Tesouro Perdido". Madri, Rev. de Ocidente, 1967. "A crítica contrarrevolucionária parte de uma posição antitética à da Revolução Francesa, não para considerá-la inacabada, mas para negar-lhe legitimidade, acusando-a, inclusive de ter consagrado uma concepção individualista do Direito, abandonando a configuração corporativa da sociedade que ainda se perpetuava no 'Ancien Régime' na França e até a Revolução de 1848 na Itália, como até 1870, na Alemanha não unificada" (cf. Dominique Bagge, *Les Idées Politiques en France sous la Restauration*, Paris, PUF, 1952, p. 187-207).

determinadas barreiras que são 'pontos sem retorno' da evolução social, assinalando o ingresso em novos estádios de desenvolvimento social"[59]. No Brasil do século XIX, a modernização trazida no campo tecnológico pela industrialização, as novas orientações intelectuais de uma elite universitária etc. não foram — por si mesmas — suficientes para levar à promulgação de um Código Civil, como positivação do direito na esfera da vida pessoal, familiar, fundiária, porque ainda tinham viva força as barreiras erguidas pelo próprio processo de emancipação: a forma sacral do poder monárquico, a constituição patriarcal e escravista das elites rurais, "pontos sem retorno", no sentido de que não se poderia abrir mão delas sem — *ipso facto* — comprometer a própria independência da Nação, jovem se comparada com as velhas potências europeias.

Quanto aos aspectos mais palpáveis dessa reação e à hostilidade manifestada por José de Alencar e toda uma corrente de pensamento jurídico nacional, de que ele, como Ministro da Justiça e Senador, se fazia o ingênuo e até voluntário intérprete (mas muito convicto do que dizia mesmo em seus romances, como já se viu), Niklas Luhmann considera que o direito de propriedade — alvo no caso de críticas acerbas de toda uma mentalidade contrarrevolucionária, primeiro, e marxista depois — era inaceitável nos novos termos colocados pelo capitalismo industrial, porque a propriedade, no sistema antigo, era, basicamente, a propriedade fundiária, enquanto no sistema capitalista — "avançado" — "a propriedade só pode ser interpretada, tal como o trabalho, em termos de dinheiro (capital). *Nisto consistiu a revolução burguesa* (grifo de Luhmann)"[60]. Ela é referida em vários Acórdãos dos Tribunais.

Como só se realizaria a positivação do direito civil com o aparecimento de novos fatores sociais, abriram-se novas perspectivas no final do século XIX com a forma republicana de governo e, nas primeiras décadas do século XX, com o aparecimento das grandes aglomerações urbanas, o industrialismo nascente e/ou crescente e as primeiras manifestações de massa operária.

---

59. Febbrajo, *Funzionalismo Strutturale e Sociologia del Diritto nell'Opera di Niklas Luhmann*, Milano, Giuffrè Ed., 1975, p. 97.

60. Niklas Luhmann, *Sistema Giuridico e Dogmatica Giuridica*, Bolonha, Ed. Il Mulino, trad. A. Febbrajo c/ Introd., 1974, p. 126-7.

Reflexos na jurisprudência: a força cogente das Ordenações Filipinas em matéria civil e penal durante o Império

"A autoridade paterna não é pura criação do direito positivo, este apenas regula o movimento de um fato que a mesma natureza estabeleceu. (...) Por isto, nosso Direito não vê na menoridade o fundamento do pátrio poder. A Resolução de 31 de outubro de 1831 não tem aplicação no seio da família (sic) para acabar o vínculo que liga o filho ao pai, de qualquer idade que seja, cfr. *Ordenações*, Liv. IV, tít. 83". Essa a doutrina expressa por João Pereira Monteiro em 8 de setembro de 1874. Espelha um modo de pensar de nossos juristas na época, ainda fortemente influenciado pelo jusnaturalismo do século XVIII, para não dizer do século XVI, sabendo de nossa origem colonial-jesuítica, acima apontada[61].

Quer isso dizer que o Império passou a existir juridicamente a partir da Constituição de 1824, tornando indiscutível: a forma de governo (monárquico), a forma de Estado (unitário), a divisão do território nacional (em províncias), a cidadania (para os nascidos no Brasil). Mas a capacidade de intervenção do Estado, por todos reconhecido como realmente legítimo e soberano, não era admitida nem sequer na teoria jurídica, como se percebe ao ler as considerações de Francisco Otaviano de Almeida Rosa: "Aduzir-se-á que as *Ordenações*, Livro IV, título 92 (como lei) se tornou incompatível com a Constituição Política do Império, a qual proclamou a igualdade jurídica civil dos cidadãos, implicitamente revogou a lei anterior? A Constituição estatuiu as bases da nova organização política, *mas não derrogou implicitamente as leis que regulavam as relações da vida civil, os direitos de família, as questões de estado (*status*)"[62]. Grifamos as últimas considerações, por revelarem todos os matizes de uma posição doutrinária: 1º) que a Constituição não se refere à vida civil; 2º) que as normas que regulam a vida civil não devem estar subordinadas à Constituição; 3º) que as normas das *Ordenações* regulavam a vida civil, não havendo necessidade de inovar em matéria como direito de família etc.; 4º) que não cabe ao Poder Público regular as relações da vida privada. São ilações que podemos tirar com facilidade.

A distinção entre o que é matéria de direito público e o que é matéria de direito privado, como se percebe, foi o ponto de que partiu a

---

61. Revista *O Direito*, Rio de Janeiro, Tipografia Reis, v. 6, 1875, p. 31-2.

62. "Razões" na Apelação Cível n. 14.369, juntadas em 7 de março de 1873, Revista *O Direito*, cit., v. 4, p. 294.

argumentação. Como se sabe, atribuiu-se tal divisão aos juristas romanos, interpretando-a como verdadeira separação entre o que é da competência do Estado regular e o que deve ser disciplinado livremente entre particulares. Que esta fosse uma posição doutrinária do século XIX, do Estado *gendarme*, é compreensível, mas é impossível — por tudo o que foi dito na Primeira Parte deste trabalho — buscar no direito romano clássico amparo para tal concepção. O direito público é o que diz respeito ao Estado *quod ad statum rei Romanae spectat*, no dizer de Ulpiano (*Digesto* I, 1, 1, 2). *Spectat* é o modo indicativo do verbo *Spectare* = "estar voltado para", como consta do *Dicionário latino-português* de Torrinha. Eis por que motivo Alexandre Correia e Gaetano Sciascia traduziram por: "O direito público versa sobre o modo de ser do Estado romano" em seu *Manual de Direito Romano* (p. 20 da ed. de Cadernos Didáticos). Não significa, evidentemente, que o Estado não pudesse legislar em matéria de relações familiares. Aliás, as *Ordenações* também foram emanação do Estado, no caso o Estado português à época dos Felipes. No entanto, nossa conclusão se impõe: a releitura das *Ordenações* e do direito romano, feita no século XIX, levava a posições que só contribuíam para impedir a mudança da legislação, a elaboração de um Código Civil de acordo com a Constituição, que o prometia para logo no seu art. 179, § 18: "Organizar-se-á, quanto antes, um Código Civil e Criminal, fundado nas sólidas bases da justiça e da equidade".

Ora, o Código Penal veio depois de alguns anos, em 1830. Negava-se, absurdamente, no entanto, que se devesse tentar harmonizar com a igualdade jurídica, garantida pela letra da Carta, a legislação civil do País.

No entanto, ponderava o Marquês de São Vicente: "Qualquer que seja a desigualdade natural ou causal dos indivíduos, a todos os outros respeitos, há uma igualdade que jamais deve ser violada, e é a da lei, quer ela proteja, quer castigue; é a da justiça, que deve ser sempre uma, a mesma e única para todos, sem parcialidade ou preferência alguma"[63].

Ora, reconhecendo-se como válidas as Ordenações do Reino, permanecia, entre outras, a desigualdade patente entre o cidadão filho-família — sob o pátrio poder, enquanto vivesse seu pai — e o cidadão emancipado (como já se viu no início deste item), em contradição com o que se poderia chamar de "liberalismo retórico", contradição não acidental, mas

---

63. Citado por Anacleto de Oliveira Faria, *Do princípio da igualdade jurídica*, São Paulo, Ed. Revista dos Tribunais, 1973, p. 65.

"para garantir os princípios mantenedores da estrutura", daí nascendo a "incongruência entre as ideias e a ação"[64].

Essa incongruência explica, como se verá na parte relativa à Jurisprudência, as divergências entre os Tribunais Provinciais e a Suprema Corte.

Já na década de 1880 a 1889 observam-se algumas modificações:

Em suas "Razões", com data de 20 de março de 1880, Joaquim Francisco Pereira Júnior analisa o alcance do pátrio poder perante o fato da imigração. Um português filho-família que viesse para o Brasil "para ganhar sua vida" permaneceria ainda sob o poder do pai, vivo em Portugal? E responde: "Não se diga que o fato de vir para o Brasil não importa a cessação do pátrio poder, porquanto seria preciso aceitar o absurdo de exercer o pai que ficou na Europa o pátrio poder sobre o filho que veio para a América *ganhar sua vida*" (grifo dele). E prossegue: "O filho-família que publicamente negocia é por direito e estilo (*sic*) do comércio havido por maior, e conseguintemente pode fazer parte de sociedades mercantis e obrigar-se por elas (Visconde de Cairu — *Direito Mercantil*, Título V, Cap. 22)"[65].

Em decorrência da imigração, portanto, sofria o pátrio poder um importante reajustamento. A citação de Cairu é também expressiva, pois as necessidades do comércio impunham a emancipação, refletindo bem a mudança por que passava economicamente o País. Aliás, o Código Comercial foi promulgado em 1850, exatamente para atender às necessidades dos comerciantes, que teriam todo o interesse em ver suas atividades reguladas por lei.

Nos "Embargos" de 17 de dezembro do ano seguinte, o advogado Rodrigues Torres Neto se queixa de que um acórdão que não considera emancipada pessoa maior de 21 anos: "Joga com o direito antigo, enquanto que o direito moderno determina sua habilitação para os atos da vida civil", como adiante se dirá, na análise da evolução da Jurisprudência.

A modernização decorrente da industrialização, no entanto, esbarrava com a viva reação dos principais interessados na manutenção do *statu quo ante* da economia agrária, escravocrata, patriarcal. Como são eles os líderes locais, cuja voz chega ao Parlamento, entende-se a forte corrente oposta a qualquer mudança legislativa em matéria de propriedade, família

---

64. Zahidé Machado Neto, *Direito Penal e estrutura social*, São Paulo, Saraiva/EDUSP, 1977, p. 23.
65. Revista *O Direito*, v. 27, p. 250.

346

e sucessões. Alguns, por mais abertos, aceitam a necessidade de uma adaptação das velhas Ordenações Filipinas ao Brasil da *belle époque*, da industrialização, do sistema capitalista, fatalmente influindo nas relações sociais e familiares, trazendo o cosmopolitismo, sobretudo nas grandes cidades. Tudo isso é aceito e compreendido pela nata de nosso pensamento jurídico.

Entretanto, quanto à codificação em si, que viria consolidar as novas concepções na forma de artigos de lei, prosseguiam as reticências: "No sentir comum, já demais tarda o Brasil na organização do seu Código Civil, mas convém que tenha um Código, senão superior, igual aos dos povos mais cultos. Ao invés, é mui preferível não haver Código". Esta a conclusão de um denso parecer da Comissão encarregada de analisar o Projeto de Código Civil, parece que tímido pelo título adotado por seu autor *"Apontamentos para um Código Civil Brasileiro"*, de Joaquim Felício dos Santos. O argumento é o seguinte:

"Entende a Comissão que o projeto não oferece ainda base suficiente para uma revisão, e antes convém que seu autor formule sobre ele um projeto, segundo um plano a que alude o parecer (desta comissão)".

Ou seja: "Convém que (ela) não interrompa seus esforços e antes fique permanentemente constituída para levar a efeito a organização do Código Civil, conciliando a urgência de tão relevante benefício com a necessidade de um acurado exame que o assunto exige". Era a opinião de Manuel Pinto de Souza Dantas[66].

O Parecer da Comissão, "com a isenção que o assunto requer", toma como ponto de partida que "um Código é o grau mais elevado a que se ergue o espírito jurídico de um povo no empenho de reduzir à unidade as suas relações e instituições, de ordenar em uma grande lei o seu direito positivo". Reconhece que "os *Apontamentos* (...) regem, em grande parte com sábias provisões, as relações de família". Mas, sem mais pormenores, opina que "algumas inovações, porém, encontram *resistência* nas atuais relações jurídicas" (grifo nosso). Não explica o Parecer que "inovações" seriam essas tão em desacordo a ponto de "encontrarem resistência" nas "atuais relações jurídicas", nem por que motivo as inovações devessem recuar — já que são "provisões sábias" — perante as tais "relações

---

66. Revista *O Direito*, cit., 26, 1881, p. 660 e s. Da Comissão faziam parte: F. J. Gonçalves de Andrade, A. Ferreira Vianna, A. Joaquim Ribas, Lafayette Rodrigues Pereira, A. Coelho Rodrigues. Com Ribas e Lafayette não faltava à Comissão competência, como é óbvio.

jurídicas" existentes. Nada se explica com cuidado, mas se conclui que "é mui preferível não haver Código"[67].

Quanto a considerar o Código como "um ponto de chegada", resultado do amadurecimento jurídico de um povo, era, como já se viu, na crítica de Alencar ao Esboço de Teixeira de Freitas, um postulado da Escola Histórica e uma das razões para Savigny ter lutado contra o Código Civil alemão. Faltou-nos, então, não juristas à altura de um Thibault e de um Windscheid, que os tínhamos, mas um Bismarck...

Reflexos na jurisprudência: ela deixa de ser pacífica nos Tribunais

As tendências patriarcalistas nos Tribunais provinciais

A inexistência de um Código Civil no Brasil dava à jurisprudência dos Tribunais um papel preponderante na adaptação perene da norma à vida quotidiana, sobretudo se se observar que estavam em vigor leis do século XVI, as *Ordenações Filipinas*, em matéria civil, já há tempos revogadas pela promulgação de um Código Civil em Portugal (1º de julho de 1867).

Ora, em tal jurisprudência não havia consenso no que tangia à matéria de pátrio poder.

Isto se vê, claramente, no estudo das decisões judiciais de então: a tendência — sem dúvida pelos motivos alinhados no capítulo anterior desta mesma Parte — era notoriamente pelo fortalecimento do patriarcalismo e do pátrio poder, nos Tribunais Provinciais. Já na Suprema Corte de Justiça, na Capital do Império, afirma-se jurisprudência no sentido da Constituição de 1824, ou seja, pela primazia da igualdade jurídica.

A Guerra do Paraguai

O Brasil foi um dos primeiros governos a reconhecer a independência do Paraguai, bem como teve relacionamento amistoso com seu primeiro presidente, o general José Gaspar Rodriguez de Francia.

As coisas mudaram com seu terceiro sucessor, Francisco Solano Lopez, obcecado pela ideia de conseguir uma passagem para o mar. Em 1864, invadiu o Mato Grosso, tomando as cidades de Albuquerque e Corumbá.

---

67. Revista *O Direito*, cit., 26, 1881, p. 604.

Ao mesmo tempo, atacou as cidades argentinas de Corrientes e Entre-rios, para penetrar no Rio Grande do Sul. Eram soldados de pé no chão, sem botas nem calçados, mas com armas modernas compradas da Alemanha.

A *Tríplice Aliança*, formada pelo Império do Brasil, com as repúblicas da Argentina e do Uruguai derrotou o Paraguai após mais de cinco anos de lutas durante os quais combateram mais ou menos 150 mil homens brasileiros.

Os grandes chefes brasileiros no conflito foram: Francisco Manuel Barroso da Silva, o vencedor da batalha naval do Riachuelo em 11 de junho de 1865, onde Corrientes foi retomada e o poder naval paraguaio liquidado; Joaquim Marques Lisboa, marquês de Tamandaré, em 16 de julho de 1865 recuperou Uruguaiana, no Rio Grande do Sul, com longo cerco e rendição dos invasores; os brasileiros, sob o comando do general Manuel Luís Osório, em 24 de maio de 1866, com a vitória de Tuiutí, entraram no território inimigo; em 25 de julho de 1868, sob o comando geral de Luís Alves de Lima e Silva, veterano herói do exército das lutas do tempo das regências, os brasileiros cercaram por mar e terra a fortaleza paraguaia de Humaitá, fugindo Solano Lopez, para morrer em Cerro Corá, em 1º de março de 1870.

A nomeação do genro de Dom Pedro II, Gastão de Orléans, Conde d'Eu, para o comando supremo da Campanha das Cordilheiras, em 1870, para derrubar as últimas tropas paraguaias que ainda resistiam e receber a final rendição em 18 de agosto de 1870, visava prestigiar o marido da princesa Isabel.

Perto de 50 mil soldados brasileiros pereceram. Argentina e Uruguai sofreram igualmente: calcula-se que a metade de suas tropas faleceu durante a guerra. O Paraguai perdeu 300 mil homens, entre civis e militares, mortos em decorrência dos combates, das epidemias que se alastraram durante a guerra e da fome dela decorrente[68].

Após a guerra em 1870, o Paraguai entrou em rápida decadência, rumo a uma agricultura de subsistência.

No Brasil, a principal consequência foi o aumento do prestígio do exército e da marinha, mas os militares não perdoaram Dom Pedro II pela

---

68. Hélio Vianna, *História do Brasil*, 13. ed. rev. e atual. por Américo Jacobina Lacombe, São Paulo, Ed. Melhoramentos, 1975, p. 534 e s. *Vide* também F. de A. Silva, *História do Brasil*, São Paulo, Ed. Moderna, 1992, p. 156 e s.

designação do Conde d'Eu para comandante supremo em 1870, pois parecia lhes ter sido roubada a cena final.

A queda da Monarquia

As várias tentativas republicanas durante o Império fracassaram porque quase sempre implicavam separatismo no sul e no nordeste brasileiro. Tanto que, devido às revoluções no período regencial, foi antecipada a maioridade de D. Pedro II, em 1840.

Tivemos, então, uma só Constituição desde sua outorga, em 1824, até o advento da República, em 1889, pois o governo monárquico se sustentava em *três fortes pilares*: *a Igreja Católica*, religião oficial, unida ao Estado; a *Força Armada*, com Exército e Marinha; e *os Fazendeiros*.

As rachaduras no edifício governamental começaram quando tais pilares foram corroídos: pela *Questão Religiosa* em 1873, em que dois bispos, Dom Vital e Dom Macedo Costa, foram presos por publicarem documentos proibindo aos católicos se inscreverem nas lojas maçônicas; pela *Questão Militar* entre 1884 e 1887, com sérios atritos entre altas patentes do exército que escreviam artigos na imprensa contra ministros do governo de Pedro II, quebrando a disciplina militar; e pela *Questão da Abolição*, em 1888, que culminou em 13 de Maio de 1888.

Nessa data foi assinada pela Princesa Isabel, então regente na ausência do pai, a *Lei Áurea*, pondo fim à escravatura.

Um ano e meio depois, em 15 de novembro de 1889, foi proclamada a República pelo marechal Deodoro da Fonseca.

CAPÍTULO III

O PENSAMENTO JURÍDICO BRASILEIRO DO PERÍODO REPUBLICANO

C3&O

A mudança da forma de governo: o positivismo de Auguste Comte e a República

A influência da industrialização e do entusiasmo pelas ciências exatas levou à admiração pelo positivismo filosófico, segundo os ensinamentos de Comte, no *Curso de Filosofia Positiva*, publicado na segunda metade do século XIX, em Paris.

Benjamin Constant Botelho de Magalhães, matemático brasileiro professor da Academia Militar no Rio de Janeiro, apaixonou-se pela doutrina e passou a ensiná-la para seus jovens alunos.

No Brasil a nova filosofia teve adeptos fervorosos, como Raimundo Teixeira Mendes, idealizador da bandeira nacional, com o mote "Ordem e Progresso"; Miguel Lemos e outros. Entre ilustres positivistas podemos alinhar: Euclides da Cunha, autor de *Os Sertões*; Marechal Candido Rondon, autor do projeto de proteção aos índios; Júlio de Castilhos, educador e governador do Rio Grande do Sul, que muito influiu na formação de Getúlio Dorneles Vargas; Vicente de Carvalho, poeta santista dos *Poemas e Canções*; Nísia Floresta, defensora dos direitos da mulher e de sua ascensão cultural; Luíz Pereira Barreto, médico formado em Bruxelas, estudioso das propriedades terapêuticas da fruta Guaraná, participou da Constituinte republicana de 1890-91; Pedro Lessa, antecessor de Miguel Reale na cátedra de Filosofia do Direito na Faculdade de Direito do Largo de São Francisco, hoje integrada na USP; e mais recentemente Francisco Cavalcanti Pontes de Miranda (1892-1979), autor de *Introdução à Política Científica ou os Fundamentos da Ciência Positiva do Direito* (1983).

Por que, no Brasil, foram os militares os maiores adeptos do positivismo filosófico, o que não aparece na obra mesma do filósofo francês, que

351

era antes um pacifista, pregador de uma Humanidade objeto de culto, mãe de todos os povos ? É claro que influiu muito que sua primeira divulgação fosse na Academia Militar do Rio de Janeiro, mas podemos ver algo mais. Com a Guerra do Paraguai, os militares adquiriram consciência de classe. Passaram a exigir maior participação no governo. Depuseram o Imperador em 1889.

A ideologia liberal herdada do Império viu-se atacada por dois lados. O estamento militar foi se aproximando cada vez mais do positivismo, até adotar um lema para a bandeira da República, tirado de Comte: "Para o progresso é preciso ordem".

Proclamada a República em 15 de novembro de 1889, pelo Marechal Deodoro da Fonseca, iniciaram-se os trabalhos para elaborar a primeira Constituição da República, concluída em 1891. Essa Constituição estabeleceu o Estado federativo e o regime presidencialista.

O Poder Executivo seria exercido pelo presidente da República, eleito por sufrágio universal. Mas não votavam mulheres e analfabetos. O Poder Legislativo seria exercido pelo Congresso Nacional, composto pela Câmara dos Deputados e pelo Senado Federal, ambos formados por representantes eleitos pelo povo. Por fim, o Poder Judiciário seria exercido pelos juízes e tribunais.

O federalismo republicano: Rui Barbosa

O principal defensor da forma de Estado federativo para a novel república foi Rui Barbosa (1849-1923).

Alterava-se a forma de Estado de unitário para federal, as antigas províncias passavam a constituir Estados-membros da federação, cada qual com seu governador eleito (Executivo), sua Assembleia Legislativa Estadual (Legislativo) e seus Tribunais estaduais (Judiciário).

Houve críticas severas na época e ainda continuam. Cedamos espaço para a defesa feita pelo jurista Miguel Reale:

"Disseram, por exemplo, que, ao pretender transplantar para o Brasil o federalismo ianque, Rui Barbosa não atentara à diversidade histórica das duas formações nacionais: à dos norte-americanos, processada a partir de colônias distintas recém-emancipadas, gradativamente unidas através de laços de confederação e de federação; a nossa, marcando processo inverso, com a ruptura e a discriminação federalista de uma unidade histórica, que o Império gloriosamente consolidara...

Quem conhece a obra de Rui, quem examina a sua prodigiosa atuação nos primórdios da República, sabe, no entanto, que ninguém teve senso tão seguro da solução federalista para o meio brasileiro, enquadrando-a no sistema de nossas realidades geográficas, econômicas e históricas. No discurso proferido no Congresso Nacional, a 16 de dezembro de 1890, esclarecia ele, com irretorquível segurança, a natureza de seu 'federalismo', tendo sido o primeiro a apontar a mencionada diferença entre o processo histórico do federalismo no Brasil e na América do Norte, para chamar a atenção dos 'teoristas', para quem não havia 'federação que bastasse', reclamando Estados soberanos em uma União espoliada, 'verdadeira miséria orgânica', simples 'resto' na estrutura do organismo nacional.

Se a unidade nacional teve um campeão em 1889, foi ele, Rui, o lidador intemerato na defesa das prerrogativas da União, cuja força punha como condição da força dos Estados. O seu federalismo não resultava, pois, de abstrações emprestadas, mas de uma visão objetiva de nossos problemas, somente solúveis mediante a autonomia das províncias. Os próprios municípios, observava o nosso estadista, só passariam a ter real autonomia quando se atendesse às diversidades regionais:

'Num país, com todas as zonas, todos os climas, todas as constituições geológicas, todos os relevos do solo, uma natureza adaptável a todos os costumes, a todas as fases de civilização, a todos os ramos da atividade humana, um meio físico e um meio moral variáveis na mais indefinida escala, o regime de administração local necessita de variar também ilimitadamente...' (Artigo no *Diário de Notícias*, de 1889)"[1].

O primeiro governo da República foi o do seu proclamador, o Marechal Deodoro da Fonseca, de 1889 a 1891, marcado pela reforma financeira do ministro da fazenda Rui Barbosa, que resultou infelizmente em inflação, obrigando ao "encilhamento".

O segundo governo foi o do general Floriano Peixoto, vice do Marechal, de 1891 a 1894, consolidando a República ao vencer a Revolta da Armada, liderada pelo almirante Custódio José de Melo em 1893.

A República Velha (1894-1930)

O período que dura de 1894 a 1930 foi marcado pelo governo de presidentes civis, ligados ao setor agrário. Esses políticos pertenciam ao

---

1. Miguel Reale, Posição de Rui Barbosa no mundo da Filosofia, in *Horizontes do Direito e da História*, 2. ed., São Paulo, Ed. Saraiva, 1977, p. 259-60.

Partido Republicano Paulista (PRP) e ao Partido Republicano Mineiro (PRM), partidos que controlavam as eleições, mantendo-se no poder de maneira alternada, com o apoio da elite agrária do país, fazendeiros paulistas cafeicultores e mineiros criadores de gado.

Os presidentes desenvolveram políticas que beneficiaram os setores que os apoiavam. Assim, criou-se a *política do café com leite*, que elegia presidentes de São Paulo e Minas Gerais, os Estados mais ricos na época e que dominavam o cenário político da República. A política do *café com leite* sofreu duras críticas de empresários ligados à indústria, que estava em expansão nesse período.

O terceiro governante e primeiro civil a ser presidente da República foi Prudente José de Morais e Barros (1894-1898), que mandou sufocar a "Revolta de Canudos" de Antonio Conselheiro (1896-1897).

A Revolta de Canudos na Bahia

Como explicou pormenorizadamente Euclides da Cunha em seu livro *Os Sertões*[2], a causa principal da *"Guerra de Canudos"* foi a situação de miséria e atraso em que se encontrava a região agreste do sertão baiano, isolada do resto do Brasil de clima mais ameno, que facilitava grande desenvolvimento agrícola e industrial no século XIX e início do XX no sul e sudeste do país[3].

Ali medrou uma forma de *"Sebastianismo"* ou sonho do próximo retorno de um rei salvador, introduzido pelo rábula (advogado prático, sem diploma, donde provém a alcunha de *"Conselheiro"*) Antonio Vicente Mendes Maciel, nascido em Quixeramobim, no Ceará, que sempre acalentara a ideia de se tornar sacerdote, mas não conseguira, por motivos financeiros[4].

Perambulou pelo Ceará, por Pernambuco, usando roupas que lembravam as túnicas brancas da Palestina nos tempos de Cristo, barba bastante crescida, cabelos longos, como nazareno, singelas sandálias, um bordão de peregrino, mas no olhar a chama da esperança: dias melhores viriam se caísse a "lei do cão", que era como se referia ao governo republicano e voltasse a reinar "Dom Sebastião"[5].

---

2. Euclides da Cunha, *Os Sertões (Campanha de Canudos)*, 25. ed., São Paulo, Livraria Francisco Alves, 1957.
3. Ibid., p. 73-77.
4. Op. sup. cit., p. 131-45.
5. Op. cit., p. 175-84.

Para isso agrupou em 1893, numa povoação apartada das cidades, o *Arraial*, em Canudos, no vale do rio Vaza-Barrís, polígono da seca, Bahia, seus seguidores.

Pregava uma moral rígida e a vida em comunidade, imitando os primeiros cristãos, pois tudo seria comum a todos e ninguém seria repelido.

Pode-se imaginar quantos escravos recém-libertos, vagueando pelo sertão, quantos índios na pobreza e mesmo quantos mamelucos fugidos da seca foram ali buscar abrigo... Em torno de um arraial central formaram-se vários povoados menores, criando o *"Império de Belo Monte"*, como ordenou Antonio *Conselheiro*.

Homens e mulheres eram chamados a uma vida de intensa oração junto a um oratório tosco, com a intenção clara de afastá-los da influência dos bispos e padres católicos.

Estes aceitavam a República, o que para o *Conselheiro* parecia ofensa à lei divina. A um enviado frade capuchinho, os seguidores do profeta do sertão chamaram de *"defensor de doutrina errada, maçon, protestante e republicano"*[6].

Isso tudo incomodou os fazendeiros locais, que temiam pela falta de mão de obra na lavoura, o clero, cujo prestígio diminuía em comparação com o "Santo do sertão". Solicitado, logo enviou o governo federal tropas em quatro expedições, sendo a última vitoriosa sobre os crentes, brutalmente abatidos, perecendo 25 mil pessoas de 5 de abril a 5 de outubro de 1897. Entre os corpos achava-se o cadáver de Antonio *Conselheiro*[7].

Outros presidentes, outros problemas para enfrentar

A Prudente de Morais, seguiu-se o quarto governo (1898-1902), o de Campos Sales, que criou a *política dos governadores* e o primeiro rolamento da dívida externa, ou *funding loan*.

Depois foi presidente Rodrigues Alves, de 1902 a 1906, que saneou o Rio de Janeiro, com a colaboração do sanitarista Oswaldo Cruz.

Em seguida, governaram Afonso Pena (de 1906 a 1909) e seu vice, Nilo Peçanha (de 1909 a 1910), que criou o *Serviço de Proteção ao Índio*, organizado pelo general Cândido da Silva Rondon.

---

6. Op. cit., p. 187-88.
7. Op. cit., p. 489-90.

Depois governou o Marechal Hermes da Fonseca, 8º presidente, de 1910 a 1914, período marcado pela *Revolta da Chibata*, no Rio de Janeiro, pois os marinheiros não aceitavam mais esse tipo de punição. Também houve movimentos no Ceará e na região do Contestado, entre o Estado do Paraná e de Santa Catarina.

A Revolta de Juazeiro no Ceará

Deu-se no governo do marechal Hermes da Fonseca, 8º presidente do Brasil, de 1910 a 1914.

O Padre Cícero Romão Baptista (1844-1934) era originário de família prestigiosa no Ceará. Embora culto e piedoso sacerdote católico, muito respeitado pelos fiéis, sempre se interessou também por política. Filiado ao Partido Republicano Conservador (PRC), foi o primeiro prefeito de Juazeiro do Norte, em 1911, quando o povoado foi elevado à categoria de Vila, depois Município.

A desavença política entre o presidente da república, Hermes da Fonseca, e o senador Pinheiro Machado, com grande prestígio no Nordeste, repercutirá na cidade de Juazeiro.

Em 4 de outubro de 1911, vários líderes políticos da região nordestina, amigos de Pinheiro Machado, reuniram-se em Juazeiro e firmaram um acordo de cooperação mútua, que ficou conhecido como o *Pacto dos Coronéis*. "Apoiando esses coronéis destacava-se pela popularidade e força política o Padre Cícero Romão Baptista, líder dos sertanejos na luta pró família Accioly, aliada de Pinheiro Machado."[8]

Dizia-se que até Virgulino Ferreira da Silva, vulgo "Lampião", o famoso líder de bandoleiros do sertão, conhecidos como "cangaceiros", era devoto do Padre Cícero e respeitava as suas crenças e conselhos. Parece que os dois se encontraram certa vez, em Juazeiro do Norte, em 1926. Ao chegarem em Juazeiro, Lampião e os cangaceiros que o acompanhavam ouviram o Padre Cícero aconselhá-los a abandonar o cangaço e aderirem à força militar, denominada *Batalhão Patriótico de Juazeiro*, recebendo anistia de seus crimes anteriores. Antiga tradição nordestina revela que Lampião não aceitou a oferta, mas nunca seu bando atacou os povoados onde crescia a veneração ao Padre como o "Santo Padim Ciço".

---

8. Francisco de Assis Silva, *História do Brasil*, São Paulo, Ed. Moderna, 1992, p. 217.

A Revolta do Contestado

A revolta do Contestado, em 1912, no Paraná e em Santa Catarina, antes desses Estados serem povoados por imigrantes italianos ou alemães, mostra a sobrevivência das ideias religiosas e políticas trazidas pelos colonizadores portugueses, sobretudo o "Messianismo" que, no decorrer dos séculos XVII e XVIII, chegaram ao Brasil. Não por acaso o líder era, tal como em Canudos, um religioso de nome José Maria de Santo Agostinho, considerado santo por realizar curas e até ressurreições na sofrida região entre os dois Estados, sempre objeto de disputas territoriais e contestações, donde seu nome.

Naquele ano a revolta era maior, pois o governo catarinense cedera direitos de exploração da madeira a firmas norte-americanas, o que não era do agrado dos agricultores locais.

Isso ajudou na pregação do monge de que os estrangeiros estariam atrapalhando a construção de uma "monarquia celestial", governada pelo Evangelho cristão, sob o poder do seu representante José Maria até o fim do mundo, que chegaria em mil anos.

Tropas do exército federal e da polícia catarinense acabaram com a revolta em um ano de luta armada, de que participaram aproximadamente 50 mil sertanejos[9].

A revolta do Contestado, no Paraná e em Santa Catarina, povoados por imigrantes italianos ou alemães, mostra a influência das ideias políticas europeias trazidas pelos imigrantes que, no decorrer dos séculos XIX e XX, chegaram ao Brasil.

Na sequência, cite-se Wenceslau Brás, cujo governo (de 1914 a 1918) foi marcado pela primeira greve geral em 1917 e pela participação do Brasil na Primeira Guerra Mundial. Além disso, foi promulgado em 1916 o primeiro Código Civil brasileiro, cuja vigência se estendeu até 2003.

Em 1918, foi reeleito Rodrigues Alves, entretanto morre antes de tomar posse, e Delfim Moreira convoca as eleições vencidas por Epitácio Pessoa, cujo governo se estendeu de 1919 a 1922, tendo sofrido os ataques dos movimentos dos tenentes do Exército. Destacam-se nessa época a criação do Partido Comunista Brasileiro e a Semana Modernista de 22.

De 1922 a 1926 Artur Bernardes governou sob estado de sítio e enfrentou a Revolução Paulista de 1924, do general Isidoro Dias Lopes.

---

9. Francisco de Assis Silva, *História do Brasil*, São Paulo, Ed. Moderna, 1992, p. 218-19.

A ideia de autoridade na República Velha

A Revolução de 15 de novembro de 1889, que, pacificamente, colocou um ponto final no reinado de Dom Pedro II, inaugurando a Era Republicana, não foi apenas a substituição da forma de governo monárquica e hereditária pela forma de governo republicana e eletiva. Parece que a alteração foi mais profunda, se tivermos presente o que Hannah Arendt nos fala a respeito da fundamentação da autoridade em uma "fundação" (cf. Parte I, Cap. I, c, d). O Império tinha detrás de si não só os anos que decorreram entre 1822 e 1889, mas, pelo fato de ter representado uma continuidade dinástica que datava da Idade Média ou pelo menos de 1640 com a ascensão dos Bragança ao trono de Portugal, toda a longa tradição de mando e poder que tinha de certo modo "fundado" a nacionalidade portuguesa, de que a brasileira se considerava de algum modo a herdeira.

A nova ordem de coisas implantada em 15 de novembro tinha uma motivação inteiramente diversa: a evolução, o progresso, sob a liderança de uma elite, na concepção de Auguste Comte, o estamento militar, como foi interpretada por Benjamin Constant Botelho de Magalhães, o artífice intelectual do golpe de 1889.

A ideia de autoridade já não se baseava nos mesmos valores de hereditariedade, mas buscava sua justificativa na manifestação da vontade popular, colocando a soberania no povo em termos de Jean-Jacques Rousseau, e não mais em Deus, embora por meio do povo, como em Suárez.

A decorrência imediata foi a perda de certo aspecto "paternal", do detentor do poder supremo, que tão bem soube representar um D. Pedro II de longas barbas brancas, e o aparecimento do homem-forte como verdadeiro chefe, o que tão bem ficou caracterizado em um Floriano Peixoto, "o Marechal de Ferro".

Com a eleição de presidentes civis essa ideia se atenuou um pouco, para novamente retornar cada vez que um militar chegasse à suprema magistratura da Nação.

Como pano de fundo ficava sempre a *Weltanshauung* evolucionista.

Recordemos a lenta evolução da mentalidade brasileira, da primeira para a segunda metade do século XIX.

Enquanto a sociedade adotava os usos e costumes franceses, toda uma elite se formava no pensamento filosófico da Restauração: havia os tradicionalistas, seguidores de Joseph De Maistre e Louis de Bonald, como o erudito Pimenta Bueno; os liberais, seguidores de Benjamin Constant e Madame de Stael, como Zacarias de Góes e Vasconcelos; e os ecléticos, discípulos de Victor Cousin, como Gonçalves de Magalhães[10].

Liberais e conservadores, com o fluir dos anos e com a política da conciliação de Dom Pedro II, tendiam a superar as divergências, e para isso foi oportuna a divulgação do pensamento eclético de Cousin.

Correspondia a um momento histórico: a necessidade de salvar as conquistas revolucionárias de 89, sem dar azo às radicalizações jacobinas que colocariam a burguesia em posição desfavorável, como veremos no item dos condicionamentos políticos.

Entretanto, vivia o Brasil ainda, até meados do século XIX, uma estrutura agrária, escravista e patriarcal, em que muito do Brasil-colônia ficara preservado.

O processo de industrialização, desencadeado por Dom Pedro II e o Barão de Mauá, a partir da política da conciliação, trouxe uma *intelligentzia* de engenheiros e técnicos ingleses para nosso meio e facilitou o intercâmbio cultural com Londres, Manchester e Oxford.

Surgiu então o padrão inglês de cultura, alicerçando tais relações.

Serviu ele, ao mesmo tempo, de ponte para a aceitação do positivismo evolucionista do tipo de Herbert Spencer, que correspondia a uma sociedade mais moderna (como era a nossa), com o advento da tecnologia inglesa, nos moldes mais adiantados de capitalismo "selvagem" manchesteriano ou não.

Proclamada a República — que em termos gerais se baseava mais no evolucionismo comteano ou positivismo —, continuou spenceriana larga faixa da intelectualidade brasileira e, com as conotações autoritárias do primeiro período de governo republicano, chegou a ser mesmo a filosofia liberal por excelência no Brasil: individualista, evolucionista, racionalista e, ao mesmo tempo, conservadora[11].

Ao tempo da Grande Guerra, ainda era a filosofia da elite e, como já dito em item anterior, da maioria de nossos juristas, incluindo o lúcido

---

10. Roque S. Maciel de Barros, *A Significação Educativa do Romantismo Brasileiro*, São Paulo, Ed. Grijalbo/EDUSP, 1973, passim.

11. Richard Graham dedica um capítulo inteiro à influência de Spencer no processo de modernização in *A Grã-Bretanha e a Modernização do Brasil*, p. 241-60. Sobre a ação dos ingleses que aqui viviam há a obra clássica de Gilberto Freyre, *Ingleses no Brasil*, passim.

Clóvis Beviláqua, que lhe trazia os temperos devidos a seu notável bom senso, mas que não conseguiu superar suas limitações e, por isso, elaborou um projeto de Código Civil liberal-individualista.

Tal individualismo era o preço a pagar pela adoção do modelo inglês.

Isso se chocava em grande parte com a religiosidade da grande maioria da população, obediente à Igreja Católica, desde a colonização.

O Império, mesmo ao prender bispos, como Dom Vital, mantinha todo o aparato do Estado sacral, da união entre Igreja e poder temporal.

Com a República, separou-se a Igreja do Estado no Brasil, como se sabe com vantagens recíprocas, na opinião unânime dos historiadores.

Com relação ao direito canônico, continuou ele em vigor para os cidadãos que professam o Catolicismo como sua religião, mas já sem nenhum efeito na ordem civil e jurídica específica.

Concluía Clóvis Beviláqua, como nos refere Waldemar Ferreira[12]: "O nosso Direito Civil é absolutamente leigo", o que está de acordo com o aforisma *Privatorum conventio juri publico non derogat*[13], pois regras privadas — perante o Estado brasileiro — são todas as determinações do direito canônico, e como tais não podem derrogar o estabelecido pelo direito civil.

Assim, não se justificavam mais, perante nosso direito, disposições paternas sobre a pessoa dos filhos, outrora baseadas nas concepções do direito eclesiástico.

No entanto, tal era a força da religião na vida quotidiana de largas camadas de nossa população que, vez por outra — como veremos ao analisar os casos de abuso de poder —, invocam-se motivos de ordem religiosa para exercer abusivamente tal pátrio poder[14].

E não era desejável que o direito sofresse intromissões da religião — qualquer que fosse o credo —, mas nem sempre na prática se distinguia o que era *divini juris* do que era *humani juris*.

Para muitos "ultramontanos", como o paulista Eduardo Prado, o fluminense Júlio César de Morais, depois Padre Júlio Maria, o carioca

---

12. Waldemar Martins Ferreira, *História do Direito Brasileiro*, São Paulo, Livraria Freitas Bastos Editora, 1952, 3 volumes, v. 2, p. 179.

13. Ibid., p. 181.

14. A título exemplificativo, poderia ser citado o caso dos pais que proibiam a transfusão de sangue em seu filho menor, alegando motivos religiosos (no caso citado, não se tratava de católicos).

Carlos de Laet, leitores assíduos de Joseph De Maistre e Lamennais, o regime de separação era herético, pois reduzia a Igreja Católica ao nível das demais seitas e religiões, o que tinha sido fulminado com o anátema pelo Papa Pio IX, no famoso *Catecismo de erros modernos* ou *Syllabus*. Não se davam conta tais líderes de que a situação na Itália, onde se sediava o Papado, era bem diferente da brasileira. Influenciados pelo pensamento anticlerical do século de Voltaire, comprometidos com a luta pela unificação nacional da península, e portanto contrários à manutenção dos Estados Pontifícios, tinham os líderes republicanos italianos, como Mazzini e Garibaldi, em 1848, e depois em 1870, expulsado à força o Papa Pio IX de Roma, anexado ao Estado italiano os territórios pontifícios, embora por fim escolhessem como governo a monarquia dos Savoia, fidelíssimos súditos da Igreja, guardiães da Sagrada Síndona, o Santo Sudário de Cristo. Na Itália, até o acordo de Latrão entre o governo italiano e a Santa Sé, em 1929, a situação era muito grave, e o Santo Padre se considerava prisioneiro do Vaticano. Muito diversa era a situação aqui no Brasil, que transitou da monarquia para a república sem nenhuma ofensa sequer a monarquistas convictos, quanto mais contra padres e bispos, refletindo o respeito que o próprio Comte sempre professara pelo Catolicismo, como já se viu anteriormente. Curiosamente, os positivistas apoiaram a Igreja em quase todas as questões atinentes ao ensino religioso nas escolas públicas, abertura de colégios particulares católicos, veto ao divórcio, invocando princípios de ordem natural, mas chegando a conclusões idênticas aos mais fervorosos ultramontanos, sem abrir mão do princípio da laicidade do Estado. E foi quanto bastou para, por mimetismo com o que sucedia na capital da Cristandade, padres e bispos se mobilizarem contra o governo, através de manifestações públicas de massa, artigos de jornais mensários e semanários, púlpitos e confessionários. E isso perdurou até que, com atraso, como sói acontecer, chegaram ao Brasil os ensinamentos realísticos de Leão XIII e São Pio X, de tolerância e cooperação com governos antes execrados. "Para a Igreja qualquer dos regimes é legítimo, se assenta na escolha livre da população e desde que, salvaguardando o bem comum, conceda à Igreja a liberdade de culto e de ação de que ela necessita para cumprir plenamente a sua missão de evangelização dos povos, defesa do Direito Natural das pessoas a uma vida livre e digna" (Encíclica *Libertas prestantissimum donum* = a liberdade, dom excelente). Chegando ao Brasil nos anos que precederam imediatamente a Grande Guerra, levaram, com a segura orientação do Bispo de Olinda, depois cardeal Sebastião Leme, do Rio de Janeiro, verdadeiro líder do Catolicismo brasileiro ao incremento da

Ação Católica e das atividades pastorais e religiosas eucarísticas e marianas que marcariam o verdadeiro renascimento da fé, com irrestrito apoio ao governo da república, na figura de grandes polemistas leigos, como Jackson de Figueiredo e depois Alceu de Amoroso Lima e do Padre Leonel Franca contra o grande inimigo do Cristianismo no século XX, o Marxismo-Leninismo, que, pelo mesmo fenômeno de psitacismo intelectual, transplantava-se da Rússia para nossa terra, sobretudo depois da grande vitória bolchevista na Revolução de outubro de 1917.

Anarquistas e comunistas no Brasil, os tivemos desde o final do século XIX, sobretudo italianos. Enrico Malatesta, Oreste Ristori e Gigi Damiani ideologicamente se identificavam como anarquistas no jornalzinho *La Battaglia*, onde divulgavam em São Paulo as ideias de Miguel Bakunin e Pedro Kropotkin, ambos contrários à visão de socialismo dito científico de Karl Marx, por um socialismo utópico e sem governo algum, de pequenas comunidades agrícolas. Antonio Piccarolo, professor de Grego, Latim e Filosofia, por seu lado, no jornal *Avanti*, professava-se socialista e marxista. Ao mesmo tempo, o estudante de Coimbra Neno Vasco — cujo verdadeiro nome era Gregório Nazianzano Moreira de Queiroz — funda a revista *Aurora*, no Rio de Janeiro, de orientação anarquista radical, sugerindo até que não mais se seguissem as regras e as leis da gramática portuguesa (*sic*), por muito conservadoras e burguesas (*sic*).

Com o tempo, tais apóstolos do anarquismo e do socialismo fizeram inúmeros prosélitos no Brasil, primeiro nas respectivas colônias e depois entre operários e estudantes, intelectuais, profissionais liberais e artistas plásticos, na medida em que se uniam para denunciar a miséria realmente existente no País, propondo uma saída na socialização dos meios de produção, o que para Piccarolo deveria significar algo diverso do que pensava Malatesta, pois as divergências entre ambos os movimentos eram muito agudas sobre o que fazer "após a liquidação do Capitalismo". Mas, no primeiro momento, estavam de acordo. E então vieram as grandes greves de julho de 1917 em São Paulo, contra a situação aviltante dos operários das indústrias Crespi de algodão, chegando a se alastrar por outras indústrias e oficinas da cidade, com a paralisação de vinte mil operários. Crespi cedeu, concedendo aumento de 20% em 13 de julho. No Rio, o marceneiro Flávio dos Santos abandonou o serviço em solidariedade aos paulistas. Foi seguido por treze outros seus colegas de serviço. Em 23 de julho a greve era de cinquenta mil operários. Mas os acontecimentos internacionais deitariam água fria sobre a questão operária. Em outubro de 1917, torpedeado um navio brasileiro pelos alemães, o Presidente da

República, Venceslau Brás, fazia dramático apelo para que os operários voltassem ao trabalho e se unissem a seus patrões na hora grave da entrada do Brasil na Guerra. Na verdade, o Brasil não fez muito, militarmente falando, mas muitos apelos se fizeram no sentido de enviar grande quantidade de víveres para os soldados aliados na Europa. Nesse momento o pacifismo e a neutralidade anarquista ou socialista soavam em falso como descaso pela honra nacional e pelo destino das nações democráticas no mundo. Isso levou também ao fechamento compulsório de várias sedes de jornais e de clubes operários de inspiração subversiva. De modo que a Guerra adiou a eclosão do anarcossindicalismo e do comunismo entre nós, respirando aliviados os governantes... Mas não por muito tempo: voltaram as greves e os distúrbios depois da Guerra, em 1919.

Na verdade, pelo que se disse, pode-se verificar a impotência dos governos para segurar a situação criada no País, salvos pelo "gongo" da Grande Guerra. E isso porque, com o tempo, esmaecia na capital federal, como em São Paulo e Minas, o velho espírito positivista republicano, e desde Rodrigues Alves ganhava cada vez mais espaço, com a campanha civilista, o pensamento liberal e conservador do *statu quo* oligárquico, desarmado perante os argumentos socialistas que levavam até as últimas consequências o ideal democrático de igualdade real social, política e econômica, e não apenas formal e jurídica. Liberalismo governamental de um lado, radicalismo revolucionário do outro, clamava por surgir uma terceira posição doutrinária, correspondente a uma terceira força política, nem liberal nem radical, conservadora a seu modo, progressista a sua maneira, isto é, o velho positivismo redivivo no Rio Grande do Sul, sobretudo na pessoa e nas ideias de Júlio de Castilhos.

Consolidada a República, haveria sempre uma corrente de monarquistas que a acusaria ora de "copiar os Estados Unidos", como Eduardo Prado, ora de "preparar gerações de jovens ateus", como Carlos de Laet, ora de "acabar com a liberdade", como Joaquim Nabuco.

Em termos de povo brasileiro, assistir-se-ia à ressurreição do "Sebastianismo", como o ocorrido na Revolta de Canudos de Antonio Conselheiro, considerando a República um regime condenado por Deus[15].

Existiriam sempre — ao lado dos conciliadores — os que nunca aceitariam, a não ser por conveniência, um regime de separação entre Igreja e

---

15. Maria Isaura Pereira de Queiroz, *O Messianismo no Brasil e no Mundo*, São Paulo, Dominus Editora/Edusp, 1965, p. 215-6.

Estado no Brasil, tolerando-a como um "mal menor" que a perseguição aberta e nunca um bem em si. Daí nunca se abrir mão do casamento religioso, do batismo e seu registro paroquial, na família brasileira.

O aumento da burocratização

Mas o que talvez mais fosse percebido pelo brasileiro médio do início do século XX era a marcha contínua rumo à criação de um aparato burocrático do Estado no Brasil. Já havia certa burocracia no tempo de Dom Pedro II, mas a dominação era mais do tipo "patriarcal", embora com um sentido modernizador muito pronunciado, pelos fatores acima referidos. Mas agora, para falar em termos weberianos, o tipo de dominação era bem diferente.

A passagem da dominação patriarcal "modernizadora" do Império para uma dominação burocrática na República se deu, em termos de Brasil, com um rompimento essencial com a estrutura de dominação existente desde os tempos coloniais. Continuava a ser a coisa pública governada no Império como "propriedade do governante", e, apesar de todas as transformações que vieram nos anos 1840 e 1850, não houve uma "modernização" correlata da classe política, a qual, dentro de esquemas de "empreguismo" estatal, permanência de focos de pobreza endêmica, desestímulo à iniciativa de grupos sociais intermediários entre o Estado e o indivíduo, controle exagerado das iniciativas permitidas ou toleradas, através de mil e um mecanismos centralizadores, sem cuja chancela tais grupos não eram reconhecidos nem tolerados pelo governo etc., continuava dependente.

Quando, nos últimos anos do século XIX, se deu a Revolução Militar, a classe política estava acostumada a esse tipo de dominação. Seu ápice em termos de participação foi atingido no começo dos anos 90, para depois sofrer um abrupto declínio com os novos moldes, adotados pelo governo de Floriano Peixoto. Estes podem ser definidos como o advento da burocracia. As elites governantes já não eram recrutadas dentre os velhos líderes ou "mandões" de política local ou regional, mas entre líderes militares, pessoal universitário, todos exatamente dentro da proposta ideológica da Escola Positivista.

Sobre a dominação burocrática diz-nos Max Weber: "Para o desempenho das funções burocráticas dever-se-á ter em conta uma nivelação básica, ainda que simplesmente relativa, das diferenças econômicas e sociais. Trata-se de um fenômeno inevitável, concomitante da moderna democracia de massas, em oposição ao governo democrático de pequenas unidades homogêneas. Isto ocorre, de início, como consequência de um princípio que lhe é característico: a subordinação do exercício de mando a normas abstratas. Pois isto se segue de uma exigência de uma igualdade jurídica no sentido pessoal e real, e, portanto, de uma condenação do privilégio e da negação em princípio de toda tramitação segundo os casos. (...) A democracia de massas, que elimina na administração os privilégios feudais e, ao menos na intenção, os plutocráticos, deve substituir por um trabalho profissional irremissivelmente pago a administração tradicional exercida à margem de toda profissão pelos 'honoratiores'"[16].

Assim se chegou a uma "racionalização" indispensável para o funcionamento da dominação burocrática. Não se podem levar em conta grupos socialmente significativos, sindicatos, universidades etc. A formação corporativa da sociedade foi ignorada ou esvaziada, pois a dominação burocrática deve contar obrigatoriamente com "o nivelamento dos grupos dominados, frente aos grupos dominantes burocraticamente articulados, os quais podem possuir por seu lado, de fato, e com frequência também formalmente, uma estrutura totalmente autocrática"[17].

Ora, "a burocracia é o procedimento específico para transformar uma ação 'comunitária' em uma ação 'societária' racionalmente ordenada"[18]. Entendemos assim: enquanto houvesse grupos organizados de modo comunitário (ex.: como a família antiga), ficava mais difícil a dominação autocrática. À medida que se passou para formas mais "societárias", ou seja, em que os membros da sociedade conservavam uma individualidade, direitos individuais subjetivos distintos e até direitos oponíveis uns aos outros (ex.: a família moderna), a dominação do tipo autocrático era mais fácil. A história comparece para dar razão a Max Weber. Os autocratas de todos os matizes procuraram sempre diminuir o solidarismo entre membros de determinado grupo social ou corporação: Luís XIV tentou dividir a nobreza com as concessões de cargos cobiçados às vezes por vários membros de uma mesma família e desestimulou as corporações. Napoleão tentou dividir as famílias, instituindo o direito de herança com base na divisão do patrimônio do *de cujus* etc.[19].

---

16. *Economía y Sociedad*, México, Fondo de Cultura Económica, 1964, v. 2, p. 728.

17. Ibid., p. 739.

18. Max Weber, *Economía y Sociedad*, México, Fondo de Cultura Económica, 1964, p. 741.

19. V., a esse respeito: Pierre Gaxotte, *La France de Louis XIV*; Bernard Basse, *La Constitution de l'Ancienne France*; Hannah Arendt, *Sobre la Revolución* e *Entre o Passado e o Futuro*; Bertrand de Jouvenel, *As Origens do Estado Moderno*.

A implantação na Era Republicana de um Estado burocrático mais aperfeiçoado não ficou, pois, sem consequências para a constituição da família, isto dando margem a um enfraquecimento das posições antes defendidas pelo Ministro José de Alencar, e favorecendo a codificação, como forma mais "racional" de regulamentação da vida social.

O legalismo

E conclui Weber: "A velha administração de justiça pelo povo (na alta Idade Média), originariamente um procedimento expiatório entre dois clãs, fica em todas as partes despojada de uma sua primitiva irracionalidade formalista graças ao influxo do poder dos príncipes e dos magistrados, (...) para dar à administração da justiça um caráter racional, para eliminar os meios processuais de tipo irracional, e sistematizar o direito material, o que significa sempre racionalizá-lo"[20].

Caracteriza o esforço pela racionalização do direito: 1º) a sistematização racional; 2º) o sacrifício do interesse social ao rigor lógico; 3º) a consideração do direito como fenômeno destacadamente urbano, como regulador das atividades sobretudo mercantis, para proveito de uma classe em ascensão constante, isto é, a burguesia, ou, como diria Tercio Sampaio Ferraz Jr.: "O positivismo jurídico, na verdade, não foi apenas uma tendência científica (racionalista, diríamos nós), mas também esteve ligado, inegavelmente, à necessidade de segurança da sociedade burguesa. (...) A exigência de sistematização do Direito acabou por impor aos juristas a valorização do preceito legal no julgamento de fatos vitais decisivos"[21].

Pode-se perceber que existe um estreito liame, negado por uma concepção demasiado "bem comportada" do direito, entre a obra do legislador e o momento histórico que ele vive. Há um nexo entre a forma de governo, a forma de considerar o poder na esfera do direito público e a de estudá-lo no direito privado.

Ao analisar neste despretensioso estudo a evolução da ideia de pátrio poder e de autoridade no Brasil, como exame histórico mas ainda sociológico do assunto, pudemos ver, com facilidade, inúmeros e intrincados laços entre família e Estado, pai e detentor do poder, os laços de parentesco e de cidadania, de modo que não acreditamos ter fugido ao tema do direito de família e do poder pátrio em nossas incursões, ainda que rápidas, sobre o

---

20. Op. cit., p. 604 do v. 1.
21. Tercio Sampaio Ferraz Júnior, *A Ciência do Direito*, São Paulo, Ed. Atlas, 1977, p. 32.

delicado campo da teoria geral do Estado e da sociologia política, que se refere aos efeitos sobre a vida dos cidadãos da mudança de uma forma de governo, pois existem laços tais que se poderia, sem temeridade, falar em implicação, porque são laços que a prendem a uma problemática mais ampla: a do próprio poder. A verdade é que sem a codificação e o legalismo que se tornaram vitoriosos em nosso direito, acompanhando a evolução do direito europeu continental rumo ao primado da lei escrita e ao chamado "fetichismo da lei", não se tornaria viável a burocratização do poder, não se teriam condições de nivelamento para aplicar o esquema de dominação burocrática.

Eis por que o Código Civil de 1916 interessa também sob o ponto de vista da teoria do Estado, como arremate de um longo processo no sentido de dotar o Brasil de instrumentos legais apropriados para torná--lo um país enquadrado no sistema do monismo do ordenamento jurídico, de base evolucionista, a partir mesmo da filosofia positivista que o informou, como já se viu.

O primado do indivíduo sobre a comunidade, por exemplo, em matéria de família, foi consagrado pelo Código de 1916, e, como se sabe, o Estado monista não comporta nem admite os grupos sociais diferenciados, nem intermediários, fiel ao seu pai, Rousseau, que já dizia no *Contrato Social*: "entre l'individu et l'État pas d'intermédiaires"...

Também, nessa mesma linha de pensamento, a primazia da lei leva à inversão gradativa das situações: a finalidade do direito passa a ser entendida como a aplicação da lei e não a realização da justiça, como queria Aristóteles.

A racionalização, indispensável para a implantação e funcionamento da dominação burocrática, impessoal, só se torna possível com o legalismo e com a rígida compreensão objetiva da hermenêutica como uma análise gramatical ou sistêmica dos termos da lei, aplicando-a ao caso proposto a julgamento perante um funcionário do Estado, o juiz, que, nessa ótica, age exatamente, embora em grau superior, como qualquer outro representante do Estado, a distribuir protocolos carimbados em seu guichê...

Clóvis Beviláqua: a formação pandectista

A Filosofia de Clóvis Beviláqua

A cavaleiro sobre dois mundos, o do Brasil tradicional e o do Brasil moderno, Clóvis Beviláqua soube harmonizar, na elaboração do Código Civil, as últimas conquistas da ciência do direito no final do século XIX com os intrincados problemas sociais que começavam a surgir no século XX.

Por formação, Clóvis, que em filosofia era um adepto da Escola do Recife, e em sociologia um evolucionista spenceriano, tenderia talvez para uma posição, no campo do direito, como a de um Pedro Lessa, que Miguel Reale denomina "spenceriano, mas sem conceber a evolução culminando no triunfo individualista; admirador de Augusto Comte, mas sem admitir a redução do plano da religião ao da ciência; naturalista sim, mas sem divinizar a natureza, ou sentir escrúpulo em usar a palavra 'Deus', substituída por 'natureza naturante' ou quejandas, Pedro Lessa poderá não ter sido um criador, capaz de abrir clareiras novas às especulações filosóficas ou filosófico-jurídicas, mas soube fundir em sua personalidade um conjunto de convicções coevas, segundo uma linha de equilíbrio e coerência"[22]. O mesmo se poderia dizer de Clóvis Beviláqua. Mas acrescentando uma qualidade científica que Lessa nunca teve: a de saber captar o sentido histórico da realidade brasileira. Realizaria Clóvis — o que raramente acontece — uma síntese entre o rigor técnico na conceituação, na sistemática do Código, e a velha *praxis* lusitana de levar à categoria de artigos de lei as instituições de fato existentes na sociedade brasileira.

A tarefa não era fácil se tivermos presente que o Brasil era (e talvez até hoje o é) uma "terra de contrastes", na feliz expressão de Roger Bastide[23]. Não era fácil legislar sabendo que os efeitos da lei se estenderiam "do Prata ao Amazonas, do mar às cordilheiras...".

Conseguiu-o o jurista cearense, escapando à dicotomia país real e país legal, pois o Código de 1916 resultou quase que da transcrição integral do Projeto de Clóvis, e, para aquela época, não poderíamos ter tido algo de melhor e mais adequado.

Proclamada a República, o jurista cearense de Viçosa, Clóvis Beviláqua, professor da Faculdade de Direito do Recife, em 1899, veio desincumbir-se, no Rio de Janeiro, da tarefa de redigir um Projeto de Código Civil. Convidado pelo Ministro da Justiça, Epitácio Pessoa, Clóvis, no dizer de San Thiago Dantas, "recolhia, sem deformá-las, as doutrinas dos grandes pensadores do século XIX"[24].

Como já se viu, quando se falou dos condicionamentos filosóficos, as correntes que disputavam as preferências da intelectualidade nacional

---

22. Miguel Reale, *A Filosofia em São Paulo*, 2. ed., São Paulo, Ed. Saraiva, 1976, p. 155.

23. Roger Bastide, *Brasil — Terra de Contrastes*, São Paulo, 6. ed., Difusão Europeia do Livro, 1975.

24. Clóvis Bevilaqua, *Obra Filosófica*. São Paulo, Ed. Grijalbo,1975, 2 vols. Introdução ao 2º vol. *Filosofia Social e Jurídica*, p. 3.

naquele tempo eram o evolucionismo de Spencer e o positivismo de Auguste Comte.

Entretanto, Clóvis nunca seria um purista, mas sim um eclético, sintetizando os ensinamentos de vários pensadores, sem os distorcer.

Isso ele recebeu da convivência intelectual com Tobias Barreto, mentor principal da Escola do Recife.

"A Escola do Recife não era um rígido conjunto de princípios, uma sistematização definida de ideias, mas sim uma orientação filosófica progressiva, que não impedia a cada um investigar por sua conta e ter ideias próprias, contanto que norteadas cientificamente"[25].

Nesse ambiente de fermentação intelectual fecunda, a figura de Tobias Barreto aparecia não como o *magister qui dicit*, mas como o permanente questionador do já afirmado e consagrado, donde vinha sua popularidade entre os estudantes da Faculdade[26].

Enquanto no sul do País o positivismo de Comte obtinha a decidida adesão dos mestres da Faculdade de Direito e de Medicina, no nordeste a teoria triunfante era o monismo evolucionista, graças à ação de Tobias, grande divulgador do pensamento de Haeckel, Noiré e, acima de tudo, Herbert Spencer.

"O direito não é um filho do céu, proclamava Tobias, é simplesmente um fenômeno histórico, um produto cultural da humanidade"[27].

Por aí se vê que o alvo preferido dos ataques de Tobias Barreto era o "direito natural", ensinado por Taparelli.

Por quê? Pela razão de que a concepção de Taparelli, muito mais do que a do próprio São Tomás de Aquino, era a de um "direito natural divino e imutável", o que se chocava violentamente com as ideias de "Evolucionismo e Mutação, Naturalismo e Culturalismo" de Tobias, ideias estas hauridas em Darwin, Spencer e Haeckel[28].

---

25. Clóvis Beviláqua, *História da Faculdade de Direito do Recife*, São Paulo, Ed. Livraria Francisco Alves, 1927, 2 volumes, v. 2, p. 121.

26. Refere A. L. Machado Neto que Clóvis, na opinião de juristas paulistas inclusive, "era autêntico filho espiritual da oportuna reação de Tobias" (*História das Ideias Jurídicas no Brasil*, São Paulo, Ed. Grijalbo, 1969, p. 75).

27. Tobias Barreto, *Estudos de Filosofia*, São Paulo, Ed. Grijalbo, 1977, p. 257.

28. Que dizer, Tobias investe contra uma concepção do direito natural impregnada de wolffismo. Sua oportuna reação nesse sentido — não se deve esquecer — enseja o advento do mecanicismo e evolucionismo no campo das ciências sociais e jurídicas no

Sabedor da importância histórica da ideia de direito natural no Brasil, Clóvis jamais compartilharia as críticas barretinas, antes aceitá-las-ia na concepção de Hauriou[29], dando ao termo um sentido que lembra a "natureza das coisas" de Demócrito, de Lucrécio e de Haeckel.

Outro pensador da Escola do Recife que larga influência exerceu sobre Clóvis Beviláqua foi Sílvio Romero. Antigo adepto do positivismo de Auguste Comte, Romero passou, após breve período kantiano, a se entusiasmar por Herbert Spencer. Chegou a escrever contra o positivismo o ensaio de 1894, *Doutrina contra Doutrina: o Evolucionismo e o Positivismo na República do Brasil*: "as exageradas pretensões do Positivismo", "os erros da classificação das ciências" e sobretudo "a subordinação da atividade espiritual ao dogma religioso". Sílvio defende, em sentido contrário, a independência intelectual, ridiculariza a "religião positivista com seu culto a Clotilde de Vaux" e proclama a sua adesão ao evolucionismo e ao naturalismo, verberando, numa mesma diatribe "o Positivismo ateísta de Comte e a religião da humanidade, de um lado, e o Catolicismo do outro lado" (*sic*)[30].

Porém não para aí o trabalho intelectual de Sílvio Romero. Até se pode dizer que sua obra maior foi a que executou como sociólogo da literatura e do folclore brasileiro, em obras muito divulgadas, buscando compreender o povo brasileiro.

Se com Tobias Clóvis aprendeu a raciocinar cientificamente, separando religião de direito — e isto sem nunca cair em exageros, sendo merecida a análise de San Thiago Dantas acima referida —, foi com Romero que Clóvis passou a se interessar pela psicologia do povo brasileiro, e por suas manifestações, o que facultaria o sentido de realidade, que faltou a muitos legisladores brasileiros, mas não ao autor do nosso *Projeto de Código Civil*.

Brasil, com importantes consequências para a compreensão dos problemas sociais, acompanhando os conflitos de interesses da burguesia e operários, pois, como lembra Tercio Sampaio Ferraz: "o positivismo jurídico não foi só uma tendência científica, mas também esteve ligado, inegavelmente, à necessidade de segurança da sociedade burguesa" (*A Ciência do Direito*, São Paulo, Ed. Atlas, 1977, p. 32).

29. Com a diferença — que mostra a acuidade de espírito de Clóvis — que Hauriou associa sem mais jusnaturalismo e democracia e Clóvis prefere ser mais fiel à história, lembrando que Aristóteles construiu toda a doutrina do direito natural sob o domínio de Felipe da Macedônia (Beviláqua, *Obra Filosófica — Filosofia Social e Jurídica*, cit., p. 215).

30. Sílvio Romero, *Obra Filosófica*, São Paulo, Liv. José Olympio Editora/EDUSP, 1969, p. 262 e s.

Clóvis considerava que a concepção do direito reflete uma concepção do mundo, sob pena de ser o espírito vacilante, evolucionista em ciências naturais, metafísico em direito, fetichista em religião[31].

A "concepção do mundo" de Clóvis não o levava a esquecer desse mesmo mundo, no caso, o Brasil, o país para o qual deveria servir como legislador. Eis por que motivo Clóvis nunca sacrificou a postulados desta ou daquela Escola o que estava patente na realidade brasileira, não cedendo, tanto quanto pôde, às injunções socioeconômicas do momento.

O que de tal conjuntura passou para o Código, como veremos adiante, seria menos por força de ser Clóvis um individualista convicto — o que ele claramente repudia[32] — e mais pelos fatores que estudamos nos itens anteriores deste capítulo, e que se espelharam nas modificações introduzidas no Código para sua publicação.

Defendeu-se, já em 1927, Clóvis de uma acusação de individualismo, ao ressaltar que no Código "a propriedade não é um direito absoluto, sofre as limitações impostas pela vida em sociedade e pelos interesses coletivos"[33].

Entretanto, o *Proprietas est jus utendi, fruendi et abutendi* veio claramente traduzido no art. 524: "A lei assegura ao proprietário o direito de usar, gozar e dispor de seus bens (...)".

Voltaremos à análise do individualismo. Por ora, gostaríamos de dizer que o *Projeto* tentou sintetizar os dados da realidade jurídica e social brasileira, dando-lhe uma roupagem romanística, erigindo em conceitos do direito romano simples situações historicamente condicionadas. Assim, a importância da propriedade, da família para uma sociedade burguesa ainda patriarcalista foi elevada à condição mais nobre de "instituição de direito", de acordo com a técnica pandectística e com as definições do direito romano.

Vê-se então que a problemática levantada por um Código Civil, considerado "a Constituição do homem privado", era de tal amplitude e magnitude que mesmo Clóvis Beviláqua deveria sucumbir e se curvar aos

---

31. Da Concepção do Direito como Refletora de uma Concepção do Mundo, in *Obra Filosófica*, cit., p. 3 e s.

32. "O Código Civil não é individualista nem socialista. Procura conciliar a liberdade, a iniciativa, a expansão do indivíduo, com as necessidades sociais, num justo equilíbrio" (op. cit., p. 199). Em grande parte a concepção de Clóvis prevalecerá, pela larga difusão dos seus *Comentários ao Código Civil Brasileiro*, no sentido de atenuar o inegável sabor individualista da letra da lei, por exemplo, em matéria de família, testamento, propriedade, frisando o sentido social de tais institutos no direito brasileiro tradicional.

33. Op. cit., p. 200.

interesses em jogo, sob pena de ver seu *Projeto* rejeitado totalmente. Suas afirmações de 1927 são indício, em nossa opinião, de um sentimento profundo de insatisfação com o que afinal tinha ajudado a fazer. Daí suas reiteradas afirmações de que o Código não era "individualista", o que se pode entender claramente: "gostaria que ele não fosse interpretado por tal diapasão, já que não pude fazê-lo de outro modo".

Era o conflito interno de um intelectual, formado em uma filosofia individualista em extremo, que não pode aceitá-la, com seu bom senso de jurista, e, além disso, de estudioso do direito brasileiro, tendo inclusive escrito *Instituições dos Indígenas Brasileiros*, preocupado com seu estado de marginalização cultural; *Características do Direito Pátrio*, em que, como bom discípulo de Sílvio Romero, estuda o povo brasileiro; *Evolução do Direito de Família no Brasil de 1827 a 1927*, onde se mostra profundo conhecedor da história do direito no Brasil no século XIX. Enfim, Clóvis Beviláqua, contemporâneo de Ruy Barbosa, foi mais voltado do que este para as características do Brasil, sem ter jamais padecido da anglofilia ou da americanofilia como aquele insigne jurista, a quem faltou o senso histórico que sobejou no cearense de Viçosa.

O pensamento jurídico de Clóvis Beviláqua

O espírito eclético de Clóvis talvez se manifeste mais seguramente em questões de direito. Se em filosofia se pode falar numa visão predominantemente (mas não puramente) spenceriana, já em se tratando de direito fica mais difícil enquadrar o autor do nosso *Projeto de Código Civil* em uma Escola determinada.

Entretanto, ele sofreu decisiva influência das correntes mais notáveis de sua época, dentre as quais cabe salientar a Escola das Pandectas, sobretudo em sua expressão alemã: Windscheid, Jhering, de certo modo Savigny (jovem).

Tercio Sampaio Ferraz Jr. mostra a inspiração wolffiana no seu caráter formal-dedutivo de sistema de direito[34], com base no direito romano clássico, não tanto quanto à forma de produção das normas quanto no que respeita à ideia de "sistema" de direito, com instituições logicamente encadeadas, e claramente expressas em conceitos precisos, *more mecanico*.

---

34. *A Ciência do Direito*, São Paulo, Ed. Atlas, 1977, p. 30.

Clóvis aprendeu a estimar os autores pandectistas pelo ensino marcadamente romanístico nas Faculdades tanto de São Paulo como do Recife, chegando a dizer: "O Direito é uma ciência romana, por excelência"[35]. Considera Jhering, autor do *Espírito do Direito Romano*, uma defesa da perenidade do direito romano, "o maior jurista do século XIX e do futuro"[36]. Seus *Comentários ao Código Civil* estão cheios de citações de autores pandectistas, entremeados de lições dos juristas romanos.

Foi também devido à influência pandectista que Clóvis acolheu a ideia de uma "Parte Geral", englobando "pessoas", "bens" e "fatos", antes de estudar na "Parte Especial" os vários ramos do direito civil. Não se pode esquecer que o *Code Napoléon* não contém "Parte Geral", e que neste ponto pelo menos, como reconhece Wieacker, o modelo foi o alemão[37].

O Pandectismo não foi uma opção pessoal de Clóvis, foi uma característica do ensino do Direito nas Faculdades da Europa e Latino-América, quase como imposição de momento, para criar uma técnica da ciência do direito. Ora, o ensino do direito — da dogmática — tem uma função social que Tercio Sampaio Ferraz Jr. explica:

"O século XIX, diz Helmut Coing, representa ao mesmo tempo a destruição e o triunfo do pensamento sistemático legado pelo jusnaturalismo, o qual baseava toda sua força na crença ilimitada na razão humana. (...) Significativa para a passagem entre os dois séculos é a obra de Gustav Hugo (1764-1844). Hugo estabelece as bases para uma revisão do racionalismo a-histórico do jusnaturalismo, desenvolvendo, metodicamente uma nova sistemática do pensamento jurídico na qual a relação do Direito com sua dimensão histórica é acentuada, antecipando-se dessa forma aos requisitos obtidos pela chamada Escola Histórica. (...) Propõe, segundo um paradigma kantiano, uma divisão tripartida do conhecimento científico do Direito: 1) o que deve ser reconhecido como de direito (*de jure*); 2) é racional que o que seja de direito (*de jure*) efetivamente o seja? 3) como aquilo que é de direito (*de jure*) se tornou tal? A primeira questão corresponde à Dogmática Jurídica, a segunda à Filosofia do Direito, a terceira, à História do Direito". O que vale dizer: "Os institutos são visualizados como uma totalidade de

---

35. Clóvis Beviláqua, *Obra Filosófica*. São Paulo, Ed. Grijalbo,1975, 2 volumes, v. 2, *Filosofia Social e Jurídica*, p. 73, nota 2.

36. Id., *Juristas Filósofos*, p. 105-6.

37. F. Wieacker, *História del Derecho Privado de la Edad Moderna*: "do B.G.B. influiu o sistema e 62 artigos dos 1807 do Código", p. 437, nota 20.

natureza orgânica, um conjunto vivo de elementos em constante desenvolvimento. É a partir deles que a regra jurídica é extraída, através de um processo abstrativo e artificial, manifestando assim o sistema explicitado uma contingência radical e irretorquível. (...) A Escola Histórica marca o aparecimento daquilo que Koschaker denomina 'o Direito dos professores'. O 'direito dos professores' aparece quando, sob certas condições, a tônica na ocupação com o Direito passa para as Faculdades de Direito e para seus mestres. (...) A doutrina passava a ocupar um lugar mais importante do que a 'praxis' e os doutrinadores uma procedência sobre os práticos. (...) Tal separação não impediu que os práticos, educados nas universidades, viessem a criar condições para influenciar por intermédio da doutrina professoral as decisões judiciárias. Entretanto, a grande influência dos professores não se deu através disso mas sobretudo *por meio da legislação* (grifo nosso) que representou, por assim dizer, sua grande vitória"[38].

Podemos aplicar ao caso do Brasil: foi com o *Código Civil* de Clóvis Beviláqua que a Escola do Recife, e toda a sua concepção do direito e do homem, alcançou seu grande triunfo.

Fatores que facilitaram a promulgação do Código Civil Brasileiro de 1916

As novas condições econômicas e sociais

A formação da classe empresarial

Sem a modernização trazida pela industrialização, não teríamos tido a formação, a partir de 1850, de uma classe empresarial no Brasil.

Já se viu como seus interesses em grande parte condicionaram a elaboração de uma filosofia spenceriana evolucionista, na segunda metade do século XIX, filosofia dominante em nossos ambientes intelectuais até a elaboração do Código de 1916. Resta ver qual a situação econômica que condicionou as modificações do Projeto de Clóvis no Legislativo e que presenciou sua final publicação e os primeiros anos de sua vigência.

Edgard Carone nos refere que os anos de 1910 a 1914 correspondem à segunda valorização do café, que trouxe para São Paulo grande crescimento urbano e industrial, "num clima geral de prosperidade". Mas,

---

38. *Função Social da Dogmática Jurídica*, São Paulo, Ed. Revista dos Tribunais, 1981, p. 51-5.

continua dizendo: "Esta normalidade é interrompida pela crise econômica de 1914 e, depois, pela Primeira Guerra Mundial. (...) Mas, ante uma situação financeira insustentável, acrescida da suspensão de novo empréstimo devido à guerra, a União emite, aliviando a situação do país e, naturalmente, do café. (...) A normalização comercial dos países empenhados na guerra ajuda novamente a exportação e a política de preços. (...) De repente, o café dobra de preço, passando de 47$350, em 1918, para 94$612 no ano seguinte, e abrindo novas perspectivas para a segunda valorização: a safra de 1917 é vendida com grandes lucros, os estoques diminuem e a inflação mundial ajuda a manter os preços altos. Esta série de fatores subsistem até 1920"[39].

Por sua vez, os industriais viam suas metas alcançadas nessa época:

"A quarta fase (da industrialização) abre-se com Hermes da Fonseca: do ponto de vista protecionista seu governo é conservador. (...) Em fevereiro de 1911, o governo concede a uma firma brasileira facilidades para a instalação de uma usina (siderúrgica), com capacidade de produção de 150 mil toneladas anuais: além de outros privilégios, a firma tem direito de exportar minérios e produtos metalúrgicos durante 30 anos, com taxas reduzidas e favores do governo federal. (...) Epitácio Pessoa que é antiprotecionista e contrário a qualquer ajuda governamental à produção vê-se obrigado a recuar, forçado pelas forças oligárquicas"[40].

Last but not the least, veio completar o quadro dos anos que precederam e imediatamente sucederam a aprovação do Código Civil de 1916 a ascensão da classe operária, como força social emergente. Diz-nos Carone: "1915 confirma os ideais e a tenacidade operária: apesar do desemprego, das ameaças de prisão e das péssimas condições de vida, realiza-se o 'Congresso pela Paz' e irrompe uma das maiores greves desses anos, a dos estivadores do Rio, que se desenrola de 19 de fevereiro a 3 de março. Em julho, as novas greves do Rio são violentas: o Centro Cosmopolita, de inspiração anarquista, é que decreta a 'parede' e outras categorias a aprovam. Em outubro, o Rio é palco de novas greves de longa duração. (...) 1917 inaugura a fase revolucionária das greves: até 1919, elas atingem intensidade e um grau tático nunca alcançados"[41].

---

39. Edgard Carone, *A República Velha*, 4. ed., Rio de Janeiro, DIFEL, 1979, p. 45-7.

40. Ibid., p. 94-5.

41. Edgard Carone, *A República Velha*, 4. ed., Rio de Janeiro, DIFEL, 1979, p. 228-9.

Pode-se dizer que os anos 20 assistiriam à fase áurea do movimento operário em todo o mundo, e também no Brasil.

Muitos dos líderes que atuaram em tais greves eram estrangeiros, italianos, alemães, habituados a outro tipo de comportamento perante o patrão que não o da simples reverência...

O confronto entre o mundo operário e o da burguesia se fez mais importante. Foi nessa atmosfera que se discutiu a implantação do Código Civil de Clóvis Beviláqua, adepto do evolucionismo spenceriano, vale dizer, do *struggle for life* na sociedade como na natureza.

Isso só iria condicionar a aceitação de sua visão do direito calcada no direito romano, interpretado na ótica individualista do século XIX.

Poder-se-ia esperar algo diverso?

Em todo o mundo as massas se organizaram, e os líderes políticos partiam do socialismo para rumar em qualquer dos sentidos: Mussolini à direita (ex-redator de quotidiano socialista), Lenine à esquerda. Mas sempre sob a égide do teórico da violência Albert Sorel, que não via outro modo de galgar o poder que não com o uso da força.

No confronto, a burguesia usava de todas as armas de que podia dispor para enfrentar a crise social. Iria no Brasil abdicar da oportunidade que se lhe oferecia com a redação, discussão e publicação de um novo Código Civil?

Até que ponto vivíamos uma situação "bonapartista" nos primeiros anos do século XX no Brasil? Maria do Carmo Campello de Souza nos esclarece que, "não obstante o quadro legal instaurado com a República permitir o funcionamento de um Estado democrático, as elites dirigentes como veremos não compartilhavam o poder com os novos grupos que tinham teoricamente assegurada sua representação no processo político. Assim, a elite proprietária, ao mesmo tempo que aspirava, do ponto de vista ideológico a uma democracia liberal, agia de modo que a participação política se restringisse a seus representantes"[42].

Daí a crítica acerba de Eduardo Prado: "A política no Brasil está hoje reduzida à arte de adular com mais ou menos sucesso os militares. É inútil que os brasileiros estejam alimentando ilusões pueris. Os partidos políticos hoje só poderão galgar o poder agarrados à cauda do cavalo de um

---

42. Maria do Carmo Campello de Souza et alii, *Brasil em Perspectiva*, São Paulo, Difusão Europeia do Livro, 1971, p. 167 e s.

general... A Constituição doada pelo Sr. Deodoro é inteiramente de sua própria autoridade, nenhum representante da nação foi ouvido. Quem garante a observância dessa lei que pode ser desfeita por quem a fez, sem que haja a possibilidade de alguém impedir ou punir sua violação por parte do soldado onipotente e irresponsável? 'Tudo isto, pois, não passa de um bizantinismo irrisório, todo o mundo sabe que dois regimentos na rua acabam com os plebiscitos, fazem evaporar qualquer governo e desaparecer num momento qualquer Assembleia'"[43].

Em suma, um clima de "bonapartismo" que lembrava o 18 Brumário de Napoleão.

A burguesia que apoiou a República não pretendia dividir o governo com a classe operária, nem lhe dar qualquer participação. Os militares, por seu lado, acreditavam sinceramente que eram chamados à liderança social, numa exegese livre da noção de "ordem e progresso" herdada de Benjamin Constant Botelho de Magalhães na Academia Militar.

O Código Civil que então se elaborava não poderia deixar de refletir, em suas disposições essenciais, os interesses do momento, por mais que admiremos a abertura de espírito de Clóvis Beviláqua. Fica então, pelo condicionamento da hora, fadado a transcrever disposições do *Code Napoléon*, um século mais velho.

A "sociedade cosmopolita"

Ter-se-ia uma visão distorcida da sociedade brasileira na passagem do século se se esquecesse que ela se tornara mais permeável às influências estrangeiras, em matéria de usos e costumes sociais, sobretudo e acima de tudo nas grandes capitais, em contraste até com os do campo[44]. As grandes cidades seguiam à risca a última moda de Paris, para as senhoras e senhoritas, e de Londres, para os homens e rapazes.

Mas o "cosmopolitismo" era atenuado pelas ligações com o mundo mais tradicional de Portugal, permeado, é verdade, pela simpatia e adesão aos padrões culturais americanos e europeus modernos. Entretanto, havia focos de reação contra as mudanças que classificamos como sendo, basicamente, a geração velha, apegada a seus valores do século XIX; a escola,

---

43. Maria do Carmo Campello de Souza et alii, *Brasil em Perspectiva*, São Paulo, Difusão Europeia do Livro, 1971, p. 166.
44. V. nossa dissertação de Mestrado: *A Cultura Brasileira Tradicional em Face dos Valores Difundidos pelo Cinema Americano*, USP, 1975.

ainda moldada no estilo marcadamente humanístico, nos moldes do Colégio Pedro II; e a Igreja, de grande influência na sociedade brasileira e que, desde São Pio X, reagia contra o chamado "modernismo", sobretudo em matéria de visão naturalista na moral, nos costumes[45].

Ora, nos primeiros anos do século XX, o Brasil era um país ainda fortemente tradicionalista em seus usos e costumes sociais. Alinhamos algumas notas características da sociedade brasileira: 1º) era uma sociedade culturalmente ligada a uma Europa tradicional; 2º) era uma sociedade ligada especialmente ao mundo lusíada, vale dizer, à cultura portuguesa *fin de siècle*, como a descrevera Eça de Queiroz em seus romances vorazmente lidos no Brasil; 3º) grande influência exercia a França em matéria de cultura literária, moda feminina e etiqueta social, tudo ainda sob a égide da mentalidade *belle époque*, ainda sobrevivente nos anos do primeiro pós-guerra. Daí se poder concluir que: 1º) era uma cultura que preservava as suas tradições; 2º) uma cultura que valorizava os mais velhos; 3º) uma cultura que dava destaque aos intelectuais; 4º) uma cultura ainda impregnada de religiosidade; 5º) uma cultura que respeitava as convenções sociais e o cerimonial[46].

Os valores tradicionais do brasileiro eram, portanto, no final da primeira década do século XX, antes da Guerra de 1914 a 1918, os mesmos que vinham informando a cultura de nosso país desde os tempos coloniais, passando pela influência francesa da "Belle Époque" (1870-1914).

Georges Clemenceau, famoso líder político francês, visitando São Paulo em 1910, confessou ter a impressão de estar em Paris, tal a elegância das damas e dos cavalheiros paulistanos, que se exprimiam num francês impecável, a que não faltava uma nota de gentileza contagiante, própria do brasileiro, que encantou o carrancudo político, conhecido como "Le Tigre".

Era uma "Belle Époque" tropical, na feliz definição de João do Rio, seu cronista mais atento.

É evidente que, dentro de uma sociedade desse tipo, uma jurisprudência de inspiração individualista abriria caminho lentamente, pois, por exemplo, em matéria de direito de família não havia, na concepção tradicional, subdivisões como "direito do pai", "direito da mãe", "direito do

---

45. V. nossa dissertação de Mestrado: *A Cultura Brasileira Tradicional em Face dos Valores Difundidos pelo Cinema Americano*, USP, 1975.

46. Ibid.

filho". Afinal, a inter-relação entre os membros era mais do tipo comunitário e não societário.

O regime de governo republicano presidencialista que se instala no Brasil em 15 de novembro de 1889 teve matriz positivista, como se percebe pelo dístico *Ordem e Progresso* na bandeira adotada desde então. República de militares, e por eles controlada, foi nos seus primórdios marcadamente autoritária, o que provocou reação dos republicanos civis e liberais como Rui Barbosa (1849-1923) e Joaquim Nabuco (1849-1910). Pleiteavam estes um regime democrático representativo com grande força para o Legislativo e diminuição dos poderes do Presidente da República.

Euclides da Cunha (1866-1909)

Embora se apresentando como federalista, o governo republicano na verdade desconhecia o que se passava além das capitais de Rio de Janeiro e São Paulo. Daí sua total incapacidade de perceber o que realmente estava se passando no nordeste, onde Antônio Conselheiro iniciava seu famoso levante de Canudos. Enviado como repórter para relatar o que lá acontecia, Euclides da Cunha acabou reunindo em grosso volume suas impressões a respeito do episódio. Foi o que deu origem ao famoso livro *Os Sertões*, em que explica o movimento monárquico de Canudos por causas étnicas, sociais, econômicas e geográficas, numa análise respeitada até em nossos dias. Ressalvado um determinismo radical positivista, Euclides não deixa de ter razão ao apontar as causas profundas do pouco desenvolvimento das regiões brasileiras vitimadas pela seca, em situação de miséria que perdura, não se atacando as reais causas econômicas e sociais. Além disso, escreveu *Contrastes e confrontos* e *À margem da história*, mostrando profundo conhecimento da realidade brasileira que era ignorada pelo governo republicano do Rio de Janeiro.

Talvez esse alheamento para com a realidade nacional explique por que a chamada República velha terminou numa revolução que depôs o presidente Washington Luís e guindou ao poder o estancieiro gaúcho Getúlio Dorneles Vargas.

Oliveira Vianna e Alberto Torres

Pode-se considerar como pensador político precursor da revolução de 1930, que poria fim à República Velha, além de Euclides, Oliveira Vianna, que, com suas *Instituições Políticas Brasileiras* e *O Idealismo da*

Constituição, de 1927, apontava o problema do marginalismo político da população perante uma oligarquia de fazendeiros.

Alberto Torres descreveu em suas obras *O problema nacional brasileiro* e *A organização nacional* a desorganização do país, pelo conflito eterno entre poder central e poderes locais, que vinha do Império. Propunha uma saída orgânica de conciliação entre poder municipal, estadual e federal, com demarcação clara das competências[47].

A Segunda República

Por fim, de 1926 a 1930, Washington Luís governou, tendo criado a moeda *"o Cruzeiro"*; tentou fortalecer a economia, mas foi prejudicado pelo *crack* da Bolsa de Nova York, em 1929, baixando terrivelmente as nossas exportações de café.

Como em outros países do mundo, a crise da democracia liberal levará ao aparecimento de regimes autoritários.

A situação grave da falta de direitos dos trabalhadores levou à deposição de Washington Luís, representante da política paulista dos reis do café, e à vitória da Revolução de 1930, liderada por Getúlio Vargas, que prometia criar legislação trabalhista adequada.

A década de 1930, tão fecunda em transformações no campo político e econômico no Brasil, foi também a década da grande afluência do filho do imigrante às capitais, dando a São Paulo e Porto Alegre um colorido particular.

Também se deve ter presente que a necessidade da mão de obra especializada na indústria, em franco desenvolvimento, trouxe para a cidade o imigrante italiano, como o alemão e o polonês, que tinham maior prática da vida moderna mesmo em sua terra, países de mais longa vivência fabril.

As comunidades de imigrantes reforçaram, ainda que inconscientemente, os laços do Brasil com a Europa. As elites, por sua vez, continuavam culturalmente ligadas à França, hábito mental herdado do Império.

Novos fatores econômicos da industrialização nos anos que sucederam à Primeira Grande Guerra (1914-1918) vieram dar nova fisionomia ao país, cuja economia passava da agricultura para a indústria. Porém, ainda não

---

47. Alberto Torres, *A Organização Nacional*, 3. ed., São Paulo, Ed. Companhia Editora Nacional, 1978.

tinham essas transformações econômicas e políticas repercutido e aflorado ao nível do mundo dos valores, que continuavam mais ou menos intactos.

A Revolução Paulista de 1932

Logo depois, em 9 de julho de 1932, a oligarquia paulista levantava-se contra as medidas do governo revolucionário: era a *Revolução de 32*, que pretendia anular as leis modernizadoras de Vargas, se preciso separar São Paulo do Brasil.

Essa revolução ficou conhecida como *Revolução Constitucionalista*, pois os paulistas queriam uma Constituição que limitasse os poderes de Vargas.

No início apoiados pelos mineiros, no final os paulistas ficaram sós contra o governo central e perderam a guerra civil, rendendo-se em 2 de outubro de 1932.

Apesar da derrota paulista, Getúlio convocou uma Assembleia Nacional Constituinte, para 1933. Daí resultou a Constituição de 1934, para a época uma carta com vários direitos garantidos para os trabalhadores[48].

Plínio Salgado (1895-1975) e a Ação Integralista Brasileira (1932-1937)

Na era Vargas (1930-1945), salienta-se o pensamento nacionalista do poeta, romancista e ensaísta Plínio Salgado (1895-1975), que, em seus livros *Primeiro Cristo, Despertemos a Nação, Psicologia da Revolução* e *O que é o Integralismo?*, pretendia lançar um movimento de caráter nacional resgatando os valores religiosos da população postergados pelo cientificismo positivista tanto quanto pelo indiferentismo liberal. Posiciona-se, ao mesmo tempo, contra o capitalismo e o comunismo, propondo uma estrutura econômica corporativa conforme aconselhado pela doutrina social da Igreja. Com isso conseguiu o apoio de vários bispos católicos brasileiros.

Também foram líderes da Ação Integralista Brasileira Gustavo Barroso, historiador e literato, os juristas Miguel Reale, Alfredo Buzaid, Goffredo Silva Telles Jr., José Loureiro Júnior, o então padre Helder Câmara, o sociólogo Severino Sombra e o oficial depois almirante Augusto Rademaker Grünewald.

---

48. Cláudio De Cicco & Álvaro Azevedo Gonzaga, *Teoria Geral do Estado e Ciência Política*, 7. ed., São Paulo, Ed. Revista dos Tribunais, 2016, p. 264.

Conseguiu o Integralismo de Plínio Salgado recrutar centenas de brasileiros no decorrer da década de 1930, pois apresentava uma alternativa cristã entre o liberal-capitalismo e o comunismo, com seu lema *"Deus, Pátria e Família"*. No entanto, a adoção de símbolos fascistas e paramilitares levou à sua identificação com o sistema autoritário então vigente na Itália de Mussolini, o que facilitou para Getúlio Vargas a proibição do movimento, exilando Plínio Salgado para Portugal[49].

A Intentona Comunista de 1935

A Intentona Comunista de 1935 foi uma revolução de inspiração comunista, liderada pelo capitão do exército Luís Carlos Prestes. Houve levantes em Natal, no Recife e no Rio de Janeiro, entre 23 e 27 de novembro de 1935.

No Rio de Janeiro, as proporções do movimento foram maiores, abrangendo o 3º Regimento de Infantaria, na Praia Vermelha; o 2º Regimento de Infantaria e o Batalhão de Comunicações, na Vila Militar; e na Escola de Aviação, no Campo dos Afonsos.

A luta foi terrível, com os insurretos tentando expandir a rebelião a todo custo, esbarrando na mais férrea resistência das forças legalistas, e — finalmente — perdendo a luta.

O episódio mais dramático do levante comunista foi a tentativa de conquistar o Regimento de Aviação no Campo dos Afonsos, à época integrante do exército (pois a Força Aérea Brasileira só surgiu em 1941), visando obter aeronaves para bombardear a cidade do Rio de Janeiro.

As unidades da Vila Militar conseguiram instalar peças de artilharia para bombardear a pista e evitar decolagem de aviões. O episódio final foi uma carga de infantaria com apoio da artilharia, que retomou as instalações[50].

A Terceira República ou o Estado Novo

A Intentona Comunista de 1935, com o assassinato de vários oficiais do Exército, serviu de justificativa política para o golpe de 1937. Era o advento do Estado Novo, com a extinção de todos os partidos políticos e a proibição de reuniões políticas ou sindicais.

---

49. Cláudio De Cicco & Álvaro Azevedo Gonzaga, *Teoria Geral do Estado e Ciência Política*, 7. ed., São Paulo, Ed. Revista dos Tribunais, 2016, p. 271-2.
50. Edgar Carone, *A Segunda República*, 2. ed., Rio de Janeiro, DIFEL, 1974, p. 362-6.

"Nesse contexto, foram presos, torturados e exilados os principais líderes liberais, como Júlio Mesquita, cujo jornal foi invadido pela polícia política do recém-criado DOPS – Departamento de Ordem Política e Social; comunistas como Luís Carlos Prestes, cuja mulher, Olga Benário, grávida de um filho brasileiro, foi enviada deportada para seu país de origem, a Alemanha, então sob o governo nazista de Hitler. Não escaparam também os rivais nacionalistas, como Plínio Salgado, chefe dos integralistas, aprisionado e depois exilado em Portugal"[51].

O Estado Novo adotou uma carta que dava todos os poderes ao presidente Vargas, que governou, até sua queda em 1945, por meio de decretos-lei.

No entanto, o Departamento de Imprensa e Propaganda (DIP) cuidava da imagem paternal do líder. É evidente que a popularidade de Getúlio Vargas não foi só produto de propaganda, pois alguma coisa do prometido ele cumpriu: a *Consolidação das Leis do Trabalho (CLT)*, ou carta dos trabalhadores, em 1943, a criação do Ministério do Trabalho, da Justiça do Trabalho com a quebra da isonomia quando se tratasse de conflito trabalhista, considerando-se o operário como parte mais fraca. Criou também o Código Penal de 1940 e a Lei de Introdução ao Código Civil, em 1942, verdadeiro Código de direito internacional privado, em vigor até hoje, mesmo depois do Código de 2002.

Em 2010, a *Lei de Introdução ao Código Civil Brasileiro* passou a ser a *Lei de Introdução às Normas do Direito Brasileiro* (LINDB).

Nessa época, o presidente Getúlio Vargas tentou tirar partido da situação estratégica do Brasil no Atlântico Sul, conseguindo do então presidente americano Franklin Roosevelt o apoio técnico para criar a Siderúrgica de Volta Redonda, sob pena de entregar o litoral do Rio Grande do Norte para bases de reabastecimento dos submarinos alemães, que afundavam os navios que uniam a América à Europa e à África, teatro de combates decisivos. Essa estratégia, após o encontro de Natal, irritou Hitler, que mandou afundar navios brasileiros.

O povo exigiu a entrada na Guerra, onde a Força Expedicionária Brasileira se cobriu de glória nos combates acontecidos na Itália, de Monte-Castelo, Montesi, a tomada de Susa e Turim.

---

51. De Cicco & Azevedo Gonzaga, *Teoria Geral do Estado e Ciência Política*, 7. ed., São Paulo, Ed. Revista dos Tribunais, 2016, p. 264-5.

A entrada do Brasil do lado aliado não foi decisiva para a derrota do Eixo, mas acarretou o fim do "Estado Novo" no Brasil. Getúlio Vargas preparava um partido que desse continuidade a seu governo, o Partido Trabalhista Brasileiro, cujo candidato, Eurico Gaspar Dutra, ex-ministro da Guerra de Getúlio, ganhou a primeira eleição democrática depois da Guerra, sob a nova Constituição de 1946. Tem início a Quarta República.

A Quarta República

Após a queda de Vargas, em 1945, e a reorganização dos partidos políticos, surgem as agremiações: a ultraliberal União Democrática Nacional (UDN), o liberal moderado Partido Social Democrático (PSD), o Partido Democrata Cristão (PDC), o Partido de Representação Popular, que reunia ex-integralistas (PRP), o Partido Social Progressista (PSP) de Adhemar de Barros e, como uma espécie de versão democrática do Varguismo, o Partido Trabalhista Brasileiro (PTB).

Salientou-se no pensamento político do segundo pós-guerra o jornalista Carlos Lacerda (1914-1977), que se tornou célebre por sua oposição a Getúlio Vargas e deixou inúmeras obras de caráter panfletário e de um anticomunismo visceral, criando um clima de irrestrito apoio à política norte-americana na América Latina, o que está nas origens do golpe militar de 1964.

O primeiro presidente do II Pós-Guerra foi Eurico Gaspar Dutra. Ele teve seu governo marcado pela continuação do populismo e nacionalismo de Vargas, com maioria no Legislativo graças ao apoio dos dois partidos, o Partido Trabalhista Brasileiro (PTB), ligado aos sindicatos operários, e o Partido Social-Democrático (PSD), ligado aos empresários. Faria oposição a União Democrática Nacional (UDN), dos fazendeiros. Data de seu governo a proibição do Partido Comunista Brasileiro de Luís Carlos Prestes.

Vargas voltaria ao poder, em 1950, por via eleitoral. Foi então criada a Petrobras, para extração do petróleo no Brasil. Como represália, o Banco Mundial cortou os empréstimos para o Brasil.

O representante dos interesses americanos no Brasil, o jornalista liberal-democrata Carlos Lacerda, começou a exigir a demissão do Ministro do Trabalho, João Goulart, acusado de usar politicamente os sindicatos, para apoiar sempre as medidas do governo, pelo "peleguismo", ou seja, pagamento dos líderes sindicais com dinheiro do Ministério.

Um atentado contra Lacerda matou seu amigo, o major da aeronáutica Rubens Vaz, na rua Tonelero, e levou as Forças Armadas a dar um ultimato a Getúlio, que teria se suicidado na noite de 24 de agosto de 1954. Assumiu o vice-presidente, João Café Filho, do PSP de Adhemar de Barros. Em 1956, deu-se a vitória da coligação PTB-PSD, levando ao poder o médico mineiro Juscelino Kubitschek de Oliveira, em 1956. Sua política desenvolvimentista dos "50 anos em 5" levou à primeira fábrica de automóveis no Brasil, a Volkswagen Brasileira, à construção de Brasília, à operação pan-americana, tendo um grande parceiro na figura do grande presidente norte-americano John Fitzgerald Kennedy, herói da II Guerra e defensor da integração racial, um dos prováveis motivos de seu assassinato em Dallas, Texas, em 1963.

Tais empreendimentos de Juscelino custaram o endividamento da nação com o recém-criado Fundo Monetário Internacional (FMI), uma alta inflação e a eleição de um conservador da UDN e PDC, Jânio da Silva Quadros, em 1960.

Em 1961, Jânio renunciou, alegando não poder governar com um Congresso hostil. O vice-presidente era João Goulart, eleito pelo PTB, numa época em que se podia eleger separadamente presidente e vice-presidente, podendo pertencer a partidos diferentes.

A ideia de realizar as Reformas de Base, Agrária, Urbana e Bancária amedrontou as oligarquias que saíram a campo, acusando Goulart de favorecer o comunismo.

Associações de senhoras católicas conservadoras lideraram a *Marcha da Família com Deus pela Liberdade*, em 19 de março de 1964, seguida do Golpe Militar em 31 de março desse ano, depondo Goulart e iniciando o período de 20 anos de um governo autoritário.

A Ditadura Militar

Com cassações de políticos por corrupção ou atividades consideradas subversivas, censura da imprensa e criação de apenas dois partidos políticos, o da situação Aliança Renovadora Nacional (ARENA) e o da oposição autorizada, o Movimento Democrático Brasileiro (MDB), o movimento revolucionário venceu a primeira eleição, que deu ampla vitória à ARENA, parecendo "legitimar" a chamada Revolução, verdadeiro golpe de Estado, passando a se governar com Atos Institucionais acima da Constituição em vigor, de 1946.

Na época, o presidente seria escolhido por via indireta, pelos deputados e senadores, eleitos pelo povo.

Humberto de Alencar Castello Branco foi o primeiro presidente a governar o país no regime militar, de 1964 até 1967. Na economia, criou o Plano de Ação Econômica do Governo (PAEG), que visava manter e consolidar o modelo de desenvolvimento dependente do capital externo, combater a inflação e o desemprego e valorizar a moeda. Na política, editou os Atos Institucionais (AI) ns. 2, 3 e 4. O AI n. 2 acabou com o pluralismo político, criando o bipartidarismo, da ARENA e o MDB. Com o AI n. 3, o presidente ampliou seu próprio mandato em 18 meses. O AI n. 4 foi responsável pela nova Constituição, "promulgada" em 1967, e criou a Lei de Segurança Nacional. Nessa época, houve a censura política e a indicação dos prefeitos das capitais de cidades consideradas de segurança nacional.

De 1967 a 1969, Arthur da Costa e Silva assumiu a presidência do Brasil. Na economia foi mantido o modelo de desenvolvimento dependente (capital externo), tendo sido apenas alterado o nome do plano de governo de PAEG para Plano Nacional de Desenvolvimento (PND). No campo político, houve o fortalecimento da oposição tida como legal (MDB) e atuaram na clandestinidade os grupos MR8, VPR, PC do B, ALN. Foi em seu governo que o Ato Institucional n. 5 foi formulado, em 13 de dezembro de 1968, expulsando da Universidade professores e estudantes que criticavam o regime militar.

Em agosto de 1969 faleceu Costa e Silva. Uma nova junta militar assumiu o poder, editou a Emenda Constitucional n. 1, que proibia a posse do vice (Pedro Aleixo) e indicava a necessidade de novas eleições presidenciais.

Em outubro de 1969, Emílio Garrastazu Médici assumiu a presidência da República. Esse foi o período considerado o de maior repressão militar, com o surgimento e o fortalecimento das atividades de grupos como o Departamento de Ordem Política e Social (DOPS), a Operação Bandeirante (OBAN) e o Destacamento de Operações de Informações — Centro de Operações de Defesa Interna (DOI — CODI). No setor econômico, Médici obteve o auge da estabilidade do modelo de crescimento dependente. Com enormes empréstimos, realizou diversas obras, tais como a rodovia para ligar as regiões do Brasil, a Transamazônica (hoje infelizmente abandonada), a Ferrovia do Aço e a Ponte Rio-Niterói. Na educação, criou o MOBRAL (Movimento Brasileiro de Alfabetização).

Com o fim do mandato de Médici (1974), Ernesto Geisel assumiu a presidência, governando até 1978. No campo econômico, houve o auge da crise internacional do petróleo, anunciada no início da década de 1970, gerando uma grande recessão, que causou inadimplência, falta de capital externo, endividamento, falências de diversas empresas, desemprego, inflação, falta de capital de giro, insatisfação social.

No plano político, essa crise econômica trouxe um reflexo muito positivo para o crescimento eleitoral da oposição do MDB. Em 1975, a morte mal explicada do jornalista detido Vladimir Herzog fez com que a imprensa se rebelasse ainda mais contra o regime instaurado.

Pela primeira vez, a situação da ARENA dava sinais de preocupação, pois a sua maioria no Congresso estava ameaçada. Nesse contexto, em 1977 foi criado o "Pacote de Abril", que entre outras medidas dividiu o Estado do Mato Grosso, majoritariamente arenista, em dois, criou o senador indicado, também chamado de "biônico", e acabou com a proporcionalidade de votos entre os Estados.

Último presidente do regime militar, de 1978 a 1985, João Baptista de Oliveira Figueiredo enfrentou algumas dificuldades. Na economia, o quadro de crise e recessão atingiu seu ápice, o Brasil ficou inadimplente com o pagamento da dívida externa. No campo político, o processo de abertura foi mantido, com a anistia dos opositores e a revogação do AI n. 5/1979.

Em 1984, o clima democrático já era claro, o movimento *Diretas Já* ganhava força e em 1985 o regime militar teve fim. A democracia foi consolidada de fato com a promulgação da Constituição da República de 1988.

A Constituição Brasileira de 1988

No Brasil, depois de vinte anos de regime militar (1964-1984), a democracia tomou o rumo. Em 1985 foram realizadas as eleições, ainda indiretas, para presidente da República. Pela ARENA concorria Paulo Maluf e Flávio Marcílio como vice; pela oposição unida (PMDB/PTB/PDT/PP/PT) Tancredo Neves era o candidato a presidente e José Sarney era seu vice. Com a morte de Tancredo Neves, antes de sua posse, José Sarney assumiu a presidência. Em 1989 aconteceu a primeira eleição direta depois do regime militar.

O pluripartidarismo trouxe diversos candidatos, citamos seus nomes e partidos: Luiz Inácio Lula da Silva — PT; Leonel Brizola — PDT; Mário

Covas — PSDB; Paulo Maluf — PDS; Guilherme Afif Domingos — PL; Ulysses Guimarães — PMDB; Roberto Freire — PCB; Aureliano Chaves — PFL; Ronaldo Caiado — PSD; Fernando Gabeira — PV; Celso Brant — PMN; Fernando Collor de Mello — PRN.

A Assembleia Nacional Constituinte de 1987-1988, conhecida como Assembleia Constituinte de 1988, foi inaugurada no Congresso Nacional, em Brasília, em 1º de fevereiro de 1987, com a finalidade de elaborar uma Constituição democrática para o Brasil, após 21 anos de regime militar.

Nos primeiros meses do governo Sarney, o primeiro governo civil desde o golpe militar de 1964, houve um intenso debate sobre os membros da futura Assembleia Constituinte. Deveriam ser cidadãos especialmente convocados para essa missão ou deveriam ser os deputados federais e senadores? Ficou-se com esta última opção.

A maioria dos membros da assembleia era formada pelo *Centro Democrático* (PMDB, PFL, PTB, PDS), também conhecido como *"Centrão"*. Eles eram apoiados pelo Poder Executivo e representavam pessoas de pensamento conservador da sociedade brasileira.

Sua presença foi decisiva nos trabalhos da Constituinte e em temas importantes, tais como a redução do mandato do Presidente Sarney (de seis anos para cinco anos – não tendo sido acolhida a proposta de redução para quatro anos), a questão agrária e o papel das Forças Armadas. Os trabalhos da Constituinte revelaram evidente preocupação de diminuir o alcance do Poder Executivo e aumentar a força do Legislativo e Judiciário.

Terminaram os trabalhos dos constituintes em 22 de setembro de 1988, após a votação e aprovação do texto final da nova *Constituição da República Federativa do Brasil*.

O Brasil contemporâneo

Em 15 de março de 1990, após acirrada disputa com o candidato do Partido dos Trabalhadores, Luiz Inácio Lula da Silva, Fernando Collor de Mello, do Partido da Reconstrução Nacional, tornou-se o primeiro presidente eleito. Com sua Ministra da Fazenda, Zélia Cardoso de Mello, Fernando Collor, objetivando diminuir a inflação do País, criou o Plano Brasil Novo, também conhecido como Plano Collor I.

Esse plano consistia basicamente na retirada de moeda de circulação com um bloqueio dos numerários depositados em bancos, que se mantinham em Cruzados Novos. Essa medida, que também afetou a caderneta de poupança, desagradou praticamente todos os brasileiros e levou à renúncia de Collor, após a abertura de um processo de impedimento do exercício de seu mandato (*impeachment*), em 3 de outubro de 1992, Collor renunciou.

Com a renúncia de Collor, assumiu o vice-presidente Itamar Franco.

Mantendo o modelo de abertura para o capital estrangeiro, tem em seu Ministério da Fazenda o sociólogo Fernando Henrique Cardoso (PSDB), que criou a Unidade Real de Valor (URV), um fator de conversão do cruzeiro, posteriormente substituída pelo Real. Em 1994, entrou em circulação a moeda que se equipararia ao dólar e trouxe tal estabilidade ao país; e Fernando Henrique venceu o pleito à presidência da República.

Em 1997, é aprovada a Emenda Constitucional n. 16, permissiva da reeleição dos cargos do Poder Executivo. Beneficiando-se dessa alteração legislativa, Fernando Henrique concorreu novamente ao cargo de presidente da República, tendo sido reeleito, alicerçando sua campanha na política de estabilidade e continuidade do Plano Real.

Findo o mandato de Fernando Henrique, um novo pleito foi estabelecido em 2002, tendo à frente os candidatos José Serra, do PSDB, e Luiz Inácio Lula da Silva, do PT. Após ter concorrido quatro vezes consecutivas nas eleições presidenciais, Lula foi eleito em segundo turno em 2002 e reeleito em 2006. Um dos mais populares líderes da história política brasileira, Luiz Inácio Lula da Silva, homem de instrução rudimentar, mas com visão política acima do comum, volta a se candidatar para presidente da República, com expressiva votação em 2022, tendo sido reeleito, em segundo turno, para exercer o mandato a partir de janeiro de 2023.

CAPÍTULO IV
JURISTAS BRASILEIROS DA VIRADA DO SÉCULO XXI

ଓଞ୍ଚ

Miguel Reale (1910-2006) e sua Teoria Tridimensional do Direito

A maior reação contra o positivismo jurídico ou normativismo formalista, nos anos 1940, foi a Teoria Tridimensional do Direito, elaborada pelo brasileiro Miguel Reale (1910-2006), em 1941.

O direito não pode ser reduzido ao sistema normativo, nem aos fatos sociais, nem aos valores sociais, isoladamente. Deve ele ser estudado em suas três dimensões: o fato, o valor e a norma, três polos que dialeticamente se implicam, num processo histórico-cultural. Apresenta Reale uma nova noção de dialética, a dialética de implicação entre fato, valor e norma, além da dialética hegeliana ou dialética de oposição, de modo que, muito brasileiramente, Reale não nega a importância do normativo, nem do social, nem do axiológico, desde que vistos de modo integrado e dialético[1].

Uma das maiores preocupações de Miguel Reale ao expor sua Teoria Tridimensional do Direito foi sublinhar seu aspecto histórico-cultural. Mostrava que as três dimensões do fenômeno jurídico, o fato, o valor e a norma, em contínua dialética de implicação e polaridade, só poderiam ser compreendidas se inseridas num contexto histórico. Uma visão estática prejudicaria todo o significado da teoria, que, abstraindo-se do contexto histórico, seria uma explicação demasiado mecânica, longe da realidade. No entanto, não se nota um cuidado muito grande em acentuar esse aspecto importante da tridimensionalidade, e os estudiosos do direito lembram de "fato, valor e norma", como paradigma imutável.

---

1. Cf. Miguel Reale, *Filosofia do Direito; Lições Preliminares de Direito; O Direito como Experiência; Horizontes do Direito e da História*, obras todas da Editora Saraiva, que vastamente consultamos, como vem indicado nos vários tópicos.

Mas, poder-se-ia objetar, não é normal que um jusfilósofo se refira ao fator histórico? Que pensador sério pode prescindir dele? É possível pensar nos problemas sociais sem olhar para Clio? O simples fato de realçar a importância da historicidade faria de Miguel Reale um filósofo da história? Primeiramente, perguntemos: que é um filósofo da história? Confunde-se ele com um historiador? Evidente que todo historiador, ao selecionar os fatos que para ele são relevantes para reproduzir determinada época, tem sua filosofia da história, implícita no próprio processo seletivo.

A filosofia da história é, por isso mesmo, considerada por Jacques Maritain como uma filosofia moral, adequadamente explicitada, considerada de certo modo, cronologicamente. Mas é filosofia moral, não é filosofia da arte nem da economia. Ou seja, não há como esconder o papel educativo da narrativa histórica, a qual, como sentenciava Cícero, é mestra da vida.

Miguel Reale não faz alarde dessa filosofia da história, quase a esconde num aparente pragmatismo e concretismo do fato-valor-norma. Mas ela está presente. É a dialética de integração entre o mundo ideal, arquetípico, e o mundo real, bem ao modo de Vico; entre o direito como ideal de justiça e o direito como concreção na vida do dia a dia, onde se nota a contribuição marcante de Croce e Del Vecchio. Mas pensados de modo original, em contínua integração, como a dizer, conhecer o ideal quando se projeta no real e o real quando se eleva ao ideal, onde se vê sua filiação última no grande Hegel.

Em abono dessa abordagem, lembraríamos que poderia ser inaceitável o corte epistemológico que o Autor faz quando fala em constantes axiológicas do direito e da cultura, num contexto de historicidade. Também quando coloca kantianamente a Pessoa Humana como valor fonte de todos os demais valores, dentro de uma perspectiva de mutabilidade histórica. Parece impossível conciliar as duas propostas. Mas tudo se esclarece quando se amplia o cenário, buscando uma visão de mútua implicação, como um Vico lido por Croce, sintetizada por Reale como "visão integral da história".

Também essa perspectiva integrativa do ideal no real evita que o tridimensionalismo se torne uma fórmula a mais de relativismo cultural, e isso sem cair num jusnaturalismo do século XVIII.

Cremos que sua filosofia da história nos conduz seguramente para outra esfera de pensar, a do neoidealismo, com o qual ele sempre manteve um diálogo, pessoal e contínuo, por intermédio do grande interlocutor, seu assistente e depois sucessor na cátedra de Filosofia do Direito, na Faculdade de Direito de São Paulo, Renato Cirell Czerna.

É possível encontrar mais de um laço entre Miguel Reale e o neoidealismo. Se de um lado ele sempre timbrou em notar que sua dialética não era hegeliana, de oposição, mas sim a de implicação, de outro lado uma expressão sempre presente é a de integralidade. Isso o coloca exatamente no seguimento da reflexão neoidealista de Benedetto Croce, Gioele Solari e Giovanni Gentile.

No livro de sua juventude, *Atualidades de um Mundo Antigo*, diz-nos Reale: "O positivismo construiu uma história simétrica, unilinear e precisa. (...) Essa história sacrificou o homem. Desde que o determinismo penetra na história e expulsa o finalismo, dela sai o homem, porque se lhe rouba a liberdade, a autonomia, o poder de querer e de agir. (...) Com efeito, a contradição só existe onde há liberdade. Se a história fosse obra imediata e exclusiva de Deus, ou se resultasse do determinismo cego da matéria, não haveria contradição. Nas contradições históricas está a liberdade do homem. Elas se verificam nos claros que Deus deixou à liberdade humana..."[2].

E se, anos depois, reuniu vários artigos de cunho histórico no livro *Horizontes do Direito e da História*, isso se deu porque se manteve fiel ao que expôs no início de sua carreira de escritor:

"As nações são formações históricas, sem compreensão da história não pode haver verdadeiro estadista. Em verdade a política é uma ciência experimental que encontra na história o seu laboratório de experiência. Somente a história assegura ao político a capacidade de distinguir o que é universal do que é particular, específico e transitório nas instituições e nas leis; somente a história nos previne contra o engano das palavras que permanecem as mesmas enquanto os seus significados se sucedem, às vezes da maneira mais contraditória e paradoxal; somente a história nos ensina a não julgar os fatos pela moldura das formas de governo, mas pelo que nelas se contenha de real e de vivo. (...)"[3].

E como se passa de Clio a Themis, da História para o Direito? Responde-nos Reale, no prefácio a *Horizontes*:

---

2. Ed. Universidade de Brasília, 1983, p. 35-6.

3. Op. cit., p. 38.

"Talvez sofra o homem da doença de ter idealizado em demasia o justo, atribuindo-lhe características imutáveis, eternas, míticas, mera hipóstase dos mais puros impulsos e sentimentos de solidariedade. (...) É mister que o ideal de justiça seja devolvido à consciência atuante do homem. (...) é possível que a meditação da história nos torne mais conscientes das razões concretas da atividade jurídica, de maneira que as necessárias estruturas e processos formais não se convertam em rígidos entraves à atualização espontânea dos fins que compõem a constante ética do Direito"[4].

Condivide, pois, Miguel Reale com os neoidealistas sua pouca simpatia por um jusnaturalismo abstrato à maneira dos séculos XVII-XVIII e sua atração por tudo o que fala de concreção e historicidade.

Aproxima-se então notavelmente de seu quase contemporâneo Gioele Solari, professor de Filosofia do Direito na Universidade de Turim, um dos grandes mestres da História do Pensamento Jurídico, ao qual nos temos referido bastante, nas páginas anteriores.

Como ele, Miguel Reale, partindo de Giuseppe Carle, e sendo depois inspirado por Giorgio Del Vecchio, chega até o tridimensionalismo, teoria jurídica que lhe granjeou fama internacional.

Essa importância da base histórica da reflexão jurídica, que depois na história mesma se concretiza, parece-nos uma constante no pensamento realeano.

José Pedro Galvão de Sousa (1912-1992) e o pensamento tomista tradicional

José Pedro Galvão de Sousa foi um filósofo do direito e professor universitário brasileiro de orientação tomista. Foi discípulo do tradutor da *Suma Teológica* de São Tomás para o português, o professor Alexandre Correia.

Seu trabalho de 1940, *O Positivismo Jurídico e o Direito Natural*, marcou época, como uma denúncia do positivismo tanto comteano como spenceriano e kelseniano, mostrando a salutar clareza dos ensinamentos tomistas sobre o "direito natural clássico", como frisava, para distingui-lo do *direito natural racionalista* do século XVIII.

---

4. Saraiva, 2002, p. XIX-XX.

Publicou depois, em 1949, *Conceito e Natureza da Sociedade Política*, explicando o caráter sociável do homem, como base da sociedade política, na linha aristotélica.

Em 1957, veio a lume *Política e Teoria do Estado*, obra clássica de introdução à ciência política de caráter didático, mas contendo uma apreciação crítica sobre o município no Brasil Colônia, sua perda de função com o advento do Império e mais ainda na federação republicana de 1891. Seu ponto de vista só será vitorioso com a Constituição de 1988[5].

Desde jovem, interessou-se também pela política, aderindo ao movimento *Pátria Nova* do líder negro, também tomista e tradutor do "*Governo dos Príncipes*" de São Tomás de Aquino, Arlindo Veiga dos Santos.

Foi um dos fundadores da Faculdade Paulista de Direito, tendo sido seu vice-diretor, a qual, mais tarde, incorporou-se à Pontifícia Universidade Católica de São Paulo (PUC-SP), da qual foi vice-reitor.

Foi também professor de *Teoria Geral do Estado* e de *História do Direito Nacional* nessa Universidade.

Fundou o Centro de Estudos de Direito Natural. Foi codiretor da revista *Reconquista* (São Paulo), editada em português e espanhol, entre 1950 e 1952, sendo os outros codiretores Francisco Elías de Tejada, na Espanha, e Fernando de Aguiar, em Portugal.

Essa revista defendia o núcleo de um pensamento tomista tradicional — uma "*concepção orgânica da sociedade e do poder e a convicção monárquica fundada na história e na sociologia*" — na linha do pensamento de António Sardinha, criador do movimento monárquico "*Integralismo lusitano*", que se opôs à república liberal, tanto quanto ao "*Salazarismo*".

Foi colaborador assíduo da revista de cultura *Hora Presente*, e, em plena ditadura de 1964-1984, publicou corajosa denúncia da tecnocracia, com a obra *O Estado Tecnocrático*, no ano de 1973.

Goffredo Silva Telles Jr. (1915-2009)

Goffredo Silva Telles Jr., soldado na Revolução de 1932, formou-se na Faculdade de Direito de São Paulo, em 1937, ano em que Getúlio Vargas instala o Estado Novo. Advogado militante, fez brilhante carreira jurídica acadêmica, desde 1940 até se tornar titular em 1954, lecionando a

---

5. Galvão de Sousa, *Política e Teoria do Estado*, São Paulo, Ed. Saraiva, 1957, p. 19-52.

disciplina *Introdução à Ciência do Direito* para os primeiro-anistas que assistiam embevecidos às suas aulas, quase sempre terminadas com aplausos entusiastas. Lecionou durante quase 45 anos. Em 1985, por força de lei, foi aposentado compulsoriamente, ao atingir 70 anos de idade (idade limite). Continuou, porém, em seu próprio escritório, a dissertar sobre a *Disciplina da Convivência Humana*, a grupos numerosos de estudantes em cordial visita, toda quarta-feira.

Membro do Conselho Penitenciário do Estado de São Paulo, por quase trinta anos (de 1944 a 1974). Constituinte em 1946, e Deputado Federal na legislatura 1946/1950. Principais trabalhos parlamentares: *Pela entronização do Crucifixo de Cristo na Sala do Plenário da Câmara dos Deputados; Em Defesa dos Municípios Brasileiros; Por um Sistema Realista de Discriminação Constitucional das Fontes de Receita Tributária; O Problema do Algodão; O Problema do Fio de Seda; O Problema da Brucelose; Em Defesa dos Minérios e das Areias Monazíticas do Brasil; Dois discursos em Defesa da Amazônia e contra o Instituto Internacional da Hileia Amazônica; Pela Incorporação dos Abonos aos Salários dos Trabalhadores; A Polícia Militar.* Secretário da Educação e Cultura da Prefeitura de São Paulo, em 1957. Nessa oportunidade, livrou da extinção e reorganizou a rede de escolas do ainda incipiente Ensino Primário Municipal.

Sócio fundador do Instituto Brasileiro de Filosofia, criado pelo professor Miguel Reale. Participou de vários congressos do Instituto com teses diversas. Foi Presidente da *Associação Brasileira de Juristas Democratas*, filiada à *Associação Internacional de Juristas Democratas*, organização consultora permanente do Conselho Econômico e Social da ONU e da UNESCO.

Sua vasta obra inclui os livros: *Iniciação na Ciência do Direito; Folha Dobrada — Lembranças de um Estudante; Direito Quântico — Ensaio sobre o Fundamento da Ordem Jurídica; Ética — Do Mundo da Célula ao Mundo dos Valores; A Criação do Direito; Tratado da Consequência — Curso de Lógica; O Povo e o Poder — O que é a Filosofia do Direito?; Carta aos Brasileiros.*

Sua grande contribuição para o pensamento jurídico foi superar a separação rígida entre mundo da natureza e mundo da cultura. Com base na teoria evolucionista de Henri Bergson, cristianizada pela visão integral de Pierre Teilhard de Chardin, Goffredo, com grande competência, pervade o campo da física quântica, inserindo o Direito no grande conjunto do universo. Um dos seus ápices é a renovada visão do direito natural:

"O Direito Natural como o Direito, é o que não é artificial, porque é consentâneo com o sistema ético de referência em um a certa coletividade"[6].

Assim, o direito natural não é "um conjunto dos primeiros e imutáveis princípios da moralidade", pois tais princípios não são normas jurídicas, não podem ser chamados de Direito[7].

O direito natural é "o conjunto das normas em que a inteligência governante na coletividade consigna os movimentos humanos que podem ser oficialmente exigidos, e os que são oficialmente proibidos, de acordo com o sistema ético vigente"[8].

Sua ação política foi decisiva para o fim da ditadura militar, lançando a famosa *Carta aos Brasileiros* no Páteo das Arcadas da Faculdade de Direito de São Paulo, em 8 de agosto de 1977.

Na impossibilidade de transcrevê-la na íntegra, dada sua importância formativa, transcrevemos algumas passagens decisivas:

"Das Arcadas do Largo de São Francisco, do 'Território Livre' da Academia de Direito de São Paulo, dirigimos, a todos os brasileiros esta Mensagem de Aniversário, que é a *Proclamação de Princípios* de nossas convicções políticas. Na qualidade de herdeiros do patrimônio recebido de nossos maiores, ao ensejo do Sesquicentenário dos Cursos Jurídicos no Brasil, queremos dar o testemunho, para as gerações futuras, de que os ideais do Estado de Direito, apesar da conjuntura da hora presente, vivem e atuam, hoje como ontem, no espírito vigilante da nacionalidade".

"Partimos de uma distinção necessária. Distinguimos entre o *legal* e o *legítimo*. Toda lei é legal, obviamente. Mas nem toda lei é legítima. Sustentamos que só é *legítima* a lei provinda de *fonte legítima*. Das leis, a *fonte legítima primária* é a comunidade a que as leis dizem respeito; é o Povo ao qual elas interessam — comunidade e Povo em cujo seio as *ideias* das leis germinam, como produtos naturais das exigências da vida".

"A *fonte legítima secundária* das leis é o próprio legislador, ou o conjunto dos legisladores de que se compõem os órgãos legislativos do Estado. Mas o legislador e os órgãos legislativos somente são fontes *legítimas* das

---

6. Goffredo Silva Telles Jr., *Direito Quântico*, 8. ed., São Paulo, Ed. Juarez de Oliveira, 2006, p. 355.
7. Ibid., p. 355.
8. Ibid., p. 356.

leis enquanto forem representantes autorizados da comunidade, vozes oficiais do Povo, que é a fonte primária das leis."

"O único outorgante de poderes legislativos é o Povo. Somente o Povo tem competência para escolher seus representantes. Somente os Representantes do Povo são legisladores legítimos."

"Consideramos *ilegítimas* as leis *não nascidas* do seio da coletividade, não confeccionadas em conformidade com os processos prefixados pelos Representantes do Povo, mas *baixadas* de cima, como carga descida na ponta de um cabo. Afirmamos, portanto, que há uma *ordem jurídica legítima* e uma ordem jurídica ilegítima. A *ordem imposta*, vinda de cima para baixo, é *ordem ilegítima*. Ela é ilegítima porque, antes de mais nada, ilegítima é a sua origem. Somente é legítima a ordem que *nasce*, que *tem raízes*, que *brota* da própria vida, no seio do Povo."

"Proclamamos a soberania da Constituição. Sustentamos que nenhum ato legislativo pode ser tido como lei superior à Constituição. Uma lei só é válida se a sua elaboração obedeceu aos preceitos constitucionais, que regulam o processo legislativo. Ela só é válida se, em seu mérito, suas disposições não se opõem ao pensamento da Constituição. Aliás, uma lei inconstitucional é lei precária e efêmera, porque só é lei enquanto sua inconstitucionalidade não for declarada pelo Poder Judiciário. Ela não é propriamente lei, mas apenas uma camuflagem da lei."

"Afirmamos que a fonte legítima da Constituição é o Povo."

"Declaramos ilegítima a Constituição outorgada por autoridade que não seja a Assembleia Nacional Constituinte, com a única exceção daquela que é imediatamente imposta por meio de uma Revolução vitoriosa, realizada com a direta participação do Povo."

"Proclamamos a ilegitimidade de todo sistema político em que fendas ou abismos se abrem entre a Sociedade Civil e o Governo."

"Chamamos de *Ditadura* o regime em que o Governo está separado da Sociedade Civil. Ditadura é o regime em que a Sociedade Civil não elege seus Governantes e não participa do Governo. Ditadura é o regime em que o Governo governa sem o Povo. Ditadura é o regime em que o Poder não vem do Povo. Ditadura é o regime que castiga seus adversários e proíbe a contestação das razões em que ela se procura fundar. Ditadura é o regime que governa para nós, mas sem nós."

"Como cultores da Ciência do Direito e do Estado, nós nos recusamos, de uma vez por todas, a aceitar a falsificação dos conceitos. Para nós a Ditadura se chama Ditadura, e a Democracia se chama Democracia."

"O que queremos é ordem. Somos contrários a qualquer tipo de subversão. Mas a ordem que queremos é a *ordem do Estado de Direito*."

"A consciência jurídica do Brasil quer uma coisa só: o *Estado de Direito, já. (a) Goffredo Telles Jr.*[9]."

---

9. Goffredo Telles Jr., *Carta aos Brasileiros*, 2. ed., São Paulo, Ed. Saraiva, 2016.

BIBLIOGRAFIA

ABREU, João Capistrano de. *Capítulos de História Colonial*. 7. ed. revista e anotada por José Honório Rodrigues. Belo Horizonte, Ed. Itatiaia, 2000.

AGOSTINHO, Santo Aurélio. *Obras Completas*. Tradução de José Moran. Madrid, Biblioteca de los Autores Cristianos, 1963. 17 v.

ALENCAR, José de. *Discursos Parlamentares*. Brasília, 1977.

ALIGHIERI, Dante. *La Divina Commedia*. Milão, Ed. Hoepli, 1922.

_____. *Oeuvres Complètes*. Tradução de Christian Bec. Paris, Librairie Generale Française, 1996.

_____. De Monarchia. In: *Obras Completas*. Tradução de Nicolás Gonzalez Ruiz. Madrid, Ed. Biblioteca de los Autores Cristianos, 2015.

AMBELAIN, Robert. *Le Secret de Bonaparte*. Paris, Ed. Laffont, 1989.

ANCILLON, F. *Tableau des Révolutions: Cromwell*. Paris, Anselin et Pochard, 1823.

AQUINO, São Tomás de. Do Direito, da Justiça e de suas Partes Integrantes. In: *Suma Teológica, II-II, Q.LVII-LXXIX*. Tradução de Alexandre Correia. São Paulo, Liv. Ed. Odeon, 1937.

_____. *Suma Teológica*. Tradução de José Martorell. Madrid, Biblioteca de los Autores Cristianos, 2001. 5 v.

_____. *O Governo dos Príncipes*. Tradução de Arlindo Veiga dos Santos. São Paulo, José Bushatsky Editor, 1954.

ARENDT, Hannah. *Entre o Passado e o Futuro*. 2. ed. São Paulo, Ed. Perspectiva, 1972.

AUBRETON, Robert. *Introdução a Hesíodo*. São Paulo, FFCL da USP, 1956, Bol. n. 215.

BAGGE, Dominique. *Les Ideés Politiques en France sous la Restauration*. Paris, PUF, 1952.

BAILLY, Auguste. *Byzance*. Paris, Ed. Fayard, 1939.

_____. *Vie de Richelieu*. Paris, Ed. Fayard, 1934.

BARROS, Roque Spencer Maciel de. *A Significação Educativa do Romantismo Brasileiro*. São Paulo, Ed. Grijalbo/EDUSP, 1973.

BASTIDE, Roger. *Brasil — Terra de Contrastes*. 6. ed. São Paulo, Difusão Europeia do Livro, 1975.

BENOIST-MÉCHIN. *Alexandre Magno*. Lisboa, Ed. Lello e Irmão, 1980.

BENVENISTE, Émile. *Le Vocabulaire des Institutions Indo-Européenes; Economie, Parenté, Societé*. Paris, Les Éditions de Minuit, 1969. v. 1.

BERTAUD, Jean Paul. Une Dictature Militaire. *L'Histoire: Napoléon l'Homme qui a Changé le Monde*, jul. 2003.

BEVILÁQUA, Clóvis. *Direito de Família*. Rio de Janeiro, Ed. Rio (ed. histórica — reimpr., 1976).

BOBBIO, Norberto. *O Positivismo Jurídico*. São Paulo, Ed. Ícone, 1995.

BROOKE, Nickolas. *Shakespeare's Early Tragedies*. London, Methuen and Co., 1968.

BUENO, Eduardo. *Capitães do Brasil: a saga dos primeiros colonizadores*. Rio de Janeiro, Ed. Objetiva, 1999.

CANDIDO, Antonio. *Literatura e Sociedade*. 5. ed. São Paulo, Cia. Ed. Nacional, 1976.

CARLE, Giuseppe. *La Vita del Diritto nei suoi rapporti colla vita sociale*. Turim, Fratelli Bocca Editore, 1800.

CARONE, Edgard. *A República Velha*. 4. ed. Rio de Janeiro, DIFEL, 1979.

_____. *A Segunda República*. 2. ed. Rio de Janeiro, DIFEL, 1974.

_____. *A Terceira República*. Rio de Janeiro, DIFEL, 1976.

CASTELOT, André. *Napoléon II, l'Aiglon*. Paris, Lib. Acad. Perrin, 1961.

CHAMOUN, Ebert. *Instituições de Direito Romano*. 5. ed. Rio de Janeiro, Ed. Forense, 1968.

CHESTERTON, G. K. *Saint Francis of Assis*. Tradução de J. Carvalho. São Paulo, Ed. Vecchi, 1951.

COMTE, Auguste. *Catéchisme Positiviste*. Paris, Ed. Garnier-Flammarion, 1966.

CORTÉS, Juán Donoso. Filosofía de la Historia de J. B. Vico. In: *Obras Completas*. Madrid, B. A. C., 1970. v. l.

COSTA BROCHADO. *A Lição do Brasil*. Lisboa, Portugalia Editora, 1949.

COURSAC, P. de. *L'Education de Louis XVI*. Paris, Ed. Gallimard, 1972.

CUNHA, Euclides da. *Os Sertões*. São Paulo, Editorial Prestígio, 2003.

CURRY, Walter Clyde. *Shakespeare's Philosophical Patterns*. Louisiana University Press, 1937.

CZERNA, Renato Cirell. *Justiça e História*. São Paulo, Ed. Convívio, 1987.

DE CICCO, Cláudio. A Visão Sociopolítica de William Shakespeare. *Hora Presente*, São Paulo, Hora Presente Sociedade de Cultura e Educação Ltda., 1974, n. 17.

_____. Contardo Ferrini. *Hora Presente*, São Paulo, Hora Presente Sociedade de Cultura e Educação Ltda., 1972, n. 19.

_____. O Ideal da Cavalaria. *THOT*, São Paulo, Ed. Palas Athena, n. 22.

_____. Os Templários. *THOT*, São Paulo, Ed. Palas Athena, n. 23.

_____. São Luís, Modelo de Chefe de Estado. *Hora Presente*, São Paulo, Hora Presente Sociedade de Cultura e Educação Ltda., 1970, n. 7.

_____. *Uma Crítica Idealista ao Legalismo: a Filosofia do Direito de Gioele Solari*. São Paulo, Ed. Ícone, 1995.

_____. *Direito: Tradição e Modernidade*. 2. ed. São Paulo, Ed. Ícone, 1993.

_____. Joseph De Maistre: do Iluminismo ao Idealismo, uma Trajetória Existencial e Filosófica. *THOT*, São Paulo, Ed. Palas Athena, 1984, n. 35 e 36.

_____. O Adversário de Leviathan. *Hora Presente*, São Paulo, Hora Presente Sociedade de Cultura e Educação Ltda., 1971.

_____. *Hollywood na Cultura Brasileira*. São Paulo, Ed. Convívio, 1979.

_____. *A Cultura Brasileira Tradicional em face dos Valores Difundidos pelo Cinema Americano*. Dissertação de Mestrado. Universidade de São Paulo, 1975.

DE CICCO, Cláudio & AZEVEDO GONZAGA, Álvaro. *Teoria Geral do Estado e Ciência Política*. 7. ed. São Paulo, Ed. Revista dos Tribunais, 2016.

DE MAISTRE, Joseph. *Considérations sur la France*. Paris, Ed. Vitte, 1924.

_____. *Du Pape*. Lyon, Ed. Vitte, 1928.

_____. *Les Soirées de Saint Petersbourg*. Paris, Il Entretien — Editions La Colombe, 1960.

_____. *Études sur la Souveraineté*. 4. ed. Lyon, Liv. E. Vitte, 1924.

DUBY, Georges. *L'Histoire et ses Méthodes*. Paris, Ed. Gallimard, 1961.

DULLES, John W. Foster. *Anarquistas e Comunistas*. São Paulo, Ed. Nova Fronteira, 1977.

_____. *Getúlio Vargas: Biografia Política*. Rio de Janeiro, Ed. Renes, 1967.

DUNCAN, H. D. Teoria Social da Comunicação. In: DANCE, F. X. *Teoria da Comunicação Humana*. São Paulo, Ed. Cultrix, 1972.

DUPONT, Marcel. *Le Tragique Destin du Duc d'Enghien*. Paris, Ed. Hachette, 1945.

DURIF, François & LABAL, Paul. *Rome et le Moyen Âge*. Paris, Ed. Hachette, 1964.

ÉCOLE BIBLIQUE DE JERUSALÉM. *A Bíblia*. Tradução em língua portuguesa da edição francesa, coordenada por Ivo Storniolo. São Paulo, Ed. Paulus, 2002.

ELIADE, Mircea. *Le Mythe de l'Eternel Retour*. Paris, Ed. Gallimard, 1949.

ERLANGER, Philippe. Fénelon: une Belle Tête sans Prudence. *Miroir de l'Histoire*, Paris, dez. 1970, n. 252.

EVOLA, Julius. *Rivolta contro il Mondo Moderno*. Roma, Ed. Méditérranée, 1968.

FASSÒ, Guido. *Storia della Filosofia del Diritto*. Bolonha, Ed. Il Mulino, 1966. 3 v.

FEBBRAJO, Alberto. *Funzionalismo Strutturale e Sociologia del Diritto nell'Opera di Niklas Luhmann*. Milano, Giuffrè Ed., 1975.

FEBVRE, Lucien. *Martinho Lutero*. Lisboa, Liv. Bertrand, 1976; São Paulo, Ed. Vecchi, 1956.

FERRAZ JR., Tercio Sampaio. *A Ciência do Direito*. São Paulo, Ed. Atlas, 1977.

_____. *Função Social da Dogmática Jurídica*. São Paulo, Ed. Revista dos Tribunais, 1981.

FERRINI, Contardo. *Manuale delle Pandette*. 4. ed. Milão, Ed. Societá Editrice, 1953.

_____. *Storia delle Fonti del Diritto Romano*. Milano, Ed. Hoepli, 1885.

_____. Sul recente positivismo. In: *Scritti Religiosi*. Milano, Ed. Romolo Ghirlanda, 1911.

FRÈRE, Jean Claude. *Nazisme et Sociétés Secrètes*. Paris, Editions Grasset, 1974.

FREYRE, Gilberto. *Ingleses no Brasil*. 2. ed. Rio de Janeiro, Liv. José Olympio Ed./MEC, 1977.

FUNCK-BRENTANO, F. *La Renaissance*. Paris, Fayard, 1958.

_____. *Légendes et Archives de la Bastille*. Paris, 1929.

_____. *Le Moyen Age*. Paris, Ed. Hachette, s. d.

_____. *Martinho Lutero*. 2. ed. Tradução de Eloy Pontes. São Paulo, Ed. Vecchi, 1956.

FUSTEL DE COULANGES, Numa Dénis. *A Cidade Antiga*. Tradução de Frederico Ozanam Pessoa de Barros. São Paulo, Ed. das Américas, 1961. 2 v.

GAUDEMET, Jean. *Institutions de l'Antiquité*. Paris, Recueil Sirey, 1967.

GAUTIER, Léon. *La Chévalérie*. 2. ed. Paris, Ed. Artraud, 1924.

GAXOTTE, Pierre. *La France de Louis XIV*. Paris, Ed. Hachette, 1946.

_____. *La Revolution Française*. Paris, Ed. Arthème Fayard, 1928.

_____. *Le Siècle de Louis XV*. 2. ed. Paris, Ed. A. Fayard, 1980.

GENTILE, Giovanni. *I Fondamenti della Filosofia del Diritto*. Florença, G. C. Sansoni Editore, 1937.

GÉNY, François. *Méthode d'Interprétation et Sources em Droit Privé Positif*. 2. ed. revista. Paris, Librairie Générale de Droit et Jurisprudence, 1932.

GIERKE, Otto von. *Les Théories Politiques du Moyen-Âge*. Tradução de Jean de Pange. Paris, Ed. Dalloz, 2008.

GILLES, J. Life and Teachings of St. Thomas Becket. apud G. Imann-Gigandet, *Le Martyre de Thomas Becket in Historia*, n. 179, Paris. Ed. Tallandier. Out. 1961, p. 482-90.

GODECHOT, Jacques. *Chronologie de la Révolution Française*. Paris, Ed. Perrin, 1988.

GOLDSCHMIDT, V. Theologia. *Revue des Études Grecques*, 1950.

GOUHIER, Henri. *La Vie d'Auguste*. Paris, Librairie Philosophique J. Vrin, 1997.

GRAHAM, Richard. *A Grã-Bretanha e o Início da Modernização no Brasil*. São Paulo, Ed. Brasiliense, 1973.

GREMILLY, Jacqueline. *La Loi dans la Pensée Grecque*. Paris, Les Belles Lettres, 2001.

GROUSSET, René. *A Epopeia das Cruzadas*. Tradução de José Antonio Machado. Lisboa, Portugalia Editora, s/d.

HAURIOU, Maurice. *Teoria dell'Istituzione e della Fondazione*. Trad. ital. de Widar C. Sforza. Milão, Editora Giuffrè, 1967.

HAVELOCK. *The Liberal Temper in Greek Politics*. New York, Schoken Books, 1957.

HAZARD, Paul. *La Crise de la Conscience Européene*. Paris, Ed. Fayard, 1961.

HEGEL, Georg Wilhelm Friedrich. *Principes de la Philosophie du Droit*. Tradução de Robert Derathé. Paris, Lib. Philosophique J. Vrin, 1986.

HOBBES, Thomas. *Léviathan, ou matière, forme et puissance de l'État chrétien et civil*. Tradução de Gérard Mairet. Paris, Ed. Gallimard, 2000.

HÖFFNER, Joseph. *Colonialismo e Evangelho*. Rio de Janeiro, Ed. Presença/EDUSP, 1973.

JAEGER, Werner. *Cristianismo Primitivo y Paideia Griega*. México, Fondo de Cultura Económica, 1971.

JAMET, Dominique. *Napoléon*. Paris, Ed. Plon, 2003.

JEHRING, Rudolf von. *El Espiritu del Derecho Romano*. Tradução castelhana de Enrique Príncipe de Sa Torres da edição francesa de 1877, por O. de Meulenaere, Madrí, Casa Editorial Bailly-Bailliére, sem data, 4 vols.

_____. *A Evolução do Direito*. 2. ed. Tradução portuguesa anônima da tradução francesa de O. de Meulenaere. Salvador, Editora Progresso, 1956.

KANT, Immanuel. *La Réligion dans les Limites de la Simple Raison*. Paris, E. Vrin, 1983.

_____. *Doctrine du Droit*. Tradução de A. Philonenko. Paris, Ed. J. Vrin, 1988.

KELLER, Werner. *A Bíblia Tinha Razão*. São Paulo, Ed. Melhoramentos, 1955.

KELSEN, Hans. *Teoria Pura do Direito*. 4. ed. Tradução de J. B. Machado. Coimbra, Ed. Arménio Amado, 1976.

LACEY, W. K. *The Family in Classical Greece*. London, Thomas and Hudson, 1968.

LAFER, Celso. Da Dignidade da Política: Hannah Arendt. In: *Entre o Passado e o Futuro*. 5. ed. São Paulo, Ed. Perspectiva, 2002.

LAMANNA, Paolo & MATHIEU, Vittorio. *La Filosofia del Novecento*. Florença, Ed. Felice Le Monnier, 1971.

LAWRENCE, T. E. *Seven Pillars of Wisdom*. Lexington, Ed. Wilder Publications, 2011.

LEBIGRE, Arlete. La Révolution du Code Civil. *L'Histoire*, jul. 2003.

LENOTRE, G. *Les Noyades de Nantes*. Paris, Lib. Perrin, 1910.

LÉVY-BRUHL, Lucien. *La Philosophie d'Auguste Comte*. 2. ed. Paris, Editora Felix Alcan,1905.

LUHMANN, Niklas. *Sistema Giuridico e Dogmatica Giuridica*. Tradução de A. Febrajo. Bolonha, Ed. Il Mulino, 1974.

MACEDO, Ubiratan Borges de. *Liberalismo e Justiça Social*. São Paulo, Ed. Ibrasa, 1995.

MACHADO, Lourival Gomes. *Tomás Antonio Gonzaga e o Direito Natural*. São Paulo, Editora Livraria Martins, s/d.

MACHADO NETO, A. L. *História das Ideias Jurídicas no Brasil*. São Paulo, Ed. Grijalbo, 1969.

MACIEL DE BARROS, Roque S. *A Significação Educativa do Romantismo Brasileiro*. São Paulo, Ed. Grijalbo, 1973.

MADELIN, Louis. *Talleyrand*. Lisboa, Ed. Aster, 1959.

MALUF, Sahid. *Teoria Geral do Estado*. 11. ed. São Paulo, Sugestões Literárias, 1980.

MARCONI, Marina de Andrade; PRESOTTO, Zélia Maria Neves. *Antropologia, uma Introdução*. 6. ed. São Paulo, Atlas, 2005.

MARROU, Henri Irénée. *História da Educação na Antiguidade*. São Paulo, Ed. Pedagógica e Universitária, 1975.

MARTINS, J. P. Oliveira. *História de Portugal*. 9. ed. Lisboa, Tip. Parceria A. M. Pereira, 1917. t. 2.

MARTINS AFONSO, A. *História da Civilização Portuguesa*. 8. ed. Porto, Porto Editora, 1979.

MARX, Karl. *Oeuvres Philosophiques — Le Manifeste de l'École Historique*. v. 1. Tradução de J. Molitor. Paris, Champ Libre, 1981. 2 v.

MAUROIS, André. *Histoire d'Angleterre*. Paris, Ed. Fayard.

MEIRA, Sílvio. *Teixeira de Freitas*. Rio de Janeiro, Liv. José Olympio Ed., 1979.

MENEZES, Djacir. José de Alencar: o Jurista. *Suplemento Cultural de O Estado de S. Paulo*, 11-12-1977.

MICHAUD, Joseph François. *História das Cruzadas*. Tradução de Vicente Pedroso. São Paulo, Ed. das Américas, 1956. 5 v.

MOREUX, A. *La Mystérieuse Science des Pharaons*. Trad. bras. Salvador, Ed. Progresso, 1956.

MORSE, Richard M. The Prado Family, European Culture and the Rediscovery of Brazil, 1860-1930. *Revista de História*, São Paulo, 1975, n. 104.

NABUCO, Joaquim. *O Abolicionismo*. Rio de Janeiro, Ed. Nova Fronteira, 2000.

NIEL, Fernand. *Les Cathares de Montségur*. Paris, Ed. Seghers, 1973.

O CÓDIGO DE HAMURABI. Introd. e comentários E. Bouzon. Petrópolis, Ed. Vozes, 1976.

ORDENAÇÕES FILIPINAS. Introdução e notas de Fernando Henrique Mendes de Almeida. São Paulo, Ed. Saraiva, 1957.

ORLIAC, Paul. *Histoire du Droit Français de l'an mil au Code Civil*. Paris, Ed. Albin Michel, 1985.

PARSONS, Talcott. *Sociedades: Perspectivas Evolutivas e Comparativas*. São Paulo, Ed. Pioneira, 1969.

PEILLARD, Leonce. *Villegagnon. Vice-amiral de Bretagne, Vice-roi du Brésil*. Paris, Ed. Perrin, 1991.

PERELMAN, Chaïm. *Lógica Jurídica*. São Paulo, Ed. Martins Fontes, 2000.

PERNOUD, Régine. *Lumière du Moyen-Âge*. Paris, Ed. Bernard Grasset, 1954.

_____. *Vie et Mort de Jeanne d'Arc*. Paris, Ed. Hachette, 1953.

PLUTARCO. *Os Mistérios de Ísis e Osíris*. São Paulo, Ed. Palas Athena, 1981.

_____. *Vidas Paralelas*. São Paulo, Ed. das Américas, 1963. 8 v.

PORCHAT, Reynaldo. Pensamento filosófico no Primeiro Século da Academia. *Revista da Faculdade de Direito*, São Paulo, 1928, v. 24.

REALE, Miguel. *Horizontes do Direito e da História*. 2. ed. São Paulo, Ed. Saraiva, 1977.

_____. *Lições Preliminares de Direito*. 27. ed. São Paulo, Ed. Saraiva, 2004.

_____. *Filosofia em São Paulo*. 2. ed. São Paulo, Ed. Saraiva, 1976.

_____. *Fundamentos do Direito*. 4. ed. São Paulo, Editora Migalhas, 2014.

RENAULT, Delso. *O Rio de Janeiro Antigo nos Anúncios de Jornais*. Rio de Janeiro, 1969.

ROBERT, Hemi. *Os Grandes Processos da História*. Porto Alegre, Ed. Globo, 1960. 10 v.

ROLIM, Luíz Antonio. *Instituições de Direito Romano*. 3. ed. São Paulo, Ed. Revista dos Tribunais.

ROMANO, Santi. *L'Ordinamento Giuridico*. 3. ed. Florença, Editora Sansoni, 1977.

_____. *Lo Stato Moderno e la sua Crisi*. Milão, Editora Giuffrè, 1969.

ROMERO, Sílvio. *Obra Filosófica*. São Paulo, Liv. José Olympio Editora/EDUSP, 1969.

ROMMEN, Heinrich. *O Estado no Pensamento Católico*. São Paulo, Ed. Paulinas, 1967.

ROSENMEYER, T. G. Hesiod and Historiography. Apud DE SANCTIS. *Studi di Storia della Storiografia Greca*. Florença, 1951.

ROUSSEAU, Jean-Jacques. *Du Contrat Social*. Paris, Ed. Garnier-Flammarion, 1966.

_____. *La Proféssion de Foi du Vicaire Savoyard dans l'Émile*. Paris, Ed. Garnier, 1996

SAVIGNY, Friedrich Carl von. *De la Vocation de Notre Temps pour la Legislation et la Jurisprudence*. Tradução de Alfred Dufour. Paris, 2006.

SCHMITT, Carl. *Il Custode della Costituzione*. Tradução de Antonio Caracciolo. Milano, Ed. Giuffrè, 1981.

_____. *O Führer protege o Direito*. Tradução de Peter Naumann. São Paulo, Ed. Max Limonad, 2001.

_____. *Romanticismo Politico*. Tradução italiana por Carlo Galli, da obra original em alemão *Politische Romantik*. Milano, Giuffrè Editore, 1981.

SCIACCA, M. F. *História da Filosofia*. Tradução de Luís Washington Vita. São Paulo, Ed. Mestre Jou, 1968. 3 v.

SILVA, Francisco de Assis. *História do Brasil*. São Paulo, Ed. Moderna, 1992.

SIMON, Yves. *Filosofia do Governo Democrático*. Rio de Janeiro, Ed. Agir, 1955.

SOARES, Guido Fernando Silva. Common Law: *Introdução ao Direito dos EUA*. 2. ed. São Paulo, Ed. Revista dos Tribunais, 2000.

SOLARI, Gioele. *Filosofia del Derecho Privado: la Idea Individual*. Tradução para o castelhano do original italiano *Individualismo e Diritto Privato*, por Renato Treves. Buenos Aires, Editorial de Palma, 1946. v. 1.

_____. *Studi Storici di Filosofia del Diritto*. Turim, Giappichelli, 1949.

_____. *La Formazione Storica e Filosofica dello Stato Moderno*. 2. ed. Turim, Giappichelli, 1962.

_____. *Filosofia del Diritto Privato.* Milano, Ed. Giuffrè, 1940. 3 v.

_____. *Socialismo e Diritto Privato.* Publicação póstuma. Milano, Giuffrè, 1980.

SOUSA, José Pedro Galvão de. *Iniciação à Teoria do Estado.* 2. ed. São Paulo, Ed. Revista dos Tribunais, 1972.

_____. *A Historicidade do Direito e a Elaboração Legislativa.* São Paulo, edição do autor, 1970.

_____. *Introdução à História do Direito Político Brasileiro.* 2. ed. São Paulo, Ed. Saraiva, 1959.

_____. *Política e Teoria do Estado.* São Paulo, Ed. Saraiva, 1957.

_____. *O Estado Tecnocrático* São Paulo, Ed. Saraiva, 1973.

SOUZA, Maria do Carmo Campello et alii. *Brasil em Perspectiva.* São Paulo, Difusão Europeia do Livro, 1971.

SPENCER, Herbert. *Les Premiers Principes.* 6ª edição inglesa traduzida por M. Guymiot. Paris, Editora Alfred Costes,1920.

_____. *Justice.* 3ª edição da tradução francesa por M. E. Castelot. Paris, Editora Guillaumin, 1903.

STARZYNSKI, Gilda M. Reale. Hesíodo e a Evolução Religiosa na Grécia Antiga. *Revista de História,* São Paulo, USP, 1950, n. 1.

TARELLO, Giovanni. *Storia della Cultura Giuridica Moderna.* Turim, Ed. Il Mulino, 1976.

TELLES JR., Goffredo Silva. *Direito Quântico.* 8. ed. São Paulo, Ed. Juarez de Oliveira, 2006.

_____. *Carta aos Brasileiros.* 2. ed. São Paulo, Ed. Saraiva, 2016.

THIRY, Jean. *Le Concordat.* Paris, Ed. Bergé, 1956.

TILLYARD, E. M. *William Shakespeare's History Plays.* New York, 1946.

TOCQUEVILLE, Alexis de. *O Antigo Regime e a Revolução.* Tradução de Yvonne Jean da Fonseca. Brasília, Editora da Universidade de Brasília, 1979.

TORRES, Alberto. *A Organização Nacional.* 3. ed. São Paulo, Companhia Editora Nacional, 1978.

TORRES, João Camillo de Oliveira. *A Democracia Coroada.* Petrópolis, Ed. Vozes, 1964.

VAZQUEZ, Castán. *La Patria Potestad.* Madrid, Ed. Revista de Derecho Privado, 1960.

VERNANT, Jean Pierre. *Mito e Pensamento entre os Gregos*. São Paulo, Difel/EDUSP, 1973.

VIANNA, Hélio. *História do Brasil*. 13. ed., revista e atualizada por Américo Jacobina Lacombe. São Paulo, Ed. Melhoramentos, 1975.

VILHENA DE MORAES, Eugenio. *Caxias, o Duque de Ferro*. Rio de Janeiro, Biblioteca do Exército, 2003.

VILLEY, Michel. *La Formation de la Pensée Juridique Moderne*. Paris, Ed. Montchrestien, 1975; 2. ed. 2003.

_____. *Filosofia do Direito*. São Paulo, Ed. Martins Fontes, 2003.

WEBER, Max. *Economía y Sociedad*. México, Fondo de Cultura Económica, 1964.

WEISS, Joahan B. *Historia Universal*. Barcelona, Ed. Tipografia La Educación, 1933. 12 v.

WIEACKER, Franz. *História del Derecho Privado de la Edad Moderna*. Tradução de Francisco Fernandez Jardón. Madrid, Ed. Aguilar, 1957.

_____. "Jehring y el Darwinismo". Tradução de Modesto Saavedra in *Anales de La Cátedra Francisco Suarez*. Granada, Editora da Universidade de Granada, n. 18-19, 1979, p. 341-370.

WILLIAMS, John Alden. *Islamismo*. Tradução de Manuel Ferreira da Silva. Lisboa, Editorial Verbo, 1980.